中华泰山文库·著述书系

泰山风景名胜区管理委员会 编

袁爱国 著

泰山名人文化

山东人民出版社·济南

图书在版编目（CIP）数据

泰山名人文化/袁爱国著.--济南：山东人民出版社，2019.3
（中华泰山文库·著述书系）
ISBN 978-7-209-11393-9

Ⅰ. ①泰… Ⅱ. ①袁… Ⅲ. ①泰山-文化研究 ②名人-文化研究-中国 Ⅳ. ①K928.3 ②K82

中国版本图书馆CIP数据核字（2018）第284210号

项目统筹　胡长青
责任编辑　孙　姣
装帧设计　武　斌　王园园
项目完成　文化艺术编辑室

泰山名人文化
TAISHAN MINGREN WENHUA
袁爱国　著

主管单位　山东出版传媒股份有限公司
出版发行　山东人民出版社
出 版 人　胡长青
社　　址　济南市英雄山路165号
邮　　编　250002
电　　话　总编室（0531）82098914
　　　　　市场部（0531）82098027
网　　址　http://www.sd-book.com.cn
印　　装　山东新华印务有限责任公司
经　　销　新华书店

规　　格　16开（210mm×285mm）
印　　张　27
字　　数　440千字
版　　次　2019年3月第1版
印　　次　2019年3月第1次
印　　数　1-1000
ISBN 978-7-209-11393-9
定　　价　320.00元

《中华泰山文库》编委会

立岱宗之弘毅

——序《中华泰山文库》

一生中能与泰山结缘，是我的幸福。

泰山在中国人民生活中有着广泛而深远的影响，人们常说“重于泰山”“泰山北斗”“有眼不识泰山”……在中国人心目中，泰山几乎是“伟大”“崇高”的同义语。秉持泰山文化，传承泰山文化，简而言之，主要就是学做人，以德树人，以仁化人，归于“天人合德”的崇高境界。

自1979年到现在，我先后登临岱顶46次，涵盖自己中年到老年的生命进程。在这漫长岁月里，纵情山水之间，求索天人之际，以泰山为师，仰之弥高，探之弥深。从泰山文化的博大精深中，感悟到“生有涯，学泰山无涯”。

我学习泰山文化，经历了一个由美学考察到哲学探索的过程。美学考察是其开端。记得在20世纪80年代，为给泰山申报世界文化与自然遗产做准备，许多专家学者对泰山的文化与自然价值进行了考察评价。当时，北京大学有部分专家教授包括我在内参加了这一工作。按分工，我研究泰山的美学价值，撰写了《泰山美学考察》一文，对泰山的壮美——阳刚之美的自然特征、精神内涵以及对审美主体的重要作用，有了较深的体悟。除了理论上的探索，我还创作了三十多首有关泰山的诗作，如《泰山颂》：

高而可登，雄而可亲。
松石为骨，清泉为心。
呼吸宇宙，吐纳风云。
海天之怀，华夏之魂。

这是我对泰山的基本感受和认识。这首诗先后刻在了泰山的朝阳洞与天外村。

我认为泰山的最大魅力在于激发人的生命活力。我对泰山文化的学习，开端于美学，深化在哲学。两者往往交融在一起。在攀登泰山时，既有审美的享受，又有哲学的启迪（泰山自然景观和人文景观的结合，体现了一种天人合一的艺术境界）。对泰山的审美离不开形象、直觉，哲学的探索则比较抽象。哲学关乎世界观，在文化体系中处于核心地位，对人的精神影响更为深沉而持久。有朋友问我：能否用一个词来概括泰山对自己的最深刻的影响？我回答：这个词应该是生命的“生”。可以说，泰山文化是以生命为中心的天人之学，其内涵非常丰富，可谓中国文化史的一个缩影。泰山文化包容儒释道，但起主导作用的是儒家文化，与孔子思想有千丝万缕的联系。《周易·系辞下》中讲“天地之大德曰生”，天地生育万物，既不图回报，也不居功，广大无私，包容万物，这是一种大德。天生人，人就应当秉承这种德行，对于人的生命来说，德是其灵魂。品德体现了如何做人。品德可以决定一个人的人生方向、道路乃至生命质量。人的价值和意义离开德便无从谈起。蔡元培先生讲：“德育实为完全人格之本，若无德，则虽体魄智力发达，适足助其为恶，无益也。”

“天行健，君子以自强不息；地势坤，君子以厚德载物。”这两句话深刻地体现了“天人合德”的思想。学习泰山文化要与时代精神相结合。泰山文化中“生”的精神对我影响很大，近四十年，我好像上了一次人生大学，感到生生不已，日新又新，这种精神感召自己奋斗、攀登，为人民事业做奉献。虽然我已经97岁，但生活仍然过得充实愉快，是泰山给了我新的生命。

泰山文化是中华民族优秀传统文化的主要象征之一，是我们民族文化的瑰宝。在这方面，历史为我们留下了浩瀚的资料，亟待整理。挖掘、整理泰山文化，是推动中华优秀文化遗产的创造性转化、创新性发展的迫切需要。

日前，泰山风景名胜区管理委员会的同志来舍下，告知他们正在编纂《中华泰山文库》。丛书分为古籍、著述、外文及口述影像四大书系，拟定120卷本，洋洋五千万言，计划三到五年完成。我听了非常振奋！这是关乎泰山文化的一件大事，惠及当今，功在后世，是一项了不起的文化工程。我对泰山风景名胜区管理委员会领导同志的文化眼光、文化自觉、文化胆识和文化担当，表示由衷钦佩；对丛书的编纂，表示赞成。我认为，编纂《中华泰山文库》丛书，将其作为一个新的文化平台，重要意义在于：

首先，对于泰山文化的集成，善莫大焉。关于泰山的文献，正所谓“经典沉深，载籍浩瀚”（刘勰《文心雕龙》）。从大汶口文化时期的象形符号，到文字记载的《诗经》，再到二十五史，直至今天，在各个历史阶段都不曾缺项。一座山留下如此完整、系统、海量的资料，这是任何山岳都无法与其比肩的，在世界范围内也具有唯一性。《中华泰山文库》的编纂，进一步开拓了泰山文化的深度和广度，对于古今中外泰山文化资料及研究成果的发掘、整理、集成、保存，都具有无与伦比的综合性、优越性和权威性，可谓集之大成；同时，作为文化平台，其建设有利于文化资源和遗产共享。

其次，对于泰山文化的研究，善莫大焉。文献资料是知识的积累，是前人智慧的结晶，是文化、文明的成果。任何研究离开资料，都是无米之炊。任何研究成果都是建立在资料的基础上。同时，每当新的资料出现，都会给研究带来质的变化。《中华泰山文库》囊括了典籍志书、学术著述、外文译著、口述影像多个门类，一方面为学术研究提供了所必需的文献资料，大大方便了研究者的工作；另一方面，宏富的文献资料便于研究者海选、检索、取舍、勘校，将其应用于研究，以利于更好地去伪存真、去粗取精，提高研究效率和研究质量。

再次，对于泰山文化的创新，善莫大焉。文化唯有创新，才会具有更强大的生命力。所以说，文化创新工作永远在路上。新时代泰山文化的创新，质言之，泰山文化如何引领新时代的精神文明，服务于新时代的精神文明建设，是一个重大课题。就其创新而言，《中华泰山文库》丛书的编纂本身就是一种立意高远的文化创新。它有目的、有计划、有系统地广泛征集、融汇泰山文献资料，集腋成裘，聚沙成塔，夯实了泰山文化的基础，成为泰山文化创新的里程碑。另外，外文书籍的编纂，开阔了泰山走向世界、世界了解泰山的窗口，对于泰山更好地走向世界、融入世界，具有重要的现实意义。而口述泰山的编纂，则是首开先河，把音频、影像等鲜活的泰山文化资料呈现给世人。《中华泰山文库》的富藏，为深入研究泰山的文化自然遗产，提供了坚实的物质保障。

最后，对于泰山文化的传承，善莫大焉。从文化的视角着眼，随着经济社会的发展变革，亟须深化对优秀传统文化重要性的认识，以进一步增强文化自觉和文化自信；通过深入挖掘优秀传统文化价值内涵，进一步激发其生机与活力；着力构建优秀传统文化传承发展体系，使人民群众得到深厚的文化滋养，不断提高文化素养，以增强文化软实力。毋庸讳言，《中华泰山文库》负载的正是这样一个优秀传统文化传承发展体系。如上所述，集成、研究、创新的最终目的，就是为了增强泰山文化的生命力，祖祖辈辈传承下去，延续、共享这一人类文明的文化成果。这是一个民族兴旺发达的源泉所在。《中华泰山文库》定会秉承本初，薪火相传，继往开来。

更为可喜的是，泰山自然学科资料的整理和研究，也是《中华泰山文库》的重要组成部分，无论是地质的还是动植物的，同样是珍贵的世界遗产。

中国共产党第十九次全国代表大会报告中指出：“文化自信是一个国家、一个民族发展中更基本、更深沉、更持久的力量。必须坚持马克思主义，牢固树立共产主义远大理想和中国特色社会主义共同理想，培育和践行社会主义核心价值观，不断增强意识形态领域主导权和话语权，推动中华优秀传统文化创造性转化、创新性发展，继承革命文化，发展社会主义先进文化，不忘本来、吸收外来、面向未来，更好构筑中国精神、中国价值、中国力量，为人民提供精神指引。”这是我们编纂《中华泰山文库》丛书工作的指南。

编纂《中华泰山文库》丛书是一项浩繁的文化系统工程，要充分考虑到它的难度、强度和长度。既要有气魄，又要有毅力；既要正视困难，又要增强信心。行百里者半于九十，知难而进，迎难而上，才能善始善终地完成这项工作。这也是我的一点要求和希望。

值此《中华泰山文库》即将付梓之际，泰山风景名胜区管理委员会的同志嘱我为之作序，却之不恭，写下了以上文字。我晚年的座右铭是：“品日月之光辉，悟天地之美德，立岱宗之弘毅，得荷花之尚洁。”所谓“弘毅”，曾子有曰：“士不可以不弘毅，任重而道远。仁以为己任，不亦重乎？死而后已，不亦远乎？”故而，名序为：立岱宗之弘毅。

楊辛

2018年7月

序

作为五岳之尊的泰山，是一座有着极其深厚的文化积淀的历史名山。如果说黄河是中华民族的母亲河，那么泰山就是中华民族的神山——祖山。从远古时代起，泰山便被原始先民们赋予了神秘而浓厚的人文内涵。这种以原始信仰为其基本特点的人文内涵，又进而成为封建社会的最高统治者不断封禅的动因和基础。在此种影响之下，两千多年来，有着不同政治、文化背景的名人摩肩接踵，以不同的方式驻足泰山及其周围地区，感受泰山、膜拜泰山、咏唱泰山、阐释泰山，在泰山的原始文化——民间文化之外，共同铸造了泰山的名人文化。虽然泰山名人文化在其形成和承续的漫长过程中吸收了原始文化——民间文化的若干内容，但相对于原始文化——民间文化来说，泰山名人文化又有其独具的精神品格和特点。泰山及泰山文化的精神品格和特点，在中华民族的历史发展中发挥着重要的作用。

泰山名人文化与泰山民间文化一样，值得进行深入的研究和阐发。青年学者袁爱国先生在出版了《泰山神文化》(山东大学出版社1991年)之后，又把研究的视角投向了泰山的名人文化，经多年研究，完成了这部《泰山名人文化》的专著。作者以孔子以下历朝历代39位文化名人与泰山的关系为题，叙述和阐释了他们与泰山交游的故事、留下的题铭或诗文作品，以及他们的政治思想和社会抱负，从而展现出泰山的文化精神品格。什么是泰山的文化精神品格？是“元气浑厚”的民族肇始元气和文化的源远流长，是“正气苍茫”的崇高溥博和凛然正气，是“万物都包容”“万物都归纳”“万物都包含”的雄阔博大胸怀和包容性格，是“登泰山而小天下”“会当凌绝顶，一览众山小”的不畏艰险攀登前进的英雄气概！而泰山的这种文化精神品格，正是中华民族的民族精神之所在！

正如作者指出的，泰山以其特殊的文化地位，养育了孔门弟子及其儒学、曹操父子及建安七子、泰山书院诸生等不同时代不同流派的文化巨擘，并以泰山为基点向四周辐射，产生过不同程度的积极影响。不同政治遭遇和文化背景的历史人物，面对着泰山而抒发的情结、留下的题铭、吟颂的诗文、演绎的故事，流露出不同的政治抱负、不同的人生命途和不同的文化倾向，从某些侧面反映出时代的政治风云和民族命运，同时也造就了泰山名人文化的多样性、多义性、丰富性、复杂性和包容性。

时光易逝，江山易改，而泰山作为永恒的象征，虽经历千万年，仍巍然屹立于中华大地上，以冷峻的目光俯视着人世间所经历的历史风雨和所演出的龙争虎斗。无怪乎李白晨登泰山俯视嵩里回想历史不禁发出如此感喟：“已矣哉，桂华满兮明月辉，扶桑晓兮白日飞。玉颜灭兮蝼蚁聚，碧台空兮歌舞稀。与天道兮共尽，莫不委骨同归。”任何人都不过是历史的匆匆过客，而只有被人类创造的文化，包括原始——民间文化和名人——精英文化在内，才是一股不舍昼夜、永不枯竭的溪流。

泰山名人文化作为泰山文化的一支，经过袁爱国先生的搜寻、钩沉、梳理、阐发，把散见于庞杂史书经典中的珍珠串在一起，从而放射出奇光异彩，使读者能够便捷地深入领略泰山名人文化的本质和特点，无疑是做了一件大好事；而且对我国地域文化学的建设来说，不能不说是一个贡献。也许在袁著之后，还会出现另具特色的第二部第三部泰山名人文化之作，但袁著无疑具有首创之功。

袁先生索序于我，写上寥寥数语，是为序。

刘锡诚

1999年9月27日于北京寓所

目 录

中国名人的泰山情结

——泰山名人文化绪说

泰山名人文化是以泰山为载体和对象，生发创造出的具有鲜明特色的山岳文化。这里所说的名人，限定于中国古代除帝王以外的名人文士。他们虽一般具有多重社会角色，但与泰山发生联系、参与创造泰山文化时，却多以文士身份出现。所谓泰山名人文化，专指为泰山所独有的人文景观，它实质上是名人与山岳结合，创造的一种精英文化。它是泰山文化的精华和灵魂，是中国山岳文化的优秀代表。

一、中国名人的泰山情结

中国的名人文士，似乎有一种与生俱来、无法排解的泰山情结。泰山之于他们，是一种至关重要的精神具象，一种精神存在，一种心理象征。它直接起源于原始先民的泰山崇拜。

人类与山岳的关系天然密切。山岳是人类赖以生存的重要物质条件。马克思称自然界为“人的无机的身体”，人类历史很大程度上是人与自然的关系史，或者说是自然史的“一个现实部分”。中国古代也有类似的认识。《韩诗外传》说：“山者，万物之所瞻仰也，草木生焉，万物殖焉，飞鸟集焉，走兽休焉，吐生万物而不私焉。”正是在这个基础上，产生了中国古代的“天人合一”思想，强调人与自然的和谐统一。人们在心理与感情上对山岳总有一种依恋与崇敬之情。对于无法抗拒的自然灾害，则认为是山川神灵对人类行为的不满和惩罚，只好用祭祀方式表示忏悔和崇敬。所谓“山川之神，则水旱疠疫之灾，于是乎崇之”(《左传·昭公元年》)，于是“天子祭天下名山大川”被列为古代帝王的“八政”之一，从遥远的帝舜时代，就开始“岁二月，东巡狩，至于岱宗，柴，望秩于山川”(《尚书·舜典》)。这样，泰山由自然的山变为神圣的山，就不是偶然的了。

中国名人的泰山情结肇始于孔子。“登泰山而小天下”对后世名人文士产生了巨大影响和示范作用，沿袭成为积淀深厚的文化心理，蔓延成为流传久远的文化风气，演变成为传统文化中的一大景观。曹植宣称“我本泰山人”，“俯观五岳间，人生忽如寄”，把泰山看作精神寄托与生命归宿。李白狂吟“天门一长啸，万里清风来”，创造了奇丽壮美的神奇意境，体现了纵横天地的放逸精神。杜甫高歌“会当凌绝顶，一览众山小”，给人以积极向上、奋发进取的精神鼓舞。苏轼、苏辙兄弟以未登泰山为憾：“恨君不上东封顶，夜看金轮出九幽。”自称“诗人爱山爱彻骨”的元好问，登泰山时“山灵见光怪，似喜诗人来”，与泰山有着高度的心灵投契。杜仁杰中年以后“岁以结夏泰山为例”，晚年更隐居优游泰山，“金色界中无量在，可能此地了残年”成为他终老泰山的写照。王若虚在登山途中坐化仙逝，竟被视为难得的风流而引人羡慕，其遗址称“蜕仙岩”，成为山中一景。

更有甚者，名人文士的泰山情结到了寤寐思之、魂萦梦绕的程度。宋初梅尧臣梦中吟出“晨登日观峰，海水黄金熔”的诗句。元代王恽游泰山灵岩寺，发觉是多年前梦中所见，“其形势殿舍，殆与此间不异”。明代于慎行晚年病重，“一夕梦泰山元君赉一彩毫，曰：‘此历下殷公(士儋)笔也。’病良已”。这种铭心镂骨的深刻程度，仅见于泰山。

二、泰山名人文化的主要内容

泰山名人文化经历时间既久，内容亦极丰厚。其主要内容大致可以概括为七个方面：

(一)以泰山喻人生，使之成为博大、崇高的精神象征

孔子“登东山而小鲁，登泰山而小天下”，极大地拓展了胸襟抱负和思想境界。孔子临终唱出“泰山其颓乎！梁木其坏乎！哲人其萎乎！”，把自己的生死与泰山联结在一起。司马迁宣称“人固有一死，或重于泰山，或轻于鸿毛，用之所趣异也”，激励自己忍辱负重，完成《史记》著述，并“藏之名山”，传

诸后世，因而被称为“名山事业”。在他们眼里，泰山是人生的标尺，人格的高度，精神的超越。

（二）强烈的进取心和建功立业精神

孔子辅佐鲁定公举行夹谷之会，挫败恃强凌弱的齐国，取得政治、外交的胜利，成为他政治生涯中辉煌的一页。李斯相秦统一天下，封禅泰山，刻石纪功，流传千古。曹植一生多处逆境，但始终期望“建永世之业，流金石之功”，把泰山作为建功立业的象征和寄托——“愿蒙矢石，建旗东岳”，“拊剑西南望，思欲赴泰山”，充满豪迈、壮美的阳刚之气。辛弃疾泰山抗金，不仅有闯营擒叛的惊人壮举，更留下气壮山河的雄词豪句，如“壮岁旌旗拥万夫，锦襜突骑渡江初”，“醉里挑灯看剑，梦回吹角连营”，“想当年，金戈铁马，气吞万里如虎”，闪耀着强烈的爱国主义精神。

（三）对泰山封禅进行客观记载和学术研究

“国之大事，在祀与戎。”（《左传》）泰山封禅是国运昌盛的重要标志，司马迁投入了很大精力搜集资料，对此进行记载和研究，《史记·封禅书》是这门学科的开先河之作。由此，泰山封禅作为隆重的国家大典加以延续，《封禅书》直到北宋都是官修史书的重要内容。泰山封禅作为一种政治行为，在中国古代社会中产生了广泛而深远的影响，也大大凝聚、强化了名人文士的泰山崇拜心理。唐宋以降，他们更是把秦松汉柏、金简玉册作为封禅大典的象征物，赞颂不已。

（四）理性的探索精神和积极的参政意识

这以北宋初年的泰山书院为杰出代表。书院创始人孙复、石介针对宋初现实，力倡“尊王攘夷”学说，对维护和加强中央集权起到了积极作用。他们在思想上强调“道统”，成为南宋程颢、朱熹理学的起源和先声。在政治上，他们鼓吹支持新政，针砭时弊，力行改革，扩大了“庆历新政”的影响。他们在泰山书院和中央太学招生授徒，通过讲学议政干政，形成了新的学风，为新政培养了政治力量，以至于后来形成“太学诸生挟持朝局”的状况。在文学上，他们积极促进古文运动的发展，石介等人以激烈的文章批判浮靡文风，以行政手段禁毁骈俪文，终于摧垮了宋初风靡天下的西昆体。欧阳修作为庆历新政中的重要人物，又是石介的同年，政治上的同志，始终坚定不移地与泰山书院师生站在一起，并肩战斗，并利用主持进士考试的机会，选拔了苏轼、苏辙、曾巩、程颢、张载等一批杰出人才，促进了新政实施和古文运动的发展。

（五）对泰山自然景观的描写赞颂

泰山拔地通天的气势，峻极万物的雄伟，和日出、云海、古松、奇石等壮丽景象，激发着名人文士的艺术灵感，使他们创造出丰富多彩、意趣生动的瑰丽形象和艺术意境。历代关于泰山的诗词文赋山积海量，其中脍炙人口的传世佳作也不胜列举，给人以多方面的精神鼓舞和美的享受，成为泰山名人文化中最为丰厚的部分。

（六）从泰山历史传说、民间故事中汲取素材营养，进行整理、加工与创作，成为中国古典艺术宝库中的精品佳作

高文秀《黑旋风双献功》是元杂剧中“黑旋风双璧”之一，也是中国戏曲史上第一部泰山戏。蒲松龄《聊斋志异》中泰山故事约二十六篇，占全书总篇目的百分之五，数量上仅次于淄川，位列第二；其中《狐妾》《云翠仙》《胡四姐》《一员官》等，都是脍炙人口的名篇。纪昀《阅微草堂笔记》中的泰山故事，意在“发人间之幽微，托孤鬼以抒己见”，成为“天趣盎然”的佳作。另外元好问《续夷坚志》中的泰山故事主要是采自民间传说的记录整理。而刘鹗《老残游记·续集》中的泰山故事则是完全的艺术创作，从而极大地丰富了泰山艺术宝库。

（七）对泰山文化内涵与本质的深入发掘

名人文士何以有如此深厚的泰山情结？泰山究竟蕴藏着何种文化真谛？引起他们中间部分人的思考探索。元好问在为王若虚所作《内翰王公墓表》中称：“泰山为天壤间一巨物，其神之尊且雄，有不可诬者……宜有闳衍博大之真人来往乎其间……惟公名德雅望，为天下大老……谓不为山之灵所贪慕，吾不信也。”这里所说“山神”“山灵”，异于通常所说泰山神灵，而有一层尚未言明之内涵。元好问的学生郝经在《泰山赋》中进一步指出，泰山为“中华正朔，建极启元”，“纯粹中正，崇高溥博”，“既高而大，又神而仁，乃于岳麓，笃生

圣人。续太皞之统，萃奎璧之真”，“蕴而为道，发而为文，膏泽其民，尧舜其君”，总之非一般名山可比，所谓：“岂呈奇而露异，等寻常之岩壑哉！”明末张岱则着力发掘泰山的真性情，指出“泰山元气浑厚，绝不以玲珑小巧示人”，所谓“正气苍茫在，敢为山水观”。他所说的“元气”“正气”，触到了长期以来朦朦胧胧、欲浮欲现的泰山文化的底蕴与本质。虽然张氏对此没有进一步揭示，也无具体阐述，但其贡献却是巨大的。这项艰深的内容，也正是近年泰山文化研究面临的课题。

三、泰山名人文化的特征

泰山名人文化有着自己鲜明的特征，主要表现在：

（一）悠久的时代性

泰山名人文化既有鲜明的时代特色，在当时就产生巨大的影响，又在长期的流传过程中增添了新的内容含意，反映着不同历史时期的时代精神。孔子“登泰山而小天下”的名言，成为两千多年来名人志士开阔胸襟、成就事业的召唤，也是他们现实生活的必修内容。杜甫“会当凌绝顶，一览众山小”的诗句，也成为古往今来登山者知难而进、发奋攀登的动力。胡耀邦同志曾号召全国人民以攀登十八盘的精神努力建设社会主义现代化。这种为各个时代所认同的攀登精神，在长时期内仍将是催人奋进的精神号召。

（二）广泛的民族性

泰山名人文化既是文化精英的创造，又为广大人民群众认同接受，成为全民族共同的精神财富，也成为民族文化、民族精神的重要内容。李斯说：“泰山不让土壤，故能成其大。”冯玉祥部属作《泰山赞》称：“泰山何其雄，万物都包容。泰山何其大，万物都归纳。泰山何尊严，万有都包含。一切宇宙事，皆作如是观。”同样表现了其包容万物，虚怀若谷的博大胸怀。司马迁说“人固有一死，或重于泰山，或轻于鸿毛”，经毛泽东在《为人民服务》中加以引用，成为人人熟知的形象比喻，也成为激励中华民族英勇奋斗、敢于牺牲、崇尚气节的警句名言。

（三）创作的集体性

泰山名人文化往往是由文人集团共同参与创造。同一文人集团中既有相同时代、流派的共性，又有内容、风格、手法的个性，呈现出丰富性和多样性，因而具有长久繁荣和蓬勃生机。例如孔子与孔门弟子；曹操、曹植与建安七子；李白、杜甫与李邕、高适、苏源明等盛唐诗人；孙复、石介、欧阳修与泰山书院诸生；元好问、杜仁杰与东平文人集团、东平府学师生；边贡与前七子；李攀龙、王世贞与后七子；王士祯与神韵诗派；蒲松龄与泰山“石堂八散人”等等，显示出旺盛的创造力和辉煌的创造成果。

（四）积累的渐进性

古代名人文士中基本没有专门从事泰山文化创造与研究者。有关泰山的内容，在他们全部的思想、学说、研究、创作中仅占很小比例，可以说是九牛一毛。而且这些内容大都是从个人观察体验出发，或借泰山为酒杯，浇自己胸中块垒，多见展露胸襟，宣泄情绪，带有较大的灵活性、随意性，少有完整的学说和系统阐发。但这并不降低其思想文化价值。如前所述，有些内容早已成为全民族的精神财富和文化共识。泰山名人文化就是这样长期点滴积累，逐渐增加，日益丰富起来；并且经过历史长河的淘洗磨砺，显现其璀璨，历久而弥新。

四、泰山名人文化的现代意义

泰山名人文化是中华民族传统文化的重要组成部分。研究、弘扬泰山名人文化，是当前建设社会主义文化，提高全民族思想道德素质和科学文化素质，促进经济发展和社会进步的需要。当下在我们的研究基础、现状与社会主义文化所担负的重要任务之间，还存在着相当大的差异。这就促使我们加快步伐，努力把泰山名人文化研究提高到新水平，发展到新阶段。

泰山名人文化研究，对于泰山的保护、建设也有重要指导意义。泰山之所以称“五岳独尊”，为天下名山之首，盖以人文景观胜，而不以自然景观胜，是在“文”不在“山”。泰山的特色与本质，在于它丰富而深厚的历史文化蕴含。近年来，泰山被命名为世界文化与自然双遗产，成功举办泰山国际登山节，成为全国旅游胜地，都是着力突出了文化特色，得益于文化内涵。在发掘、弘扬、利用泰山文化方面已经有了一个良好开端，初步探索出了一条路径。在这中间，泰山名人文化的研究与运用，实在功不可没。在具体运作的深化细化上，还大有潜力可供挖掘。

泰山名人文化需要有新内容、新创造、新发展。文化是一条流动的长河，新的时代会给它注入新的源头活水，保持充盈的生机与活力。新的时代，理应有新的文化与之相匹。在汲取传统营养的基础上，创造出新时代的泰山名人文化，是一道历史课题，它当然需要更多如郭沫若那样的巨匠和大手笔来踵事增华。当后人审视我们时，仍该有“齐鲁青未了”的宏丽景观。

登泰山而小天下

——孔子与泰山

孔子是中国古代著名的政治家、思想家、教育家和文学家。泰山与名人结缘，肇始于孔子。孔子登临泰山，抒怀畅志，开阔胸襟；考察封禅，学习礼仪；了解民情，观知时政，活动内容与历史遗迹十分丰富。明代《泰山志》说："泰山胜迹，孔子称首。"这不仅拓展了泰山文化的内涵，也使儒家思想文化借泰山之力发扬光大。同时，孔子也开创了名人登泰山的先河。由于他的特殊地位和影响，使后人竞起仿效，接踵而至。"登泰山而小天下"，成为历代文人名士不可缺少的生活内容，沿袭成为积淀深厚的文化心理，蔓延成为流传久远的文化风气，演变成为传统文化中的一大景观。

一

孔丘（前551—前479），字仲尼，春秋时鲁国昌平乡陬邑（今山东曲阜市东南）人。孔子自称是"殷人"。他的先祖是微子启，乃殷纣王的庶兄，殷灭以后，被周王封于宋，世奉商祀。孔子十三世祖孔父嘉时始有孔姓。孔父嘉为宋国上卿，任大司马。因公室内乱，被华督所杀，其子奔鲁，始为陬人。孔丘曾祖孔防叔为鲁国防邑大夫，其父叔梁纥为武士，以勇力闻于诸侯，晚年与颜征在生孔丘。"丘生而叔梁纥死。"（《史记·孔子世家》）其后不久，他随母迁居曲阜，过着贫贱的生活，这就是孔子自称的"吾少也贱"（《论语·子罕》）。他自述"吾十有五而志于学"（《论语·为政》），学习方式主要是自学，并有谦虚好学的精神，所谓"我非生而知之者，好古，敏以求之者也"（《论语·述而》），"子入太庙，每事问"（《论语·八佾》）。孔子二十岁时为季氏家臣，二十二岁设教于闾里，有鲁人曾点、颜无由、秦商、冉耕等弟子登门受业，大约三十岁时私学比较兴旺，所谓“三十而立”。三十四岁时，接受鲁君赏赐的车马、仆役、资助，由南宫敬叔陪同赴东周王都洛阳，问礼访乐，历郊社，考明堂。访周归来，孔子的私学更加兴盛。

鲁定公九年，孔子五十一岁时，“定公以孔子为中都宰。一年，四方皆则之，由中都宰为司空，由司空为大司寇”（《史记·孔子世家》）。定公十年，孔子相定公与齐景公举行夹谷之会，获胜而归。返鲁后帮助定公发动“堕三都”之役，起到了强公室、弱季氏的作用。此时齐国施计离间鲁国君臣，孔子不得不在五十五岁时带领弟子离开鲁国，开始了长达十四年的周游列国之行。

孔子去鲁适卫，先后至赵、匡、曹、宋、陈、蒲、郑、蔡、晋、楚，辗转徘徊于中原地区，希图倡导“文武之道”以平息天下之乱，结果是四处碰壁，屡受挫折，几无容身之地。但他毫不灰心，即使在危难之中，仍弦歌不绝，“知其不可而为之”（《论语·宪问》）。鲁哀公十一年，孔子在六十八岁时返回鲁国，以办学与收集整理文化典籍为业，把《诗》《书》《礼》《乐》《易》《春秋》等作为传授弟子的教本，得以流传后世。孔子对中国古代的文化、教育、学术的发展做出了巨大的贡献。他“以诗书礼乐教，弟子盖三千焉，身通六艺者七十有二人”（《史记·孔子世家》）。哀公十六年春，孔子病逝，享年七十三岁，葬于曲阜城北泗水边。孔门弟子“追论夫子之言”，辑成《论语》一书，记载了孔子的主要思想。

二

孔子在泰山一带有较多活动。泰山在春秋时期是齐鲁两国的交界之地。两国之间文交武备，朝盟赴告，往返频仍。鲁国是周公封地，设周朝祖庙，可以用天子礼乐。所以周朝的政治、文化、法律制度在鲁国保存得较为完备。尽管孔子一生颠沛流离，但大部分时间还是在鲁国度过，这为他在泰山一带的活动提供了充分的条件。

孔子曾登泰山，考察封禅制度。泰山处于我国东部，称东岳。在原始宗教信仰中，东方主生，所以泰山主生死交代，后来又扩大为帝王朝代嬗递的“禅代”之意。历代帝王在改朝换代，并致太平以后，都要封禅泰山，以示受命于天，四海率从。《管子·封禅》篇中有“古者封泰山禅梁父者七十二家”的记载。封禅的内容，就是在泰山极顶筑土为坛来祭天，以报答天功，叫封；在泰山脚下梁父山祭地，以报地功，称禅。这种隆重庄严的封禅大典有一套神圣而严格的仪式，这对十分重视礼乐制度的孔子有极大的吸引力。孔子一生以周公为榜样，以恢复周朝政治和礼乐制度为己任，准备随时辅弼国君实现这一主张，则封禅大典是必须掌握的重要国礼。《韩诗外传》记载："孔子升泰山，观易姓而王可得而数者七十余人。"经过多次实地考察，反复对照，他发现历代封禅的具体仪式差异很大，为自己掌握封禅礼仪提供了丰富的材料。当时的封禅与祭山活动都要由国君举行，诸侯以下举办是不合礼节的。据《论语·八佾》，鲁国掌权的大夫季孙氏要祭泰山，孔子急忙去问给季氏当管家的学生冉有：你不能阻止吗？冉有回答不能。孔子讥笑说：难道泰山也不懂礼仪，接受这不合规矩的祭祀吗？

三

孔子在泰山一带从事政治活动，其中最著名的就是在泰山东侧莱芜境内举行的夹谷之会。《史记·孔子世家》载：鲁定公十年（前500），孔子任鲁国司寇，开始以自己的政治主张治理国家，并逐渐安定强大起来，这使齐国十分不安。为了制服鲁国，齐景公采纳大夫黎钼等人的建议，邀请鲁定公在夹谷聚会，想趁机以武力使鲁国屈服。鲁定公答应赴会，孔子以司寇代行相事随行，按照"有文事者必有武备"的方针，调集军队随从。齐国随景公赴会的是著名政治家晏婴。

会见开始后，齐国请演奏地方歌舞，于是"旍旄羽袚，矛戟剑拨，鼓噪而至"，意在威胁定公。情况紧急，孔子不顾常礼，一步迈上台阶，扬起衣袖大声喝道：我们两国国君正在庄严地会见，为什么会有这种野蛮的歌舞？请问齐国方面该怎么办？景公觉得很不好意思，示意退下。过了一会儿，齐国要求演奏宫廷雅乐，于是有"优倡侏儒为戏而前"，以此侮辱定公。孔子又迈上台阶大声说：戏弄诸侯者要依法斩首，执法官应该立即执行！执法官只得砍掉这些人的手脚。由于孔子态度严正，掌握礼节严密合度，军事上又有充分准备，使齐景公感到鲁定公不是可以轻易挟持的，便匆匆结束了会见。

归国以后，齐景公余悸未消，埋怨臣下说，孔子是按照礼仪辅佐国君，而你们却以旁门左道教我，现在失礼得罪了鲁国，该怎么办？于是只好归还以前侵占鲁国的汶阳田、龟阴田，表示谢过。现泰城东十余里傅家村附近还有谢过城遗址，就是因此事而修建的。

在此以前，晏婴是非常瞧不起孔子的，曾对齐景公说："夫儒者滑稽而不可轨法；倨傲自顺，不可以为下；崇丧遂哀，破产厚葬，不可以为俗；游说乞贷，不可以为国……今孔子盛容饰，繁登降之礼，趋详之节，累世不能殚其学，当年不能究其礼。"(《史记·孔子世家》)这"四不可""两不能"，把孔子贬得一无是处。夹谷会盟，充分显示了孔子的政治与外交才能，也证明晏子对孔子的看法非常片面，低估了这位政治对手。

夹谷之会后的第四年，齐国君主担心"孔子为政必霸"，会吞并齐国，便接受黎钼的提议，送给鲁君：八十名妖艳美女，皆善唱靡靡之音，三十匹高头骏马，鞍辔俱耀金光。想以此消磨鲁君意志，同时离间鲁君与孔子的关系。"季桓子微服往观再三，将受。乃语鲁君为周道游，往观终日，怠于政事。"(《史记·孔子世家》)孔子见鲁君如此荒唐，只得辞职，带领弟子，怀着沉重的心情，离开精心治理初见成效的鲁国。途中经过泰山以南，今新泰以西的龟山，看到肥沃的龟阴田，夹谷之会的胜利成果犹在，而自己却被迫去鲁，胸中郁愤难平，遂作《龟山操》一曲。据东汉蔡邕《琴操》记载："《龟山操》者，孔子所作也。齐人馈女乐，季桓子受之，鲁君闭门不听朝。当此之时，季氏专政，上僭天子，下畔大夫，圣贤斥逐，谗邪满朝。孔子欲谏不得，退而望鲁。鲁有龟山蔽之，辟季氏于龟山，托势位于斧柯。季氏专政，犹龟山蔽鲁也。伤政道之陵迟，悯百姓不得其所，欲诛季氏而力不能，于是援琴而歌云：'予欲望鲁兮，龟山蔽之。手无斧柯，奈龟山何？'"

鲁哀公十一年(前484)，哀公遣使以重金迎孔子自卫返鲁。其时孔子在各地奔走漂泊十四年，阅历更加深广，政治经验更加成熟。他看到鲁国当时外有吴国入侵之忧，内有季氏三雄争权之患，召他回国实出无奈，不会真正予以重用。况且自己已是六十八岁高龄，在进退维艰的处境中很难有大的政治作为。壮年的精力都在奔波中白白消耗了，老年归国心情十分复杂。因而当他路经泰山，登高远望时，不禁感慨系之，遂作《邱陵歌》以抒怀：

登彼邱陵，峛崺其阪。
仁道在迩，求之若远。

遂迷不复，自婴屯蹇。
喟然回虑，题彼泰山。
郁确其高，梁甫回连。
枳棘充路，陟之无缘。
将伐无柯，患兹蔓延。
惟以永叹，涕霣潺湲。

此诗历代皆传为孔子所作。如是，则为孔子第一首专门吟咏泰山的诗歌，也是他继《龟山操》之后第二首有关泰山的作品。它开创了咏山水以抒情言志的先例。诗中运用以“山道”喻“仁道”的比兴手法，形象寓意十分恰切。《离骚》中的“路漫漫其修远兮，吾将上下而求索”，就明显受到孔子诗的影响。

四

孔子游泰山，还有观览名胜，开阔眼界，增强道德文化素养的目的。泰山上下有不少孔子的游览遗迹。

瞻鲁台 在岱顶南侧，是孔子登山眺望鲁国的地方。《孟子·尽心上》载：“孔子登东山而小鲁，登太山而小天下。故观于海者难为水，游于圣人之门者难与言。”这是讲知识境界要不断递进，才能有更高的道德修养。此处曾有“孔子小天下处”刻石，以志纪念。

虎山 在泰山南麓王母池东侧。《礼记·檀弓》篇载“孔子过泰山侧，有妇人哭于墓者”，而慨叹“苛政猛于虎”。不过此处地势开阔，山峦疏旷，似非虎狼出没之地，“虎山”之称或系后人附会。清乾隆皇帝在此立“乾隆射虎处”石碑，声称曾在此亲射猛虎，不少人信为史实，其实是附庸风雅，借题发挥，寓革除“苛政”之意罢了。

季札子墓 在泰山以东莱芜口镇。季札是吴王寿梦的第四个儿子，曾三次放弃继承王位，周游列国学习礼乐，是吴文化的集大成者。孔子八岁时，季札曾专程赴鲁观看周代乐舞，并进行了全面系统的评价。后来出使齐国，返途中长子夭折于泰山脚下，只好就地安葬。《礼记·檀弓》记载，孔子认为季札是吴国最熟悉礼乐制度的，曾专程前往观看季札长子的殡葬仪式。现在季札子墓旁，仍立有“孔子观礼处”石碑。

盗泉峪 在新泰木厂峪乡以南十五里，以“盗泉”得名。《尸子》载：“孔子至于暮矣，而不宿于盗泉，渴矣而不饮，恶其名也。”故有“志士不饮盗泉之水，廉者不受嗟来之食”之说。后人因恶其名，改“盗”为“道”，今称道泉峪。

郕邑 在宁阳县东庄乡境。《列子·天瑞》篇载：“孔子游于泰山，见荣启期行乎郕之野。”荣启期是隐士，已经九十岁了，身披鹿皮，腰束草绳，正在弹琴唱歌。孔子问道：“什么事情使先生这样高兴呢？”荣回答说：“使我高兴的事太多了。世间万物只有人最尊贵，我能生而为人，是第一件乐事；人又分为男女，男尊女卑，我能作为男人，是第二件乐事；有的人寿命短暂，甚至夭折于母腹、襁褓之中，我有幸活到九十岁，是第三件乐事。生活贫寒是贤德之士的通常处境，死亡是人生的终结，我能在正常处境中度过一生就很满足了，还有什么值得忧虑呢？”孔子听了深有感触，说：“太好了！真是能自我宽慰的人！”这件事情给孔子以很大的启发和影响。

泰山还有关于孔子的建筑。孔子庙有两处，一处在泰城岱庙东南，始建于宋代，一处在岱顶天街东首，碧霞祠西侧，始建于明嘉靖年间。庙中除供奉孔子外，还祀颜回、曾子、孟子、子思，是为“四配”，另有“十二贤哲”列祀。清代泰安知县徐宗干题联曰：“仰之弥高，钻之弥坚，可以语上也；出乎其类，拔乎其萃，宜若登天然。”

“孔子登临处”牌坊。在红门宫前。明嘉靖三十九年（1560）山东都察御史朱安等人建。坊上镌联：“素王独步传千古，圣主遥临庆万年。”不过汉代以前，登山是走泰山东路，入山须走大津口乡。明人在此建坊是以儒家文化晓喻游人，“代圣人立言”，扩大孔子在泰山的影响。

五

孔门弟子中多有与泰山相关者，其中首推大弟子颜回。《孔子集语》载：“颜渊与孔子俱上鲁太山，孔子东南望，吴阊门外有系白马，引颜渊指以示之，曰：‘若见吴阊门乎？’颜渊曰：‘见之。’孔子曰：‘门外何有？’曰：‘有如白练之状。’孔子抚其目而止之，因与俱下。”其地在岱顶孔子庙前，明人于此立“望吴圣迹”石坊。此处又称望吴峰、孔子岩。在泰山西南、汶水以北的汶阳田中，有一处“颜子坡”，是师徒二人下山后到过的地方。颜回学深而命短，深为泰山人怀念。

曾子　是孔门弟子中研究忠、孝最有成效者，称为曾子学派，著有《孝经》《大学》等，被后代奉为“宗圣”。曾子又是早期泰山民歌的作者。据《琴操》载，曾子微时“耕泰山之下，天雨雪冻，旬月不得归，思其父母，作《梁山歌》”。其曲调沉郁苍凉，富于哀婉之情，后遂流传广泛。后世的诸葛亮、李白等都善于吟唱此调。这应当说是曾子对泰山文化的贡献。

有若　亦称有子，孔门十二哲之一。在《论语》中，孔门弟子只对曾参、有若称“子”，足以说明他在当时的地位。据《孟子·滕文公上》记载，孔子死后，弟子们日夜思念。因有若貌似孔子，子夏、子张、子游等人遂相商议，拜有若为师，一如孔子生前那样恭敬地侍奉请教。有子故里在泰山脚下肥城有家庄，是有若后裔聚居之地，有子墓在有家庄附近，清乾隆五十年（1785）曾出土宋代碑碣，证明其为有子墓地无疑。

冉耕　字伯牛，十二哲之一，以德行与颜回、闵子骞、仲弓并称。孟子门人公孙丑认为冉耕大致接近孔子，只是没有孔子那样博大精深。后来冉耕得了重病，孔子去看他，伤心地叹道：“亡之，命矣夫！斯人而有斯疾也！斯人而有斯疾也！”冉耕故里在肥城冉家庄，冉氏后裔聚族而居。村内有冉子祠，是族人奉祀祖先冉子之处。清雍正十三年（1735）专为冉氏族人设世袭五经博士一员，奉祀生十二名，以示对这位贤哲的优抚。

林放　是一位学识渊博、精通礼仪的学者。《论语·八佾》：“林放问礼之本。子曰：‘大哉问！礼，与其奢也，宁俭；丧，与其易也，宁戚。’”当季氏要祭泰山时，孔子气愤地说：“呜呼！曾谓泰山不如林放乎？”林放故里在今新泰放城乡，地望即以林放得名。清乾隆六十年（1736），当地出土一块残碑，证明其为林放故里。当地人称为“泰山林放”，作为泰山人“知礼”的杰出代表，并专门在其故里建起一座先贤林放祠，供人们祭祀瞻仰。

六

“泰山岩岩，鲁邦所瞻。”这是孔子晚年删定的《诗经》中对泰山的赞叹。泰山对孔子的影响是巨大的：他学习礼乐，由此得窥封禅大典全豹；登泰山而小天下，以开阔的眼界胸襟审度自己德才学识的修养；孔子临终，孔鲤，颜回、子路相继死去，其自知已日薄西山，遂唱出“泰山其颓乎！梁木其坏乎！哲人其萎乎”的最后歌声，把自己的生死与泰山联在一起，足见泰山在孔子心目中不同寻常的地位。

孔子在泰山的影响又是深远的：夹谷之会，是儒家政治的成功范例，证明儒家学者绝非“盛容服而饰辩说”“博学不可仪世”的虚妄之徒；《龟山操》《邱陵歌》，引出屈原、李白等人行路难的千古传唱；长期奔走齐鲁，对比中悟出“智者乐水，仁者乐山”，涉及文化地理对人的性格的影响；在细致的观察中体味到“智者动，仁者静，智者乐，仁者寿”，是说明山水欣赏对于人的心理与健康的作用，无疑是对旅游心理学、旅游审美学最早的启蒙认识。如果说有谁在山川游览中留下了最为丰富的思想文化遗产，那么孔子是当之无愧的。后人把孔子与泰山紧密联系在一起，誉为“孔子圣中之泰山，泰山岳中之孔子”，这一见解，是相当深刻的。

本原事业　祇颂功德

——李斯与泰山

李斯是秦代政治家、文学家。他长期担任秦国丞相，辅佐秦始皇统一中国，并先后随从秦始皇、秦二世封禅巡祀泰山，在泰山极顶刻石纪功，歌颂秦德。李斯撰文并书写的泰山刻石，不仅是秦王朝鼎盛的见证，也开启了泰山碑刻的先河。它是泰山历史的珍贵纪录，也是泰山碑刻艺术中的翘楚。

一

李斯（？—前208），楚国上蔡（今河南上蔡县西南）人。青年时曾为郡小吏，后从荀卿学习帝王之术。荀子是齐国“稷下学派”的最后一位大师，曾“三为祭酒”，“最为老师”。其学说以儒学为基础，兼采百家。在政治上，荀子提出以礼制为主，法制为辅，主张王霸统一，所谓“义立而王，信立而霸”；在天人关系上，吸取道家“道法自然”和儒家积极进取的思想，提出“制天命而用之”的新观念，具有强烈的进取意识和乘时而动的创造精神。李斯与同学韩非深受荀学影响，成为著名的法家人物。

李斯学成之后，乃于秦庄襄王三年（前247）西入秦。初为秦相吕不韦舍人，后来向秦王献灭六国、成一统之计，因而大得秦王赏识，拜为长史、客卿。正当李斯准备辅佐秦王，实施大一统战略之际，秦王政十年（前237）发生了一件事情：韩国为了减轻秦国对它的军事压力，派水工郑国入秦，劝秦大兴水利。后事被发觉，秦王接受了宗室大臣的建议，下令逐客，李斯亦在被逐之列，这就是著名的逐客事件。李斯于是上《谏逐客疏》，列举商鞅、张仪等客卿对秦国的统一做出的贡献，提出有利于统一的用人路线，这篇上疏使秦王醒悟，放弃逐客打算。李斯的职务也得以恢复，不久擢升为廷尉、丞相，成为秦国在建立统一王朝过程中起决策作用的人物。

辅佐秦始皇统一中国后，李斯又力主废分封、立郡县，提议焚《诗》《书》，禁私学，主张以法为教、以吏为师，均被采纳。又以小篆为标准，统一文字，为加强中央集权，稳定统治起了一定的作用。

秦始皇死，赵高谋立胡亥，李斯被迫胁从，矫诏杀死公子扶苏、大将蒙恬，立胡亥为秦二世。李斯也由此走上政治歧路，陷入空前的危机。秦二世二年（前208），李斯受到赵高陷害，被腰斩于咸阳市中。

二

李斯的政治生涯，与泰山有不可分割的因缘。他的一生，凡四次与泰山有关。第一次始于秦王政十年（前237）的“逐客事件”。这是李斯政治生涯中的第一次危机，也是秦国统一天下大业面临的危机。这时他上了著名的《谏逐客疏》，陈述天下与秦国形势，力辩逐客之非，指出：“是以泰山不让土壤，故能成其大；河海不择细流，故能就其深；王者不却众庶，故能明其德。是以地无四方，民无异国，四时充美，鬼神降福，此五帝三王之所以无敌也。”进而他郑重提出广招人才、广聚资源以完成统一大业的建议，使秦王顿悟逐客之非，也使秦国统一天下的谋略免于夭折，李斯面临的政治危机亦随之化解。《谏逐客疏》也以其论证严密、辩驳犀利、气势酣畅、语调铿锵，成为不可多得的政论散文，奠定了李斯的文学地位。

第二次是在秦始皇二十八年（前219），李斯以丞相之职，随从秦始皇封禅泰山。在“逐客事件”以后的十八年间，李斯尽心竭力辅佐秦王，终于吞并六国，统一天下，成为功高位重的一代名臣。随从封禅，是他政治生涯中辉煌的顶点。登封之时，始皇命李斯书写铭文一篇刻于泰山极顶，表明登封成功，内容是“颂秦始皇帝德，明其得封也”。秦泰山刻石全文是：

皇帝临位，作制明法，臣下修饬。
廿有六年，初并天下，罔不宾服。
亲临远黎，登兹泰山，周览东极。
从臣思迹，本原事业，祗颂功德。

治道运行，诸产得宜，皆有法式。
大义休明，垂于后世，顺承勿革。
皇帝躬圣，既平天下，不懈于治。
夙兴夜寐，建设长利，专隆教诲。
训经宣达，远近毕理，咸承圣志。
贵贱分明，男女礼顺，慎遵职事。
昭隔内外，靡不清净，施于后嗣。
化及无穷，遵奉遗诏，永承重戒。

全文四十八句，三句一韵，共十二韵，一百四十四字。

第三次是在秦二世元年（前209），李斯仍以丞相之职随从二世皇帝胡亥东巡，登上泰山，以礼祀之。于秦始皇刻石上加刻秦二世诏书，仍由李斯撰写。文曰：

> 皇帝曰："金石刻，尽始皇帝所为也。今袭号而金石刻辞不称始皇帝，其于久远也，如后嗣为之者，不称成功盛德。"丞相臣斯、臣去疾、御史大夫臣德昧死请。制曰："可。"

第四次是李斯在政治上陷入穷途末路之际。胡亥本是声色犬马之徒，不足守成。登基之初，即"欲悉耳目之所好，穷心志之所乐"，又采纳赵高之计，"尽除去先帝之故臣，更置陛下之所亲信者近之"，对内骨肉相残，"公子十二人僇死咸阳市，十公主矺死于杜"，对外则"法令诛罚日益刻深，群臣人人自危"。由于赵高的挑拨，李斯也受到二世猜疑。当时陈胜吴广起义势已燎原，二世派人调查李斯之子、担任三川太守的李由镇压不力，"群盗吴广等西略地，过去弗能禁"，以及李斯"居三公位，如何令盗如此"（《史记·李斯列传》），使李斯惶恐不安。为了逢迎二世，保全自己，李斯上了《论督责疏》，以"城高五丈，而楼季不轻犯也；泰山之高百仞，而跛牂牧其上"为喻，劝谏二世加强独裁，以重刑治乱世。此议一出，残民以逞的秦二世大悦，结果"刑者相半于道，而死者日积于市，杀人众者为忠臣"，"税民深者为明吏"，使秦王朝加速走向崩溃。

李斯被系狱以后，"自负其辩，有功，实无反心，幸得上书自陈，幸二世之寤而赦之"，乃从狱中上书二世，自述有"七大罪状"，借此历数担任丞相三十多年来辅佐秦王、匡定天下的功绩。其中“罪状”之一，就是在泰山刻石纪功，使秦皇父子名扬天下。但这种辩解是徒劳的。赵高轻蔑地说了一句：“囚安得上书！”李斯的命运便无可挽回了。临刑前，李斯懊悔地对儿子说：“吾欲与若复牵黄犬俱出上蔡东门逐狡兔，岂可得乎？”这就是流传千古的“黄犬狡兔”之叹。

三

李斯泰山刻石具有相当重要的价值，是秦篆保留至今的唯一真迹。

据《史记·始皇本纪》载，秦始皇称帝后曾五次出巡，先后留下泰山、峄山、琅邪、芝罘、碣石、会稽六处七篇刻石，皆为李斯所书。其中芝罘、碣石刻石早毁，遗迹无从寻查；会稽刻石只存后人拓本；琅邪刻石剥离严重，字迹漫漶，难以辨认，现藏中国历史博物馆；峄山刻石被后魏太武帝拓跋焘捣毁，后人以拓本复刻石上。唐代杜甫曾至峄山，写下“峄山之碑野火焚，枣木传刻肥失真”的诗句。宋代欧阳修在《集古录》中也说峄山刻石“其字体差大，不类泰山存者”。峄山与泰山两处刻石相对照，其形神矩矱相差甚远。那么，泰山刻石堪称是李斯小篆唯一的传世真迹了。

李斯泰山刻石还是中国碑刻制度演变的重要见证。

中国刻石形制，最早见于东周，状为石鼓，亦称猎碣，形状上小下大，顶部微圆而下平，略近鼓状，或近圆柱体。秦代泰山刻石高约五尺，为不规则四方形，各面广狭不等。两篇铭文共二百二十二字，自西面开始向北、东、南面依次环刻。西面六行，北面三行，东面六行，南面七行，共二十二行，行十二字。二世诏书最后“制曰可”三字转在西南石棱上。到了汉代，就出现了比较统一规范的长方形石碑。其间嬗递传承关系，脉络清楚。泰山刻石的形制，是考查中国碑刻史的实物依据。

四

李斯泰山刻石也是中国文字史、书法史的生动教材。

小篆作为书体始于秦代，作为书法则始于李斯。李斯小篆在书体、书法的发展中都做出了不可磨灭的贡献。在书体上，秦篆起着规范前人、开启后世的传承作用。西周以来的古文、大篆在长期流传中已逐渐简化，秦统一六国以后，李斯以严苛的法令强制推行“书同文字”，经过削繁就简、省改烦冗芜杂的字形，成为既有规律又匀称美观的小篆，使形体结构整齐，偏旁部首统一，作为官方的标准文字通行天下。这种统一书体“废除了大量区域性的异体字，使文字更进一步整齐简易化了。这是在文化上的一项大功绩”（郭沫若《古代文字之辩证的发展》），是李斯把小篆体的发展推向极致。后来，因为小篆书写要求较高，不易应付急要文书，于是从小篆和古文简体字中衍化而来的隶书就有了重要的实用价值。经过秦代另一位书法家程邈的整理规范，逐渐形成了体势方整的秦隶，到了汉代，又成为鼎盛一时的八分隶书。在这当中，秦篆起着承上启下的重要作用。清代书法家王榕称赞李斯“体变周宣后，功垂汉武先”。

作为书法珍品，李斯把小篆书写艺术发展到完美境界，具有极高的艺术价值。其结构严谨凝重，端庄朴茂，疏密匀停。笔法疾若鹰望鹏逝，舒似游鱼得水，沉稳之中又见飘逸舒展，所谓“任其所之，莫不中律”。唐代张怀瓘《书断》称“李君创法，神虑精微，铁如肢体，虬为骖騑，江海淼漫，山岳巍巍，长风万里，鸾凤于飞”，斯篆书体“画如铁石，字若飞动”；元代郝经《太平顶读秦碑》赞之为“拳如钗股直如筋，屈铁碾玉秀且奇。千年瘦劲益飞动，回视诸家肥更痴”。他的篆书又被称为“玉筋篆”，至今仍为书篆、刻篆者奉为楷模，但历代能达到斯篆水平者，仅唐代李阳冰、金代党怀英等数人而已。

五

李斯泰山刻石峙立于泰山之巅碧霞祠西侧。经过两千多年的风雨沧桑，屡遭劫难，极富传奇色彩。汉代至隋唐罕有人提起，至宋代开始引起注意。宋真宗封禅泰山时，兖州太守献出四十字拓本。欧阳修好友江邻几任奉符县令时，亲临岱顶寻访此碑，尚存数十字。此后学者刘跂专程登岱考察，制成拓本，撰为《秦篆谱》一书。欧阳修《集古录》、赵明诚《金石录》都有著录。明代嘉靖年间刻石被毁，仅存二世诏书二十九字，移置碧霞祠东庑。现流传二十九字拓本即出于此。清乾隆五年（1740）碧霞祠毁于火，此石遂失。嘉庆二十年（1815）在岱顶整修时被发现，仅余残石两块，存十字“臣斯臣去疾昧死请矣臣”，嵌于大观峰前东岳庙西墙外侧之“读碑亭”内。道光十二年（1832）读碑亭倒塌，泰安县令徐宗干“索残石于瓦砾中”，移至山下岱庙中保存。光绪十六年（1890）残石被盗，县令毛蜀云大索十日，得石于泰城北关桥下，宣统二年（1910）五月，泰安知县俞庆澜在岱庙环咏亭附近专门建亭置放。今存于岱庙东御座，周围以玻璃镶嵌，使游客能一瞻李斯小篆风采。

六

李斯泰山刻石对泰山文化的贡献是巨大的。首先，秦始皇是封禅泰山的第一位封建帝王，它具有正统、一尊的性质，结束了氏族部落首领和春秋战国诸侯封禅祭祀的阶段，使泰山封禅史进入一个新的重要阶段。秦朝的统一与封禅，也包含李斯的历史功绩。其次，李斯泰山刻石一出，引发了泰山历代刻石热潮，形成了庞大的泰山刻石家族：汉代石表、北齐金刚经刻石、唐摩崖、宋摩崖、元明题刻、清乾隆万丈碑，或为丰碑巨制，或为娟秀小品，篆隶真草诸体荟萃，名家手迹洋洋大观，峰壑岩谷随处镌刻，登山道上目不暇接，汇为独具特色的碑刻文化，成为泰山文化不可或缺的重要组成部分。其首创之功，当毫无愧色地属于李斯。

睹符瑞见而臻乎泰山者

——司马迁与泰山

司马迁是西汉伟大的史学家、文学家。他的《史记·封禅书》把传说中的古代帝王直至秦始皇、汉武帝的泰山封禅活动进行整理，给予生动翔实的记载介绍，从而使这种富有浓厚政治、文化色彩的祭祀活动，引起后代帝王重视，作为隆重的国家大典加以延续。《史记》作为史书的范例，其《封禅书》也成为后世修史的重要内容，列出专章加以记载。可以说，对于封禅进行专门研究，始于司马迁；把封禅列入史书专章，亦始于司马迁。这是他对泰山文化具有开创性的独特贡献。

一

司马迁（前145—前87?），字子长，左冯翊夏阳县（今陕西韩城市芝川镇）人。他出身于中下层官吏家庭，高祖司马昌，秦始皇时为主铁官，曾祖司马无泽，汉初为长安“市长”，祖司马喜没有做官，而有第九等爵位，为“五大夫”，父司马谈，汉武帝建元（前140～前135）年间为太史令。司马迁十岁时随父到长安，开始学习古代文献，并受学于当时著名的儒学大师董仲舒、孔安国。二十岁时，大约是奉父命南下远游，从京师出发，“上会稽，探禹穴，阙九嶷，浮于沅、湘，北涉汶、泗，讲业齐、鲁之都，观孔子之遗风，乡射邹、峄，厄困鄱、薛、彭城，过梁、楚以归”。在二十五岁左右时登上仕途，担任“郎中”。元鼎六年（前111）秋，司马迁奉武帝之命出使巴蜀以南，代表朝廷视察和安抚西南少数民族地区。元封元年（前110）春，汉武帝准备东巡齐鲁，封禅泰山。司马谈侍从武帝到洛阳，因病不能前行。司马迁从西南返回，见到快要病死的父亲。父子执手而泣，司马谈做了临终嘱咐：“余先周室之太史也。自上世尝显功名于虞夏，典天官事。后世中衰，绝于予乎？汝复为太史，则续吾祖矣。今天子接千岁之统，封泰山，而余不得从行，是命也夫！命也夫！余死，汝必为太史；为太史，无忘吾所欲论著矣……自获麟以来四百有余岁，而诸侯相兼，史记放绝。今汉兴，海内一统，明主贤君忠臣死义之士，余为太史而弗论载，废天下之史文，余甚惧焉，汝其念哉！”司马迁对这番教诲刻骨铭心：“小子不敏，请悉论先人所次旧闻，弗敢阙。”元封三年（前108），司马迁继承父职，做了太史令，开始在“金匮石室”即国家藏书处阅读、整理历史资料。太初元年（前104），司马迁倡议并主持了改革历法的工作，把《颛顼历》改为夏历。改历结束后，开始写作《史记》，这年他四十二岁。

正当司马迁专心著述时，灾难意外降临。天汉二年（前99），李陵抗击匈奴，兵败投降，朝廷震惊。李陵是名将李广的孙子，司马迁曾与他同事，认为他是有“国士之风”的“奇士”，委身匈奴是迫于形势，日后必然寻机报答汉朝。正好武帝问他对此事的看法，他便以此相告。武帝认为是替李陵辩解游说，因而大怒，司马迁被问成死罪。当时根据两条旧例可以免死：一是拿钱赎罪，二是受“腐刑”。司马迁家贫无钱赎罪，而接受“腐刑”是对他极大的摧残和侮辱。他并不怕死，但是想到著述大业“草创未就”，不应轻于赴死，决心“隐忍苟活”以完成著述。太始元年（前96）六月，汉武帝大赦天下，司马迁出狱任中书令，实际是以宦官身份在内廷侍候。太始四年（前93），他在《报任安书》中说：“仆窃不逊，近自托于无能之辞。网罗天下放佚旧闻，略考其行事，综其始终，稽其成败兴坏之纪，上计轩辕，下至于兹，为《十表》《十二本纪》《书八章》《世家三十》《列传七十》，凡百三十篇。亦欲以究天人之际，通古今之变，成一家之言。”共“五十二万六千五百字，为《太史公书》”。说明他的著述此时已基本完成，时年五十二岁。此后司马迁事迹无考，大约卒于武帝末年（前87）。除《史记》外，曾有八篇赋作传世，今存《悲士不遇赋》。

二

《史记·封禅书》是前无古人的开创之作。司马迁以“从巡祭天地诸神名山川而封禅”的亲身见闻，结合对封禅文献的研究，“论次自古以来用事于鬼神者，具见其表里”。他首先对于封禅的起源做了可贵的探索。

司马迁父子认为封禅是远古流传下来的礼仪。司马谈称汉武帝封禅是“接千岁之统”，而不言承秦代封禅之制。司马迁《封禅书》也在开篇即指出：“自古受命帝王，曷尝不封禅？盖有无其应而用事者矣，未有睹符瑞见而不臻乎泰山者也。”其具体仪式，是“此泰山上筑土为坛以祭天，报天之功，故曰封。此泰山下小山上除地，报地之功，故曰禅”（张守节《史记正义》）。举行封禅有几个非常重要的条件：一是改朝换代，即“易姓而王”；二是致太平，即出现太平盛世；三是君王有德，“虽受命而功不至，至梁父矣而德不洽”，亦不能成功；四是符瑞见，即出现吉兆。这几个条件缺一不可，要求比较严苛。所以并不是所有君王都可以举行封禅，以至于“厥旷远者千有余载，近者数百载，故其仪阙然堙灭，其详不可得而记闻云”。

尽管如此，司马迁还是花了很大力气，搜集到一些有关封禅的历史文献。其中比较重要的有三条：

一是《管子》一书中的《封禅篇》。这大约是司马迁见到的最早文献。管子首先提出远古以来七十二代帝王封禅说，《史记·封禅书》中予以引录：

齐桓公既霸，会诸侯于葵丘，而欲封禅。管仲曰：“昔者封泰山禅梁父者七十二家，而夷吾所记者十有二焉。昔无怀氏封泰山，禅云云；虙羲封泰山，禅云云；神农封泰山，禅云云；炎帝封泰山，禅云云；黄帝封泰山，禅亭亭；颛顼封泰山，禅云云；帝喾封泰山，禅云云；尧封泰山，禅云云；舜封泰山，禅云云；禹封泰山，禅会稽；汤封泰山，禅云云；周成王封泰山，禅社首：皆受命然后得封禅。”

二是孔子关于泰山封禅的言论，出于《韩诗外传》等书，亦在《封禅书》中引录：

孔子论述六艺，传略言易姓而王，封泰山禅乎梁父者七十余王矣，其俎豆之礼不章，盖难言之。或问禘之说，孔子曰：“不知。知禘之说，其于天下也视其掌。”诗云纣在位，文王受命，政不及泰山。武王克殷二年，天下未宁而崩。爰周德之洽维成王，成王之封禅则近之矣。及后陪臣执政，季氏旅于泰山，仲尼讥之。

三是西汉辞赋家司马相如的《封禅赋》。《史记·马相如列传》中加以转引：

> 伊上古之初肇，自昊穹兮生民，历撰列辟，以迄于秦。率迩者踵武，逖听者风声。纷纶葳蕤，堙灭而不称者，不可胜数也。续《昭》《夏》，崇号谥，略可道者七十有二君。罔若淑而不昌，畴逆失而能存？轩辕之前，遐哉邈乎，其详不可得闻也。五三《六经》，载籍之传，维见可观也……

但是，司马迁并未完全把这些材料直接作为信史。他认为仅有这些尚不足够，因而采取了审慎态度，取《尚书》中的记载，以大舜祭祀泰山作为封禅的直接起点，即所谓“岁二月，东巡狩，至于岱宗……柴，望秩于山川”。此后有“禹遵之”，以至于周，遂成系统。因为资料文献缺乏，司马迁对封禅起源的研究受到很大限制，远未穷其究竟，但这种探索精神是相当可贵的。

三

《封禅书》以主要篇幅详细记载了秦始皇、汉武帝的封禅活动。

秦始皇兼并天下，改正朔，易服色，“即帝位三年（前219），东巡郡县，祠邹峄山，颂秦功业。于是征从齐鲁之儒生博士七十人，至乎泰山下”，在议论了一番古代封禅礼仪后，“遂除车道，上自泰山阳至巅，立石颂秦始皇帝德，明其得封也。从阴道下，禅于梁父。其礼颇采太祝之祀雍上帝所用，而封藏皆秘之，世不得而记也”（《封禅书》）。封禅的具体仪式，是采用“祀雍上帝”之礼。秦在雍设鄜、密、上、下四畤，分别祠白、黄、青、赤四帝。上帝即天，祭天称“郊”，与“封”内容一致，祭献用驹、犊、羔三牲及珪币，礼毕“皆生瘗埋”。

封禅仪式完毕后，始皇便匆匆“东游海上，行礼祠名山大川及八神，求仙人羡门之属”，从而把封禅与求仙拧在一起。当时源于燕齐一带的方仙道十分流行，他们认为东海之中有蓬莱、方丈、瀛洲三座神山，“盖尝有至者，诸仙人及不死之药皆在焉。其物禽兽尽白，而黄金白银为宫阙。未至，望之如云；及到，三神山反居水下。临之，风辄引去，终莫能至云”（《封禅书》）。始皇巡海上，“冀遇海中三神山之奇药”，于是先后派遣徐福、卢生、侯公、韩终、石生等人入海求仙。卢生人海归来，献上“亡秦者胡也”的谶言。始皇立即派大将蒙恬率兵三十万，北击匈奴。三年后，卢生又说仙药可求，只是有恶鬼作害，要避免，就不能泄露皇帝行止。于是始皇自称“真人”，不称“朕”，“乃令咸阳之旁二百里内宫观二百七十，复道甬道相连，帷帐钟鼓美人充之，各案署不移徙。行所幸，有言其处者，罪死”。始皇如此不计工本，唯命是从，孰料卢生等人却逃跑了，理由是：始皇贪婪残暴，秦法过于严酷，根本无法求得仙药。始皇暴怒，坑儒四百六十余人，作为对卢生等人的报复。徐福的求仙整整经历了九年，始皇一直念念不忘，其间两次东巡查看。第一次，徐福称已登上蓬莱拜见大神，只因所带礼物菲薄，不能见到仙药。欲得仙药，须选送男女三千人，携五谷良种去见大神。第二次，徐福称仙药可得，却又因蛟龙大鱼作乱，船不得停靠神山，须配置连发机弩及弓箭射杀之。恰逢始皇梦与海神搏战，海神的模样与人相同。根据占梦博士意见，这海神正是蛟龙大鱼的象征，射杀它便能找到真海神。于是始皇为徐福装备巨型渔网，并亲自伺候在连弩机旁一同下海，行至芝罘岛，一条大鱼浮出水面，始皇亲自射杀，除去了获取仙药的障碍。不料神山仙药仍未找到。此后徐福一去不复返，始皇在求药不得的归途中崩于沙丘。秦始皇的封禅与东巡求仙，真可谓“死而后已”。

汉武帝即位，有白麟、宝鼎之瑞，正应合武帝急于封禅的心理。元鼎六年（前110）下诏征涉西方北方，并亲率大军“行自云阳、北历上郡、西河、五原，出长城，北登单于台，至朔方，临北河。勒兵十八万骑，旌旗经千余里，威震匈奴”（《汉书·武帝纪》），然后先祭华山、嵩山，三月登泰山，因“泰山之草木叶未生，乃令人上石立之泰山巅”（《封禅书》），即玉皇顶之汉无字碑。武帝乃东行至海，求蓬莱仙人之属。四月还泰山，先于梁父禅地，又在泰山脚下东方，按照祭祀太一神的仪式举行封礼，其封土高九汉尺，阔一丈二尺，封土下秘埋玉牒书。封礼之后武帝独带奉车子侯霍嬗上泰山极顶，再行封礼，其仪式与内容皆秘之，第二天，自泰山之阴返回，按照祭祀后土之礼，再禅于泰山东北之肃然山，开创了两封两禅的先例。山巅封礼的唯一见证人霍嬗不久即暴亡，引起了人们的种种猜测。这显然与武帝神秘其事有关。典礼完毕，武帝在泰山旧有的明堂接受群臣朝贺祝寿，并颁布诏书，宣扬在泰山见到的种种神异，表示封禅已为上天接受，并改年号为“元封元年”。为了便于巡祀泰山又专门下诏“古者天子五载一巡狩，用事泰山，诸侯有朝宿地。其令诸侯各治邸泰山下”，想以泰山脚下的奉高城为东方行辕。元封二年，武帝据济南人公玉带所献《明堂图》，在泰山东侧周明堂遗址不远处重建明堂：“中有一殿，四面无壁，以茅盖，通水，圜宫垣为复道，上有楼，从西南入，命曰昆仑，天子从之入，以拜祠上帝焉。……祠太一、五帝于明堂上坐，令高皇帝祠坐对之。祠后土于下房，以二十太牢。”（《封禅书》）此后汉武帝又多次来泰山举行封禅大礼，并在明堂中接见臣下。

汉武帝伴随封禅泰山的求仙活动，较之秦始皇更为急切。他本来就“尤敬鬼神之祀”，热望得仙长生。早在即位之初，方士李少君便以献炼丹术、却老方见宠。少君称：“祠灶则致物，至物而丹砂可化为黄金，黄金成以为饮食器则益寿，益寿而海中蓬莱仙者乃可见，见之以封禅则不死，黄帝是也。”（《封禅书》）黄帝边封禅边求仙炼丹，最后升仙而去，正合武帝心愿，也正是武帝封禅泰山的模式。据《岱览》《莱芜县志》等记载，武帝曾命少君求仙于泰山东南之新甫山，建迎仙宫，新甫因此又名宫山，有少君祠、迎仙宫遗址。后来少君病死，武帝因尸解而去怅然若失。其后齐人少翁又以方术使武帝与死去的李夫人相见，被封为文成将军。后用帛书喂牛，假充牛腹生书之异，上书时被识破笔迹，于是被杀。后来与少翁同师学艺的栾大得宠。栾大“为人长美，言多方略，而敢为大言，处之不疑”。自称经常来往于海中，能见到安期生、羡门等仙人，但因身份低而得不到仙方。武帝乃以二千户封栾大为乐通侯，赐甲第、僮仆千人，又将卫长公主嫁他，以金万斤为嫁资，又任为五将军之职。于是“大见（武帝）数月，佩六印，贵震天下。而海上齐燕之间，莫不扼腕而自言有禁方，能神仙矣”。是年秋，栾大派去下海求仙的人不敢下海，因而上泰山祭奠。武帝使者随行监督，见方术用尽而无效验，栾大因之被杀。又有齐人公孙卿假托仙人传言。鉴于少翁、栾大的教训，劝说武帝要坚信神仙可求，但不可急于求成。武帝乃令天下郡国整治鬼道，在名山修筑宫观、祠坛，并遣使居之，以伺候仙人驾临。次年又匆匆赶至东海。依方士之说建五城十二楼，命曰迎年宫，并亲往礼祀上帝。返程至泰山，行巡守告祭之礼，并加禅泰山南部的石闾山，因为方士皆称此处为仙人之闾，故又命改称仙闾山。武帝求仙凡五十年，封禅祭祀泰山八次，对方士言听计从，却无任何效验，“天子益怠厌方士之怪迂语矣，然羁縻不绝，冀遇其真。自此之后，方士言神祠者弥众，然其效可睹矣”（《封禅书》）。司马迁在这些客观记述之中，表现出强烈的批判精神。

四

泰山封禅既然是天下统一的标志和象征，那么秦皇汉武的荒唐之举就不能仅视为笑料。司马迁正是从这些举动中透出的消息所反映出的政治内容，来寻求春秋至秦汉之间思想变革的轨迹，显示了他求实的探索精神和高人一筹的历史眼光。

在统治思想方面，秦朝奉行苛刻的严刑峻法导致暴亡。鉴于前车之覆，汉初统治者尊奉黄老，无为而治，使人民在战乱之后得以休养生息，无疑是正确得当的过渡措施。但要“永惟万世之统”，必须建立一套完整的统治思想体系，这是历史发展向秦汉学术思想提出的重大课题。汉初陆贾、贾谊开始强调儒家礼仪的守成作用，但统一思想的萌芽可追溯到更早时期。《史记·孟子荀卿列传》中记载的齐人邹衍，即利用《周易》的“阴阳消息”（矛盾的消亡与生息）为立论基础推出阴阳五行说。以之解释社会发展，则形成“五德始终”的历史循环论。其后《吕氏春秋》以阴阳五行为骨架，以宇宙万物为一体，从天、地、人相参的角度来沟通天人关系，为统一帝国做出论证。秦始皇即依照五行说制定出一整套制度。汉代淮南王刘安门客编集的《淮南子》以天人合一为原则，企望建立一种制度来规范社会，统一人心。武帝时董仲舒以儒家思想为基础，以阴阳五行为骨架，兼采诸家学说，建立了一个以天人感应为核心的哲学体系，为刘汉王朝的合理性、永恒性做出论证，并建立了与此相适应的社会政治制度和伦理规范，加强对人的思想和行为的控制。“罢黜百家，独尊儒术”是武帝推行这一学说的必然行动，秦汉学术思潮也从“百家争鸣”的思辨转化为“独尊儒术”的崇信。

《封禅书》中较多地保存了有关这种变化的资料，其中展现了司马迁的积极思想。这表现在他肯定重大变革在历史发展中的作用，赞扬秦始皇“兼并六国”、汉高祖“改制易俗”；于历史发展能“原始察终，见盛观衰”，即认真考察历史现象之始末，于盛世观其衰迹；着意于反映历史的发展与变化，所谓“略协古今之变”。他在《报任安书》中说自己“网罗天下放佚旧闻”的目的，就在于“究天人之际，通古今之变，成一家之言”，表现出高度自觉的历史责任感。历代修史书者，无人能达到其思想高度；《封禅》一书，近乎政治思想变革史，后世论封禅者，更无人达到其学术水平。

五

司马迁一生曾多次来往于泰山。他二十岁时奉父命南游，并在向往已久的泰山领略峰峦之伟岸，考察封禅的遗迹，流连低回，不能遽去。先父的遗恨，使司马迁对泰山的崇敬情感更加刻骨铭心。武帝历次到泰山，司马迁皆为随从，详于记述（王国维《太史公行年考》）。正是在这个基础上，才产生了他"承敝通变"的《封禅书》。

司马迁对泰山文化的贡献，不止于《封禅书》和《史记》中有关泰山的文字，更在于他的崇高精神和峻洁人格。遭李陵祸后，司马迁"身直为闺阁之臣"，"每念斯耻，汗未尝不发背沾衣也"。但他以"人固有一死，或重于泰山，或轻于鸿毛，用之所趣异也"来激励自己忍辱负重，完成著述大业。泰山在他心目中是至高无上的，他把"重于泰山"作为崇高的精神境界引入人生哲学，富有雄壮的阳刚气势。他在《报任安书》中还说："夫人情莫不贪生恶死，念父母，顾妻子，至激于理义者不然，乃有所不得已也。"他自己正是把事业置于生死之上。这种砥砺名节，慎于生死，推崇建功立业，名扬后世的思想，这种高度肯定个体人格的独立性、主动性，把个体对社会应承担的责任置于崇高地位的进取精神，是他一生辉煌的写照，也是泰山文化乃至民族精神中宝贵的财富。

与这种精神密切相连，他还十分推崇"不羁之才""倜傥非常"之人，肯定他们在遭受挫折的情况下做出的重大贡献、对社会不平的积极反抗，以及对黑暗的尖锐批判。他在《报任安书》中说："古者富贵而名摩灭，不可胜记，唯倜傥非常之人称焉。盖文王拘而演《周易》，仲尼厄而作《春秋》；屈原放逐，乃赋《离骚》；左丘失明，厥有《国语》；孙子膑脚，兵法修列；不韦迁蜀，世传《吕览》；韩非囚秦，《说难》《孤愤》；《诗》三百篇，大抵圣贤发愤之所为作也。此人皆意有所结，不得通其道，故述往事，思来者。"他的《史记》，也正是这种"发愤著书说"的具体实践，所以被鲁迅称为"史家之绝唱，无韵之《离骚》"。但是他的"舒愤"之作，不是精神的自我解脱，而是为了"遂其志之思"，寄希望于未来，执着于对理想的追求。这种不畏艰难的宏伟气魄和自强不息的可贵品格，也在激励着百折不挠、勇于创造的民族气质，强化着凝重深沉、坚韧不拔的泰山精神。

我本泰山人

——曹操、曹植与泰山

曹操、曹植父子是后汉三国时期影响巨大的杰出人物。曹操是著名的政治家、军事家、文学家，建安文学的领袖人物。曹植是“建安七子”的核心人物，建安时期最杰出、最有代表性的作家。曹操、曹植长期征战、生活于泰山周围地区，创作了一批泰山诗文，或豪迈纵横，慷慨悲凉，或词采华茂，情兼雅怨，成为建安文学的代表之作，也是泰山诗坛中的高华篇章。

一

曹操（155—220），字孟德，一名吉利，小字阿瞒，沛国谯（今安徽亳州）人。祖父曹腾是个宦官，顺帝时为中常侍大常秋，桓帝时封费亭侯。父曹嵩，本夏侯氏之子，是曹腾携养的螟蛉子，灵帝时仕至大司农、大鸿胪、太尉。曹操“少机警，有权数，而任侠放荡，不治行业”（《三国志·魏书·武帝纪》），当时，名士许子将称之为“治世之能臣，乱世之奸雄”，曹操听了竟开怀大笑，洋洋自得。曹操二十岁时举孝廉为郎，走上仕途，担任洛阳北部尉。后迁顿丘令，征拜议郎。汉灵帝中平元年（184），黄巾农民起义爆发。曹操以骑都尉镇压起义有功，升为济南相。上任后即惩贪官，去淫祠，兴教化，很快将济南国及所辖十几县治理得井然有序。

中平六年（189），灵帝死，董卓废少帝，立献帝，朝中大乱。袁绍、袁术起兵讨伐董卓，曹操也尽散家财，募得五千兵卒参加讨董。初平三年（192），他在泰山以南的东平境内大破黄巾军，收编青州籍黄巾降卒三十余万，组成“青州兵”。此后以兖州为根据地，参与争夺中原的战争。建安元年（196），他把转徙各地的汉献帝迎到许昌，挟天子以令诸侯。建安五年（200），他在官渡之战中一举消灭袁绍十几万大军，创造了以少胜多的著名战例。这两件大事奠定了曹操的胜局。经过十几年征战，到建安十三年（208）冬为止，曹操基本上统一了北方广大地区。但在南征时遇到孙权、刘备的联合抵抗，在赤壁之战中大败而归。建安十八年（213），曹操封魏公，建安二十一年（216）进号魏王，为夺取帝位做准备。建安二十五年（220）正月，曹操病卒于洛阳。十月，曹丕以禅代把汉献帝赶下台，登上皇帝宝座，建立魏朝，封曹操为“魏武帝”。

曹操一生“雅好诗书文籍，虽在军旅，手不释卷”（曹丕《典论·自叙》），“昼则讲武策，夜则思经传，登高必赋”（《三国志·魏书·武帝纪》裴注引《魏书》）。曾有《魏武帝集》三十卷，久佚。今《曹操集》存诗三十篇，文一百一十余篇，另有兵书《孙子注》等。

二

曹操曾征战于泰山地区，这是他军旅生涯走向全盛的起点。

汉献帝初平二年（191），黄巾军攻入泰山郡，泰山太守应劭率兵抵抗，激战数日后黄巾军退出。初平三年（192）夏，黄巾军转战泰山以南，攻克兖州、任城、东平，锋芒所向，势如破竹。据《三国志·魏书·武帝纪》载：“青州黄巾众百万入兖州，杀任城相郑遂，转入东平。（兖州刺史）刘岱欲击之，（济北相）鲍信谏曰：‘今贼众百万，百姓皆震恐，士卒无斗志，不可敌也。观贼众群辈相随，军无辎重，唯以钞略为资，今不若畜士众之力，先为固守。彼欲战不得，攻又不能，其势必离散，后选精锐，据其要害，击之可破也。’岱不从，遂与战，果为所杀。”鲍信（151—192），字元诚，泰山平阳（今新泰）人，汉司隶校尉鲍宣之后，是一位“沉毅有谋”，善于洞察时局、把握机遇的将领，且熟悉泰山一带地形及用兵伏倚之势，见到局面危急，乃请曹操领兖州刺史。曹操踌躇满志，以为黄巾军新胜必骄，乃设伏于东平，欲聚歼黄巾军。岂知黄巾军作战经验丰富，且“兵皆精悍”，反把孤军深入前来探营的曹操所部团团围住，鲍信死战，救曹操孤身逃出。战场上无处寻觅鲍信尸体，只得以木刻形加以祭奠。曹操发誓报仇，率重兵围困黄巾军，黄巾军逐渐不支，退至平阴、长清一带，最后被迫降曹。曹操“受降卒三十余万，男女百余万口，收其精锐者，号为青州兵”。青州兵大大增强了曹操的军事实力，成为他逐鹿中原的雄厚资本。他还先后收服泰山钜平（今汶口镇）人于禁、泰山华县（今临沂费县北）人臧霸，后来都成为曹操手下的一代名将。

此时曹操尚无固定的后方根据地，家眷只能随军转战各地。在曹操与黄巾军会战时，卞夫人生曹植于泰山。也在此时，曹操之父曹嵩携家小暂居泰山。曹操令泰山太守应劭将家小护送至兖州。而徐州刺史陶谦遣骑兵抢先一步，杀死曹嵩及操弟曹德，其余“阖门皆死”，应劭惧罪投奔袁绍。曹操后于兴平元年（194）攻伐陶谦，掠地至东海，“所过多所残戮”，进行报复。

三

曹操转战泰山，留有泰山诗二首。《蒿里》是一首以泰山为题，反映现实的名篇：

关东有义士，兴兵讨群凶。
初期会盟津，乃心在咸阳。
军合力不齐，踌躇而雁行。
势利使人争，嗣还自相戕。
淮南弟称号，刻玺于北方。
铠甲生虮虱，万姓以死亡。
白骨露于野，千里无鸡鸣。
生民百遗一，念之断人肠。

蒿里是泰山脚下小山，东汉至魏晋，人们认为死后魂归蒿里，遂以《蒿里》为民间送葬时的挽歌，后收入乐府曲调。曹操此诗是借用乐府古题写现实生活，深刻揭示了战乱给泰山地区人民带来的痛苦和灾难。

《气出唱》三首之一：

驾六龙乘风而行。
行四海外，路下之八邦。
历登高山临溪谷，乘云而行。

行四海外，东到泰山。
仙人玉女，下来翱游。
骖驾六龙，饮玉浆。
河水尽，不东流。
解愁腹，饮玉浆。
奉持行，东到蓬莱山。
上至天之门。
玉阙下，引见得入。
赤松相对，四面顾望，视正焜煌。
开王心正兴，其气百道至，传告无穷。
闭其口，但当爱气寿万年。
东到海，与天连。
神仙之道，出窈入冥，常当专之。
心恬澹，无所愒欲。
闭门坐自守，天与期气。
愿得神之人，乘驾云车，骖驾白鹿，
上到天之门，来赐神之药。
跪受之，敬神齐，当如此，道自来。

这也是一首乐府古曲，属《相和歌·相和曲》歌词，内容是写游仙。曹操晚年，常慨叹暮年来临，寿命终有期限，而统一天下大业尚未完成，于是幻想登仙山，寻不死药，以求益寿延年。诗中以浪漫手法，幻想周游海内，登上泰山，与仙人玉女遨游，饮玉浆，服仙药，得长生之道的情景。

有关泰山的文二篇。一篇是《表糜竺领嬴郡》，其文为：

泰山郡界广远，旧多轻悍。权时之宜，可分五县为嬴郡，拣选清廉以为守将。偏将军糜竺，素履忠贞，文武昭烈。请以竺领嬴郡太守，抚慰吏民。

此表写于建安元年（196）。糜竺，字子仲，东海朐（今潍坊临朐县）人，徐州牧陶谦的别驾从事官。陶谦病死后，糜竺奉其遗命迎刘备。建安元年，刘备为吕布所败，这时糜竺在人力财力上支援刘备，并将其妹许嫁刘备。曹操为分化刘备集团，向朝廷上表，荐举糜竺充当泰山郡太守，把他拉入自己的势力范围。但糜竺不肯接受，一直跟随刘备。后封安汉将军，位列诸葛亮之后。

一篇是《褒扬泰山太守吕虔令》。其文为：

> 夫有其志，必成其事，盖烈士之所徇也。卿在郡以来，禽奸讨暴，百姓获安，躬蹈矢石，所征辄克。昔寇恂立名于汝、颍，耿弇建策于青、兖，古今一也。

吕虔，字子恪，任城（今济宁）人。初平三年，自率家兵随曹操至东平会攻黄巾军。建安六年（201）曹操命之为泰山太守，率家兵到郡，收服袁绍部将郭祖，选其精壮者补充兵丁，“泰山由是遂有精兵，冠名州郡”（《三国志·魏书·吕虔传》）。同时又配合夏侯渊镇压了济南、安乐的黄巾军，因而受到曹操褒扬，举茂才、加骑都尉。吕虔“在泰山十数年，甚有威惠”。曹丕即位后，加裨将军，封益寿亭侯。

四

曹植（192—232），字子建，曹操第三子，三国时期最杰出的诗人。他的一生，以曹操去世为界分为两个时期。前期他大部分时间作为曹操最宠爱的儿子，几乎被立为太子；后期在魏文帝曹丕、魏明帝曹叡这对父子的猜疑、监控之下郁郁寡欢，最终以四十一岁的壮年忧郁而死。

曹植作为“生乎乱，长乎军”的乱世才子，在军旅中出生于泰山。他的少年时代是在泰山及其周围地区度过的。直至建安九年（204）曹操攻克袁绍盘踞的邺城（今河北临漳县），并把大本营安置在这里，才结束了曹植在泰山一带十三年的漂流生涯。曹植虽生长于军旅，却“少好词赋”（《与杨德祖书》），“十岁余，诵读《诗》《论》及辞赋数十万言，善属文”（《三国志·魏志》）。曹操在泰山一带征战时即注意“外定武功，内兴文学”，尽力招揽文学之士，形成以“三曹”为核心，以“建安七子”为骨干的庞大的邺下文人集团。“七子”之中孔融、王粲、徐干、刘桢都属泰山附近的山东作家。曹植就是在他们中间交流切磋，文学才能大有提高，天赋得以充分发挥。

曹植才华超众，待人坦诚，深得曹操喜爱，屡次欲立其为太子。但曹植热情外露，气质浪漫，“任性而行，不自雕励，饮酒不节”，尤其不擅权术谋略，在一些关键时刻不能自控，逐渐失去了曹操的信任。建安二十二年（217），曹植在留守邺城时醉酒，私乘王室马车，打开帝王本人举行典礼时才走的司马门，在驰道上纵情驰骋，使曹操大为震怒，处死与此事有关的公车令，并发布命令说：“始者谓子建，儿中最可定大事。”“自临淄侯私开司马门至金门，令吾异目视此儿矣。”建安二十四年（219），为解救被蜀军围困的曹仁，曹操任命曹植为南中郎将、行征虏将军。受命之时，曹植正喝得酩酊大醉，曹操只得撤回成命。而他的兄长曹丕却“御之以术，矫情自饰”，笼络左右，收买人心。每当曹操出征，诸子送别时，曹丕便伏地痛哭，以显示诚心，终于在太子之位的斗争中取得胜利。曹丕在建安二十五年（220）继位后，处心积虑地迫害这位同母兄弟，曹植的命运从此发生了根本变化。

曹丕首先把各兄弟遣赴封地，然后分而治之，对曹植尤其严苛。曹植来到封地临淄，不久，遭到监国使者灌均诬告，奏曹植“醉酒悖慢，劫胁使者”。曹丕本想借刀杀人，但因母亲卞太后干预，只得“从轻发落”，贬为安乡（今河北晋州市）侯，继又改封鄄城（今山东鄄城县）侯。黄初六年，曹丕卒，其子曹叡继位，对曹植表面稍见放松，骨子里仍在严加控制。太和三年（229），徙封曹植为东阿王，邑在今山东东阿县。太和六年，徙封陈王（今河南淮阳）。从曹丕即位至太和六年的十一年中，曹植封地多次迁徙，“号则六易，居实三迁，连遇瘠土，衣食不继”（《迁都赋序》），命运如飘荡的飞蓬，存身艰难竭蹶，前途亦难预测，使他终日汲汲无欢，到淮阳后不久便悒郁而终，卒年仅四十一岁。他生前待遇比诸兄弟“事事复减半”，死后谥号曰“思”，称“陈思王”。按《谥法》，“思”之意是“追悔前过”。在曹丕父子看来，曹植不仅生前有罪，而且终生未赎，死后还要继续悔罪。这种生死继之的骨肉相残，实在罕有其匹。

五

与自身的经历、处境相关，曹植的泰山诗多为游仙诗。作为聪颖敏慧的诗人，他长期处于险恶的环境之中，面临生存危机，曾一度以求仙访道来取得精神解脱。曹植的六处封地分处在泰山东、西、北方向，均与泰山相去不远。黄初年间在往返迁徙中，他曾多次游览泰山，观光名胜，求仙访道。《驱车篇》就是赞颂泰山神仙真人的篇章：

驱车挥驽马，东到奉高城。
神哉彼泰山，五岳专其名。
隆高贯云霓，嵯峨出太清。
周流二六候，间置十二亭。
上下涌醴泉，玉石扬华英。
东北望吴野，西眺观日精。
魂神所系属，逝者感斯征。
王者以归天，效厥元功成。
历代无不遵，《礼记》有品程。
探策或长短，唯德享利贞。
封者七十帝，轩皇元独灵。
餐霞漱沆瀣，毛羽被身形。
发举蹈虚廓，经庭升窈冥。
同寿东父年，旷代永长生。

他在奉高故城，遥望五岳之首的神奇泰山，高入云霓，似与天接。登顶观览，可遥视吴野。餐霞饮秀之际，不由联想起历代帝王封禅祭祀以求长生的故事。像黄帝那样求道学仙，最后乘龙飞升、永蹈仙籍的情景，历然如在眼前，怎不令人神往呢！

曹植另一首著名的泰山游仙诗是《飞龙篇》：

晨游泰山，云雾窈窕。
忽逢二童，颜色鲜好。
乘彼白鹿，手翳芝草。
我知真人，长跪问道。

西登玉堂，金楼复道。
授我仙药，神皇所造。
教我服食，还精补脑。
寿同金石，永世难老。

在清晨的云雾开合之际漫游泰山，遇到乘白鹿、执仙草、明眸皓齿的道童，虔诚地拜谒，并随入金玉雕琢的琼瑶仙阁，得到长生不老的仙药，像金石一样长存不朽。方外仙境是如此可遇可求，服药长生是这样易得，比之现实中的混浊丑恶，生计艰难，又是这样富有人情味，美好而富有吸引力，那么名山修仙，是最好不过的脱俗超尘办法了。

还有一首《仙人篇》：

仙人揽六著，对博太山隅。
湘娥抚琴瑟，秦女吹笙竽。
玉樽盈桂酒，河伯献神鱼。
四海一何局，九州安所如？
韩终与王乔，要我于天衢。
万里不足步，轻举凌太虚。
飞腾踰景云，高风吹我躯。
回驾观紫微，与帝合灵符。
阊阖正嵯峨，双阙万丈余。
玉树扶道生，白虎夹门枢。
驱风游四海，东过王母庐。
俯观五岳间，人生如寄居。
潜光养羽翼，进趋且徐徐。
不见轩辕氏，乘龙出鼎湖。
徘徊九天上，与尔长相须。

此诗自言求试无门，而应韩终、王乔之邀，上天寻求出路，升太虚，凌彩云，观紫微，会天神，登天门，过王母，遍游仙境，有人生寄居之感，只求羽化成仙，暗衬出现实中身受迫害、有志难伸的阴影。

曹植还有一些与泰山有关的反映现实的诗，抒发“忧生之嗟”的感叹。如《泰山梁甫行》就反映了封地周围人民的悲惨境遇：

八方各异气，千里殊风雨。
剧哉边海民，寄身于草野。
妻子象禽兽，行止依林阻。
柴门何萧条，狐兔翔我宇。

连年不息的战乱，使人民流离失所，栖身于山林荒野之中，土地荒芜，村舍废弃，触目伤心。诗人对封地的人民的惨况是充满同情的。

六

曹植是继曹操之后第二位创作泰山游仙诗的诗人。游仙诗之滥觞，起自秦始皇命人所作的《仙真人诗》，内容是求仙访药，长生不老。西汉淮南王刘安有《八公操》，歌颂金精吐气、驰骋风云的游仙生活。汉代以来统治者提倡信奉黄老，神仙之说遂成风气。这是产生游仙诗的深厚社会根源。汉乐府中也有《王子乔》《长歌行·仙人骑白鹿》等游仙诗。当时曹植的封地临淄一带，正是方术盛行的沃土，秦皇汉武的求仙访道，也主要在泰山至滨海之间进行。曹植自幼随军杀伐，原本是不信神仙的，所以“初谓道术，直呼愚民诈伪空言定矣”。但他在争立太子失败、曹丕继位后接连获罪，贬爵削封，乃转向研习仙术，“但恨不能绝声色，专心以学长生之道耳”(《释疑论》)。在精神极度苦闷，已濒绝望的情况下，只有在游仙的幻境中才能求得解脱安慰，这是此期曹植游仙诗大量产生的现实原因。

黄初四年(223)的政治事变，惊醒了曹植的游仙迷梦。是年诸王奉文帝曹丕之命朝京师，曹植的二哥任城王曹彰暴毙。曹彰骁勇善战，“不避险阻”，建安末年北征乌丸，吓退鲜卑，立下显赫军功，是颇受曹操倚重的“黄须儿”。操临终急召曹彰，未至已卒。曹彰认为曹操召他是安排由曹植继位，入宫便问：“先王印玺安在？”曹丕惧怕他的刚厉勇猛，更忌他在继位问题上支持曹植，早已视之为心腹之患，必欲除之而后安。曹彰的真正死因，在京诸侯内心都很清楚，曹丕的狠毒使得人人自危。归途中曹植与白马王曹彪同行，而监国使者灌均以“二王归藩，道路宜异宿止”为由阻止，而朝廷又早已实行“藩国不得交通”的隔绝政策，视手足如仇寇。在生离死别之际，长期重压和猝然变故造成的悲愁郁愤激荡汇流，促使曹植看清了兄弟阋墙的残酷，虚无的求仙也不能真正超脱。他在抒发悒郁悲怆心情的《赠白马王彪》诗中写道：“苦辛何虑思，天命信可疑。虚无求列仙，松子久吾欺。变故在斯须，百年谁能持。”此后他再也不相信天命，也再不写游仙诗了。

曹植多次经过、登临泰山，除寻仙访道的优游之外，还借此抒发积极入世、建功立业的政治热情。建安时期他就希望能“戮力上国，流惠下民，建永世之业，流金石之功”，至少也要像司马迁那样“采史官之实录，辨时俗之得失，定仁义之衷，成一家之言”（《与杨德祖书》），藏之名山，流传后世。后在“圈牢之养物”的困境中还再三上疏请命，欲率军将征吴伐蜀，“乘危蹈险，骋舟奋骊，突刃触锋，为士卒先”（《求自试表》）。他在诗中把泰山作为自己建功立业的象征和寄托，“愿蒙矢石，建旗东岳”（《责躬诗》），“拊剑西南望，思欲赴泰山”（《杂诗》）。在壮志难酬，落魄失意时，仍在吟咏“驾言登五岳，然后小陵丘”（《鰕䱇篇》）、“飘飖周八泽，连翩历五山”（《吁嗟篇》）。无论是求仙的愉悦经历，还是在现实的艰难处境中，曹植的整个精神世界都始终不渝地表现了对泰山的景仰思恋，心往神追。他在《盘石篇》中更直接明白地宣称“我本泰山人”。他在上给曹丕的《黄初六年令》中也自称“身轻于鸿毛，而谤重于泰山”，在失题诗中说“身轻蝉翼，恩重泰山”，“长者赐颜色，泰山可移动”，表达了同样的意思。他回忆年轻时生活的快意豪纵，也说是“愿举泰山以为肉，倾东海以为酒”。曹丕死后，他在《文帝诔》中称自己也行将魂归泰山，与曹丕为伴：“将登泰山，先皇作俪。”这是他生前再三提及的选择。他的封地东阿地处泰山支脉，境内有一座鱼山与泰山遥望，曹植经常登临，纵目遐观，希望死后能葬在鱼山之下。但不久又徙封为陈王，并卒于陈地，他的后人把他葬于龟山，实现了他魂归泰山的夙愿。曹植的一生，堪称是与泰山生死相随的。

七

曹操、曹植父子以反映现实和游仙为主要内容的泰山诗文，对后世产生了极大的影响。曹操诗风慷慨悲凉，气势豪放。明代胡应麟称其“雄才崛起，无论用兵，即其诗豪迈纵横，笼罩一世”(《诗薮》)。同时，曹操还开创了“拟乐府诗”的传统，把民间诗歌引入文人创作，成为重要诗歌体裁。他的两首泰山诗，都是泰山民歌的拟作。

曹植的诗文更是得到后世推重。钟嵘甚至说“陈思之于文章也，譬人伦之有周、孔，鳞羽之有龙凤，音乐之有琴笙，女工之有黼黻”(《诗品》)，这就把他的文章推崇到了神圣的地位。恃才傲物的谢灵运也说“天下才有一石，曹子建独占八斗，我得一斗，天下共分一斗”(《释常谈》)。后人学习曹植诗，竟有“抱篇章而景慕，映余辉以自烛”(《诗品》)的情形。曹植的《飞龙篇》《驱车篇》《仙人篇》等是泰山享有的第一批游仙诗，这几首作品想象奇丽，意境开阔，具有很高的艺术水平，后人称为：“游仙诗到此，真是‘轻举凌太虚’，觉后人所作，俱是屋下架梁。”(宝香山人《三家诗·曹集》)曹植的游仙诗，在神仙思想的表层下，蕴藏着强烈关心现实、渴望建功立业的激越跳荡的诗魂，看似漫不经心的游仙，更加激发着对现实的关注。唯其如此，游仙诗才能称为泰山文化中的异珍奇宝。

环水出泰山　东流注于海

——郦道元与泰山

郦道元是南北朝时期著名的地理学家，也是“中世纪时代世界上最伟大的地理学家”（陈桥驿《水经注全译·序》引日本地理学家米仓二郎语）。他的《水经注》是一部杰出的地理学著作。该书《汶水》篇以汶水源流为纲，记载了泰山及其周围地区的自然地理与人文地理，涉及大量名胜古迹、历史典故、人物传说、风俗民情等等，因而成为南北朝以前泰山历史文化及沿革的权威著作，受到广泛的重视。

一

郦道元（？—527），字善长，范阳涿州郦亭人。郦道元的曾祖父郦绍，原在鲜卑族慕容氏建立的后燕任濮阳太守，当北魏道武帝拓跋珪南征时，慕容氏败亡，他以郡迎降，任北魏兖州监军。郦道元的祖父郦嵩，官至天水太守。道元之父郦范，于魏元帝拓跋嗣泰常年间任太子拓跋焘的老师。拓跋焘即位后对郦范“赐爵永宁男”。献文帝拓跋弘皇兴（467～471）年间，他任征南大将军慕容白曜的司马，在平定齐鲁的战争中，以奇谋攻克东平、肥城、邹县等地，并劝说慕容氏以信义民心为重，使城中军民免遭屠杀劫掠。因军功“表为青州刺史，进爵为侯，加冠军将军”。此后不久，又“除平东将军、青州刺史，假范阳公”（《魏书·郦范传》），成为北魏的五朝重臣。

郦道元的青少年时代是在青州度过的。他大约在皇兴三年（469）父亲首次任青州刺史任中生于青州。他在《水经注》中几次写到在青州一带的儿时游历。郦道元在太和十六年（492）以前曾任尚书祠部郎中、尚书主客郎中及太尉元丕的掾属等职。后被御史中尉李彪引为治书侍御史，太和十八年李彪被劾，牵连道元罢官。他在景明（500～503）年间任冀中镇东府长史，颍州太守；永平（508～512）年间任鲁阳太守。宣武帝延昌四年（515），郦道元任东荆州刺史，因故罢官，直到孝明帝正光五年（524）始为河南尹。中间闲居十年，可能就是他撰写《水经注》的时间。在河南尹任上，他奉命与李崇一起去北边筹处“六镇”改州事宜，次年又率兵讨叛将元法僧于彭城，因军功于孝昌二年（526）升御史中尉。他为官“素有严猛之称，权豪始颇惮之，而不能有所纠正，声望更损”（《北史 · 郦道元传》）。后因事杀了汝南王元悦的亲信，结下怨恨。时雍州刺史萧宝夤在关中谋反，元悦借机举郦道元为关右大使前往巡察，被萧宝夤杀害于阴盘驿亭。

郦道元自幼好学，历览奇书。他的《水经注》是为《水经》一书所作的注。据《隋书 · 经籍志》《旧唐书 · 经籍志》《新唐书 · 艺文志》《通志 · 艺文略》等书著录，《水经》与《水经注》各有两种：一种是《水经》三卷，汉桑钦撰，晋郭璞注，今皆亡佚；另一种是三国佚名撰，郦道元注。后人不察，多以郦氏所注为桑钦《水经》，引起很多混乱。《水经》一书内容简略，文字枯燥。郦氏以《水经》水道为纲，做了二十倍的补充发挥，实际上已另成专著。全书约三十万字，所记水道一千三百八十九条，逐一说明各水的源头、流向、经过、支津、汇合及河道变迁情况，并对每个流域内的山陵岗峦、陂池湖沼、水利工程、古迹名胜、神话传说、历史故事、动植物矿、土特名产等，都有具体详明的记载。《水经注》集南北朝时期以前地理著作之大成，是“六朝地志”中的代表作，是我国古代地理学史上最为重要的著作。一千五百年来，一直是历史地理学、考古学、水利史等方面的重要文献，经常为各方面研究者作为权威著作称引。

二

《水经注》卷二十四《汶水篇》记载了大量关于泰山的内容。记载顺序是按汶水流向，从源头开始，到入济为止。汶水源头有二处：一是泰山，一是属于泰山山脉的莱芜原山。流经泰山东部、南部，向西经东平，进巨野泽（今东平湖）入济水（即大清河，清咸丰五年黄河夺大清河道，即今黄河）。《汶水篇》中首先记载了与泰山封禅祭祀有关的名胜古迹和事项。

泰山天门　天门是泰山最为险峻之处。郦氏引《汉官马第伯封禅仪记》云："光武封泰山，第伯从登。山去平地二十里，南向极望无不睹，其为高也如视浮云，其峻也，石壁窅窱……仰视岩石松树，郁郁苍苍，如在云中；俯视溪谷，碌碌不可丈尺。直上七十里，仰视天门，如从穴中视天矣。"应劭《汉官仪》云："泰山东南山顶，名曰日观。日观者，鸡一鸣时，见日始欲出，长三丈许，故以名焉。"郦氏所引《汉官马第伯封禅仪记》文字与今存者不同，或为当时有异本流传。天门以东溪谷，便是汶水源头之一。郦氏记曰："右合天门下溪水，水出泰山天门下谷，东流。古者帝王升封，咸憩此水，水上往往有石窍存焉，盖古设舍所跨处也。"此溪当为今扫帚峪。沿峪上行，至大天烛峰下的洗鹤湾石梁，仍留有许多很深的石柱窝，即为郦氏记中之"石窍"。

泰山三庙　此部分主要引《从征记》所载。《从征记》是东晋义熙五年（409）伍缉之从晋相刘裕北伐南燕，到达泰山地区所著《从刘武王西征记》的简称。因实地勘察泰山名胜，而记载详细准确。泰山三庙即上、中、下三庙，上庙在岱顶封禅处，中庙大体位置在今王母池西侧，"东南夹涧"，屋宇崇丽。下庙即今岱庙，"墙阙严整，庙中柏树夹两阶，大二十余围，盖汉武所植也……门阁三重，楼榭四所，三层坛一所，高丈余，广八丈，树前有大井，极香冷，异于凡水……库中汉时故乐器，及神车木偶，皆靡密巧丽。又有石勒建武十三年永贵侯张余上金马一匹，高二尺余，形制甚精"，这是关于岱庙最早的文字记载。

汉明堂　是据《史记·封禅书》改写。郦氏记曰："汉武帝元封元年，封泰山，降坐明堂于山之东北址。武帝以古处险狭而不显也，欲治明堂于奉高旁，而未晓其制。济南人公玉带上黄帝时明堂图，图中有一殿，四面无壁，以茅盖之，通水。环宫垣为复道，上有楼，从西南入，名曰昆仑。天子从之入，以拜祀上帝焉。于是上令奉高作明堂于汶水，如带图也。古引水为壁雍处，基渎存焉。世谓此水为石汶。《山海经》曰：环水出泰山，东流注于海，即此水也。"令大津口乡以西明堂河、明堂泉即其遗址。其水因环绕明堂，故名环水。

亭亭山　在今泰山以南汶口镇境内。《史记·封禅书》引《管子·封禅篇》："黄帝封泰山，禅亭亭。"郦氏记曰："汶水又西南迳亭亭山东，黄帝所禅也。山有神庙，水上有石门，旧分水下溉处也。"

徂徕之松　《诗经》中有"徂徕之松"。郦氏征引多种古籍来说明徂徕之松的神异，如《广雅》说："道梓松也。"《抱朴子》引《玉策记》说："千岁之松中有物，或如青牛，或如青犬，或如人，皆寿万岁。”《鲁连子》说：“松枞高千仞而无枝，非忧王室之无柱也。”《尔雅》曰：“松叶柏身曰枞。”《邹山记》说：“徂徕山在梁甫、奉高、博三县界，犹有美松，亦曰尤崃之山也。”西汉末年赤眉军首领樊崇曾占据此山，所以自称为“尤崃三老”。

三

《汶水篇》中的大部分内容记载了泰山地区汶水流域的史迹典故。

菟裘城　郦氏记曰：“汶水又南，左会淄水，水出泰山梁父县东，西南流，迳菟裘城北。”据《左传·隐公十一年》：“羽父请杀桓公，以求太宰。（隐）公曰：‘为其少故也，吾将授之矣。使营菟裘，吾将老焉。’羽父惧，反谮于桓公而请弑之。”鲁隐公为同父异母的弟弟公子轨代掌国政，在位十一年。大将羽父居功自傲，要求当宰相，并劝说隐公杀掉公子轨。隐公说当时摄政是因为公子轨年少，现在该把君位让给他了，我已经派人到菟裘城去盖房子准备隐居了。此言引起羽父惊慌，又跑到公子轨处策动杀死隐公自立，是为桓公，羽父也当上了太宰。此后士大夫多以“菟裘”指代归隐退居，如苏轼有“一林丛竹吾菟裘”诗句。菟裘城遗址在今新泰市楼德镇。

文姜台　郦氏记曰：“汶水又南迳钜平县故城东，而西南流。城东有鲁道，《诗》所谓‘鲁道有荡，齐子由归’者也。今汶水夹水有文姜台。”文姜之事见《诗经·齐风·载驱》篇：“汶水汤汤，行人彭彭。鲁道有荡，齐子翱翔。汶水滔滔，行人儦儦。鲁道有荡，齐子游敖。”另外《南山》《敝笱》两篇内容与此相同，都是讽刺齐襄公与文姜的。襄公与文姜是同父异母兄妹，二人私通，后来文姜嫁鲁桓公。《左传·桓公十二年》载，鲁桓公陪文姜回国走娘家，兄妹重续旧情，被鲁桓公察觉。襄公派力士彭生将鲁桓公“拉杀”。文姜返鲁后，仍经常到齐国与襄公幽会。后来干脆在齐鲁交界处筑城以为会合之所。《载驱》篇正是描写兄妹相会的情景，以欲抑先扬手法讽刺这种荒淫无耻的行径。文姜台旧址在今汶口镇东北，土台高1.8米，面积2.25万平方米。

无盐邑　郦氏记曰：“其右一汶西流，迳无盐县之故城南，旧宿国也，齐宣后之故邑，所谓无盐丑女也。”无盐丑女即钟离春，战国时齐国无盐邑人，史载她丑陋无比，凹头深目，皮肤若漆，但才识超人，常自夸耀，年已四十尚未出嫁，《列女传·辩通》载，钟离春粗衣麻服求见齐宣王，面陈“四殆”，即齐宣王面临的“四大危机”：一是外有强敌，内有奸佞，太子未立，而宣王沉湎女色；二是修建豪华奢丽的五层渐台，饰以黄金白玉，民力不堪负担；三是奸邪当道，言路阻塞；四是宴乐无度，贻误外交内政。有此四危，齐国岂有不亡之理？宣王沉默良久，叹道：说得好，真令我茅塞顿开！于是传令拆渐台，罢女乐，退谄谀，实府库，进直言，立太子，并拜钟离春为王后。从此齐国日益强盛，成为与秦国抗衡的东方强国。无盐邑在今东平县宿城镇无盐村，民间至今流传这样的歌谣：“无盐娘娘长得丑，她为齐王定九州。”

寿张城 郦氏记曰：“次一汶西迳郈亭北，又西至寿张故城东，遂为泽渚。初平三年，曹公击黄巾于寿张，鲍信战死于此。”这是说曹操大破黄巾军的事情。史称鲍信：“家本修儒，治身至俭，而厚养将士，居无余财。”（《三国志·魏书》本传）寿张城汉代属兖州东平郡，其址今为东平湖淹没。

孔子遗迹三处：

龟山 郦氏记曰：“龟山在博县北十五里，昔夫子伤政道之陵迟，望山而怀操，故《琴操》有《龟山操》焉。山北即龟阴之田也。《春秋》定公十年，齐人来归龟阴之田是也。”龟山在今新泰市谷里镇境内。

郕邑 郦氏记曰：“昔孔子行于郕之野，遇荣启期鹿裘被发，琴歌三乐之欢，夫子善其能宽矣。”此事见于《列子·天瑞篇》，说孔子游泰山，在郕邑之郊遇到荣启期鼓琴而歌，自称有三乐：为人，为男，长寿。孔子叹为能自我宽慰者。郕之遗址在今宁阳县东庄乡境。

中都城 郦氏引《郡国志》记曰：“须昌县有致密城，古中都也，即夫子所宰之邑矣。制养生送死之节，长幼男女之礼，路不拾遗，器不雕伪矣。”其遗址在今东平县老湖镇埠子村以西，为东平湖淹没。

四

《水经注》的成就，与郦道元的科学研究方法密不可分。他在详备占有资料的基础上，结合野外实地考察，利用外出机会把实地情况与文字材料相互比较。凡亲到之处，必有精详生动的描述，所谓“列山川图，以方志参差，遂令寻其源流……既在迳见，不容不述”（《汝水篇》）。他的足迹遍及泰山周围地区，都有明确的考证描写。如在泰山以东，有卷二十六《淄水篇》关于“营丘”的考证。在泰山以北，卷八《济水篇》有对大明湖和华不注山的生动描写。在泰山以东，对属于泰山山脉的莱芜谷的描写，仅有二百余字，却是一篇精致生动的山水小品：

> 自入莱，芜谷夹路连山百数里，水隍多行石涧中，出草药，饶松柏，林藿绵濛，崖壁相望。或倾岑阻径，或回岩绝谷，清风鸣条，山壑俱响，凌高降深，兼惴栗之惧，危蹊绝径，过悬度之艰。未出谷十余里，有别谷在孤山，谷有清泉，泉上数丈，有石穴二口，容人行入，穴丈余，高九尺许，广四五丈，言是昔人居山之处，薪爨烟墨，犹存谷中。林木致密，行人鲜有能至矣。又有少许山田，引灌之踪尚存。出谷有平丘，面山傍水，土人悉以种麦，云此丘不宜植稷黍而宜麦，齐人相承以殖之，意谓麦丘所栖愚公谷也，何其深沈幽翳，可以托业怡生如此也。
>
> 余时迳此，为之踟蹰，为之屡眷矣。

莱芜谷在莱芜与博山交界处，即今青石关一带。郦氏沿途写来，富有动感，着眼于谷中不同景物的差异，移步换形，随物宛转，又运用全景、近景，时而鸟瞰，时而点染，既具整体感，又不乏灵动，间又表达出自己的真情实感，抒发不同景物中不同心情和体验。在语言运用上，既不同于辞赋，也不完全是骈文，而是以散驭骈，流畅自然，摇曳多姿，形成了简练精粹，绚丽多彩，峭拔隽永，带有山水诗化的风格。

五

对于泰山，郦道元没有亲自登临的明确记载，但这并不影响他关于泰山描述的准确性和权威性。《汶水篇》中泰山描写仅有四千七百余字，却征引了大量古籍文献，显示了严谨求实的科学态度。文中指明的书目有二十二种，未指明书目而引文的有七种，合计为二十九种。这些文献的搜集运用，显示了郦氏作为学者的渊博学识，也成为他准确描摹泰山汶水的重要基础。其中有些古籍如《从征记》等早已亡佚，其引用的资料更是珍贵。其中泰山三庙之说极其详尽描述，更是汉代泰山庙宇的独家记载。但郦氏并非机械地列举堆砌材料，而是在详细占有资料的基础上，加以精到的考证核实，辨误指谬，文字上经过加工润色，统摄熔铸，有所创新，然后荟萃成为一家之言。

《水经注》作为一部杰出的地理学著作，不仅轰动一时，而且有着持久的生命力和影响，明清以降，《水经注》成为史学、文学、方志学中的一门显学，被称为“郦学”。从明代开始编纂泰山志、泰安志，都把《水经注》作为参考文献的首选书目加以广泛引用，视为权威论断。当代《泰山志》中关于汶水的起源，一仍郦氏之说，也是符合客观实际的。《水经注》不仅具有严谨的科学性，还具有很强的文学性。古人认为郦道元是山水散文的高手，《水经注》是游记文学的先导。明代朱子臣称之为“山水朋友，性命文章，是名士本色”(《水经注删》)，明末清初张岱更直接点出：“古人记山水手，太上郦道元，其次柳子厚，近时则袁中郎。”(《琅嬛文集》卷五《跋寓山注》)柳宗元游记不少地方可以看出《水经注》的影响。历代作泰山诗、游记的名家高手，如宋朝苏轼、明朝钟惺、清朝姚鼐等，也都从《水经注》中受到启发，吸取营养，写出一篇篇华彩的泰山美文。

天门一长啸　万里清风来

——李白与泰山

李白是伟大的浪漫主义诗人，唐代开元、天宝年间诗坛上的煌煌巨星。他的光芒一直辉耀着古代诗坛，被誉为“诗仙”。他以天纵之才，谱出雄奇瑰丽、豪壮奔放的诗篇，反映着盛唐的时代精神。天宝初年，他来到泰山求仙访道，寻奇探胜，并隐居徂徕，留下了奇丽的泰山诗文，也留下了他在那一特殊时期的心路历程，成为泰山文学宝库中不可多得的珍品佳作。

一

李白（701—762），字太白，是凉武昭王暠的九世孙，与李唐皇室同宗。其先世在隋末时远谪西域，居于碎叶（今吉尔吉斯斯坦托克城附近）。至中宗神龙初年，李白之父才携家迁回内地，居于绵州昌隆县青廉乡（今四川江油市）。父李客终身未仕，但很有文化教养。李白自述“余小时家大人令诵《子虚赋》”，并自称“五岁诵六甲”，“十岁观百家”，又说“十五观奇书，作赋凌相如”，年龄稍长，便走出家门，结识了一些豪侠之士和隐者、道士。开元八年（720）李白二十岁时，宰相苏颋因事被出为益州（今四川成都）大都督府长史，李白中途以诗文谒见，苏大加赞赏，称李白“天才英丽，下笔不休，虽风力未成，且见专车之骨。若广之以学，可以相如比肩也”（《上安州裴长史书》），这给李白以极大的鼓舞。开元十三年（725），李白二十五岁，已是满腹经纶，制作盈笥，习得一身才艺，遂“仗剑去国，辞亲远游”，沿长江东下，出三峡，到江陵，泛洞庭，登庐山，直下金陵、扬州、会稽一带，最后到达湖北安陆，与前朝宰相许圉师的孙女结婚，从此以安陆为中心四处漫游，为时十年之久。

开元二十四年（736），李白移家山东任城（今济宁市），直至乾元二年

（759）移家梁园，共寄家山东达二十三年之久。天宝元年纵游泰山。同年秋被召入京，供奉翰林院，受到玄宗礼遇。李白原以为得到君臣遇合的良机，可以施展抱负，大济苍生了。结果不过是文学侍臣，未见重用。李白以诗人的敏感，透视大唐的繁荣表象，看到朝中的黑暗腐败、社会潜在的危机，他深感失望痛心，上疏求去，于天宝三年初被“赐金放还”，实际在京时间仅一年有余。

天宝十四年（755）十一月，安史之乱爆发。李白避乱隐居庐山屏风叠。永王璘东巡，招入幕府。后永王在与肃宗李亨的争斗中兵败被杀，李白受牵连下狱，被流放夜郎（今贵州桐梓一带）。乾元二年（759）行至巫山，遇赦东归。上元二年（761）秋，李光弼率军抵抗史朝义，李白入幕府请缨杀敌，途中因病返回金陵，投奔任当涂县令的族叔李阳冰。宝应元年（762）冬，李白逝于当涂，享年六十二岁。临终以手稿付李阳冰，阳冰编为《草堂集》，并为作序。

二

李白携夫人许氏、女儿平阳，于开元二十四年（736）移家任城。其时李白的六叔父为任城县令，族弟李凝为单父（今单县）主簿，近世族祖李辅为鲁郡（今兖州）都督，从祖为济南太守，另外还有族弟李幼成、李令问等亦在鲁地供职。李白在此结交各地名士，与杜甫、高适漫游。齐鲁山川名胜，多有其游踪足迹。

天宝元年（742）四月，李白来到泰山，作较长时间的游览逗留，并写下了一批关于泰山的作品。

《游泰山六首》：

其一

四月上泰山，石屏御道开。
六龙过万壑，涧谷随萦回。
马迹绕碧峰，于今满青苔。
飞流洒绝巘，水急松声哀。
北眺嶂奇，倾崖向东摧。

洞门闭石扇，地底兴云雷。
登高望蓬瀛，想象金银台。
天门一长啸，万里清风来。
玉女四五人，飘飖下九垓。
含笑引素手，遗我流霞杯。
稽首再拜之，自愧非仙才。
旷然小宇宙，弃世何悠哉。

其二

清晓骑白鹿，直上天门山。
山际逢羽人，方瞳好容颜。
扪萝欲就语，却掩青云关。
遗我鸟迹书，飘然落岩间。
其字乃上古，读之了不闲。
感此三叹息，从师方未还。

其三

平明登日观，举手开云关。
精神四飞扬，如出天地间。
黄河从西来，窈窕入远山。
凭崖览八极，目尽长空闲。
偶然值青童，绿发双云鬟。
笑我晚学仙，蹉跎凋朱颜。
踌躇忽不见，浩荡难追攀。

其四

清斋三千日，裂素写道经。
吟诵有所得，众神卫我形。
云行信长风，飒若羽翼生。
攀崖上日观，伏槛窥东溟。

海色动远山，天鸡已先鸣。
银台出倒景，白浪翻长鲸。
安得不死药，高飞向蓬瀛。

其五

日观东北倾，两崖夹双石。
海水落眼前，天光遥空碧。
千峰争攒聚，万壑绝凌历。
缅彼鹤上仙，去无云中迹。
长松入霄汉，远望不盈尺。
山花异人间，五月雪中白。
终当遇安期，于此炼玉液。

其六

朝饮王母池，暝投天门关。
独抱绿绮琴，夜行青山间。
山明月露白，夜静松风歇。
仙人游碧峰，处处笙歌发。
寂静娱清晖，玉真连翠微。
想象鸾凤舞，飘飖龙虎衣。
扪天摘匏瓜，恍惚不忆归。
举手弄清浅，误攀织女机。
明晨坐相失，但见五云飞。

《梁甫吟》：

长啸梁甫吟，何日见阳春。
君不见朝歌屠叟辞棘津，八十西来钓渭滨。
宁羞白发照清水，逢时壮气思经纶。
广张三千六百钓，风期暗与文王亲。

大贤虎变愚不测，当年颇似寻常人。
君不见高阳酒徒起草中，长揖山东隆准公。
入门不拜骋雄辩，两女辍洗来趋风。
东下齐城七十二，指挥楚汉如旋蓬。
狂客落魄尚如此，何况壮士当群雄。
我欲攀龙见明主，雷公砰訇震天鼓。
帝旁投壶多玉女，三时大笑开电光。
倏烁晦冥起风雨。
阊阖九门不可通，以额扣关阍者怒。
白日不照吾精诚，杞国无事忧天倾。
猰貐磨牙竞人肉，驺虞不折生草茎。
手接飞猱搏凋虎，侧足焦原未言苦。
智者可卷愚者豪，世人见我轻鸿毛。
力排南山三壮士，齐相杀之费二桃。
吴楚弄兵无剧孟，亚夫咍尔为徒劳。
梁甫吟，声正悲。
张公两龙剑，神物合有时。
风云感会起屠钓，大人峣屼当安之。

《拟恨赋》：

晨登太山，一望蒿里。松楸骨寒，宿草坟毁，浮生可嗟，大运同此。于是仆本壮夫，慷慨不歇，仰思前贤，饮恨而没。

昔如汉祖龙跃，群雄竞奔，提剑叱咤，指挥中原，东驰渤澥，西漂昆仑，断蛇奋旅，扫清国步，握瑶图而倏升，登紫坛而雄顾。一朝长辞，天下缟素。

若乃项王虎斗，白日争辉。拔山力尽，盖世心违。闻楚歌之四合，知汉卒之重围，帐中剑舞，泣挫雄威。骓兮不逝，喑恶何归。

至如荆卿入秦，直度易水。长虹贯日，寒风飒起。远仇始皇，拟报太子。奇谋不成，愤惋而死。

若夫陈后失宠，长门掩扉。日冷金殿，霜凄锦衣，春草罢绿，秋萤乱飞，恨桃李之委绝，思君王之有违。

昔者屈原既放，迁于湘流，心死旧楚，魂飞长楸。听江风之嫋嫋，闻岭狖之啾啾。永埋骨于渌水，怨怀王之不收。

及夫李斯受戮，神气黯然。左右垂泣，精魂动天。执爱子以长别，叹黄犬之无缘。

或有从军永决，去国长违，天涯迁客，海外思归。此人忽见愁云蔽日，目断心飞，莫不攒眉痛骨，抆血沾衣。

若乃错绣毂，填金门。烟尘晓沓，歌钟昼喧。亦复星沉电灭，闭影潜魂。

已矣哉，桂华满兮明月辉，扶桑晓兮白日飞。玉颜灭兮蝼蚁聚，碧台空兮歌舞稀。与天道兮共尽，莫不委骨同归。

三

李白游历泰山期间，还有一批酬赠之作。游泰山之后，李白即于初秋到泰山南麓的徂徕山。这是他第三次到徂徕。早在开元二十四年冬，他到任城刚刚半年，即到徂徕山，结识了孔巢父。开元二十八年秋，再至徂徕，与孔巢父等人隐居。据《旧唐书·文苑传》：李白“与鲁中诸生孔巢父、韩准、裴政、陶沔、张叔明隐于徂徕山，酣歌纵酒，时号竹溪六逸”。竹溪遗址在徂徕山乳山之下，今尚留有李白“独秀峰”题刻。孔巢父字弱翁，孔子三十七世孙，自幼勤学，长期隐居徂徕山。据《旧唐书》本传载：“永王璘起兵江淮，闻其贤，以从事辟之。巢父知其必败，侧身潜遁，由是知名。”看来他的政治判断力远高于李白。唐德宗时任河中、陕、华等州招讨使，寻兼御史大夫，充魏博宣慰使，后在平叛中遇害，是一名大器晚成的政治家。“六逸”中其余皆处士、山人之流。开元二十八年，李白夫人许氏病故于任城，孔巢父等人大约是前来吊唁，李白有《送韩准裴政孔巢父还山》：

猎客张兔罝，不能挂龙虎。
所以青云人，高歌在岩户。

韩生信英彦，裴子含清真。
孔侯复秀出，俱与云霞亲。
峻节凌远松，同衾卧盘石。
斧冰漱寒泉，三子同二屐。
时时或乘兴，往往云无心。
出山揖牧伯，长啸轻衣簪。
昨宵梦里还，云弄竹溪月。
今晨鲁东门，帐饮与君别。
雪崖滑去马，萝径迷归人。
相思若烟草，历乱无冬春。

还有与友人鲁颂告别的《别鲁颂》：

谁道泰山高，下却鲁连节。
谁云秦军众，摧却鲁连舌。
独立天地间，清风洒兰雪。
夫子还倜傥，攻文继前烈。
错落石上松，无为秋霜折。
赠言镂宝刀，千岁庶不灭。

李白还遇到了来自布山的王山人。布山又名布金山，在泰山西南八十里，今肥城境。临别时作《赠别王山人归布山》：

王子析道论，微言破秋毫。
还归布山隐，兴入天云高。
尔去安可迟，瑶草恐衰歇。
我心亦怀归，屡梦松上月。
傲然遂独往，长啸开岩扉。
林壑久已芜，石道生蔷薇。
愿言弄笙鹤，岁晚来相依。

在任城期间也有一些赠别诗。《送范山人归泰山》：

鲁客抱白鸡，别余往泰山。
初行若片雪，杳在青崖间。
高高至天门，日观近可攀。
云生望不及，此去何时还。

开元二十六年，东平道士赵叟至任城拜访，李白有《送方士赵叟之东平》：

长桑晚洞视，五藏无全牛。
赵叟得秘诀，还从方士游。
西过获麟台，为我吊孔丘。
念别复怀古，潸然空泪流。

友人梁四前来过访，李白置酒设宴，有《送梁四归东平》：

玉壶挈美酒，送别强为欢。
大火南星月，长郊北路难。
殷王期负鼎，汶水起垂竿。
莫学东山卧，参差老谢安。

另外，李白还在他的许多诗篇中提及泰山，如在《早秋单父南楼酬窦公衡》中有“泰山嵯峨夏云在，疑是白波涨东海”，在《早秋赠裴十七仲堪》中有“历抵海岱豪，结交鲁朱家”等等，充满对泰山的赞美与深情。

四

李白关于泰山的诗篇，既是雄奇俊逸的游仙诗，又寓于深刻的现实含意，是反映李白思想的重要资料。纵观李白一生，“五岳寻仙不辞远，一生好入名山游”是其孜孜不倦的实践与追求。少年李白是在当时浓厚的道教文化气氛中成长起来的，他家乡昌隆县境内的紫云山、戴天山均为道教名山。蜀中道风繁盛，一些著名的“道门龙凤”多在幼年即入道。李白“弱龄”时就结交了著名道士元丹丘，其最早的诗篇《访戴天山道士不遇》，估计就是赠元氏之作。道教典籍是李白启蒙教育的重要教材。他童年在戴天山大明寺读书，自述“五岁诵六甲”，“十五观奇书”，当然是道教之书，“学神仙”“学剑术”，也就是道教之术。后专门到梓州从道士赵蕤学习一年有余。这使得道教思想在他心中扎下了深根。后来他在济南接受高天师所授道箓，正式成为道教中人。

李白政治理想的形成和从政道路的选择，也是受儒道互补的社会风气熏陶和道教文化的深刻影响所决定的。这就是他在《代寿山答孟少府移文书》中阐述的：“申管、晏之谈，谋帝王之术，奋其智能，愿为辅弼，使寰区大定，海县清一，事君之道成，荣亲之义毕，然后与陶朱、留侯，浮五湖，戏沧州，不足为难矣。”要实现这个理想，一般科举取士是办不到的，这就决定了他必须走以隐逸访道求官的终南捷径，以布衣之身直抵卿相，功成名就之后，再回到自由放逸的道教中去。如此，李白与道教著名人物司马承祯、吴筠、元丹丘等的密切交往，就有多重含义，带有明显的功利目的。司马氏是茅山道派掌门，南朝道士陶弘景的三传弟子。当年陶弘景就是一面在茅山修道炼丹，一面与梁武帝密切接触，时人谓之“山中宰相”。这种从政模式对李白有很强的吸引力。司马氏在当朝的影响也非同一般，其道教教义研究很有造诣，则天、中宗、睿宗、玄宗四朝频频应召入宫讲道，玄宗还“亲受法箓”成为在籍道士。司马氏身边有一名女弟子持盈法师，是玄宗同父异母之妹玉真公主，这无疑是引荐进身的绝好人选。李白曾满怀虔诚在长安远郊的玉真公主别馆（今陕西周至县楼观台）小住，期待能与公主会面，献上精心撰写的《玉真仙人词》，只是机缘不巧，未能如愿。吴筠也是茅山道派，司马氏师弟，长于道教理论阐发，李白曾与他同隐剡中。天宝元年初，玄宗召筠入京讲道，一时深得玄宗赞许。吴筠此行也不负李白所托，趁机引荐。所以《旧唐书》说李白因“筠荐之于朝，遣使召之，与筠俱侍诏翰林”。与李白关系最为深厚的是元丹丘，李白与其不仅相交弱龄，而且长期同游，共修道业。开元二十九年秋，元丹丘奉召入京，行前李白作《秋日炼药院镊白发赠元六兄林宗》《凤笙篇》相赠，提醒他“弱龄交光景”，莫忘“荣枯同所欢”。天宝元年春，玉真公主奉诏谒谯郡真源宫，元丹丘以“道门威仪”封号随行，极有可能借机荐白于玉真公主，遂在返朝后请玄宗下诏。此时正是李白游泰山之际。是年八月，李白自泰山返任城后接诏入京。所以与李白结交甚厚，又是第一个编辑李白诗文集的魏颢说：“白久居峨嵋，与丹丘因持盈法师达，白亦因之入翰林，名动京师。”（《李翰林集序》）应当说，道门人物的推举引荐，总算有了成效。

李白的泰山之游，正是他具备了一定声望与条件，尚在待机进身的特殊时期进行的。此游目的，一方面是为了满足精神需求，开阔眼界，追溯历代帝王先贤遗踪。另一方面也是为现实功利计，期冀与神仙异士际会，得到高士名师指点。这一目的强烈吸引着李白，使他心旷神怡，流连忘返，从“四月上泰山，石平御道开”，到“山花异人间，五月雪中白”，再到“举手弄清浅，误攀织女机”，一气住了四个多月。这种长时间的独往独来的畅游，是李白游历生涯中罕见的。

《游泰山六首》反映了李白丰富的精神世界，表现了他的泰山寻仙从想象、等待到怀疑、失落的内心活动和真实的情绪变化。诗中首先表现了那种神奇浪漫的想象。在想象和形象思维方面，道教与诗歌有着密切的血缘关系。道教的“存想思神”，即通过“心斋”达到“光景内藏”来想象神仙世界，追求在强烈欲望支配下的迷狂幻觉，是道教的重要法门。对李白来说，这种想象当然就有一定的真实性。所以“登高望蓬瀛，想象金银台”，“玉女四五人，飘飖下九垓。含笑引素手，遗我流霞杯”（其一），“想象鸾凤舞，飘飖龙虎衣。扪天摘匏瓜，恍惚不忆归，举手弄清浅，误攀织女机”（其六），都是身入仙境，独与神仙往来的真实情景。但此时尚未名忝仙籍，位列仙班，还不能“旷然弃世”，必须等待知己或识才者的引荐，需要时间和机遇，“清斋三千日，裂素写道经”，期望“吟诵有所得，众神卫我形”（其四）。但是等待的结果往往令人生疑：“山际逢羽人，方瞳好容颜。扪萝欲就语，掩却青云关。遗我鸟迹书，飘然落岩间。”（其二）天书难识，天意难测，继续从师深造吧，却已为时太晚：“笑我晚学仙，蹉跎凋朱颜。”（其五）这一下全然没有了“自愧非仙才”的谦虚，满腔热望顿成烟云，惆怅的失落笼罩在心头。什么“安得不死药，高飞向蓬瀛”，什么“终当遇安期，于此炼玉液”，统统成为水中月、镜中花——“明晨坐相失，但见五云飞”！瑰丽的泰山游仙诗，就这样悲凉地画上了句号。现实中的状况同样不堪回首——数十年汲汲于名山寻道，至今仍布衣飘零；元丹丘入京转眼快一年了，吴筠在朝也半年多了，引荐之事全无动静，会不会像以前历次被推荐一样没有下落呢？在这里，李白翘首以待的形象和焦急忧虑的心态活现在面前。难怪他辞山返任城不久，接到诏书以后，是那样地喜出望外：“仰天大笑出门去，我辈岂是蒿蓬人！”（《南陵别儿童入京》）这神态简直呼之欲出了。

五

《拟恨赋》是一篇南朝江淹《恨赋》的拟作，是李白自己最珍爱的作品。稍晚于李白的山东文士段成式在《酉阳杂俎》中记载，李白曾先后三拟《文选》，皆不如意而焚手稿，唯留《恨》《别》二赋。《拟别赋》早已亡佚，《拟恨赋》则为硕果仅存。这是极为特殊的篇什，在主旨、风格上与《游泰山》诗大异其趣，形成鲜明对照。《游泰山》显出一派仙风道骨，连失望的结局也充满浪漫的神仙色彩；而《拟恨赋》却直抒胸臆，通篇笼罩着苍凉沉郁的悲剧气氛。

在李白“晨登泰山，一望蒿里”的时候，全然没有了道教的迷狂，对人生世事格外冷峻清醒。纵观古今，“浮生可嗟，大运同此”：你看那些名垂青史的帝王，如叱咤龙跃的汉高祖，力拔山兮气盖世的楚霸王，早已化为灰烬。风萧萧兮易水寒的壮士荆轲，香草美人般高洁的屈原大夫又在哪里？辅佐秦王统一六国，在泰山极顶刻石纪功的李斯，最终连带着儿子驱黄犬猎狡兔也办不到，只落得身首异处。古往今来，那些高官巨贾，宠妃丽姬，乃至平头百姓，从军夫，天涯客，生在世上不啻有天壤之别，最后的结局却是“玉颜灭兮蝼蚁聚，碧台空兮歌舞稀，与天道兮共尽，莫不委骨同归”。魂归蒿里之后，还能分得出贵贱高低吗？既然人生梦幻般归于寂灭，那么这胸襟抱负能否实现又算得了什么？

如果说《游泰山》在自由飘逸的“求仙”下掩盖着强烈的用世之心，那么《拟恨赋》则是窥破红尘，毫无遮拦地抒泄对人生、仕途的失望和哀叹。李白从少年时代即以“长鲸”“鲲鹏”自喻，晚年投李光弼平叛，因衰老不堪半途病还，仍自称“孤凤向西海，飞鸿辞北溟”，甚至在绝笔诗《临路歌》中依然高歌“大鹏飞兮振八裔，中天摧兮力不济”，情绪始终是激昂奋进，气势始终是宏阔磅礴，铸成他雄奇瑰丽的诗魂。而《拟恨赋》这样的悲歌在李白诗赋中是绝无仅有之作，这不是不能，而是不为，不忍为，他不愿成为折翼的鹏鸟。它真实地映现了李白思想感情的另一侧面，这或许是李白格外珍视这篇作品的原因所在，因此也具有特殊的审读价值。

《梁甫吟》是用乐府古题，正面抒发进取精神。诗中列举东周吕尚八十岁垂钓渭滨，九十岁才受到文王重用，汉代郦食其游说齐王田广以七十余城降汉，和洛阳大侠剧孟的故事，以及干将、镆铘两柄神剑被西晋张华得到，后来化龙而去的传说，来说明自古英才起于蓬蒿，历经磨难，而最终得遇明主，施展抱负，功成名就。值得注意的是，李白非常崇拜的贤相诸葛亮，少年时代曾随任梁甫县尉的父亲在徂徕山度过四年光阴，并善于吟唱慷慨悲凉的《梁甫吟》。不过李白看不上躬耕垅亩的隐居方式，认为还是以道求官来得风流儒雅，所以“耻学琅琊人，龙蟠事躬耕”（《邺中王大劝八高凤石门隐居》）。加之历代封禅大典都要在梁甫举行禅地仪式，在此地隐居，会不会重现“三顾茅庐”也未可知。所以李白禁不住按节高歌：“张公两龙剑，神物合有时。风云感会起屠钓，大人岘屼当安之！”

如果说《游泰山》是迷离、飘逸，《拟恨赋》是透彻、沉郁，那么《梁甫吟》便是奋厉、昂扬。将三者对比察照，联系审视，庶几乎可全面了解李白丰富的思想情感与不羁的独特性格。

李白在泰山的浏览和创作大大丰富了泰山文化的内容：经春历夏的泰山寻仙，留下令人缅怀的足迹遗踪。《游泰山》把诗人的理想抱负与求仙访道完美结合，继屈原的香草美人形象之后，开创了以神仙道化寓政治理想的崭新手法，显示出“诗仙”的非凡手笔。他创造的具有浓厚道教色彩的奇丽意象和旷达境界，那种与天地往来的自由放逸精神，给人以强烈的情绪感染。《拟恨赋》“观古今于须臾，抚四海于一瞬”，察照人生，直抒胸臆，令人耳目一新。隐居徂徕，“竹溪六逸”的诗名传播深远，慷慨激昂的《梁甫吟》传唱有人。这些都给后人留下了悠远的思考与回味。

会当凌绝顶　一览众山小

——杜甫与泰山

杜甫是与李白同时代的诗人，他的诗作因其富有现实主义和沉郁顿挫、骨力遒劲、气势宏阔的诗风，被称作盛唐时期的“诗史”，他本人也被誉为“诗圣”，与李白一起成为中国诗坛上两座并峙的高峰。杜甫年青时期在山东度过了一段快意时光，写下了流传千古的诗篇，并在泰山一带与李白、高适等人交游，结下深厚友谊，传为文坛佳话。

一

杜甫（712—770），字子美，自称少陵野老或杜陵布衣。京兆杜陵（今陕西省西安市东南）人，生于河南巩县（今巩义市）。他的家庭世代为官，其十三世祖杜预是西晋名将，精通《左传》，文治武功颇有声誉。杜甫曾祖杜依艺任巩县令。祖父杜审言是武则天朝膳部员外郎，著名诗人，与李峤、崔融、苏味道号称“文章四友”。父杜闲，为兖州马司，终奉天县令。所以他自豪地宣称：“自先君恕、预以降，奉儒守官，未坠素业。”（《进雕赋表》）杜甫自幼好学，“七龄思即壮，开口咏凤凰”，到十四五岁时已成为被文坛宿老赞赏的青年诗人了。他读书刻苦用心，尝自谓“读书破万卷，下笔如有神”（《奉赠韦左丞丈二十二韵》），从而奠定了深厚的素养。

开元十九年（731），杜甫二十岁时开始了长达十年的漫游生活。他首先漫游吴越，于开元二十三年回到洛阳，参加进士考试未中，次年又漫游齐赵（今山东、河南、河北一带），开元二十九年返洛阳。天宝三年（744）在洛阳结识李白，相邀同游梁、宋（今河南开封、商丘一带），并再游齐鲁。

天宝五年（746），三十五岁的杜甫怀着“致君尧舜上，再使风俗淳”的政治理想，来到京城长安求取功名。次年，玄宗下诏求天下之士，“命通一艺者诣京师”参加制举。奸相李林甫垄断朝政，操纵考试，使“无一人及第”，还上表称贺“野无遗贤”。杜甫仕途受到挫折，生活也开始落拓，只能以“卖药都市，寄食友朋”度日。天宝十年（751）正月，玄宗举行祭太清宫、太庙和祀南郊大典，杜甫趁机献上“三大礼赋”，即《朝献太清宫赋》《朝享太庙赋》《有事南郊赋》，受到玄宗赏识，命他待制集贤院。天宝十四年（755）十月，杜甫在长安已困守十年，才被任命为河西县（今陕西合阳县）尉，改授右卫率府胄曹。

杜甫刚刚到任，十一月，安史之乱爆发。杜甫于岁末离开长安，到达奉先（今陕西蒲城县）家中，写下著名史诗《自京赴奉先县咏怀五百字》。后得知太子李亨在灵武（今宁夏灵武市）即位，是为肃宗，遂冒死前往投奔，不幸半道被叛军捕获，押至长安。至德二年（757）四月，杜甫冒险出逃，投奔当时朝廷所在地凤翔，“麻鞋见天子，衣袖露两肘”（《述怀》），肃宗任命他为左拾遗。然而不到两个月，他就因上疏营救房琯罢相，触怒了肃宗，幸得张镐营救才免于治罪。乾元元年（758）六月，杜甫被贬为华州司功参军。乾元二年七月他弃官而去，携家至成都，在西郊浣花溪筑草堂，定居于此。代宗宝应元年（762）正月，严武以成都尹兼剑南节度使身份来到成都，他是杜甫好友，时携酒至草堂与杜甫唱和。永泰元年（765）四月，严武去世，杜甫失去依靠，离开成都，沿江出峡。大历元年（766）复到达夔州（奉节）。居住三年后，于大历三年正月东下，开始了漂泊江湘的生活，经常住在船上，所谓“饥藉家家米，愁征处处杯”（《秋日荆南述怀》）。大历五年移住衡州。是年冬，诗人病逝于潭州往岳阳的小船上，享年五十九岁。

二

杜甫虽然躬逢盛唐，却命运多蹇，尚不如李白。他一生颇多悲苦艰窘，记忆中美好的时光只有“快意八九年”（《壮游》）。这是指他天宝五年（746）入京求仕以前，两次漫游山东的时光。第一次漫游他登上泰山，写下了著名的《望岳》诗，成为千古传诵的名篇；第二次与李白、高适等携游泰山南北，留下文坛佳话。这段快意之游，给泰山增添了华彩的篇章。

开元二十四年（736），杜甫在东都洛阳考进士不中，开始了第一次齐赵之游。此时杜闲正担任兖州司马（736—740），有条件使杜甫从容优游。当时泰山属兖州管辖，杜甫初至齐鲁，深为丰富的文物古迹和雄伟的泰山所折服。他在《登兖州城楼》中写道：

东郡趋庭日，南楼纵目初。
浮云连海岱，平野入青徐。
孤嶂秦碑在，荒城鲁殿余。
从来多古意，临眺独踌躇。

在这里他与诗人苏源明相识。苏源明（？—764），原名苏预，字弱夫，京兆武功（今陕西武功县）人。因早年父母皆丧，流寓徐州、兖州一带，曾隐居泰山读书。杜甫称为："武功少也孤，徒步客徐兖。读书东岳中，十载考坟典。时下莱芜郭，忍饥浮云巘。负米晚为身，每食脸必泫。夜字照爇薪，垢衣生碧藓。"（《故秘书少监武功苏公源明》）诗中称他长期在"云巘"即泰山极顶苦读，以致"垢衣生碧藓"。其地当在岱顶天街白云洞附近。《泰山道里记》载："此地旧称五贤堂，祀孟、荀、杨、文、韩五子，相传为苏源明读书处。"二人意气相投，相携纵游，"放荡齐赵间，裘马颇轻狂。春歌丛台上，冬猎青丘旁。呼鹰皂枥林，逐兽云雪冈。射飞曾纵鞚，引臂落鹓鸧。苏侯据鞍喜，忽如携葛强"（《壮游》），显示了青年杜甫的意气风发、神采飞扬，充满昂扬的进取精神。

大约在开元二十九年（740），杜甫来到泰山，写下了著名的《望岳》诗：

岱宗夫如何？齐鲁青未了。
造化钟神秀，阴阳割昏晓。
荡胸生层云，决眦入归鸟。
会当凌绝顶，一览众山小。

《望岳》诗中"会当凌绝顶"的"会"字，引发了歧义。有人据此认为杜甫并未登泰山，有人则认为一定登上了泰山。杜甫作于大历三年（768）的《又上后园山脚》前半部分揭开了谜底：

昔我游山东，忆戏东岳阳。
穷秋立日观，矫首望八荒。
朱崖著毫发，碧海吹衣裳。
蓐收困用事，玄冥蔚强梁。
逝水自朝宗，镇名各其方。
平原独憔悴，农力废耕桑。
非关风露凋，曾是戍役伤。
于时国用富，足以守边疆。
朝廷任猛将，远夺戎虏场。
到今事反覆，故老泪万行。
龟蒙不复见，况乃怀故乡。
……

毫无疑问，杜甫是登上了泰山。

杜甫的泰山诗作远不止于此。他在《进雕赋表》中称：“自七岁所缀诗笔，向四十载矣，约千有余篇。”而现存其四十岁以前的诗作仅五十首左右，游齐赵的诗作十几篇。看来他的泰山诗大部分散失了，实在是一件憾事。

泰山之游以后不久，杜甫即离开山东，返回洛阳。这次他的齐赵之游历时约五年。

三

杜甫的第二次齐鲁之游是在天宝四年（745）至天宝五年。在泰山南北，汶河之畔，杜甫与李白、高适、李邕等文坛巨擘聚集一堂，高歌长吟，成为文学史上千载难逢的盛会。现代诗人、学者闻一多先生惊呼，这是“青天里太阳和月亮走碰了头”，要“品三通画角，发三通擂鼓，然后提起笔来，蘸饱了金墨，大书而特书”。这一盛会和他们留下的名篇，足以使泰岱生辉，齐鲁增色。

杜甫与李白相识在天宝三年（744）四月。当时杜甫居洛阳，已是“二年客东都，所历厌机巧。野人对膻腥，蔬食常不饱”（《赠李白》），李白也被“赐金放还”。相同的际遇和共同的志向，加之互相倾慕，使二人一见如故，结为至交。夏秋之际，他们又与诗人高适相会，三人同游梁宋，登临当时属于宋州的单父（今山东单县）琴台，慷慨怀古，畅论诗文。

天宝四年夏，杜甫与李白等来到济南。时李邕从侄李之芳为齐州司马，乃邀北海太守李邕至济与诸人相聚。李邕（678—747），字太和，江都（今江苏扬州）人。父亲李善，以注《文选》有名。李邕年轻时曾任谏官，以刚正不阿、直言敢谏著称，屡次获罪，几遭杀戮。后以军功升职，又遭奸相李林甫嫉恨，于天宝初贬为汲郡（今河南新乡）、北海（今山东青州）太守。李邕当时以文章、书法、篆刻闻名海内，号称"北海三绝"。李邕虽是前辈，但与杜甫是忘年交，杜甫在少年居洛阳时就与其相识，尝称"李邕求识面，王翰愿为邻"（《奉赠韦左丞丈二十二韵》），颇以此为豪。此次久别重逢，更是喜不自胜，他们在碧波环抱的古历下亭设宴欢聚，纵饮剧谈，说古论今，豪歌咏怀。杜甫写下了著名的《陪李北海宴历下亭》，李白则作《上李邕》，李邕也题写了《登历下古城员外孙新亭》诗。

历下盛会以后，杜甫北上临邑（今德州临邑县）看望担任县令的弟弟杜颖，李白南返任城家居，李邕则由高适陪同西游东平。

这年秋天，杜甫来到任城与李白相聚。他们与好友任城许主簿来到贺兰氏酒楼，登高望远，饮酒赋诗。杜甫北望泰山云起雨骤，遂赋《对雨书怀走邀许主簿》：

东岳云峰起，溶溶满太虚。
震雷翻幕燕，骤雨落河鱼。
座对贤人酒，门听长者车。
相邀愧泥泞，骑马到阶除。

此后，杜甫与李白相携游览了东蒙山，寻访道教名士董炼师及元丹丘，又访问鲁郡城北的隐士范十。不久，杜甫将西入咸阳，李白亦欲重游吴越。二人行将分手，即在兖州城东的尧祠亭上宴饮话别。两年交游，二人情同手足，离别之际，情意绵绵，依依难舍。李白作有《秋日鲁郡尧祠亭上宴别杜补阙范侍御》。几天之后，二人又在尧祠附近洸洙河上的石门举行第二次宴别。他们举杯相劝，吟诗赠答。李白作诗二首《鲁郡东石门送杜二甫》和《戏赠杜甫》。

石门相别之后，二人再未相见，但从未忘怀。五年之后的天宝十年（751），李白漫游平阴沙丘城，作有《沙丘城下寄杜甫》，诉说“思君若汶水，浩荡寄南征”的情思。而石门别后的岁月里，杜甫怀念和寄给李白的诗作有十二首之多。他们之间诚挚深厚的友谊，“相与细论文”的诗艺切磋，在唐代诗坛写下感人至深的一页，给人们留下回味深长的记忆。

四

杜甫初游齐鲁时结识的好友苏源明也是著名诗人。他在天宝年间中进士，更试集贤院，累迁太子谕德。天宝十二年（753）出为东平太守，后召为国子司业。安禄山攻陷长安，苏源明称病不接受伪职。肃宗李亨收复京师，擢升其为考功郎中，知制诰，后任秘书少监，卒于广德二年（764）。有文集三十卷，今佚，唯有所注释《元包心源》收入《四库全书》。杜甫《故秘书少监武功苏公源明》诗叙述了他的主要事迹。

苏源明在东平太守任上，十分喜爱东平湖，名之为“小洞庭”，并在湖边筑起洄源亭以供观赏。《全唐诗》卷二五五收录苏诗二首。

其一为《小洞庭洄源亭宴四郡太守诗并序》：

> 天宝十二载七月辛丑，东平太守扶风苏源明觞、濮阳太守清河崔公季重、鲁郡太守陇西李公兰、济南太守太原田公琦、济阳太守陇西李公倰于洄源亭，既尊封壤，乃密惠好。前此，济阳以河堤之虞，夫役之弊，请南略我宿及鲁之中都。宿人讼其不便，源明请废济阳，以平阴、长清属济南，卢、东阿归我，阳谷隶濮阳，役均三邦，利倍二邑。不可，则分我寿西入濮阳，东入济阳，鲁之中都北入于我。书贡阊阖，旨下陈留。陈留太守王公，盛德帝俞，才美人与，自总连率，实惟澄清，□命属官湖城主簿王子说会五太守于东平议，县乃不割，郡亦仍旧，已事修宴，姑以为别。若夫阶抱孤峤，轩飞庱潭，阻残暑于重林，递高秋于绝壑。其磐何有？臑鹿腆羊。其俎何有？燔兔脍鲂。李下雕笼，冰之以寒水；爪割铦刃，巾之以疏纮。礼交乎上，与世高贤之相允；乐动乎下，前古中和之合作。抑抑焉、堂堂焉，奚一人之富有，而鲜后之缉熙也。司士庀舟以待，司功设祾以告，

御馔更服，陈羞洁尊。自洄源，起广泊，左拂蚕尾，右遵吾山，倒岘岫于波际，指梁岑于林缺。移摇敞豁，瞑眇虚旷，太皞苗裔，可记任宿，伯禹山川，空流济汶，所遇多感，衹牢为欢。婥态目成以留客，嫮容色授以劝酒。繁丝疏管，纷尔自会，雅舞清唱，倏然同引。即醉，源明以手版扣舷而歌。歌阕，鸟兽闻之，低昂而相鸣；鱼鳖闻之，沿洄而或跃。兹官吏安次而不易，彼人庶乐业而不迁。喜之哉！乐之哉！字涡泊曰小洞庭，盛集五太守高宴云尔。

小洞庭兮牵方舟，风袅袅兮离平流。
牵方舟兮小洞庭，云微微兮连绝陉。
层澜壮兮缅以没，重岩转兮超以忽。
冯夷逝兮护轻桡，蛟龙行兮落增潮。
泊中湖兮澹而闲，并曲溆兮怅而还。
适予手兮非予期，将解袂兮丛予思。
尚君子兮寿厥身，承明主兮忧斯人。

其二为《秋夜小洞庭离宴诗并序》：

源明从东平太守征国子司业，须昌外尉袁广载酒于洄源亭，明日遂行，乃夜留宴，会庄子若讷过归莒，相里子同祎过如魏，阳谷管城、青阳权衡二主簿在坐，皆故人也。御馔新尊，移方舟中，有宿鼓，有汶篢，济上嫣然能歌者五六人共载，止洄源东柳门，入小洞庭。迟夷徬徨，眇缅旷漾，流商杂徵，与长言者啾焉合引，潜鱼惊或跃，宿鸟飞复下，真嬉游之择耳。源明歌云云，曲阕，袁子曰："君公行当挥翰右垣，岂止典胄米廪邪？广不敢受赐，独不念四三贤。"源明醉，曰："所不与君子及四三贤同恐惧安乐，有如秋水。"晨前而归，及醒，或说向之陈事。源明局局然笑曰："狂夫之言，不足罪也。"乃志为序。

浮涨湖兮莽迢遥，川后礼兮扈予桡。
横增沃兮蓬仙延，川后福兮易予舷。
月澄凝兮明空波，星磊落兮耿秋河。
夜既良兮酒且多，乐方作兮奈别何。

五

历下盛会后一年有余，天宝六年（747）正月，奸相李林甫以“贪赃”罪将李邕逮捕下狱。李邕以七十岁高龄在北海郡横遭杖杀，惨死于刑庭。噩耗传来，杜甫不胜悲愤，写有《八哀诗·赠秘书监江夏李公邕》。李白也抑制不住愤怒，大声疾呼：“君不见，李北海，英风豪气今何在？”（《答王十二寒夜独酌有怀》）

李邕一生富于撰述，有《北海集》七十卷，至宋已不传。后人从《文苑英华》等书中抄录出六卷，已是十不存一。现存作品中涉及泰山的有诗一首，碑文一篇。

诗为《登历下古城员外孙新亭》：

吾宗固神秀，体物写谋长。
形制开古迹，曾冰延乐方。
泰山雄地理，巨壑眇云庄。
高兴泊烦促，永怀清典常。
含弘知四大，出入见三光。
负郭喜粳稻，安时歌吉祥。

碑文为《灵岩寺碑并序》：

灵昌郡太守邕，以法有因福□□得真僧戾止。神人告祥。宜或真空以悟圣，或密□以接凡。□谓之灵岩，允矣。真晋宋之际，有法定禅师者，景城郡人也。尝行兰若，若是者历年。禅师□劳一人，逝将辞去。忽有二居士，建立僧坊，宏宣佛法，识者以为山神耳。因夫山者，土之至厚；谷者，墟之至深；水者，因定而清，林贝叶之经衡，廓莲花之独人，存法立事，著名扬空。矧乎辟支佛牙，灰骨起塔，海龙王意，贺金仍旧。昔者，州将厚具，邑吏孔威，广□支保，多借器物而送之，仍施绢五十匹。□若武□阿阁，仪凤堵波光堂。大悲之修，舍利之□，□身之造，禅祖之崇，山□□增□□□□也。云霞炳焕于丹霄，即而察之，日月照明□□□二□□客，植之不生。泛于草间，秽于垅上。职由律住持入慧之境，□繁文字，□笔杪于连章，□广门遗刻。上座僧元景、都维那僧□祥、□主安禅，或上首□空，或出等永言悟入。大启津梁咸高梯，有□胜公自照，仍依俗谛天长。

其词曰：

倬彼上人，巍乎曾岭，
冥立福地神宫。
岁时建置，今古齐同。
磴道逦迤，霞阁玲珑。
岳寺台之国□。
岱之北阜，蒲之要陉。
是人依法，□事联声。
传觉以极斯万。

此碑撰于天宝元年（742），字体为行书，二十一行，行四十一字，现存于灵岩鲁班洞中。宋代赵明诚《金石录》，清代阮元《山左金石志》均有著录。该碑惜于清代断为二石，铭文多有残泐，文字比《全唐文》所存又减不少，款识亦残缺不全。尽管如此，它仍是泰山碑刻中不可多得的珍品。

六

在众多诗友中，杜甫与高适的友谊保持最久。杜甫居成都时期，高适任蜀州刺史，曾尽力给予杜甫多方面照顾。高适（700—765），字达夫，渤海蓨（今河北景县）人。他幼年丧父，“少濩落，不事生业。家贫，客于梁宋，以求丐取给”（《旧唐书》本传）。二十岁后，曾两度入长安求取功名不就，并北游燕赵，居梁、宋，旅东平。天宝八年（749）授汴州封丘县尉，后辞职。天宝十一载入陇右节度使哥舒翰幕府任掌书记，曾多次随军出塞，成为著名的边塞诗人。天宝十四年（755）任左拾遗，转监察御史。乾元二年（759）出为彭州刺史，转蜀州刺史，广德元年（763）任剑南节度使，二年召为刑部侍郎、左散骑常侍，加银青光禄大夫，进封渤海县侯。卒于官，终年六十六岁。他虽然晚年才入仕，但入仕后基本顺利，史称“有唐以来，诗人之达者，唯适而已”(《旧唐书》本传)。今存《高适集》，有诗二百四十余首。

天宝四年至六年，高适因东平太守薛自劝的关系寓居东平。薛自劝为工部郎中薛孝廉之子，曾任泾州刺史，后为监察御史、殿中侍御史、内供奉。寓东平期间，高适当登过泰山，但现存诗文中未有专篇记载，只有两首诗作谈及泰山。

《东平旅游奉赠薛太守二十四韵》：

……
地连尧泰岳，山向禹青州。
汶上春帆渡，秦亭晚日愁。
遗墟当少昊，悬象逼奎娄。
即此逢清鉴，终然喜暗投。
叨承解榻礼，更得问缣游。
高兴陪登陟，嘉言添献酬。
观棋知战胜，探象会冥搜。
眺听情何限，冲融惠勿休。
祇应齐语默，宁肯问沉浮。
然诺常怀季，棲遑辄累丘。
平生感知己，方寸岂悠悠。

《送郭处士往莱芜兼寄苟山人》：

君为东蒙客，往来东蒙畔。
云卧临峄阳，山行穷日观。
少年词赋皆可听，秀眉白面风清泠。
身上未曾染名利，口中犹未知膻腥。
今日还山意无极，岂辞世路多相识。
归见莱芜九十翁，为论别后长相忆。

从诗句中可以看出，高适对泰山名胜是非常熟悉的。

高适还作有一批东平诗。《东平路作三首》：

南图适不就，东走岂吾心。
索索凉风动，行行秋水深。
蝉鸣木叶落，兹夕更愁霖。

明时好画策，动欲干王公。
今日无成事，依依亲老农。
扁舟向何处？吾爱汶阳中。

清旷凉夜月，徘徊孤客舟。
渺然风波上，独梦前山秋。
秋至复摇落，空令行者愁。

《东平路中遇大水》：

天灾自古昔，昏垫弥今秋。
霖霪溢川原，澒洞涵田畴。
指途适汶阳，挂席经芦洲。
永望齐鲁郊，白云何悠悠。
傍沿钜野泽，大水纵横流。
虫蛇拥独树，麋鹿奔行舟。
稼墙随波澜，西成不可求。
室居相枕藉，蛙黾声啾啾。
乃怜穴蚁漂，益羡云禽游。
农夫无倚着，野老生殷忧。
圣主当深仁，庙堂运良筹。
仓廪终尔给，田租应罢收。
我心胡郁陶，征旅亦悲愁。
纵怀济时策，谁肯论吾谋！

《鲁西至东平》：

沙岸泊不定，石桥水横流。
问津见鲁谷，怀古伤家丘。
寥落千载后，空传褒圣侯。

《别崔少府》：

知君少得意，汶上掩柴扉。
寒食仍留火，春风未换衣。
皆言黄绶屈，早向青云飞。
借问他乡事，今年归不归？

“李杜文章在，光芒万丈长。”（韩愈《调张籍》）杜甫和他的诗友们在泰山的游览活动，留下了气象高华、风神俊逸的诗章，给泰山增添了辉煌的一页。杜甫雄视一世的《望岳》诗，以积极向上、奋发进取的精神，千百年来源源不断地给人们以鼓舞和力量，激发人们攀登绝顶，开阔胸襟，达到更高的精神境界。

不度蹄涔微　直欲触鲸鲤

——孙复、石介与泰山

孙复、石介是泰山书院的创始人。泰山书院是北宋初年山东境内最早、最著名的书院。孙、石二人既是著名的古文家、教育家，也是宋代理学的先驱。他们以儒家理学精神，培养了一批富有成就的人才，树立了一代严谨学风，形成了影响深远的“泰山学派”。这不仅对于古代书院史的考察，而且对于思想史、政治史的研究，都具有相当重要的价值。泰山书院也成为泰山文化史上富有理性光辉的篇章。

一

孙复（992—1057），字明复，晋州平阳（今山西临汾）人。他自幼笃学，早孤。仁宗天圣五年（1027），范仲淹居母丧期间，应晏殊之邀主持南京应天府（今河南商丘）南都学舍，孙复前往求学，引起了有相似经历的范仲淹的注意，并给予资助，使他稍得安顿。据魏泰《东轩笔录》卷十四载：“范文正公在睢阳掌学，有孙秀才者索游上谒，文正赠钱一千。明年，孙生复道睢阳谒文正，又赠十千，因问：‘何为汲汲于道路？’孙秀才戚然动色曰：‘老母无以养，若日得百钱，则甘旨足矣。’文正曰：‘吾观子辞气，非乞客也。二年仆仆，所得几何，而废学多矣。吾今补子为学职，月可得三千以供养，子能安于为学乎？’孙生再拜大喜。于是授以《春秋》，而孙生笃学不舍昼夜，行复修谨，文正甚爱之。明年，文正去睢阳，孙亦辞归。后十年，闻泰山下有孙明复先生以《春秋》教授学者，道德高迈，朝廷召至太学，乃昔日索游孙秀才也。文正叹曰：‘贫之为累亦大矣，徜因索米至老，则虽人有如孙明复者，犹将汩没而不见也。’”

在这段宝贵的时光中，孙复师从范仲淹攻研《春秋》，打下了扎实的学问基础，并结识了泰安人石介等一批年轻学子，意气相投，相互激励，结下了深厚的同窗之谊。朱熹《三朝名臣言行录》载："文正公门下多延贤士，如胡瑗、孙复、石介、李觏之徒，与公（仲淹之子忠宣公纯仁）游，昼夜肄业，置灯帐内，夜分不寝。后公贵，夫人犹收其帐，顶如墨色，时以示子孙曰：'尔父少时勤学灯烟迹也。'"

离开南都学舍之后，孙复举进士不第，遂东游入鲁，游学于泗水、汶上、兖州、东平一带，又陷于"汲汲于道路"的困境，且身负先人骨殖，无力下葬。石介说他"年四十有四而两鬓尽白，今既走泗上，又走京师，躬负其王考母暨先君先夫人之骨，将藏于泰山、徂徕之间，而贫无以具棺椁，先生朝夕仰天而哭"（《与董秀才书》），较之应天府求学之前更为凄惨。宋仁宗景祐二年（1035），在石介帮助下，孙复来到泰山，开始了招生授徒，创办书院的活动。庆历二年（1042），由范仲淹、富弼、欧阳修、石介等人推荐，孙复出任秘书省校书郎、国子监直讲。庆历七年（1047），徐州人孔直温谋反被抄家，因诗中有孙复姓名，他被贬为虔州监税，河南长水县令，应天府判官公事，陵州通判等职。皇祐六年（1054）得翰林学士承旨赵概等人保举其复为国子监直讲。嘉祐二年（1057）七月病故，年六十六岁。孙复病重期间，"枢密使韩琦言之天子，选书吏，给纸笔。命其门人祖无择就其家，得其书十有五篇，录之藏于秘阁"。"及闻其丧，恻然。予其家钱十万。而公卿大夫朋友、太学之诸生，相与吊哭，赙治其丧"，葬于东平县芦泉乡之北扈原。有《孙明复小集》传世。

二

从景祐二年至庆历二年，孙复在泰山居住八年，主要从事泰山书院的招生授徒活动。

书院是具有研究性质的民间私学。经过唐末五代的长期战乱，至北宋初年，文化凋敝，教育荒废，亟待重新整顿。统治者鉴于唐朝教训，实行了对外妥协，对内加强中央集权统治的政策，限制武将，擢用文臣，通过科举选拔大批下层文人充实官僚机构，因而极大地刺激了书院的发展。号称"天下四大书院"的庐山白鹿洞书院、河南应天府书院、湖南岳麓书院、云南石鼓书院开风气之先，泰山等地起而响应，一时盛况颇为可观。

孙复来泰山，是受石介邀请，并得到石介的帮助。这一方面是因为有应天府同窗之谊，另一方面也因石介对孙复学说的佩服敬仰。与统治者政策相适应，宋代儒学在政治上强调“正统”，思想上强调“道统”，文学上强调“文统”。加之北方燕、云地区尚未恢复，使得孔子以来“尊王攘夷”说和源于《春秋》公羊学派的大一统思想，带有很强的现实针对性。孙复著《春秋尊王发微》，鼓吹尊重朝廷，提倡忠诚王朝和民族意识，是宋儒中较早提倡此说者。同时他又特别强调道统，以继承孔孟韩愈的道统自居，自称“吾学尧、舜、禹、汤、文、武、周公、孔子、孟轲、荀卿、扬雄、王通、韩愈之道三十年，处于今之世，故不知进之所以为进也，退之所以为退也……圣贤之道，无进退毁誉也”(《信道堂记》)，在士大夫中大受欢迎，也使石介由衷钦佩，不惜自降身份，以进士之身师事之。

孙复到泰山后，石介赋长诗一首以纪其胜——《乙亥冬，富春先生以老儒醇师，居我东齐。济北张洞明远、楚丘李蕴仲渊，皆服道就义，与介同执弟子之礼，北面受其业，因作百八十二言相勉》：

凤凰飞来众鸟随，神龙游处群鱼嬉。
先生道德如韩孟，四方学者争奔驰。
济北张泂壮且勇，楚丘李缊少而奇。
胸中磊落颇惊俗，泰山石介更过之。
三人堂堂负英杰，胸中拳曲蟠蛟螭。
道可服兮身可屈，北面受业尊为师。
先生晨起坐堂上，口讽大易春秋辞。
洪音琅琅响齿牙，鼓簧孔子与宓羲。
先生居前三子后，恂恂如在汾河湄。
续作六经岂必让，焉无房杜廊庙资。
吁嗟斯文敝已久，天生吾辈同扶持。
二子勉旃吾不肖，先生大用终有时。
当以斯文施天下，岂徒玩书心神疲。

经石介等人筹措，景祐四年（1037）在岱庙东南隅汉柏地筑室建起学馆，孙复命名为“信道堂”。他在《信道堂记》中说：“予丁丑岁秋九月作堂于泰山之阳。明年春，堂既成。以是道处是堂，故命之曰信道堂。”这是孙复讲学泰山的正式地址。不久岱庙整修扩建，信道堂被并入院内，于是北迁至普照寺西侧的栖真观。这原是唐代道士周朴修炼的地方。经过重新修整，拓建厅室，规模大大超过信道堂。石介亲撰《泰山书院记》，正式称为“泰山书院”。书院交游与弟子情况是：“今先生游从之贵者，故王沂公、蔡贰卿、李秦州、孔中丞，今李丞相、范经略、明子京、张安道、士熙道、祖择之，门人之高第者，石介、刘牧、姜潜、张泂、李蕴，足以相望于千百年之间矣。”

这一时期，书院的主要活动有如下几项：

（一）交游社会名流与地方名士，争取各种支持，扩大书院影响

孙、石与师友、同年中的范仲淹、富弼、韩琦、杜衍、欧阳修、蔡襄、明子京等人联系密切，书信往还。孔子四十五代孙，以“性情鲠挺，不轻易许人”著称的孔道辅，曾多次来书院造访，盛赞书院学风及师生之贤，奉符知县马永伯与石介是同年进士，也诗文酬和，过从甚密。时贬官兖州的前丞相李迪，也把侄女许配孙复。《渑水燕谈录》卷二载：“孙明复先生退居泰山之阳，枯槁憔悴，鬓发皓白，著《春秋尊王发微》十五篇，为《春秋》学者，未有过之者也。故相李文定公守兖，就见之，叹曰：先生年五十，一室独居，谁事左右？不幸风雨食饮生疾奈何！吾弟之女甚贤，可以奉先生箕帚。先生固辞，文定公曰：‘吾女不妻先生，不过为一小官人妻，先生德高天下，幸婿李氏，荣贵莫大于此。’先生曰：‘宰相女不以妻公侯贵戚，而固以嫁山谷衰老、藜藿不充之人，相国之贤，古无有也。予不可不成相国之贤。’遂妻之。其女亦甘淡薄，事先生以尽妇道，当时士大夫莫不贤之。”

（二）招徒授业，讲习儒术

书院声誉既起，四方士子闻风而趋，除《泰山书院记》中所述外，还有杜默、张续、李常、李堂、徐遁等人。在教学内容上，以儒家经典为主，兼及子、史群书。其中尤以《周易》《春秋》为重。石介说：“先生尝以谓尽孔子之心者大《易》，尽孔子之用者《春秋》。是二大经，圣人之极笔也，治世之大法也。”石介本人也讲授过《尚书》《周易》等经典。

（三）开展学术研究与交流活动，在讲学基础上深入研究，撰写学术著作

孙复《春秋尊王发微》十五卷、《易说》六十四篇及《春秋总论》《尧权议》《舜制议》《文王论》《董仲舒论》《四皓论》《扬子辨》等著述均完成于此时。石介也著成《易解口义》十卷及其他文稿。郓城儒学家士建中、曲阜孔道辅等人也应邀来书院讲学。这些活动丰富了教学内容，活跃了学术空气，开阔了学生眼界，提高了学生思辨能力。

（四）推荐学生出仕

孙、石二人用世之心极切，所谓“一寸丹心如见用，便为灰烬亦无辞”（孙复《蜡烛》）。在与高官显宦的信中，荐才请用的占相当数量。除孙、石二人互荐外，学生也普遍受到举荐。这种举荐亦收到明显效果。

庆历二年（1042）夏，石介居丧期满，由杜衍推荐任国子监直讲。同年十一月，范仲淹、富弼、石介推荐，孙复也出任秘书省校书郎，国子监直讲。此时书院学生或由进士及第，或由推荐得官，所余无几，又主持乏人，书院便告消歇。而孙、石二人在太学齐心协力，振兴教育，使太学由零零落落的二三十人，在极短时间内增至数千人，开始了他们努力改革教风、文风，为“庆历新政”培养人才的新时期。

三

泰山书院的创办与运筹，真正的组织实施者是石介，这是一位以性情刚烈、疾恶如仇著称的悲剧人物。

石介（1005—1045），字守道，一字公操，兖州奉符（今山东泰安）人。家居徂徕山下西旺村，尝讲学徂徕，学者称为徂徕先生。介出身农家，高、曾祖以来，皆以耕田为业。其父丙开始出仕，官至太常博士。石介年轻时亦甚清贫，入应天府南都学舍从范仲淹学习。据宋赵令畤《墨客挥犀》载：“石守道学士为举子时，寓学于南都，其固穷苦学，世无比者。王侍郎渎闻其勤约，因会客，以盘餐遗之。石谢曰：‘甘脆者，亦某之愿也。但日享之则可，若止修一餐，则明日何以继乎？朝享膏粱，暮厌粗粝，人之常情也，某所以不敢当赐。’便以食还，王咨重之。”

天圣八年（1030），石介与欧阳修、蔡襄、马永伯等同登进士第，授将仕

郎、秘书省校书郎、郓州观察推官。景祐元年（1034），石介调任南京留守推官。宝元元年（1038），石介南京秩满，以父老（时已七十岁）请于吏部，代父远官，遂任嘉州（今四川乐山）军事判官。到任后一月，因母亡归家奔丧，康定元年（1040）石丙亡故。石介母服未满，又守父丧。在此期间，石介在徂徕山办起徂徕书院，与泰山书院互为呼应。

庆历二年（1042）夏，石介服除，以杜衍推荐为国子监直讲。不久孙复亦以布衣超拜试校书郎、国子监直讲。当时正处于庆历新政前夕，范仲淹、欧阳修等人亟思振兴教育，为改革培养人才，加之孙、石讲学切合实际，针对现实，贬刺时弊，使生徒由二三十人骤增至数千人。欧阳修称赞石介："及在太学，益以师道自居，门人弟子从之者甚众。太学之兴，自先生始。"（《徂徕石先生墓志铭》）

石介抱负极强，慨然以复兴儒学，重整道统，廓清政治为己任，"虽在畎亩不忘天下之忧"，"遇事发愤，作为文章，极陈古今治乱成败，以指切当世，贤愚善恶，是是非非，无所讳忌，世俗颇骇其言"（《徂徕石先生墓志铭》）。庆历三年（1043），仁宗起用范仲淹，富弼、韩琦、杜衍同时执政，欧阳修、余靖、王素、蔡襄为谏官，将权臣吕夷简、夏竦罢官，并着手实行一系列政治改革措施。"一时朝野欢欣，至酌酒相庆。"（袁褧《枫窗小牍》）石介喜形于色，曰："此盛事也，歌颂吾职，其可已乎！"乃效韩愈《元和圣德颂》，赋《庆历圣德颂》一首，赞誉范仲淹、富弼等，至拟之"一夔一契"，并以"众贤之进，如茅斯拔；大奸之去，如距斯脱"，直斥保守派夏竦，言辞十分激烈。此诗一出，政坛震动，在为新政广造舆论方面起了巨大的积极作用，但同时过于激进，授人以柄，导致保守派的极力反对。孙复告诫石介："子祸始于此矣！"此时范仲淹、韩琦刚刚接到朝命，尚在由陕西经略使任上赴京途中，闻讯大惊。据《范文正公集·言行拾遗事录》载："（范）公与韩琦自陕西来朝，石守道作《庆历圣德》诗，忠邪太明白。道中得之，公抚股谓韩公曰：'为此怪鬼辈坏之也。'韩公曰：'天下事不可如此，必坏。'其后果然。"对于石介的过激性格，范仲淹有充分认识，此后不久即反对石介充任谏官。《东轩笔录》卷十三载："庆历中，余靖、欧阳修、蔡襄、王素为谏官，时谓之四谏。四人者力引石介，而执政亦欲从之。时范仲淹为参知政事，独谓同列曰：'石介刚正，天下所闻，然性亦好奇异，若使为谏官，必以难行之事，责人君以必行。少拂其意，则引裾折槛，叩头流血，无所不为矣，主上虽富有春秋，然无失德，朝廷政事亦自修举，安用如此谏官也。’诸公服其言而罢。”不幸的是这种过激的性格缺陷，范仲淹本人也不同程度地存在，以致庆历新政在半年多点的时间内，未及真正施行便告失败。

庆历四年（1044）三月，石介以韩琦之荐，擢集贤院，仍兼国子监直讲。同年十月即成众矢之的，不自安于朝，遂请外任，得通判濮州。未及赴任，即于次年七月病卒于家，年仅四十一岁。其有《徂徕集》二十卷传世。石介死后，夏竦等犹衔恨不已，且欲倾倒富弼。死后二年，徐州孔直温谋反，抄家得石介书信，夏竦等人因而散布石介未死，富弼阴使其入契丹起兵谋反的谣言，使朝廷半信半疑，两次下令开棺验尸。幸亏兖州知州杜衍、提点京东刑狱吕居简以身家性命担保，方免发棺之难，但妻子儿女受到牵连，被羁管他州，流亡数年。

四

石介不仅是教育家，还是思想家。他极力标榜儒学道统，特别推崇韩愈，以继承韩愈自期，以崇儒术、辟佛老、卫道统为己任。在政治上，他继承了孔孟民本思想，提出“民者，国之根本也”，“人皆曰天下、国家。孰为天下？孰为国家？民而已！有民则有天下，有国家；无民，则天下空虚矣，国家名号矣”（《根本策》）。因此他主张裁革冗官，澄清吏治，推行仁政。在《明禁策》中批评朝廷，“今山泽江海皆有禁，盐铁酒茗皆有禁，布棉丝枲皆有禁，关市河梁皆有禁”，几乎一切与人民生活有关者皆有禁，唯独“宫室过度则不禁，豪强兼并则不禁，权要横暴则不禁，贿行于上则不禁吏贪于下则不禁”，因此他建议“惟禁其不禁而弛其禁，则先王之法也，三代之制也”。这种批评是相当大胆尖锐的。

在文学上，石介是古文运动的倡导者之一。从维护道统的需要出发，他强调文章的社会功利性，提出文“必本于教化仁义，根于礼乐行政”（《上赵先生书》），把文章视为儒教的工具。他与欧阳修、曾巩一齐严厉批判杨亿为首的西昆派，指出其“穷妍极态，缀风月，弄花草，淫巧侈丽，浮华篡组，刓锼圣人之经，破碎圣人之言，离析圣人之意，蠹伤圣人之道……其为怪大矣”（《怪说》）。其火力之猛，在革新派理论家中鲜有其匹，对涤荡华靡文风起了重要作用。但他过于强调文章的政治功利性，轻视艺术性，失之偏颇。他的道统文艺观，给后来的理学文艺批评造成很大影响。

与其文学观相适应，石介为文观点鲜明，饶有气骨，文风切直峻急，峭刻险僻，多危言高论而缺乏文采，曾自谓：“仆文字实不足动人。”（《答欧阳永叔书》）但他有少数文章既有一定现实意义，又有一定文学意味，其中当首推《击蛇笏铭》。据《渑水燕谈录》卷四：“孙公道辅，祥符中进士及第，补宁州推官。道士治真武像，有蛇数出像前，人以为神，州将率其属往拜之，蛇果出，公即举笏击杀之，众大惊服。徂徕先生石守道尝为公《击蛇笏铭》。”铭中有一段文字颂扬正气之浩然：

> 夫天地间有纯刚至正之气，或钟于物，或钟于人。人有死，物有尽，此气不灭，烈烈然弥亘亿万世而长在。在尧时为指佞草，在鲁为孔子诛少正卯刃，在齐为太史简，在晋为董狐笔，在汉武朝为东方朔戟，在成帝朝为朱云剑，在东汉为张纲轮……

一派凛然刚直不挠之气，昂扬于字里行间，南宋文天祥的《正气歌》显然受到此文影响。

五

泰山书院治学严整，注重学以致用，在清苦条件下孜孜以求，磨砺出一批成就卓异的人才。他们或出仕为官，或以文章学术名世。其中姓名可考者有：

姜潜　字至之，泰安汶口镇申村人。石介的侄女婿，后被推荐召试学士院，为明州录事参军，徙兖州录事参军，后为国子监直讲、河南陈留县令。宋神宗熙宁元年（1068），因反对王安石青苗法辞官还乡，在徂徕山建起“读易堂”授徒讲学，在当地声望很高，终年六十六岁。《宋史》有传。石介有诗《赴任嘉州，初登栈道，寄题姜潜之读易堂》：

> 我不从官君下第，其间险易两何如。
> 连云栈外四千里，读易堂中一帙书。
> 慈母含饴垂秃发，先生怀道接茅庐。
> 莫将清泪频频洒，蜀道之难欲上初。

杜默　字师雄，泰安人。以诗词著称，欧阳修称他“杜默东士秀，能吟凤凰声，作诗几百篇，长歌仍短行。携之入京邑，欲使众耳惊”。杜诗常常豪情宣泄，狂怪诡奇，时人斥之为“杜撰”。有《杜默诗集》，当时即失传。《诗人玉屑》存录《送守道夫子》残句“学海波中老龙，圣人门前大虫。推倒杨朱墨翟，扶起仲尼周公”，其诗风可见一斑。石介称他豪于歌诗，欧阳修豪于辞，石曼卿豪于诗，并称“三豪”，《三豪诗送杜默师雄并序》：

本朝八十年，文人为多，若老师宿儒，不敢论数。近世作者，石曼卿之诗，欧阳永叔之文辞，杜师雄之歌篇，豪于一代矣。师雄学于予，辞归，作三豪诗以送之。

曼卿豪于诗，社坛高数层。
永叔豪于辞，举世绝俦朋。
师雄歌亦豪，三人宜同称。
曼卿苦汩没，老死殿中丞。
身虽埋黄泉，诗名长如冰。
永叔亦连蹇，病鸾方骞腾。
四海让独步，三馆最后登。
师雄二十二，笔距狞如鹰。
才格自天来，辞华非学能。
回顾李贺辈，粗俗良可憎。
玉川月蚀诗，犹欲相凭陵。
曼卿苟不死，其才堪股肱。
永叔器甚闳，用之王道兴。
师雄子勉旃，勿便生骄矜。

祖无择　字择之，河南上蔡人。进士及第，皇祐五年（1053）任袁州知州。率先设立州学，“置生徒，郡国弦诵之风，由此始盛”（《宋史》本传）。历官龙图阁直学士知开封府、集贤院学士主西京御史台。他“为人好义，笃于师友，少从孙明复学经术，又从穆修为文章。两人死，力求其遗文汇次之传于世。以言语政事为时名卿”（《宋史》本传）。庆历初，祖择之官济南通理、廷尉评事任满，入京复命前，专程到泰山看望孙、石二人，畅谈经术学问，盘桓五日乃去。石介作《送祖择之序》，称“择之以文章登甲科，天下之望甚盛。不十年，当辅相天子，为宋大臣。为人资材已高，又能自知尧、舜、周、孔之道。顾明复与予，饥寒山谷中，何有毫发利于择之，而冒苦辛、倾肝胆予二人，岂有求邪？明复谓无以谢择之，发圣人之蕴，明王道之极，择之拜而受之”，说明这是志同道合的师友关系。

张泂　字明远，济北（今济南市齐河一带）人。孙复至泰山办学，他与李蕴是最早的子弟。张泂以经术著称，后举进士第，亦担任学职。石介《与张泂进士书》称他：“始受业于子望，又传道于泰山孙先生，得《春秋》最精……明远才三十二岁，已能斩稂莠而搴菁英，出红尘而摩苍苍，讨寻不倦，智识日通，异日于《春秋》，其将为诸子师。”

李蕴　字仲渊，楚丘（今山东曹县）人。进士及第，任奉符县尉。与姜潜同住太平镇，会有暴雨，李蕴派军士前往营救姜潜，反获罪免官，与知县马永伯同时入狱。可见这场冤狱另有原因。

李常　字遵道，李堂，字伯升，皆濮州（今河南濮阳）人。二人笃学有成，以文章名重一时。石介把他们与同乡王禹偁、李迪等人并称。

张绩　字禹功，也是濮州人。曾得石介向欧阳修推荐，欧阳修对其诗文有很高评价。石介在《送张绩李常序》中称“其文如进六军而作鼓者，严猛齐厉，张皇奋施，可式可畏”。石介有长诗《赠张绩禹功》，称赞他“不度蹄涔微，直欲触鲸鲤”，这也是石介的自况和自勉。

刘牧　字先之，衢州人。进士及第，出仕后又拜范仲淹为师，历任兖州观察推官、荆湖北路转运判官等。

徐遁　字正权，奉符人，石介门婿。他是著名医生，工诗文。在济南与苏辙交好。徐遁撰《祭闵子文》为苏辙称赞。苏辙作有《题徐正权秀才城西溪亭》诗，论者据此认为李清照词作《如梦令》“常记溪亭日暮，沉醉不知归路”，是其描写济南的唯一作品（徐北文《李清照集校注》）。乾隆《历城县志》据苏辙记载，徐遁怀疑医学家王叔和“三焦”有脏无形之说，“齐（州）尝大饥，群凶相脔割而食，有一人皮肉尽而骨脉存者”，徐遁“以学医故，往视其五脏”，表现了可贵的求实精神。

六

石介久居泰山、徂徕，还作有一批泰山诗。

《泰山》：

七百里鲁望，北瞻何岩岩。
诸山知峻极，五岳独尊严。
寰宇登来小，龟蒙视觉凡。
此为群物祖，草木莫锄芟。

《岳色》：

春近满鲁甸，雨余堆汶河。
浓云映不尽，残照射来多。
高与天垂野，闲临月上波。
特开西北户，爱此郁嵯峨。

《徂徕山斋熟寝，家童报征西府从事田集贤元钧、张著作叔文、赵推官庶明书至，开缄读之，因题书后》：

满径蓬蒿懒自锄，何人日午叩茅庐。
徂徕山下一枕睡，经略府中三纸书。
兵谋贵胜纵横出，海鸟忘机饮啄余。
唯有淮夷雅宜作，文章兼不让黄初。

《访竹溪呈孟节兼有怀熙道》：

到头泉石是吾家，坐石听泉日已斜。
一片青衫非富贵，千竿绿竹好生涯。

君曾览照头皆雪，我试看书眼亦花。
便好结为山伴侣，教他夔盖佐勋华。

《和奉符知县马寺丞永伯捕蝗回作》：

天道不可诘，吾当责尔螟。
方今约谗匿，何故播膻腥。
野草离离尽，秋禾穗穗零。
知君恤民意，鬓减数茎青。

七

长期以来，流传着胡瑗与孙复、石介同读于泰山的说法。最早见于南宋朱熹《五朝名臣言行录》卷十引胡瑗孙胡涤所述：“侍讲（胡瑗）布衣时，与孙明复、石守道同读泰山，攻苦食淡，终夜不寝，一坐十年不归。得家书，见上有‘平安’二字，即投之涧中，不复展视，恐扰心也。”明末清初，全祖望撰《宋元学案》，开篇便是“安定学案”与“泰山学案”，将上述一段话引录不误。由于《宋元学案》及全祖望的影响，此说几成定论。

胡瑗（993—1059）　字翼之，泰州海陵（今江苏泰州人），是北宋著名教育家。他年轻时入应天府南都学舍从范仲淹学习，与孙复、石介为同学。后在苏州、湖州一带教学近二十年，总结创立了“苏湖教法”，即“分斋教法”，开因材施教先例，并制定了详细完备的学校规章制度，使“科条纤悉各具”，产生了很大影响，以至中央太学也派员“下湖州取其法”。景祐元年（1034），朝廷更定雅乐，因胡瑗精通音乐，由范仲淹推荐，“以白衣对崇政殿”，校订律吕，监造钟磬，授秘书省校书郎。不久任国子监直讲、太子中允、天章阁侍讲，以太常博士致仕。

由此可见：1.胡瑗于景祐元年（1034）由苏州出仕，孙复于景祐二年（1035）冬来到泰山。所谓胡、孙、石同读于泰山，时间上不能成立。2.孙、石、胡三人死后，皆由欧阳修作墓志铭。孙铭中有“退居泰山之阳，学《春秋》，著《尊王发微》……自（石）介而下，皆以弟子事之”。石铭中亦言及泰山、徂徕的活动。而在胡瑗墓表中，却言“景祐、明道以来，学者有师，惟先生暨泰山孙明复、石守道三人”，这是说三人同在国子监供职时的情况。石介所作《泰山书院记》中，也只字未提及胡瑗。3.孙、胡二人夙有成见，矛盾很深。《宋史·孙复传》载：“复与胡瑗不合，在太学常相避。瑗治经不如复，而教养诸生过之。”南宋黎清德《朱子语类》记载了朱熹与弟子的对话，“问：孙明复如何恁地恶胡安定？曰：安定较和易，明复却刚劲”，这说明二人性格反差较大。孙、石二人现在的诗文、书信中，无只字涉及胡瑗，故只能认为胡瑗与孙、石二人素无交往。4.胡涤说三人同读于泰山，中间已隔了两代人，此前无人说过。胡涤缘何得知，无从考查，亦无任何证据，现存资料，几乎全可作为反证。5.泰山自金代始即立“鲁两先生祠”祭祀孙复、石介二人。石介后人石震之婿、金朝翰林学士承旨党怀英作了第一篇《鲁两先生祠记》。降至明清，沿祀未改，其间未见胡瑗消息。直至清道光年间，泰安知县徐宗干在《奉鲁两先生附和圣祠记》中，才首次提到“后人以胡安定读书其地，并为三贤祠”，说明把胡瑗拉进来，与孙、石并称“三贤”，不过是道光前后的事情。

综上种种，可以推断：一是胡瑗未曾参加泰山书院的活动；二是即使说胡瑗在泰山书院以前来泰山读书，亦无任何证据；三是“同读泰山说”可能系同读应天府南都学舍衍误而来。

八

孙复、石介开创的泰山书院和泰山学派，为北宋复兴儒学、普及教育、培养人才，立下了筚路蓝缕的开拓之功。在儒学理论上，他们颇多建树，成为宋代新儒学——理学的先驱。朱熹称孙、石、胡为“宋初三先生”。全祖望《宋元学案·泰山学案》称“宋兴八十年矣，安定胡先生、泰山孙先生、徂徕石先生，始以师道明正学，继而濂、洛兴矣。故本朝理学虽至伊洛而精，实自三先生而始。故晦庵（朱熹）有伊川（程熙）不敢忘三先生之语”，指出了他们在理学上的开启作用。孙复继承了韩愈的道统说，而注重于阐发儒经义理。石介“以仁义忠孝之道发于文章，为诸儒倡”（党怀英《鲁两先生祠记》），并按个人见解在孔孟思想体系中拉入荀子、扬雄、王通。到了南宋，朱熹又把自己和二程列进去，组成了新的儒家理学系列，其间的传承脉络是十分清晰的。清代徐宗干说“夫孔孟之道，阐于程朱，程朱之源，开于孙、石”(《拟请宋孙、石两先生从祀记》)，确实道出其中堂奥。

泰山学派在文学上的贡献，是摧垮了杨亿、刘筠为首的西昆体，促进了宋代古文运动的发展。自唐代韩愈提倡古文运动以来，虽有柳宗元、李翱等人参与协助，盛于一时，但并没有能持续下去，韩柳以后仍是骈俪文流行。宋初虽有柳开、穆修、王禹偁倡导并力行古文，但无力与风靡天下的西昆体抗衡。石介的《怪说》一出，成为投向西昆体的火药。出任国子监直讲后，石介更以强硬的行政手段禁毁骈俪文，推行古文。他把文道合一发展到了极端，否定了文学的审美价值。石介在古文运动中充当的是批评家而不是作家，其作用是推毁旧营垒，然而少有新建树。古文运动的胜利，是由其同年好友欧阳修来完成的。

泰山学派倡导的新儒学注重联系实际，尤其是石介注意团结中下层儒生，通过讲学方式议政干政，形成新的学风，具有一些民主性的进步因素，这一点也在宋明理学中得到继承体现，值得肯定。清代纪昀的《四库全书总目提要》涉及《徂徕集》时道：“(石介)毅然以天下是非为己任，然客气太深，名心太重，不免流于诡激……厥后欧阳修、司马光朋党之祸屡兴，苏轼、黄庭坚文字之狱迭起，实介有以导其波。又若太学诸生挟持朝局，北宋之末或至于脔割中使；南宋之末，或至于驱逐宰执，由来者渐，亦介有以倡之。”这是从反面肯定了石介的影响与功绩。

泰山书院在当地的影响也相当深远。明代泰山名士李汝桂的育英书院，宋焘的青岩书院，清代赵国麟的泰山书院，徐肇显的徐公书院，徐大榕的岱麓书院，许莲君的怀德书院，唐仲冕的泰山书院等等，无一不打出泰山书院的精神旗帜，成为“能使鲁人皆好学”风气的体现，使古老的泰山书院成为一方之望。

能使鲁人皆好学

——欧阳修与泰山

欧阳修是北宋著名的政治家、文学家和史学家。他在政治实践和文学、史学方面都有卓越的建树。尤其是在长达四十余年的文学活动中，他以倡导诗文革新运动和诗、文、词的创作成就，对宋代文学的发展和繁荣做出了巨大的贡献，成为北宋前期文坛的一代宗师。他的泰山诗文，是其政治与文学活动的重要组成部分，显示出独有的魅力。

一

欧阳修（1007—1072），字永叔，四十岁号醉翁，晚年号六一居士，庐陵（今江西永丰）人。父观，宋真宗咸平三年（1000）进士，在道、泗、绵、泰等州做过推官和判官。欧阳修四岁时，其父逝于泰州任上，母郑氏年方二十九岁，遂迁往随州投靠任推官的叔父欧阳晔。晔为人“严明方质”“洁廉自持”（欧阳修《尚书都官员外郎欧阳公墓志铭》），对欧阳修有很大影响。郑氏出于江南名族，很有教养和见识，亲自督导欧阳修学习。“家贫，至以荻画地学书”，欧阳修勤奋刻苦，“敏悟过人，读书辄成诵”。（《宋史》本传）

宋仁宗天圣元年（1023）与天圣五年，欧阳修两次应举未中，乃携文至汉阳拜谒著名的翰林学士胥偃，极受器重，后来成为胥的女婿。天圣七年（1029）春、秋二季，欧阳修两次参加国子监考试，均获第一。次年参加礼部翰林学士晏殊主持的进士考试，再中第一名，授将仕郎、试秘书省校书郎，充西京（洛阳）留守推官。

景祐元年（1034）欧阳修西京任满，召试学士院，留京任馆阁校勘，修《崇文总目》。景祐三年，他因支持范仲淹的改革主张被贬为夷陵（今湖北宜昌）县令。次年改元康定，应召还京，复为馆阁校勘。庆历三年（1042），晏殊代吕夷简为相，韩琦、范仲淹等擢参知政事，提出十项改革主张，开始推行“庆历新政”。未久，保守派伺机反扑，指责新派为“朋党”，范、韩相继罢去。欧阳修也于庆历五年谪官滁州。嘉祐二年（1057）春权知礼部贡举，“时士子尚为险怪奇涩之文，号‘太学体’，修痛排抑之，凡如是者辄黜。毕事，向之嚣薄者伺修出，聚噪于马首，街逻不能制”（《宋史》本传）。这次主持考试虽引起不小风波，但事实证明他坚持的选才标准完全正确。这一榜选拔了苏轼、苏辙、曾巩、程颢、张载等一批出色人才，并且“场屋之习，从是遂变”（《宋史》本传）。嘉祐三年加龙图阁学士权知开封府。熙宁四年（1071）六月以观文殿学士、太子少师致仕。次年七月病逝于颍州，年六十六岁。有《欧阳文忠集》及《新五代史》，与宋祁合修《唐书》等著述。

二

欧阳修未曾登览泰山。有关泰山之作，主要是因同年好友石介的关系，与泰山书院师生交往而作。

虽然同属革新派，但范仲淹因为是石介老师，看石介缺点较多较重，而有些厌恶；欧阳修则对这位同年关爱有加，既明确指出他的缺点，又处处给予关照体贴，感情相当真挚。欧阳修早期的《与石推官书》二篇，大约作于景祐二年（1035）秋冬之际。此时欧阳修从西京留守推官任满，返京任馆阁校勘一年有余；石介也由郓州推官任满徙南京任学官。此二书内容有二：一是批评石介为文观点。在《第一书》中，欧阳修坦率地指出石介《怪说》《中国论》等文章“有自许太高、诋时太过”的毛病；二是指出石介书体狂狷怪异，“特欲与世异”，连欧阳修也“始见之，骇然不可识，徐而视定，辨其点画，乃可渐通”。劝诫石介：“今书，前不师乎古，后不足以为来者法，虽天下皆好之，犹不可为，况天下皆非之，乃独为之，何也？……今足下端然居乎学舍，以教人为师，而反率然以自异，顾学者何所法哉！不幸学者皆从而效之，足下又果为独异乎？今不急止，则惧他日有责后生之好怪者。”

然而石介对欧阳修的忠告并不领情，仍执迷不悟，在回信中一一反驳：“书中言‘自许太高，诋时太过，其论若未深究其源，此则自蔽塞，自有所未见也……书当传圣人之道者已。能传圣人之道足矣，奚必古有法乎？今有师乎？永叔何孜孜于此乎。”(《答欧阳永叔书》)口气咄咄逼人。

欧阳修对此毫不介意，紧接着又写了一篇《上杜中丞论举官书》，为石介仗义执言。原来在欧阳修《与石推官书》同时，御史中丞杜衍推荐石介为御史台主簿，旋以石介上书论赦书不当求五代及诸伪国后的借口，罢而不召。这是石介政治上第一次遭受挫折。欧阳修上书力辩：“介为人刚果有气节，力学，喜辩是非，真好义之士也……且主簿于台中，非言事之官，然大抵居台中者，必以正直刚明不畏避为称职。今介足未履台门之阈，而已用言事见罢，真可谓正直刚明不畏避矣。度介之才，不止为主簿，直可任御史也。是执事有知人之明，而介不负执事之知矣……若介虽忤上而言是也，当助以辩，若其言非也，犹宜曰所举者为主簿尔。”

其实问题根本不出在石介这篇上书。同时上书的还有以父子双状元著称的东平人梁颢之子梁适，因此被提拔为刑院详议官。石介被罢，出在另一篇上枢密使王曾书，指责仁宗沉湎于女色：“正月以来，闻既废郭皇后，宠幸尚美人，宫廷传言，道路流布。或说圣人好近女色，渐有失德。自七八月以来，所闻又甚，或言倡优日戏上前，妇人朋淫宫内，饮酒无时节，钟鼓连昼夜。”滕子京也因此事上谏遭贬，而石介之语，较滕尤切，已引起仁宗恼怒，此番正好借题发挥，罢其官职。经过这次教训，石介对欧阳修的忠告与苦心才有所领悟。

泰山书院告成后，欧阳修予以极大的关注与支持，认为书院师生都是改革所需要的难得的人才。这种评价首见于长诗《读张、李二生文赠石先生》：

先生二十年东鲁，能使鲁人皆好学。
其间张续与李常，剖琢珉石得天璞。
大圭虽不假雕琢，但未磨砻出圭角。
二生固是天下宝，岂与先生私褚橐。
先生示我何矜夸，手携文编谓新作。
得之数日未暇读，意欲百事先屏却。
夜归独坐南窗下，寒烛青荧如熠烁。
病眸昏涩乍开缄，灿若月星明错落。
辞来意正质非俚，古味虽淡醇不薄。

千金佛老贼中国，祸福依凭群党恶。
拔根掘窟期必尽，有勇无前力何荦。
乃知二子果可用，非独词坚由志确。
朝廷清明天子圣，阳德汇进群阴剥。
大烹养贤有列鼎，岂久师门共藜藿。
予惭职谏未能荐，有酒且慰先生酌。

庆历五年（1045）七月，石介受夏竦迫害致死，保守派继续造谣生事，要斫棺验尸，以图借端株连，把革新派一网打尽。欧阳修此时已贬官滁州，闻讯悲愤不已，写下《读徂徕集》：

徂徕鲁东山，石子居山阿。
鲁人之所瞻，子与山嵯峨。
今子其死矣，东山谁复过。
精魄已埋没，文章岂能磨。
寿命虽不长，所得固已多。
旧稿偶自录，沧溟之一蠡。
其余谁付与，散失存几何。
存之警后世，古鉴照妖魔。
子生诚多难，忧患靡不罹。
宦学三十年，六经老研摩。
问胡所专心，仁义丘与轲。
扬雄韩愈氏，此外岂知他。
尤勇攻佛老，奋笔如挥戈。
不量敌众寡，胆大身么么。
往年遭母丧，泣血走岷峨。
垢面跣双足，锄犁事田坡。
至今乡里化，孝悌勤蚕禾。
昨者来太学，青衫踏朝靴。
陈诗颂圣德，厥声续猗那。

羔雁聘黄晞，晞惊走邻家。
施为可怪骇，世俗安委蛇。
谤口由此起，中之若飞梭。
上赖天子明，不挂网者罗。
忆在太学年，大雪如翻波。
生徒日盈门，饥坐列雁鹅。
弦诵聒邻里，唐虞赓咏歌。
常续最高第，骞游各名科。
岂止学者师，谓宜国之皤。
天寿反仁鄙，谁尸此偏颇。
不知讻讻者，又忍加诋诃。
圣贤要久远，毁誉暂喧哗。
生为举世疾，死也鲁人嗟。
作诗遗鲁社，祠子以为歌。

庆历六年秋，又写下《重读徂徕集》：

我欲哭石子，夜开徂徕编。
开编未及读，涕泗已涟涟。
勉尽三四章，收泪辄忻欢。
切切善恶戒，丁宁仁义言。
如闻子谈论，疑子立我前。
乃知长在世，谁谓已沉泉。
昔也人事乖，相从常苦艰。
而今每思子，开卷子在颜。
我欲贵子文，刻以金玉联。
金可烁而销，玉可碎非坚。
不若书以纸，六经皆纸传。
但当书百本，传百以为千。
或落于四夷，或藏在深山。

待彼谤焰熄，放此光芒悬。
人生一世中，长短无百年。
无穷在其后，万世在其先。
得长多几何，得短未足怜。
惟彼不可朽，名声文行然。
谗诬不须辩，亦止百年间。
百年后来者，憎爱不相缘。
公议然后出，自然见媸妍。
孔孟困一生，毁逐遭百端。
后世苟不公，至今无圣贤。
所以忠义士，恃此死不难。
当子病方革，谤辞正腾喧。
众人皆欲杀，圣主独保全。
已埋犹不信，仅免斫其棺。
此事古未有，每思辄长叹。
我欲犯众怒，为子记此冤。
下纾冥冥忿，仰叫昭昭天。
书于苍翠石，立彼崔嵬巅。
询求子世家，恨子儿女顽。
经岁不见报，有辞未能诠。
忽开子遗文，使我心已宽。
子道自能久，吾言岂须镌。

石介死后二十一年始得正式下葬。应石介之子师讷、门人姜潜、杜默、徐遁等人之请，欧阳修撰写《徂徕石先生墓志铭》，给予其很高评价：

先生貌厚而气完，笃学而志大，虽在畎亩，不忘天下之忧。以为时无不可为，为之无不至，不在其位，则行其言。吾言用，功利施于天下，不必出乎已；吾言不用，虽获祸咎，至死而不悔。其遇事发愤，作为文章，极陈古今治乱成败，以指切当时，贤愚善恶，是是非非，无所讳忌。世俗

> 颇骇其言，由是谤议喧然，而小人尤嫉恶之，相与出力，必挤之死。先生安然，不惑不变，曰："吾道固如是，吾勇过孟轲矣。"……其喜怒哀乐，必见于文，其辞博辩雄伟而忧思深远。

欧阳修对石介的深厚友谊，文章事业的关照奖拔，可以说是肝胆相照，死而未已。

三

通过石介，欧阳修与泰山书院主持人孙复相识，并保持了很长的友谊。欧阳修有《送孙秀才》诗：

> 高门煌煌赫如赭，势利声名争借假。
> 嗟哉子独不顾之，访我千山一羸马。
> 明珠渡水覆舟失，赠我玑贝犹满把。
> 迟迟顾我不欲去，问我无穷惭抱寡。
> 时之所弃子独向，无乃与世异取舍。

嘉祐二年（1057）七月，孙复病故。欧阳修亲撰《孙明复先生墓志铭》，高度评价其学术成就："先生治《春秋》，不惑传、注，不为曲说以乱经，其言简易，明于诸侯大夫功罪，以考时之盛衰，而推见王道之治乱，得于经之本义为多。"同时也充分肯定了其在泰山书院和国子监的教育成绩。

欧阳修与孙复的学生祖无择也有交往。在泰山书院求学时，祖无择把自己的诗赋文章寄给欧阳修请教。欧阳修在《答祖择之书》中认为"足下所为文，用意甚高，卓然有不顾世俗之心，直欲自到于古人。今世之人，用心如足下者有几"。并且指出宋初以来文风浮靡的原因是没有继承孔孟直到韩愈的文统道统，"今世无师，则学者不尊严，故自轻其道"，"是故学者惟俯仰徇时，以希利禄为急，至于忘本趋末，流而不返"。在这种情况下，能自觉尊奉文统，"自到于古人"的祖无择可算得上是难得的人才。这封书信也是体现欧阳修古文运动理论的重要资料。

后来祖无择任知制诰，加龙图阁直学士，奉使陕西，欧阳修写了一首《小饮坐中赠别祖择之赴陕府》：

明日君当千里行，今朝始共一樽酒。
岂惟明日难重持，试思此会何尝有。
京师九衢十二门，车马煌煌事奔走。
花开谁得屡相过，盏到莫辞频举手。
欢情落寞酒量减，置我不须论老朽。
奈何公等气方豪，云梦正当吞八九。
择之名声重当世，少也多奇晚方偶。
西州政事蔼风谣，右掖文章焕星斗。
待君归日我何为，手把锄犁汝阴叟。

欧阳修还有赠石介门徒杜默的长诗，谦虚地称自己忝列“三豪”为“滥名”，而给杜默狂怪诗风以高度评价。《赠杜默》：

南山有鸣凤，其音和且清。
鸣于有道国，出则天下平。
杜默东士秀，能吟凤凰声。
作诗几百篇，长歌仍短行。
携之入京邑，欲使众耳惊。
来时上师堂，再拜辞先生。
先生颔首遣，教以勿骄矜。
赠之三豪篇，而我滥一名。
杜子来访我，欲求相和鸣。
顾我文字卑，未足当豪英。
岂如子之辞，铿锽间镛笙。
……

四

欧阳修一生喜碑帖之学，晚年更收集了大量金石铭刻拓片，撰为《集古录》一书。他自称“吾《集古录》一千卷，藏书一万卷，有琴一张，有棋一局，而常置酒一壶，吾老于其间，是为六一”，因号“六一居士”。他在《集古录自序》中说：“汤盘孔鼎岐阳之鼓，岱山邹峄会稽之刻石，与夫汉魏以来圣君贤士桓碑彝器铭诗序记，下至古文籀篆分隶诸家之字书，皆三代以来至宝怪奇伟丽工妙可喜之物……然而风霜兵火，湮沦磨灭，散弃于山崖墟莽之间，未尝收拾者，由世之好者少也。”

《集古录》中记载有关泰山碑刻凡三条：

（一）《秦泰山刻石跋尾》，辨析秦篆刻石源流，指出泰山秦篆为唯一传世真迹

> 篆字之法，出于秦李斯。斯之相秦，焚弃典籍，遂欲灭先王之法，而独以己之所作刻石而示万世，何哉？按《史记》，秦始皇帝行幸天下，凡六刻石，及二世立，又刻诏书于其旁，今皆亡矣。独泰山顶上二世诏仅在，所存数十字尔。今俗传《峄山碑》者，《史记》不载，又其字体差大，不类泰山存者……余友江邻几，谪官于奉符，尝自至泰山顶上，视秦所刻石处，云：“石倾不可镌凿，不知当时何以刻也。四面皆无草木而野火不及，故能若此之久。然风雨所剥，其存者才此数十字而已。”本邻几遗余也。比今俗传《峄山碑》本，特为真者尔。

文中所说江邻几，名休复，字邻几，开封陈留人，宋仁宗时为奉符县令。欧阳修称他“强学博览，无所不通”，“文章淳雅，尤长于诗。淡泊闲远，往往造人之不至。善隶书，喜琴弈酒食。与人交，久而益笃。”（《江邻几墓志铭》）任集贤校理，判尚书刑部。庆历年间因苏舜钦案受牵连，贬谪奉符，在任期间为政简易清廉，深得拥戴，后复职集贤校理，迁刑部郎中，是一位有才华、有作为的能吏。

（二）《后汉泰山都尉孔君碑》跋

君讳宙，字季将，孔子十九世之孙也。年六十一。延熹四年正月乙未以疾卒。其序官阀甚简，又或残灭不完，但见其举孝廉为郎，迁元城令，遂为泰山都尉尔。其辞有云：“躬忠恕以及人，兼禹汤之罪已。”宙，人臣，而引禹、汤以为比，在今人于文为不类。盖汉世近古，简质犹如此也。

此碑今存曲阜孔庙。较之欧阳修所记，更为残磨不全。

（三）《后汉衡方碑》跋

府君讳方，字兴祖。其先伊尹在殷，号称阿衡，因而氏焉。又曰：州举孝廉，除郎中、即丘候相、胶东令。州举尤异，迁会稽东部都尉，又拜议郎、北平太守，迁颍川太守。又曰：拜步兵校尉。年六十有三。建宁元年二月五日癸丑卒。于是海内门生故吏，采嘉石，树灵碑，镌茂伐，秘将来。此其始终之大略。其余历历可见，而时亦磨灭。

此碑原立于汶上县郭家楼村。清雍正八年（1730）汶水泛决，碑卧陷。20世纪50年代移入岱庙，现存于岱庙东碑廊。碑文为隶书，笔法古朴遒劲，端庄丰厚，是研究汉隶的重要资料。

五

欧阳修晚年作有一篇《祭东岳文》，其文曰：

某比者获解郡章，许还里闬。方巾车而即路，属暑雨之时行。辄以愚诚，仰干大造。蒙神之惠，赐以不违。吹清飔而散阴，暴秋阳以涸辙。遂无道路之阻，得返草茅之居。荷德之深，不知为报。一觞之洁，谨用荐衷。

是文大致作于熙宁三年（1070）七八月间。在此之前，欧阳修以兵部尚书、京东东路安抚使衔知青州。“濮议”风波之后，欧阳修身心疲惫，亟思归隐颍州。于是累上奏章，连年不断。“奏封十上，而六被诏谕，未赐允俞。”（《续思颍诗》）熙宁二年三月，内侍王延庆奉诏宣抚青州，欧阳修再次托王转达求去之意。而神宗只是一再加封晋爵，次年又加检校太保宣徽南院使、河东路经略安抚监牧使。七月改知蔡州。欧阳修尽管十分不满，也只得从命。离开青州，先赴颍州小住，九月才赴蔡州任。这篇祭文，正是作于离青州、经泰山、南下颍州之时。

从祭文内容看，欧阳修并未登临泰山，只是遥祭。他自称“须知我是爱山者，无一诗中不说山”（《留题南楼二绝》）。而文中未提登山，也无其他诗文专写泰山。究其原因，一是经过庆历新政的挫折，尹洙、苏舜钦皆在四十岁左右壮盛之年死去，欧阳修也四十出头，头发早已花白，青州时期更是“齿牙零落鬓毛疏”（《书怀》），身体已相当衰弱，这也是他强调“不违物”，急于归隐的原因之一。以六十四岁衰弱之躯登泰山，怕已力不从心。二是时值暑雨，道路难行，无暇旁顾，只求速归。总之，他与泰山缘悭一面。两年之后，欧阳修便在颍州溘然长逝。

六

欧阳修作为北宋初期一代文宗，倡导力行古文运动，结束了西昆体风靡一时的局面，为宋代诗文发展开拓出新的疆域。欧阳修的泰山有关诗文，也是众体皆备，各具特色，首先是观点鲜明，给泰山书院师生及其教育活动以明确有力的支持，这在庆历新政头面人物中相当突出。泰山书院因此扩大了影响，并在庆历新政中成为一支不可忽视的力量，发挥了重要作用。二是以师友相兼的身份，对书院师生的学术研究、诗文创作给予热情指导，真挚教诲。书院师生取得的成就，凝聚着欧阳修的汗水与心血。三是阐发泰山金石之学，并产生了深远影响。他的《集古录》开启带动了刘跂《泰山秦篆谱》和赵明诚、李清照夫妇《金石录》的写作，对泰山文化的弘扬光大发挥了重要作用。这是欧阳修对于泰山文化的历史贡献。

恨君不上东封顶　夜看金轮出九幽

——苏轼、苏辙与泰山

苏轼、苏辙兄弟是北宋政坛、文坛上引人注目的双星。苏轼是杰出的政治家、文学巨匠、文坛盟主。他一生在政治上屡经沉浮，充满坎坷和悲剧，在文学上却是公认的天才、全才，于诗、文、词、赋都有极高的成就。苏辙是唐宋八大家之一，也是著名的政治家、文学家，与父苏洵、兄苏轼并称“三苏”。苏氏兄弟的泰山诗文，颇多唱和之作，洋溢着不同的格调与才情，成为相映成趣的瑰丽篇章。

一

苏轼（1037—1101），字子瞻，一字和仲，号东坡居士，四川眉山人。父苏洵是大器晚成的散文家，二十七岁才发愤读书。苏轼八岁入眉山天庆观北极院读乡塾，三年后入寿昌院从州学教授刘微之读书，至及冠之年，已能“博通经史，属文日数千言”（《宋史·苏轼传》）。

嘉祐元年（1056），苏洵带领二十一岁的苏轼、十八岁的苏辙出川赴京考试。次年在礼部考试时苏轼答卷深受主考官欧阳修赏识，后经仁宗殿试，兄弟二人同科进士及第。宋仁宗读到苏氏兄弟的策论时，高兴地说：“朕今日为子孙得两宰相矣！”（《宋史》本传）

正当此时，苏轼母亲病故，苏轼父子三人急忙奔丧返里。嘉祐四年（1059）守制期满，苏氏父子再度返京。欧阳修推荐苏轼参加才识兼茂科考试。嘉祐六年通过制科考识，被任命为大理评事签书凤翔府判官。由于苏轼兄弟联名高中，和社会名流对老苏的推荐，“三苏”一时名噪京师。苏洵得免试起用，留京编纂礼书，苏辙留侍身边。治平二年（1065）苏洵在汴京病故，兄弟二人扶丧归葬。熙宁二年（1069）守制期满还朝，差判官告院。当时正值神宗启用王安石变法，苏轼的改革思想与王安石的变法主张有许多不同，自觉难见容于新派，随即请求外调。于熙宁四年（1071）六月出任杭州通判，熙宁七年（1074）改任密州（今山东诸城）知州。熙宁十年（1077）移知徐州。在各地期间，虽不满变法，却能尽心职守，体恤民情。元丰二年（1079）春调任湖州（今浙江吴兴）知州，七月即发生了著名的“乌台诗案”，谏官何正臣、舒亶、李定等人搜罗苏轼诗文中只言片语，弹劾苏轼攻击朝廷新政，下狱治罪。幸经亲友营救，神宗也不想杀他，方于年底结案出狱，以水部员外郎之衔贬黄州（今湖北黄冈）团练副使。

元丰八年（1085）神宗病故，哲宗年幼，高太后临朝听政，起用旧党司马光执政，新法逐项被废。这时苏轼被起用为登州（今山东蓬莱）太守，刚到任五天，就调回京都任中书舍人、翰林学士知制诰等职。苏轼此次在朝四年，主持过学士院考试和进士贡举，拔擢毕仲游、黄庭坚、晁补之、张耒等人，后又举荐秦观、陈师道等调京授官，一时才士毕集，互相酬唱，形成以苏轼为领袖的作家群，传为文坛佳话。绍圣元年（1094）哲宗亲政，苏轼更大的厄运临头，被贬知英州（今广东英德），接着一月之内三次降官，最后贬为建昌军司马，惠州（今广东）安置。绍圣四年四月再贬至海南儋州。他被流放岭外七年。元符三年（1100）徽宗即位，宽赦元祐旧臣，苏轼奉诏内迁，次年七月病逝，享年六十六岁。其有《东坡全集》一百一十五卷，及《易传》《书传》《论语说》等著作传世。

二

苏轼童年时代就与泰山结缘。他八岁那年在天庆观读书，有人从京城带来石介所作的《庆历圣德诗》给老师看。苏轼好奇地问先生这是些什么人，先生说小孩子何必问这些。苏轼认真地说：这是天上的人吗？那我就不用知道；如果也是地上的人，为什么不可以问？“先生奇轼言，尽以告之……时虽未尽了，则已私识之矣。”（《东坡集》卷二十四《范文正公集序》）这件事反映了苏的过人见识，同时也在他幼小的心灵中，留下了对于泰山石介的深刻印象。

苏轼仅存的泰山诗是与苏辙的和作。苏辙于熙宁六年（1073）冬至熙宁十年二月在济南任齐州掌书记。兄弟二人感情甚笃，“进退出处，无不相同，患难之中，友爱弥笃，无少怨尤，近古罕见”（《宋史·苏辙传》）。熙宁七年，时任杭州通判的苏轼奏请朝廷，愿到山东与弟靠近，于是徙知密州（今诸城），于年底到任。济南与密州仍相距千里，但二人在两地之间往来音讯甚为频繁。兄弟二人同官山东，但既没能在密州见面，也没能在济南相会。熙宁十年初，当苏轼徙知徐州路过济南时，苏辙赴京上书。齐州知州李常（字公择）是苏轼密友、黄庭坚舅父，又反对王安石变法，与苏轼是政治上的同道。此番挽留苏轼在济居留月余始行。到了二月，阔别七年的兄弟才在澶濮之间（今河南濮阳）相会。

苏辙在齐州曾寄给苏轼许多诗文，其中有《次韵韩宗弼太祝送游泰山》诗，苏轼即作《和子由四首》相赠。其一为《韩太祝送游泰山》：

偶作郊原十日游，未应回首厌笼囚。
但教尘土驱驰足，终把云山烂漫酬。
闻道逢春思濯锦，便须到处觅蒐裘。
恨君不上东封顶，夜看金轮出九幽。

苏轼还有一首赠酬诗《送杨杰并叙》：

无为子尝奉使，登泰山绝顶，鸡一鸣，见日出。又尝以事过华山，重九日饮酒莲花峰上。今乃奉诏与高丽僧统游钱塘。皆以王事，而从方外之乐，善哉未曾有也，作是诗以送之。

天门夜上宾出日，万里红波半天赤。
归来平地看跳丸，一点黄金铸秋橘。
太华峰头作重九，天风吹滟黄花酒。
浩歌驰下腰带鞓，醉舞崩崖一挥手。
神游八极万缘虚，下视蚊雷隐污渠。
大千一息八十返，笑厉东海骑鲸鱼。
三韩王子西求法，凿齿弥天两勍敌。
过江风急浪如山，寄语舟人好看客。

诗的前两联专写泰山日出景象，十分传神。杨杰，字次公，无为（今安徽无为县）人，自号无为子。举进士，元祐中为礼部员外郎，《宋史》有传。此诗应作于元丰八年九月，苏轼由常州赴登州途中，在楚州（今江苏淮安）遇杨杰之时。苏轼写泰山日出之句，系引用葛洪《抱朴子·微旨》篇中“真人守身炼形之术”情景：“始青之下月与日，两半同升合成一，出彼玉池入金室，大如弹丸黄如橘。”又《五灯会元》卷十六载杨杰“奉祠泰山，一日，鸡一鸣，睹日如盘涌，忽大悟”，当是从苏轼诗序中录出。

元丰元年（1078），苏轼在知徐州任上，郓城（今属菏泽）人顿起到徐州考取徐沂举人。苏轼赠诗以“登泰山小天下”为喻，鼓励他继续进取学业。《送顿起》：

客路相逢难，为乐常不足。
临行挽衫袖，更赏折残菊。
佳人亦何念，凄断阳关曲。
酒阑不忍去，共接一寸烛。
留君终无穷，归驾不免促。
岱宗已在眼，一往继前躅。
天门四十里，夜看扶桑浴。
回头望彭城，大海浮一粟。
故人在其下，尘土相豗蹴。
惟有黄楼诗，千古配淇澳。

苏轼还有一些涉及泰山的诗句。他在赴陕西凤翔府判官途中路过京兆（今陕西西安），与京兆尹、曾任郓州知州并久居东平的刘敞痛饮数日。刘在京兆搜集了数十件石器，以此考察三代制度。苏轼观赏这些石器，大有沧桑之感：“都城日荒废，往事不可还。惟余故苑石，漂散向人间……君看刘李末，不能保河关。况此百株石，鸿毛于泰山。”（《次韵和刘京兆石林亭之作，石本唐苑中物，散流民间，刘购得之》）

元祐六年（1092）八月，苏轼出知颍州，到任后像在杭州疏浚西湖那样疏浚颍州西湖。竣工之后，他赋诗把两处西湖做比较，说：“太山秋毫两无穷，巨细本出相形中。大千起灭一尘里，未觉杭颍谁雌雄。”（《在颍州与赵德麟同治西

湖，未成，改扬州。三月十六日湖成，德麟有诗见怀，次其韵》）

苏轼还有五篇关于泰山的杂文。

其一为《书徂徕煤墨》，见于《东坡全集》卷七十，介绍徂徕煤墨的独特秉性及药效：

> 徂徕珠子煤，自然有龙麝气，以水调匀，以刀圭服，能已鬲气，除痰饮。专用此一味，阿胶和之，捣数万杵，即为妙墨，不俟余法也。陈公弼在汶上作此墨，谓之黑龙髓，后人盗用其名，非也。

苏轼幼年尝读徂徕先生石介的《庆历圣德颂》，惊叹不已，徂徕情结萦绕于心，于此发为一端。

其二为《齐州长清县真相院释迦舍利塔铭并叙》，载《东坡全集》：

> 洞庭之南，有阿育王塔，分葬释迦如来舍利。尝有作大施会出而浴之者，缁素传捧，涕泣作礼。有比丘窃取其三，色如含桃，大如薏苡，将寘之他方，为众生福田。久而不能，以授白衣方子明。元丰三年，轼之弟辙谪官高安，子明以畀之。七年，轼自齐安蒙恩徒临汝，过而见之。八年，移守文登，召为尚书礼部郎。过济南长清真相院，僧法泰方为砖塔十有三层，峻峙蟠固，人天鬼神所共瞻仰，而未有以葬。轼默念曰："予弟所宝释迦舍利，意将止于此耶？昔予先君文安主簿赠中大夫讳洵，先夫人武昌太君程氏，皆性仁行廉，崇信三宝。捐馆之日，追述遗意，舍所爱作佛事，虽力有所止，而志则无尽。自顷忧患，废而不举，将二十年矣。复广前事，庶几在此。"泰闻踊跃，明年来请于京师。探箧中得金一两，银六两，使归求之众人，以具棺椁。铭曰：
>
> 如来法身无有边，化为舍利示人天。
> 伟哉有形斯有年，紫金光聚飞为烟。
> 惟有坚固百亿千，轮王阿育愿力坚。
> 役使空界鬼与仙，分置众刹奠山川。
> 棺椁十袭闳精圜，神光昼夜发层巅。
> 谁其取此智且权，佛身普现众目前。
> 昏者坐受远近迁，冥行黑月堕坎泉。

分身来化会有缘，流转至此谁使然。
并包齐鲁究海壖，犷悍柔淑冥愚贤。
愿持此福达我先，生生世世离垢缠。

真相院旧址在泰山西麓济南长清区内(今长清区粮油加工厂院)，始建于宋嘉祐年间，元丰年间又建起舍利塔。苏轼是铭作于元祐二年(1087)，记叙了元丰八年(1085)十二月，苏轼自登州赴京途中过真相院，乃舍以苏辙所藏舍利，后又施金为置棺椁始末。1965年在舍利塔地宫中发现苏轼题名刻石，长83厘米，宽62厘米，厚13厘米，正书小字，22行，书法极为工整，是苏轼书迹中难得的精品。现存长清博物馆。

其三是为灵岩寺聘请住持长老的《齐州请确长老疏》，当是熙宁十年(1077)苏轼过济南，齐州知州李常挽留盘桓月余之时，代李常所作。见《东坡文集》卷六十二，全文为：

盖闻为一大事因缘，优罢时现；传吾正法眼藏，达摩西来。直指心源，不立文字。悟道虽由于自得，投机必赖于明师。齐有灵岩，世称王刹。寔先圣启封之国，乃至人建化之方。图志具存，丛林为盛。久虚法席，学者何依。旁采舆言，守臣有请。特降睿旨，慎择主僧。询于众中，无如师者。宜念传衣之嘱，敬仰佛恩；勿忘利物之心，上资圣化。不烦固避，以称宠休。谨疏。

其四是贬居黄州时，写给泰山书院学生、时已致仕的祖择之的书信《与无择老师》，见《东坡文集》卷六十一，内容为谈论书法：

吾师要写大字，特为饮酒数杯，只用寻常小笔作二额，八字者可入石，六字可上碑，两旁刻年月日及官位姓名，字小不称大伽蓝。示及大笔，皆市人用者，不足使也。惠及奇菽，感服之至。

其五是评论泰山书院学生杜默诗作的《评杜默诗》，见《东坡文集》卷六十八。文为：

石介作《三豪诗》，略云："曼卿豪于诗，永叔豪于文，杜默字师雄者豪于歌也。"永叔亦赠默云："赠之三豪篇，而我滥一名。"默之歌，少见于世，初不知之。后闻其篇，云："学海波中老龙，圣人门前大虫。"皆此等语，甚矣介无识也。永叔不欲嘲笑之者，此公恶争名，且为介讳也。吾观杜默豪气，正是京东学究饮私酒食瘴死牛肉饱后所发者也。作诗狂怪，至卢仝、马异极矣，若更求奇，便作杜默。

在深得诗中三昧的苏轼看来，杜默的"豪气"不过是情绪偏激的腐儒学究而已。但是把自己幼时偶像石介也无辜株连，一棍子打死，则说明苏轼的情绪也相当偏激。

三

苏轼与泰山的关系起自苏辙。苏辙（1039—1112），字子由，一字同叔，晚号颍滨遗老，谥文定。十九岁与兄同中进士。嘉祐六年（1061）又同举制科。英宗治平二年（1065）出任大名府推官。熙宁三年（1070）春陈州知州张方平辟为教授，熙宁六年改齐州掌书记，十年还京，出任南京（今河南商丘）留守张方平的签书判官。元丰二年（1079）苏轼"乌台诗案"发，苏辙上书朝廷，"乞纳在身官以赎兄轼"（《为兄轼下狱上书》），贬筠州（今江西高安）监盐酒税。元丰七年（1084）才移官绩溪（今安徽绩溪）县令，这是他进士及第二十七年来第一次任地方长官。

苏辙在元祐年间仕途却很顺畅。神宗逝后，哲宗即位，高太后垂帘听政，起用司马光为相，即召苏辙还朝任校书郎，尚未返京即擢为右司谏，次年擢起居郎、中书舍人，后迁户部侍郎、翰林学士、吏部尚书、御史中丞、大中大夫守门下侍郎。短短六七年间，已由县令跃居副相。

元祐八年（1093）九月，高太后去世，哲宗亲政，起用新党。苏辙"岁经三黜"，即绍圣元年（1094）三月落职汝州（今河南临汝），六月降官知袁州（今江西宜春），九月又降授朝议大夫、分司南京，筠州居住。绍圣四年（1097）又远谪化州（今广东化县）别驾，雷州（今广东海康境）安置，第二年移居循州（今广东龙川）。直至哲宗崩，徽宗立，他才遇赦北归，寓居许昌颍水之滨，杜门谢客，过了整整十二年孤独闲居的生活，所谓"府县嫌吾旧党人，乡邻畏我昔黄门。终年闭户已三岁，九日无人共一樽”（《九日独酌三首》）。政和二年（1112）病逝，享年七十四岁。

苏辙自“少以文字为乐，涵咏其间，至以忘老”（《栾城后集引》）。一生著述丰富，文集手自编定，有《栾城集》五十卷，《栾城后集》二十四卷，《栾城三集》十卷；另外有学术专著《诗集传》《春秋集解》《古史》《老子解》等。

四

苏辙于熙宁六年（1073）冬到济南任齐州掌书记，熙宁十年春返京。熙宁八年春得暇，南下泰山。此行出济南城进入南山，游长清四禅寺，至灵岩，到泰山，历时十天。行前有友人、太常寺太祝韩宗弼等作诗相送，苏辙亦次韵唱和，是为《次韵韩宗弼太祝送游太山》：

羡君官局最优游，笑我区区学问囚。
今日登临成独往，终年勤苦粗相酬。
春深绿野初开绣，云解青山半脱裘。
回首红尘读书处，煮茶留客小亭幽。

此行一路南下，作有《游泰山四首》。其一为《初入南山》：

自我来济南，经年未尝出。
不知西城外，有路通石壁。
初行涧谷浅，渐远峰峦积。
翠屏互舒卷，耕耨随敧侧。
云木散山阿，逆旅时百室。
兹人谓川路，此意属行客。
久游自多念，忽误向所历。
嘉陵万壑底，栈道百回屈。
崖巘递峥嵘，征夫时出没。
行李虽云艰，幽邃亦已剧。

坐缘斗升米，被此尘土厄。
何年道褒斜，长啸理轻策。

《四禅寺》：

山蹊容车箱，深入遂有得。
古寺依岩根，连峰转相揖。
樵苏早木尽，佛事亦萧瑟。
居僧麋鹿人，对客但羞涩。
双碑立风雨，八分存法则。
云昔义靖师，万里穷西域。
华严具多纸，归来手亲译。
蜕骨俨未移，至今存石室。
遗文尽法界，广大包万亿。
变化浩难名，丹青画京邑。
粲然共一理，眩晃莫能识。
末法渐衰微，徒使真人泣。

四禅寺在长清张夏街道东北，始建于唐代，至宋代已有较大规模。此寺为唐代名僧义净出家处。义净（635—713）俗姓张，字文明，齐州山庄人。十四岁出家至四禅寺，刻苦研修佛经，后赴洛阳、长安拜求名师。咸亨年间到达广州，南下室利佛逝（今苏门答腊），转辗至印度佛教最高学府——那烂陀寺，留学达十一年之久，后求得梵本佛经近四百部，合计五十五万颂，负笈东返。证圣元年（695）回国时受到盛大欢迎。在洛阳佛授记寺与于阗僧人合译《华严经》，又主持翻译了大量佛经。义净与法显、玄奘合称中华三大求法高僧，为佛教文化交流传播做出了重大贡献。苏辙此诗即主要缅怀义净事迹，诗中所涉地名如车厢峪等，至今仍在沿用。

《灵岩寺》：

青山何重重，行尽土囊底。
岩高日气薄，秀色如新洗。

入门尘虑息，盥漱得清泚。
高堂见真人，不觉首自稽。
祖师古禅伯，荆棘昔亲启。
人迹尚萧条，豺狼夜相觝。
白鹤导清泉，甘芳胜醇醴。
声鸣青龙口，光照白石陛。
尚可满畦塍，岂惟濯蔬米。
居僧三百人，饮食安四体。
一念但清凉，四方尽兄弟。
何言庇华屋，食苦当如荠。

《岳下》：

东来欲何求？聊欲观海岱。
海西尚千里，将行勇还退。
岱阴即齐疆，南往曾历块。
春深草木长，山暖冰雪溃。
中巷无居人，南亩释耕耒。
车徒八方至，尘坌百里内。
牛马汗淋漓，绮纨声绛缘。
喧阗六师合，汹涌众流汇。
无复问谁何，但自舍耽爱。
龙鸾画车服，贝玉饰冠佩。
骅骝蹴腾骞，幡旆飞晻暖。
腥膻及鱼鳖，琐细或蒲菜。
游堕愧无赍，技巧穷殊态。
纵观䁔未已，精意殚一酹。
出门青山屯，绕廊遗迹昧。
登封尚坛壝，古观写旗队。
戈矛认毫末，舒卷分向背。

雍容太平业，磊落丰碑在。
往事半蓬蒿，遗氓但悲慨。
回瞻最高峰，远谢徂徕对。
欲将有限力，一放目所迨。
天门四十里，预恐双足废。
三宿遂徘徊，归来谁欲怼？
前年道轘辕，直上嵩岭背。
中休强饮食，莫宿时盥颒。
稍知天宇宽，不觉人寰秽。
岁时未云久，筋骸老难再。
山林无不容，疲恭坐自碍。
自知俗缘深，毕老守阛阓。
何当御清风，不用车马载。

他在岱庙和泰城观览了名胜古迹及熙攘的登山盛况，本想勉力登上山顶，“一放目所迨”，但经过一路跋涉，已感疲劳，又怕走坏双脚回不了济南，所以徘徊三天，始终没能上山，留下了深深的遗憾。在密州的苏轼得知此事，也甚为惋惜，说“恨君不到东封顶，夜看金轮出九幽”(《韩太祝送游泰山》)。

苏辙在济南还与泰山书院创始人之一、《庆历圣德诗》的作者石介的女婿徐遁交好。徐遁字正权，居济行医，颇有名。苏辙有《题徐正权秀才城西溪亭》：

竹林分径水通渠，真与幽人作隐居。
溪上路穷惟画舫，城中客至有罾鱼。
东来只为林泉好，野外从教簿领疏。
不识徂徕石夫子，兼因女婿觅遗书。

与幼年时心神向往的石夫子无缘相见，却意外地与其婿交游，并觅得石介遗书，真是一分惊喜。徐北文先生认为，易安居士李清照《如梦令》“常记溪亭日暮，沉醉不知归处。兴尽晚回舟，误入藕花深处”，所指溪亭，正是苏辙诗中徐遁溪亭，并由此考证这是李清照描写济南的唯一词作。

熙宁八年（1075），齐州知州李常兴建闵子祠，苏、徐二人积极参与，苏辙作《齐州闵子祠堂记》，徐遁作《闵子庙记》，一时传为盛事。

苏辙离开齐州以后，再也没有到过泰山。元祐五年（1090）苏辙在朝中任龙图阁直学士、御史中丞。是年大旱，高太后、哲宗下诏减膳，并派员至泰山祈雨，苏辙奉命撰有三篇祈雨谢雨文。

其一为《五岳四渎祈雨祝文》：

维元祐五年岁次庚午月朔日，皇帝名谨遣左朝散郎、充集贤校理、守尚书礼部郎中崔公度敢昭荐于东岳天齐仁圣帝：伏以君德不修，天泽弗应。自冬涉夏，困于常旸。失麦与禾，何以卒岁？率土之广，匪神孰依？虽或政令之失宜，嗟彼烝庶之何罪？尚祈甘雨，克畀丰年。众之所同，神罔终弃。尚飨。

其二为《谢雨祝文》：

维元祐五年岁次庚午月朔日，皇帝名谨遣左朝散郎、充集贤校理、守尚书礼部郎中崔公度敢昭赛予东岳天齐仁圣帝：伏以自冬历春，雨雪弗效。由近及远，麦禾可忧。惧成凶年，病我赤子。神明昭答，膏泽普加。力回大旱之余，卒致有秋之喜。不腆之荐，诚意斯存。尚飨。

其三为《岳渎谢雨祝文》：

维元祐五年岁次庚午月朔日，皇帝名谨遣某官某敢昭赛于东岳天齐仁圣帝：乃者岁方常旸，民既艰食。振仓廪而何救，殚雩禜而莫闻。虽怀闵雨之诚，顾乏应天之实。是以并走群望，靡神不宗。神惟不终弃民，国亦因以受赐。油云屡作，甘雨俄均。禾黍复生，麻菽可艺。民既勤止，朝夕耘耔之间；神终相之，时节风雨之至。尚飨。

五

苏轼诗中美学价值最高，最为脍炙人口的作品，是写景抒怀诗。他一生喜欢登临山水，探奇访胜，“身行万里半天下”（《龟山》），“行遍天涯意未阑”（《赠惠山僧惠表》）。他的泰山诗描写了“云山烂漫”的雄伟瑰丽的奇景，着力渲染泰山日出“万里红波半天赤”的超拔精神与旷达气象，追摄勾画出刹那间“金轮”“秋橘”“跳丸”等变幻多姿的景观物象，以生花妙笔，给予穷形尽相的摹写，同时又自然注入“思濯锦”“觅菟裘”的深挚情感，把客观描摹的写景，变成由主观感情熔铸的造景，达到情景交融，物我辉映。虽是唱和次韵，却浑厚真醇，气满神足，超出原韵。

苏轼的泰山杂文是其散文中独具风韵的妙品。《书徂徕煤墨》可见他兴趣的广博与见识的细致；《真相院释迦舍利塔铭》与《请确长老疏》简练传神，体现出深厚的佛学修养，文法上骈散交织；《与无择老师书》谈吐中流露出精深的书法造诣，他自称“吾虽不善书，晓书莫如我”（《和子由论书》），但其书法成就在宋代诸家中最称有名；《评杜默诗》则是对古文运动中矫枉过正现象的针砭，也只有苏轼能在当时达到这种卓识。总之，他的泰山杂文见出其治学心得，充盈着妙理意趣，信笔挥洒，不假雕饰，从性灵中流出，寓于旷观、达识、至理和深情，而文格自高。

与苏轼相比，苏辙作品在视野、才情、骨力上均不逮其兄，但其泰山诗自然朴实，清新淡雅，亦足可观。其《游泰山四首》客观准确生动地记叙了沿途及泰城的所见所闻，《岳下》中“车徒八方至，尘坌百里内”，“喧阗六师合，汹涌众流汇”，反映了春天朝山进香的繁盛景象，而“中巷无居人，南亩释耕耒”，“腥膻及鱼鳖，琐细或蒲菜”，则说明泰城在宋代即不事农业生产，其店铺之繁华，饮食之精巧，竟使曾居京城、宦游数地的苏辙“纵观愕未已”，直可弥补泰山历史风俗资料之不足。

苏辙本以散文见长。苏轼说“子由之文实胜仆”（《答张文潜书》），刘熙载谓“大苏文一泻千里，小苏文一波三折”（《艺概》卷一）。苏辙现存泰山文虽是奉命制词、官样文章，却也见出骈散交错，于纡徐中露出骨力，于平直处寓以灵动，有疏宕拔俗之感，无凝重板滞之累。苏轼、苏辙兄弟二人的泰山诗文，可称是双峰并峙，相映生辉。

泥金白玉字　愿颂无前勋

——晁补之与泰山

晁补之是北宋著名诗人、词人，“苏门四学士”之一。苏轼主盟文坛，以乐于奖掖人才著称。他秉性爱才，热心待士。葛立方《韵语阳秋》说：“东坡喜奖与后进，有一言之善则极口褒赏，使其闻于世而后已。”元祐年间，一时文林名士多出苏门，尤以“苏门四学士”或“苏门六君子”文望籍籍。苏轼自谓：“每念处世穷困，所向辄值墙谷，无一遂者。独于文人胜士，多获所欲，如黄庭坚鲁直、晁补之无咎、秦观太虚、张耒文潜之流，皆世未之知，而轼独先知之。”（《答李昭玘书》）这大约是“苏门四学士”并称之始。四人再加陈师道、李廌，世称“苏门六君子”。在这中间，晁补之以骨力遒劲、辞格俊迈的诗词创作，可列苏氏门墙而无愧。他的泰山诗长达六十余韵，堪称鸿篇巨制，为历代泰山诗中所罕见。

一

晁补之（1053—1110），字无咎，晚号归来子，济州巨野（今菏泽巨野）人。他出生于书香仕宦世家。高祖迪，赠刑部侍郎。曾祖宗简为尚书刑部郎中、知越州，赠特进吏部尚书。又高叔祖晁迥，真宗朝任翰林学士承旨、太子少傅。补之父晁端友，字君成，工诗，苏轼曾为其诗集作序。端友出仕做过上虞、新城等地县令。补之幼承家学，聪敏强记，七岁能文，十二岁从父宦游浙江上虞，十三岁受学于常州学官王安国，颇受赏识。熙宁间从父宦游杭州新城。时苏轼通判杭州，补之久慕轼名，乃往拜谒。及听到苏轼议论，遂退而撰《七述》，备述钱塘山川风物秀丽。苏轼见之大奇，认为文辞隽伟，补之从此成为苏轼门下士。元丰二年（1079）赴京应试，考官“谓其文辞近世未有”，试开封及礼部别院，皆为第一。神宗阅其文，称“是深于经术者，可革浮薄”（张耒《晁无咎墓志铭》），遂中进士。次年调澶州（今河南濮阳）司户参军。五年召试学官，除北京国子监教授。

元祐元年（1086），晁补之被召试京师，除太学正。不久除秘书省正字。元祐六年（1091），晁补之以秘阁校理通判扬州，次年苏轼亦派知扬州，师生共理邑政，颇多唱和。不久苏轼内召，晁补之也召还秘书省任著作郎。

绍圣元年（1094），哲宗亲政，尽逐元祐旧臣。晁补之出知齐州。次年春因元祐党籍，贬应天府（今河南商丘）通判，九月改贬亳州通判。元符二年（1099）秋，贬监信州盐酒税。次年徽宗即位，遇赦北归，召为著佐郎。建中靖国元年（1101），授尚书礼部员外郎、哲宗实录院检讨官、神宗国史编修官。崇宁元年（1102）出知河中府（今山西永济），到任月余，又改知湖州（今浙江湖州）。是年九月，宰相蔡京列司马光、苏轼、苏辙等一百二十人罪状，请御书刻石于京师端礼门，谓之奸党，黄庭坚、秦观、晁补之皆在其中。补之自是罢官回乡，开始了长达八年的废黜生涯。大观四年（1110）起知泗州（今江苏洪泗境），到官未久即卒于官舍，终年五十八岁。

晁补之一生勤于著述，是颇有成绩的诗人、学者。《宋史·艺文志》著录其作品有《左氏春秋传杂论》一卷、《续楚辞》二十卷、《变离骚》二十卷、《鸡肋集》一百卷、《晁补之集》七十卷。今唯存《鸡肋集》七十卷。

二

元祐初年，晁补之在秘书省校书郎任中，曾到泰山游览，在泰山西麓白龙池留有题名。据《泰山金石志》卷三载，题刻内容为：“元祐二年孟春之初，晁补之、及之，观岱宗遗迹，谒白龙祠。俄顷，山市变幻，奇遇也，故志之。”见诸记载的泰山山市，历代少有，确实是值得一记的奇遇。但更值得称道的，是他的长诗《谒岱祠即事》：

泽南三百里，极望横天云。云端色凝黛，谛视初可分。峥嵘介丘像，澒洞元气屯。顷刻有变化，惨澹殊明昏。天行帝出震，其位生物元。不周偾西北，川乃东南奔。宁知六鳌死，竟使二山沦。不有是难倾，孰维大块根。尝闻周官说，实惟天帝孙。神灵所镇守，民物斯芘存。幽明脗一理，有道惟常尊。不觉下马拜，僮奴亦遵循。乃知正直理，足使冥顽敦。三王有损益，商人所尊神。明法或不惧，夜行安得逡。以此辅世教，庶几驱骜民。莫宿太平驿，不眠虑丝棼。明朝好天色，万象开胚浑。势横恒碣尽，支压齐鲁蹲。五色冒日观，一握通帝阍。恢拓下崔嵬，青苍上氤氲。泉石竟沮洳，烟岚互纷纶。高举踏风海，深蟠跆火轮。波涛卷堆阜，一一溟渤吞。棋枰视井邑，七箸藏松椿。碧瓦峙双阙，红墙缭长闉。愿瞻岩阿客，内涤邪垢魂。赐臣登绝顶，一览神秀原。万壑射窈窕，三坛矗嶙峋。莽不睹项领，何能穷脞跟。稍稍指凫绎，依依数亭云。松列大夫爵，羸识将军坟。琐屑涧花丽，霏微崖药熏。广大良有以，奇险安足论。瑰诡有形上，颓然德弥惇。得无希夷子，仿世逃深蓁。亦有黄冠士，相对如麕麏。此曹啮草木，语道良未闻。解榻坐中观，洗心驰大钧。形气要得一，不然随物泯。是事亦姑置，幽导聊可勤。初疑无字碑，莹洁谁敢文。又怪玉女井，高绝何由渊。俯穿斗仙岩，鸟下天壁垠。侧度五贤堂，熊经背逡巡。剑石危数履，女萝柔屡扪。挥斥八极远，风来袂轩轩。廖廓自无梯，犹疑天可宾。阴谷不敢视，恐落魑魅群。安得遂独往，身如黄鹄翻。周流遍五岳，采掇芝英繁。即欲憩圆峤，或当止昆仑。众真迎我语，一笑颜玉温。是中差可乐，子胡恋尘樊。答此太遗物，身闲犹事君。重华迹已远，秦汉事方烦。成功属吾宋，五礼垂后昆。皇帝二载春，臣备太史员。紬绎自帝典，颇识康哉言。泥金白玉字，愿颂无前勋。有志类韩愈，无书愧文园。臣发将雪素，臣心犹日暾。今此在林薮，跳身同玃猿。徒观众山小，愁绝下天门。

除此之外，晁补之还有一些诗篇涉及泰山。如知齐州时所作的《北渚亭赋》中，有“登爽丘之枚虚兮，睇岱宗之独立”，《赴齐州》有“晓整轻鞍汶阳北，却冲微雨看青山”，《维夫君兮桂舟一首送梁正受归汶阳》有“至襟带兮东方，旦争斗兮汶之阳”，《感兴五首次韵和李希孝》有“海鸟御羊角，飘然凌紫清。有背如泰山，未觉毛羽轻”，《别历下》有“殷勤趵突溪中水，相送扁舟向汶阳”等等。

三

《谒岳祠即事》长达六十四韵，大致可以分为四个部分。

第一部分从“泽南三百里，极望横天云”到“以此辅世教，庶几驱骜民”，共十六韵，着力描绘泰山的崇高地位和巨大影响。描述了泰山横亘天地、高接云端的气势，位于东方、主生长发育的显赫，以及泰山作为天帝之孙、众神之府的威严，匡世欲正民心的教化之功。

第二部分从“暮宿太平驿，不眠虑丝棼”到“广大良有以，奇险安足论”，共十八韵。主要反映登山见闻与感受。太平驿在太平镇，即今泰城西南之旧镇。清晨北望，天色晴明，万物一新。泰山岩碣横叠，势压齐鲁，给人以强烈的动感。登顶俯视，泰城街道纵横有致如棋枰，旷野苍翠莽荡，东南遥望，依约可见云云、亭亭、峄山，准确印证了《诗经·閟宫》中“泰山岩岩，鲁邦所瞻”的描写。登高临远，使人心胸开阔，心灵净化，起到“内涤邪垢魂”的作用。

第三部分从“瑰诡有形上，颓然德弥惇”到“是中差可乐，子胡恋尘樊”，共二十韵。泰山高险深远，历来是仙人高士隐居修炼的理想场所。所谓“得无希夷子，仿世逃深蓁。亦有黄冠士，相对如麇麐”。他们身如黄鹄自由闲适，或采灵芝掇紫草，徜徉岩壑；或憩圆峤游昆仑，独与天地往来。这种自由放逸的生活实在是乐趣无穷，令人心往神追。

第四部分从“答此太遗物，身闲犹事君”到“徒观众山小，愁绝下天门”，共十韵。从缥缈的仙境重归现实，抒发对哲宗擢用感恩图报的心情。在他看来，从仁德之王大舜到秦皇汉武，均是过眼云烟，不值得提起。真正值得颂扬的唯有“吾宋”。所谓“泥金白玉字，愿颂无前勋”。表示要像“文起八代之衰”、提倡“文以载道”的韩愈那样，以文章事业辅佐君王，并直接剖白心迹，“臣发将雪素，臣心犹日暾”，欲以“白发红心”效忠哲宗，不负盛世。

晁补之作诗长于五言古体与古乐府，往往波澜回转，汪洋恣肆，这与他擅长辞赋及古文有很大关系。他曾模仿屈原、宋玉写过《后招魂赋》，编纂过《续楚辞》《变离骚》等骚赋汇编，研习颇有心得，使其文气势宏阔，“与苏轼父子相驰骤”（《四库全书总目提要》）。古体长篇《谒岳祠即事》将任意挥洒的古文笔法引入诗作，一波三折，摇曳多姿，但又平畅爽利，温润典缛。不过有时也显示出语言不够圆熟，句法似欠精整。与苏轼诗作相比，“得苏之隽爽，而不得其雄骏”（陈衍《宋诗精华录》）。

四

晁补之以外，苏门弟子亦多有泰山诗文。其中较多的当属与晁交谊最深，曾为晁写祭文与墓志的张耒。

张耒（1054—1114），字文潜，号柯山，亦称宛丘先生，祖籍亳州谯县（今安徽亳县），生长于楚州淮阴（今江苏淮阴）。他“丱角而读书，十有三而好文”（《投知己书》），十七岁作《函关赋》已传诵人口。十八岁游学陈州（今河南淮阳），受到学官苏辙称赏，因得纳交于苏轼。神宗熙宁六年（1073）中进士，授临淮（今安徽泗县）主簿。元祐元年（1087）范纯仁荐以馆职，召试学士院，先后任秘书省正字、著佐郎、秘书丞、史馆检讨，后迁起居舍人。在馆阁近十年，得以熏沐苏门，并同黄庭坚、晁补之、秦观、陈师道等交谊颇深。建中靖国元年（1101）知颍州，因悼念苏轼被贬，晚年退居陈州，政和四年病逝，享年六十一岁。有《柯山集》五十集传世。

元符三年（1110）秋，张耒任兖州知州，曾至泰山祈雨，作有泰山诗三首。

《梁父吟》：

豪俊昔未遇，白日无光辉。
隆中卧龙客，长啸视群儿。
九州英雄争着鞭，黄星午夜照中原。
君看慷慨有心者，乃是山东高帝孙。
老瞒抱璧抱马走，紫髯江左空回首。
世上男儿能几人，眼看袁吕真何有。
永安受诏堪垂涕，手挈庸儿是天意。
渭上空张复汉旗，蜀民已哭归师至。
堂堂八阵竟何为，长安不见汉官仪。
邓艾老翁夸至计，谯周鼠子辩兴衰。

梁父吟，君听取，击节高歌为君舞。
躬耕贫贱志功名，功名入手亡中路。
逢时儿女各称雄，运去英雄非历数。
梁父吟，悲复悲，古今人事半如此。
所以达士观如遗，庞公可是无心者，
何事鹿门招不归。

《读守道诗》：

仁宗之初公有声，一世儒者闻之惊。
日行古义不顾俗，师事孙子传其经。
扫堂捧杖供贱役，侍师之坐随师行。
质疑问道无敢变，当世始知师与生。
作为文章不徒发，讥切时事排公卿。
俗儒毁誉无所出，乃取过行为讥评。
过于仁义罪固小，矫弊自合违中行。
人皆不及子独过，过者之罪谁为轻。
开编偶诵子诗句，辞气磊落严以清。
吟哦令我不能舍，想见眉宇寒峥嵘。
高风一泯不可见，安得壮士能经营。
惜哉朽骨不可作，徂徕废土知谁耕。

《次韵李晋裕教授九日见赠》：

满酌聊酬菊蕊黄，登高仍在泰山阳。
笑谈佳节宾朋集，诗酒清欢兴味长。
倦客得闲聊欲饮，老人虽醉不成狂。
先生莫叹虀盐久，行见高才颖出囊。

张耒泰山之行的主要目的是祈雨，因作有《祭天齐仁圣帝并城隍祈雨文》：

> 比以旱故，祷于一二神：幸时雨之沛施，免斯民于饥馑。而诚薄未格，报至不时，岂媚于神者有未至耶？抑在兹境者或不举也？今旱既甚矣，民亦殆哉。莫知所为，惟有致祷，谨遣僚属，遍诣祠官，于赫有神，时赐甘沛。惟民与吏，皆获即安。牲酒馨香，将以为报。

名列“苏门四学士”之首的黄庭坚，把苏轼视为当世孔子，以“泰山其颓”来形容其师逝世。他在《跋东坡与李商老贴》中说，“东坡晚年书与李北海不同师而同妙，汉庭皆不能出其右。泰山其颓，吾将安仰？实同此叹”，也可见泰山在他心中的崇高地位。

秦观则有关于泰山先生孙复的独家记载。他在《鲜于子骏行状》中说，鲜于子骏“治经术有师法，论注多出于新意，晚年为《诗》与《楚辞》尤精。泰山孙复尝与公论《春秋》，叹曰：今世学经术未有如公者”。孙复本以讲授《春秋》著名，而有此评价，说明鲜于子骏经术确实精深。

陈师道寓居曹州（今菏泽曹县）期间，曾游历东平、梁山、济南等地。在济南他登上鹊山，寻访泰山名士羊祜遗踪，写下“只因羊叔子，名字与山存”（《游鹊山院》）的诗句。东平湖冬景在他眼中是那样清新：“蒲港牵丝直，平湖坠镜清。顺流风借便，捷路雪初晴。”（《巨野泊触事》）

苏门众弟子有缘泰山，留下宋代文坛的一段佳话。

壮岁旌旗拥万夫　独携珍琴写溪声

——辛弃疾、党怀英与泰山

辛弃疾是南宋著名爱国志士、词坛猛将，党怀英在金朝官居翰林学士承旨，是大定、明昌年间文坛盟主。他们二人少为同窗好友，世称“辛党”，长而相携优游于泰山、灵岩，最后走上不同的政治道路：辛弃疾抗金南下，力图恢复中原；党怀英仕金入朝，逐步走上高官。金代刘祁《归潜志》卷八载：“党承旨怀英，辛尚书弃疾，俱山东人，少同舍属。金国初遭乱，俱在兵间。辛一旦率数千骑南渡，显于宋；党在北方，擢第，入翰林，有名，为一时文字宗主。二公虽所趋不同，皆有功业宠荣，视前朝陶穀、韩熙载亦相况也。”这种奇特的现象，颇耐寻味。

一

辛弃疾（1140—1207），原字坦夫，后改幼安，中年以后号稼轩居士，济南历城人。辛弃疾出生于一个世代军官家庭。其祖父辛赞在宋室南渡时因家族人多，难以脱身，只得留于汴京，出仕金朝，历任宿、亳、沂、海等地的县令、知府。辛弃疾未提及其父亲，可能其父早逝，他是随祖父长大的。大约在十岁左右，他和党怀英先后受学于蔡松年、刘瞻。辛赞虽任金朝官吏，但忠于宋室。辛弃疾在《美芹十论》中称：“大父臣赞，每退食，辄引臣辈登高望远，指画山河，思投衅而起，以纾君父所不共戴天之愤。”大约在辛弃疾十五岁及十八岁时，由地方两次推荐到燕京参加进士考试，辛赞都嘱咐他注意地理形势，为将来起义进军做准备。未久，辛赞就去世了。

金正隆六年（1161），济南人耿京“怨金人征赋之搔扰”，就与李铁枪等六人结为兄弟，在济南以东起兵，先后攻入莱芜、泰安，驻兵东平。辛弃疾也率部属二千余人加入耿部，队伍很快扩大到二十五万人。耿京自任为天平军节度使，节制山东、河北忠义军马，贾瑞为诸军都提领，辛弃疾为掌书记。济南僧人义瑞也有千余人队伍，经弃疾介绍加入耿京义军。不久义瑞乘夜窃印逃跑，耿京大怒，欲杀弃疾。弃疾说："丐我三日期，不获，就死未晚。"他料定义瑞叛逃，必定就近投奔附近金军，乃顺路追赶，果然抓获了这个叛徒，"斩其首归报，京益壮之"。这年年底，辛弃疾劝说耿京投靠南宋。辛受耿委托，渡江到达建康，受到宋高宗接见，并授耿京为天平军节度使，知东平府，兼节制京东河北忠义军马。授贾瑞为敦武郎阁门衹侯，授辛弃疾为右承务郎，耿京队伍得到宋廷认可。

当辛弃疾返回北方驻地时，耿京已被部下张安国杀害，张率部降金。弃疾在海州得知此事，乃约忠义军统制王隆、忠义人马全福等，以精兵五十骑突袭金营。张安国方与金将宴饮，措手不及遂被活捉。王世隆与辛弃疾挟之速返南宋，献俘于临安，斩张安国于市。此时辛弃疾在北方的队伍已不复存在，只好留在南方，就任江阴签判。从此到宋开禧三年（1207），度过了长达四十五年转任各地、时隐时宦的压抑生活，抗金壮志至死未酬。

二

辛弃疾与泰山渊源深厚。他一生的精彩篇章与惊心动魄的壮举，都与泰安、泰山有关。参诸史料，可约略归纳如下：

1.辛弃疾少与泰安人党怀英同学，先后师事蔡松年、刘瞻，以才华超群并称"辛党"。元好问《中州乐府》记载党怀英"少与辛幼安师事蔡伯坚，为其所识拔"。又元好问《中州集》卷二《刘内翰瞻小传》："瞻字岩老，亳州人，天德三年南榜登科，大定初召为史馆编修，卒官。党承旨世杰、郦著作元与、魏内翰飞卿皆尝从之学。"同书卷三《承旨党公小传》载党怀英"师亳社刘岩老，济南辛幼安其同舍生也"。同窗之间，辛弃疾与党怀英才华出众，关系融洽。

2.辛弃疾与党怀英曾同游泰山。元代王恽《玉堂嘉话》卷二《辛殿撰小传》载："辛弃疾，字幼安，济南人。姿英伟，尚气节。少与泰安党怀英友善。肃慎氏既有中夏，誓不为金臣子。一日与怀英登一大丘，置酒曰：'吾友安此，余将从此逝矣。'遂酌别而去。"同条中又记："初，公在北方时，与竹溪尝游泰山之灵岩，题名曰‘六十一上人’，破‘辛’字也。至元二十年，予按部来游，其石刻宛在。”辛、党置酒酌别之大丘，地望亦应在泰山。由此可见，南北分途并未影响二人友谊。又《中州乐府》载，他们“筮仕决以蓍，辛得‘离’南归，党得‘坎’留事金”，也说明他们分手平静。但设若辛得‘坎’卦，也绝不会仕金为臣的。

3.辛弃疾曾讲授过岱庙通天鼓的故事，说明他对泰山、岱庙非常熟悉。据宋人《异闻总录》卷二记云：“颍昌韩元英，字勤甫，晚仕金为汴洛辇运使，素奉事岳帝甚谨。……（神）告都相官辛君曰：‘韩运使且死。’……（韩）急遣一亲信仆持香往岱岳祈谢。谓曰：‘圣帝惟享头炉香，每将旦启庙时，庙令谒奠者是也。能随其后，神其歆答。若迟缓顷刻，则飙驭登山，虽复控请，已不闻。汝当以先一日昏时赂庙吏，入宿，伺晓而祷，不然，必误我事。’仆受戒而去。既入庙，憩于通天鼓架下，久行倦困，不觉睡熟，及觉，正门已开，但见羽仪骑从赫然甚盛，初疑以为庙令归驺耳，而念常日不如此。既乃圣帝乘舆出，径诣东厢采访殿。……仆知不及事，犹焚香，既毕，归复命。……（韩）月余而卒。辛幼安说。”篇中涉神异处，固不足信。然辛氏所叙庙令掌庙制度及通天鼓之设，都是独家记载，有着重要的民俗史料价值。

4.辛弃疾在泰安投奔耿京，开始抗金。据《三朝北盟会编》卷二百四十九：“济南府民耿京，怨金人征赋之骚扰，不能聊生，乃结集李铁枪以下，得六人入东山，渐次得数十人，取莱芜县、泰安军，有众百余。有兰州贾瑞者亦有众数十人归京，京甚喜。瑞说京以其众分为诸军。各令招人，自此渐盛，俄有众数十万。”耿京招军，是在泰安、东平期间。辛弃疾《美芹十论》中称：“臣尝鸠众二千，隶耿京，为掌书记，与图恢复，共籍兵二十五万。”此事亦发生在泰安招军之时，而不会提前到耿京“有众百余”之际。

5.辛弃疾追杀义瑞，极可能发生在灵岩寺。徐北文先生《辛弃疾小传》（见《二安词选》，济南出版社出版）认为义瑞是泰山灵岩寺僧，其千余人队伍当是以灵岩寺习武僧人为骨干。清康熙《济南府志·人物志》载：“弃疾缚（张）安国，戮之灵岩寺。”张安国被斩于临安于史已明，倒是在灵岩寺杀义瑞合乎情理，著录方志者可能有误。

辛弃疾应当有关于泰山的诗词作品。但在泰安期间戎马倥偬，军机万变，他来不及玩味创作的雅趣，也没有保留与党怀英优游泰山时作品的客观条件，南渡以前的作品只能全部付之阙如了。邓广铭《稼轩词编年笺注》也是从江淮时期开始。

散见于辛弃疾现存作品中有关泰山的内容，大致可分为三类：

一是泰山旧游的回忆与词作中的比喻。其《贺新郎·题赵兼善龙图东山小鲁亭》："下马东山路。恍临风，周情孔思，悠然千古。寂寞东家丘何在？缥缈危亭小鲁。试重上、岩岩高处。"该词为龙图阁学士赵达夫在铅山县东山园所作，园中有亭名"小鲁"，取《孟子》中"孔子登东山而小鲁，登泰山而小天下"之意。词中"岩岩"为泰山代称，出自《诗经·鲁颂·閟宫》"泰山岩岩，鲁邦所瞻"，是辛弃疾"掉书袋"用典的习惯手法。"试重上"意中涵括了"当年曾上"，是对泰山之游的回忆。《水调歌头·巩采若寿》："泰岳倚空碧，汶□卷云寒。萃兹山水奇秀，列宿下人寰。"按□应为"水"，泰山南望，可见汶水如带，也与"山水奇秀"之句相合。《临江仙·戏为山园苍壁解嘲》："有心雄泰华，无意巧玲珑。"《哨遍·秋水观》："君试思，方寸，此心微，总虚空并包无际。喻此理，何言泰山毫未，从来天地一稊米。"这里是说与包并无际的虚空相比，泰山之大，不过是天地中间一稊米。语出《庄子·秋水篇》："计中国之在海内，不似稊米之在太仓乎？"《太常引·寿韩南涧尚书》："今代又尊韩，道吏部、文章泰山。"据《花庵词选》："韩无咎名元吉，号南涧，名家文献，政事文学，为一代冠冕。"这里是把韩元吉比作唐代韩愈。《新唐书·韩愈传赞》："自愈之没，其言大行，学者仰之如泰山北斗云。"辛弃疾为韩元吉所作寿词现存五阕，其《水龙吟·甲辰岁寿韩南涧》也有类似的语句："况有文章山斗，对桐阴、满庭清昼。"

二是当年泰山抗金生涯的追忆描写，此类作品是辛词中最为激越者。如《鹧鸪天·有客慨然谈功名，因追念少年时事，戏作》："壮岁旌旗拥万夫，锦襜突骑渡江初。燕兵夜娖银胡䩮，汉箭朝飞金仆姑。追往事，叹今吾，春风不染白髭须。却将万字平戎策，换得东家种树书。"《破阵子·为陈同甫赋壮词以寄之》："醉里挑灯看剑，梦回吹角连营。八百里分麾下炙，五十弦翻塞外声，沙场秋点兵。马作的卢飞快，弓如霹雳弦惊。了却君王天下事，赢得生前身后名，可怜白发生！"另外还有散见词句，如《水调歌头·舟次扬州，和杨济翁、周显先韵》中的："忆昔鸣髇血污，风雨佛狸愁。季子正年少，匹马黑貂裘。"《永遇乐·京口北固亭怀古》中有"想当年，金戈铁马，气吞万里如虎"，等等。

三是他在上疏陈述恢复中原之计时，反复强调泰山、东平一带和整个山东的战略地位和重要作用。如在《美芹十论・详战第十》中指出："今日中原之地，其形易、其势重者，果安在哉？曰：山东是也。不得山东，则河北不可取，不得河北，则中原不可复……由泰山而北，不千二百里而至燕，燕者，虏人之巢穴也……故臣以谓使兵出沭阳，则山东可指日而下；山东已下，则河朔必望风而震；河朔已震，则燕山者，臣将使之塞南门而守。"在分析战略局势的基础上，他还详细制定了水陆并进，直取山东，奠定胜局的奇计："我以沿海战舰，驰突于登、莱、沂、密、淄、潍之境，彼数千兵者，尽分于屯守矣……而陛下徐择一骁将，以兵五万，步骑相半，鼓行而前，不三日而至兖、郓之郊，臣不知山东诸郡将谁为王师敌哉。山东已定……然后传檄河朔诸郡……天下之人，知王师恢复之意坚，虏人破灭之形著，则契丹诸国，如窝斡鹧巴之事必有相轧而起者。此臣所以使燕山塞南门而守也。"他在《九议・其五・其六》中也再次提出相同的主张，其十分看重的"兖、郓之郡"自古以来就是泰山、东平一带的代称或泛称。这是他当年抗金活动的主要区域，因而他从亲身经历中总结提出的战略方针，有极强的可行性。可惜南宋朝廷根本无心恢复，反而对辛弃疾等人提防于肘腋，频繁调换，使得英雄志士只能"把吴钩看了，栏杆拍遍，无人会、登临意"，扼腕长叹而已。

辛弃疾"以气节自负，以功业自许"（范开《稼轩词序》）。他在泰山地区的抗金活动展示了其过人的勇气和超人胆识，在他一生中留下了魂萦梦绕、刻骨铭心的深刻印象，构成他词作的中心主题和独特风格。所以他的《鹧鸪天》《破阵子》等代表作才能如此气象恢宏、激烈纵横，有一种奔腾驰骋、不可羁縻的豪情，被称之为"大声镗鞳，小声铿鍧，横绝六合，扫空万古"（刘克庄《稼轩集序》）。辛弃疾留下的关于泰山的辞章文字，闪耀着强烈的家国情怀，历久弥新。

三

与辛弃疾的政治道路迥异，年长七岁的学兄党怀英入仕金廷，以文名世，成为金代中期文坛盟主。他以"醉袖舞嫌天地窄，诗情狂压海山平"的气概，把金代文学推向一个新的境界，也为金代泰山文坛增添了异彩。

党怀英（1134—1211），字世杰，祖籍冯翊（今陕西大荔县），是宋初名将党进的十一代孙。怀英之父党纯睦，任泰安军录事参军，卒于任上。妻弱子幼，无力还乡，遂家于泰安。党怀英“少颖悟，日诵千余言”（赵秉文《翰林学士承旨文献党公碑》）。及长与辛弃疾同窗。在与辛弃疾“置酒酌别”以后，他“应举不得意，遂脱略事务，放浪山水间。箪瓢屡空，晏如也”（《金史·党怀英传》）。其间娶徂徕先生石介后人石震之女为妻，生计仍相当清苦。王恽《玉堂嘉话》卷四载：“庆寿（寺）长老满公曾住泰安天保寨，闻土人说党竹溪未第时家甚窘，至令其子为人牧猪。”在这种情况下，他依然苦学不辍，文名渐为人知。金大定十年（1170）中进士，任莒州军事通判，后迁汝阴县令。大定十八年（1178）充任国史院编修官，应奉翰林文字、翰林待制，兼同修国史。二十九年（1189）与凤翔府治中县人郝吴同任《辽史》刊修官，东平赵沨等人为编修官。金章宗明昌元年（1190）任国子祭酒，后又迁侍讲学士、翰林学士，摄中书侍郎。此间曾作为金国使臣出使南宋。承安二年（1197）出任兖州泰宁军节度使，“为政宽简不严，而人自服化”（赵秉文《翰林学士承旨文献党公碑》）。次年召为翰林学士承旨，旋即致仕。大安二年（1211）九月卒于家中，享年七十八岁。谥文献。传说他生死皆有异象，生时母亲“梦唐道士吴筠来托宿，既而公始生。及长，仪观伟异，若仙然”，卒时“有大星陨于家居之阶上”。（赵秉文《翰林学士承旨文献党公碑》）此说在当地民间流传甚广，后来元好问游泰山也曾听说，将此收入《续夷坚志》中。

党怀英能诗文，工书法，其所制高文大册称雄一时，被金章宗称为“近日制诏，惟党怀英最善”（《金史·党怀英传》）。赵秉文称之为“文章、字画盖天性，儒、道、释、诸子百家之说，乃至图纬、篆籀之学，无不淹贯。文似欧阳公，不为尖新奇险之语；诗似陶、谢，奄有魏晋；篆籀入神，李阳冰之后一人而已。尝谓唐人韩蔡不通，字学八分自篆，籀中来。故公书上轧钟、蔡，其下不论也。小楷如虞、褚，亦当为中朝第一。书法以鲁公为正，柳诚悬以下不论也。古人名一艺，公独兼之，亦可谓全矣”。著有《竹溪集》三十卷，久佚。元好问编《中州集》辑录党诗六十五首，《中州乐府》录词五首，另有十余篇碑文传世，已是十不存一了。

四

《中州集》所收党诗中，有关泰安、泰山的约占十五首。其《题张维中华山图》叙述了身世和早年生活情况，及对原籍的怀念：

　　苡珠散遗胄，我姓出冯翊。
　　空闻华山名，未始见颜色。
　　三峰擢舡棱，经眼但石刻。
　　那知玉井莲，香落清渭北。
　　巅崖划变转，势走关辅窄。
　　岂无爱山人，不解傅粉墨。
　　多才曲江裔，公暇日招揖。
　　归装贮新图，尚带烟雾湿。
　　明窗一传玩，恍若到乡国。
　　我生随宦游，久作东南客。
　　有田泰山下，绕屋皆泉石。
　　怀恩恋官廪，老大归未得。
　　况复秦川遥，便恐此生隔。
　　崚嶒苍烟面，只许画中识。
　　诗成持送君，想象三叹息。

泰城以南三十余里，靠近徂徕山有旧县村，原有天封寺，离党怀英故居南城相去不远。党作有《夏日道出天封寺》：

　　叠涧重岗掩复开，鸟啼人寂路萦回。
　　微凉暂逐行云过，细雨俄从远树来。
　　世事自嗟吾老矣，山僧那识兴悠哉。
　　婆娑十亩溪边栎，借汝清阴感不材。

《宿旧县四更而归，道中摭所见，作行路难》：

　　三星排空山月明，思归客子夜半行。
　　单衣短褐风凄清，响踏黄叶栖禽惊。

匆匆晓转沙岸侧，枯蓼寒芦鸣索率。
山月欲随山烟黑，前途无人脚无力。
行路难，堪叹息。

党怀英兄弟三人，其一字世华，与怀英同师刘瞻。后世华迫于生计东赴登州，怀英有《世华将有登州之行，作是诗以送之》：

少陵兄弟盖三人，坡老相知只卯君。
五亩有期将共隐，一樽何易便轻分。
秋鸿渺渺看孤往，夜雨潇潇忍独闻。
他日书来问无恙，我应深钓竹溪云。

《寄贾因叔》：

鹑居彀食两迷阳，四十犹贪桂子香。
石汶为君抛水月，宪陵回首见冰霜。
蠹鱼细碎成书癖，荆棘峥嵘失醉乡。
举白北轩真一梦，竹间犹记雨浪浪。

《村斋遣事》：

人生天地真蘧庐，外物扰扰吾何须。
与其羁马齐辕驹，岂若饮龁随骀驽。
不知掉尾忘江湖，呴呴濡沫胡为乎。
谁念挟卷矜村墟，磨丹点黝围樵苏。
申鞭示棰严范模，矍如狙翁调众狙。
尔雅细碎编蠹鱼，辞严义密字见疏。
烘斋睥睨音语粗，讽诵谁敢忘须臾。
万中有一差锱铢，呀哑坐使为呻呼。
咄哉倡言口嗫嚅，等为儿戏夫何殊。

霜风入户寒割肤，生薪槎芽供燎炉。
漫漫湿烟迷四隅，白鹤日见黔如乌。
此间纵乐能何如，其谁相与歌归欤。
投笼嗟我自挚拘，垂翅更待穷年徂。

诗中反映了村中塾学的情况。塾师的严厉，学童的顽皮相映成趣。风冷屋寒，柴湿烟浓，更衬托出乡塾的贫寒。以诗中摹划之真实细腻，可以断定是作者本人塾师生涯的写照。

《新泰县环翠亭》：

官居坐官府，不见青山青。
闲来亭上看，青山绕重城。
左见青山纵，右见青山横。
具敖浮虚碧峥嵘，群峰连娟相缭萦。
县庭无声苔藓生，独携珍琴写溪声。
琴声锵锵激虚亭，罢琴举酒招山英。
山英莫相嘲，我虽朝市如林坰。
客有山中来，闻说令尹清。
山英异时合有情，周遮不放公马行。

另外《新泰县志》收录党怀英一首《题王广道环翠堂》诗：

诛茅结构略三楹，顾揖青山共落成。
一径宛如通辋口，廿岑何用诧南城。
清风枕簟人间世，黄卷圣贤天下名。
只恐山灵留不得，暮年合起为苍生。

王广道，号醇德先生，平阴（今济南市平阴县）人，曾任党怀英之友、济南周驰的老师。《中州集》卷七“迂斋先生周驰”条：“驰字仲才，济南人，经学出于醇德先生王广道，赋学出于泰山李时亨。至于党、赵，又其忘年友也。”王广道之孙王仲元是著名书法家。《归潜志》卷四："王府判仲元，字清卿，东平人。广道先生之孙也。工书，法赵黄山，自号锦峰老人。卒于京兆幕。"《中州集》卷八"王仲元"条记为："平阴人，承安中进士，以能书名天下，历京兆转运司幕官。"则王广道之于党怀英亦属师辈。

五

党怀英现存泰山碑文较多，约计六篇，从中可见他高文大册的风格。

《重修天封寺记》作于大定二十四年（1184）十一月，党怀英撰文并楷书、篆额。原碑存旧县村天封寺，今佚。近人王介藩《岱粹抄存》录入全文。是碑主要内容有两部分：一是记叙了该寺沿革兴复情况，旧县为："得故废县，曰古博城。在唐为乾封。宋开宝间移治岳祠下。居民从之，而县废焉。城西南隅有寺，号郭头……更以'天封'为额。季末丧乱，毁撤荡然，仅存其殿像。皇朝既定山东，寺僧曰道先，始还其下，结茅数楹，以奉香火、扫除……先之徒……其名法越者……日营月葺……又以前殿规模故狭，不足以称，乃更度为高广，尽撤其旧，并与像设皆新之。"在道先、法越师徒的辛勤经营下，这座古寺终于"回檐四合，不日崇起"。二是记叙了党怀英与该寺的特殊渊源："余昔家徂徕之下，而游于所谓天封者，旧矣。盖尝下第归，过而托宿焉。醉卧僧榻上。夜半若有人掖余者三，且言曰：'前路通矣，何为醉且眠！'殆梦而非梦也……老僧笑曰：'是伽蓝神也，异时神甚灵，寺之僧童有不力者，神必以疾痛苦之，至悔谢乃已，闲亦警人以来事，子其或者为神警乎？'……其后余登科第，始记神言有徵。"其实党氏是衍用孔子"神道设教"讲明事在人为的道理："其兴而成之，则必在人。今越之于兹，缘用心既专，致力既勤，故能废者复兴，而坏者复成。盖专则一，勤则精，精一而可以入道，况其余乎！"

《鲁两先生祠记》作于大定二十三年（1183），由党怀英撰文并书。两先生者，即指北宋创建泰山书院的泰山先生孙复、徂徕先生石介。记中介绍了泰山书院及两先生祠的创建沿革："初，两先生筑室泰山下，以为学馆。属大辟岳祠，壖基甫迫，乃北徙山麓，而以旧馆为柏林地，岁分施钱，为养士之费，学者至今赖之，而乡人指以为'上书院'者，则其所徙地也。大定间，岳祠火，越明年，有诏营建，乃命更新庙学。已而诸生相与言曰：'昔两先生宦学汶上，汶学祀之不忘。吾侪居其乡，食其德，乃遂已乎！’于是两先生诸孙闻其言，更出所有，作为祠堂于大门之左，以成学者之意。石先生之孙震，使其侄翊走京师，属门婿党怀英书其本末，将刻诸石。”立祠的目的，是为了弘扬泰山书院的学风，“将使人人为邹鲁，固当师承鸿儒，因文以入道德之奥，而后游两先生祠下而食其余庇，可以无愧矣”。是记收入明人所编《岱史》。记中之鲁先生祠是初创，址在岱庙东南隅，即泰山书院创立旧址。元代建于岱麓，明成化十三年（1477）建于泰城南隅，今泰安通天街路东，号二贤祠。后又增祀胡瑗，称三贤祠。

《十方灵岩寺记》，作于明昌七年（1196）九月，党怀英撰文并隶书，篆额。碑文对于了解金代灵岩寺情况有重要价值。灵岩寺开创奠基之后，代有发展。“历隋至宋，土木、丹绘之工，日增月葺，庄严为天下之冠。四方礼谒，委金帛以祈福者，岁无虑千万人。佛事益兴，而居者益众，分而为院者，凡三十有六。趣响既异，遂生分别。主僧永义律行孤介，以接物应务为劳，力辞寺事。时开封僧行详，方以圆觉密理讲示后学，众共推举，可以住持，乃更命详实来代义。仍改甲乙，以居十方之众，熙宁庚戌岁也。越三年癸丑，仰天元公禅师以云门之宗始来唱道，自是禅学兴行，山林改观，是为灵岩初祖。尔后法席或虚，则请名德以主之，而不专一宗，暨今珍公禅师二十代矣，其传则临济商也。”这段文字清晰地记载了灵岩从唐代开始的密宗如何分解，又转化为禅宗各派的重要基地。党怀英撰文目的，也在于记载这一重要转变，以免“禅力之改革，宗派之传承，后来者鲜或知之”。是碑原立于灵岩寺千佛殿前，碑阴有刘德渊诗刻，今佚。碑文收入清代马大相所编《灵岩志》中。

《谷山寺记》作于泰和元年（1201）五月，党怀英撰文并隶书、篆额。谷山寺俗称佛爷寺，文中记述其来历：“尝有猎人行猎莲花峰侧，遇罗汉像，而终日无所获，每遇之必然。猎夫怒，积薪将焚之。明日，迁坐于高险，薪燎不可及。猎夫愕而悔谢。是夕，山下老稚三四，同梦异僧久隐莲花峰，有猎者之厄，或问为谁，盖曰意云。耆老十余辈，更相诱率，凡一再行。当石掩奥处，查访得之，乃扶舆而下，至今所，忽重不可动。而峰岭重复掩抱，可兴寺场，众悟，遂止焉。”后来寺院毁于战乱。金初，有僧人善宁、法朗、崇公等相继来此，辛勤经营，拓荒植树，开田种菜，使“斋粥所需，日益办具”，自给有余，且能招徕四方僧众善众，成为泰山名刹，是碑现存谷山寺西侧，是金代泰山佛教兴盛的重要资料。

谷山寺大雄宝殿前，还有一通《重修谷山寺田园记碑》，署为“党怀英书”。历代著述中均未录入。详勘此碑，书体既拙，文辞亦舛误，全不似党学士所作。原来在明代中叶，谷山寺田产被附近大户所占。寺僧上告至官府，几番交涉，因证据不足未果。后来僧人从党怀英《谷山寺碑》中所说田产位置情况得到启发，遂加以细化，将田产具体位置、亩数面积、四周疆界写清楚，并将《谷山寺碑》首尾词句套用，伪造了一通党碑，居然赢了官司，也算是一桩趣事。

《新补塑释迦佛旧像记》作于泰和六年（1206）四月，党怀英撰文并隶书、篆额。是碑原存泰城冥福寺，后移至土地祠。可惜金棨著《泰山金石志》时碑已断裂，下截不知去向，上截碑文残缺，内容不详。

《六逸堂碑》作于大安三年（1211），党怀英撰文并书，原立于徂徕山竹溪六逸堂，是研究唐代李白、孔巢父等竹溪六逸的重要资料。可惜早佚，存目见孙克宏《碑帖目》。

党怀英篆额碑二通：

《金重修东岳庙碑》，大定□年四月，杨伯仁撰文，黄久约楷书，党怀英篆额。杨伯仁，字安道，真定藁城（今石家庄藁城）人，皇统九年（1149）进士，除应奉翰林文字，累官礼部侍郎、谏议大夫、太常卿。在朝中以“文词典丽”著称。黄久约，字弥大，东平须城人。第进士，累官至太常卿，亦称善书，此碑三美荟萃，集一时之秀，实为难得。是碑今存岱庙天贶殿东侧。

《灵岩寺田园记》，明昌六年（1195）十月，周驰撰文，赵沨正书，党怀英篆额。周驰号迂斋先生，党怀英好友。《中州集》卷七载其“资性古雅，而以襟量见称。大定中，住太学，屡以策论魁天下，私试亦频中监元，家素饶财，乡人强以子弟从之学。所得束修，皆散诸生之贫者。贞祐之兵，济南陷，不肯降，携二孙赴井死”。赵沨，字文儒，号黄山，东平人，第进士，以党怀英荐为应奉翰林文字。明昌末年任礼部郎中，卒官，有《黄山集》行世。书法与党怀英并称。《中州集》卷四“黄山赵先生沨”条引赵秉文评论说：“黄山正书体兼颜、苏，行、草备诸家体，超放又似杨凝式，当处黄鲁直、苏才翁伯仲间。党承旨篆，阳冰以来一人而已。以黄山配之，至今人谓之‘党赵’。”其诗《晚宿山寺》当是作于灵岩：“松门明月佛前灯，庵在孤云最上层。犬吠一山秋意静，敲门时有夜归僧。”其泰山诗有《留题西溪三绝》，东平诗有《黄山道中》，俱录入《中州集》。

泰山现存党怀英题刻二处：一为“玉泉”，立石于谷山寺；一为“竹溪”，在今徂徕镇徂徕村东岭，以区别于唐代竹溪六逸旧址，称“党竹溪”，当地村民又称“作书坊”。

党怀英的诗文碑记不尚虚饰，因事遣词，通达流畅，平易自然，风格比较冲淡。赵秉文说他“文章非能为之工，乃不能不为之为工也；非要之必奇，要之不得不然之为奇也。譬如山水之状，烟云之姿，风鼓石激，然后千变万化，不可端倪；此先生之文与先生之诗也”（《翰林学士承旨文献党公碑》）。这又与辛弃疾的慷慨激越、高扬蹈厉风格迥然不异，相映成趣，共同构成泰山文学中的奇异景观。

山灵见光怪　似喜诗人来

——元好问与泰山

元好问是金元之际著名的文学家、史学家，金、元两代的文坛盟主。他的诗歌继承了现实主义优良传统，以雄健的笔力，描绘了金元之际的社会矛盾，写出了乱世中人民的哀痛。金代诗文巨擘赵秉文说他的诗是“少陵以来无此作也”。郝晋卿称其诗“规模李杜，凌轹苏黄”。历代评论家公认为“一代宗工”。元好问的泰山诗文，他在泰山一带长期活动的足迹，也在金元之际产生了重要影响。

一

元好问（1190—1257），字裕之，号遗山，忻州秀容（今山西忻州）人。他是北魏鲜卑拓跋氏的后裔，北魏孝文帝时改姓为元。他的远祖元结，是唐代著名诗人。从他的高祖到祖父，世代为宦。父亲元德明累举不第，放浪山水间，负诗名，著有《东岩集》（已佚）。元好问出生后七个月，便过继给叔父元格。元格携之宦游四方，得以历览河山景胜。他七岁能诗，被目为神童。十一岁在冀州得到金代古文家路铎指教，十四岁拜陵州郝天挺为师，肆意经传，贯串百家。二十二岁，元好问开始经历忧患。是年蒙古成吉思汗率军攻金，金宣宗贞祐元年（1213）冬，中都大兴府被围。次年忻州城破，元好问之兄元好古死于城中，元好问仅以身免。兴定五年（1221）进士及第，不就选。金哀宗正大元年（1224）中宏词科，授儒林郎，充国史院编修。此后数年间历官镇平、内乡、南阳县令。天兴元年（1232）困居危城，任尚书省掾，左司都事。是年冬，金哀宗出逃。天兴二年正月，元帅崔立叛金，以京城降蒙古。五月，元好问在离乱中抱友人幼子白朴（后为元代著名戏曲家），随被俘官吏北渡黄河，羁管聊城。蒙古太宗窝阔台七年（1235），四十六岁的元好问摆脱羁管，移居冠县。五十岁时，携家回到阔别二十五年之久的故乡秀容，此后主要致力于保存金代一百二十余年的文化，纂成金诗总集《中州集》，同时还编写金史著作《壬辰杂编》。在收集资料和访诗过程中，他长期来往于晋、冀、鲁、豫等地，得以纵览山川景胜。蒙古宪宗七年（1257）九月，卒于河北获鹿，归葬秀容系舟山下山村（今忻县韩岩村），终年六十八岁。

二

元好问登泰山，是在蒙古太宗八年（1236）三月。上年，元好问移居冠县，并在县令赵天锡帮助下迁往新居。赵天锡，字受之，冠县人。其父因贞祐之乱保护地方有功，擢为冠县令，不久天锡嗣任。后归东平行台严实，仍授原职，后擢升左副元帅、同知大名路兵马都总管，成为严实的得力辅佐。赵不仅有军事才能，还雅好文艺，与元好问关系融洽。这年春，严实约赵天锡在泰安相见，赵“以予宿尚游观，拉之偕行”（《东游略记》）。元好问此行作有杂言诗一首——《游泰山》：

泰山天壤间，屹如郁萧台。
厥初造化手，办此何雄哉。
天门一何高，天险若可阶。
积苏与累块，分明见九垓。
扶摇九万里，未可诬齐谐。
秦皇憺威灵，茂陵亦雄材。
翠华行不归，石坛满苍苔。
古今一俯仰，感极令人哀。
是时夏春交，红绿无边涯。
奇探忘登顿，意惬自迟回。
惜无赏心人，欢然尽余杯。
夜宿玉女祠，梦奔涌云雷。
山灵见光怪，似喜诗人来。

鸡鸣登日观，四望无氛霾。
六龙出扶桑，翻动青霞堆。
平生华嵩游，兹山未忘怀。
十年望齐鲁，登临负吟鞋。
孤云拂层崖，青壁落落云间开。
眼前有句道不得，但觉胸次高崔巍。
徂徕山头唤李白，吾欲从此观蓬莱。

还有词一首——《清平乐·泰山上作》：

江山残照，落落舒清眺。涧壑风来号万窍，尽入长松悲啸。　井蛙瀚海云涛，醯鸡日远天高。醉眼千峰顶上，世间多少秋毫。

此行曾至灵岩寺，留下诗篇，但已失传。只有游平阴龙泉寺时所作《龙泉寺四首》之二追述此行：

泉石烟霞自一家，残僧随分了天涯。
鸡鸣山下题诗客，曾到灵岩不用夸。

这次游历有一篇《东游略记》叙述整个游览全程，其中主要是泰山及泰城见闻，以写实手法为主。在岱顶，诗人考察了“泰山鸡鸣”的情况：“太史公谓‘泰山鸡一鸣，日出三丈’。而予登日观，平明见日出，疑是太史公夸辞。问之州人，云尝有抱鸡宿山上者，鸡鸣而日始出。盖岱宗高出天半，昏晓与平地异，故山上平明，而四十里之下才昧爽间耳。”所以司马迁之言是可信的。元好问认为泰山王母池一带最具山水真韵：“岱岳观有汉柏，柯叶甚茂。东有岩岩亭，山水自溪涧而下，就两崖为壁。如香山石楼，上以亭压之。北望天门，屹然如立屏，而浊流出几席之下，真泰山绝胜处也。”岩岩亭即王母池东侧旧有的梳洗楼，确是美景荟萃之地。城中的岱庙，三十年间两次被毁，重要建筑已不复存在：“大定十九年被焚，二十一年新庙成，又三十年毁于贞祐之兵。今惟客省及诚享殿在耳。”结合自己的亲身经历，元好问对刚刚过去的贞祐之乱有深切的创痛。泰城四周，有岱岳、青帝、乾元、升元四观。另外，元好问还实地考察了北宋泰山书院遗址和蒿里山宋代禅礼坛。此行泰山，共盘桓五日。

三

元好问在泰山，首次见到了东平路总管、行军万户严实，并见到老友、严实幕僚杜仁杰、徐世隆等人。这对元氏以后的生活经历产生了重大影响。杜仁杰（1197？—1282？），字仲梁，号善夫，泰安长清（今济南市长清区）人。著名诗人、散曲家。早在金哀宗正大二年（1225）漫游汴京（今河南开封）时，他就与元好问交谊颇深。元氏称："忆初识子梁王台，清风入座无纤埃。华岳峰尖见秋隼，金眸玉爪不凡材。"（《去岁君远游仲梁出山》）杜于天兴元年（1232）入为严实幕府，又兼严实之子的教师。游泰山的前一年，元氏还约杜同游济南大明湖诸胜。此次与严实相见，很可能得力于杜的谋划引荐。徐世隆（1205—1285），字威卿，陈州西华（今河南陈州）人。金正大四年（1227）进士，辞官不就，益笃于学。后值蒙古军围汴京，父殁。天兴二年（1233）奉母北渡黄河，入严实幕府，为掌书记。徐久慕元好问诗名，相见自然投契，这次泰山会面，促成了第二年元好问的东平之行。

这次相会，他们还结识了泰山全真教重要人物张志纯。志纯号天倪子，又号布金山人，泰安埠上保（今肥城市马埠乡张家庵村）人。他六岁能诵五经，十二岁入教，道行超群，后被元世祖赐号崇真保德大师，授紫服，任东岳提点监修官兼东平路道教都提点。金元之际，全真教在知识分子及士大夫中颇为流行。元好问与全真教渊源颇深，有许多教中好友。其次女元严就是道中女冠，号浯溪真隐，曾奉诏入为宫教。元好问《寄女严三首》中有"闻道全家解禅理，拟从香火问无生"句。元、杜、徐、张诸人曾在泰城会真宫内斗茶饮酒，诗文唱和，相得甚欢。元好问赋《送天倪子归布山》诗：

太白诗笔布山头，布袜青鞋欠一游。
拟欲高人参药镜，却嫌凡骨比丹丘。
云间茅屋鸡犬静，物外烟霞风露秋。
后日天门重登览，蜕仙岩下幸迟留。

徐世隆也有赠诗两首：

《纪梦》：

我梦天倪子，同登日观峰。
骨强清似鹤，步健老犹龙。
方外无官府，堂中有岱宗。
仙间真福地，杖屦会相从。

《送天倪子还泰山》：

九十行年发未华，道人风骨饱烟霞。
洞天福地三千里，神府仙间第一家。
牛膝药灵斟美酝，兔毫盏净啜芳芽。
隐居自爱陶宏景，莫作山中宰相夸。

四

通过泰山之游及与当地人士交往，元好问还搜集到一些有关泰山的奇闻轶事，收入他的笔记小说集《续夷坚志》中，计有六条。《包女得嫁》记载包拯因为铁面无私，死后主东岳七十二司之一的速报司。金元之际，其孙女被掠。娼家以其有姿色，欲高价收买，主家图利相逼，备施捶楚。一女巫怜悯其为忠臣之后，施计援救，乃至主家装作神灵附体，大呼："我是东岳速报司主包拯，你怎敢强卖我孙女为娼，限你十日之内将我孙女嫁与良家，不然灭你满门！"主家果然畏惧神灵惩罚，赶快将其孙女嫁出。据《泰安县志》载，包拯于北宋仁宗年间任奉符令，政声卓著。泰城西关外曾建包公祠奉祀。包拯主速报司故事在泰安流传很广，也是一种民意反映。

《石守道心化石》条载："徂徕石守道墓在奉符，太和中，墓崩，诸孙具棺葬。骸骨与常人无异，独其心如合两手，已化石矣。"这位徂徕先生生前耿介，疾恶如仇，死后心如石坚，可算是生死不渝了。

有关党怀英的两条。《党承旨生死之异》载：党怀英母孕时，梦唐代著名道士吴筠托宿，后来党怀英果然仪表修整，望之如神仙。临终之时，有大星陨落在家中。党怀英最擅长书法，推为当朝第一。篆书出李阳冰，隶书如钟繇、蔡邕，楷书如虞世南、褚遂良。这些大家各擅一体，而党怀英却诸体皆备，深受推重。苏东坡评论韩愈是“生也有自来，逝也有所为”，用之于党怀英也很合适。元好问对党怀英诗素所服膺，有《继愚轩和党承旨雪诗四首》。《吕氏所记古印章》条，说党怀英藏有汉代名将周亚夫的铜印，珍爱不已。按金代“泰和通宝”铜钱即为党怀英篆书，因书体精美，制作精良，成为收藏精品，或许与党氏珍爱的铜印不无关系。

《神告胥莘公》条载：胥莘公曾梦见泰山神来告，说“敬我无福，慢我无殃，当行善道，家道久长”。胥莘公便经常以此劝人向善。此条意在说明福祸在于人定，而不决于神明，具有积极意义。

《高白松》：徐伟在京为官时，梦有绿衣老人求救，说将有斧斤之灾，望徐保全。后徐任泰安太守，适岱庙火灾，需取境内大木修复。莱芜高白村有一数百年古松，枝干茂盛，荫覆两亩，亦当采伐。该村父老向徐求助，徐乃悟前梦，下令免伐，又梦绿衣老人来谢。后来当地人在松前立碑记其事。东平诗人张圣予赋诗曰：“蟠根蹙足怪虬藏，平顶摩云翠盖张。不怕雪霜侵玉瘦，却愁雷雨化龙骧。材讵肯资梁栋，灵梦还能避斧斯。万古天风吹不老，岱宗山色共苍苍。”

五

元好问还有一篇有关泰山的文字，即为好友王若虚撰写的《内翰王公墓表》。王若虚（1174—1243），字从之，号慵夫，又号滹南遗老，藁城（今河北藁城市）人。金承安二年（1197）进士，累官刺史、著作郎、翰林直学士。金亡不仕。天兴二年（1233），元帅崔立叛降蒙古，摄相位。尚书令翟奕为讨好崔立，命王若虚为之撰功德碑文。王私下对左右司员外郎元好问说：“今召我作碑，不从则死，作之则名节扫地，不若死之为愈。虽然，我姑以理谕之。”（《元史·王若虚传》）于是王当廷争辩说：丞相以城降，朝中百官随之成为丞相门人，既颂功德，岂可以门人为之，而贻笑于后人？驳得翟奕等人哑口无言，最后只好改命太学生刘祁、麻革信之撰写，由元好问、王若虚审定。正在延委，蒙古兵入城，遂不了了之。此事充分体现了王若虚临辱取义的凛然气节，和处乱不惊的大智大勇。他的《文辨》《诗话》，使其成为金季最权威的文学评论家。王若虚长元氏十七岁，二人不仅有同僚之谊，且志同道合，交谊颇深。元好问称：“自从之没，经学史学文章人物公论遂绝。”(《中州集·王若虚传》)《四库全书总目提要》称为：“金元之间学有根柢者，实无人出若虚右。”元好问有《别王使君从之》诗曰：“谢公每见皆名语，白傅相看只故情。尊酒风流有今夕，玉堂人物记升平。泰山北斗千年在，和气春风四座倾。别后殷勤更谁接，只应偏忆老门生。”

蒙古乃马真二年(1243)春，王若虚与浑源刘郁应严实之邀游东平，盘桓十余日，然后登览泰山。是时“公春秋虽高，而济胜之具故在。及回马岭，褰裳就道，顾揖岩岫，欣然忘倦。迤逦至黄岘峰，憩于萃美亭之左。顾谓同游言，汩没尘土中一生，不意晚年乃造仙府。诚得终老此山，志愿毕矣……因就大石上垂足而坐，良久，瞑目若假寐然。从者怪其移时不寤，迫视之，而公已逝矣。支体柔软，颜色不少变”。黄岘岭又名中溪山，即中天门所在山岭，蜕仙岩在其下，即王若虚坐化之处。元好问深情地赞颂道：“泰山为天壤间一巨物，其神之尊且雄，有不可诬者……若夫天门日观，邈若世外，霞景灵异，水木清润，宜有闳衍博大之真人往来乎其间……惟公名德雅望，为天下大老，版荡之后，大夫士求活草间，往往倚公以为重。至于鄙朴固陋，挟兔园策而授童子学者，亦皆想闻风采，争先睹之为快。谓不为山之灵所贪慕，吾不信也。夫人以境适，境亦用人胜，故古今以人境相值为难……以今较之，公可以无恨矣。”并在铭赞中称：“东观之于蛮坡，泰山天门，有物禁诃。盖仙圣之所庐，而今得以为家。”古往今来，在登山途中坐化于泰山，这种风流，这种幸运，仅王若虚一人得之。这一千载难逢的巧合，又赖元好问一篇美文得以保存流传。

六

泰山之行，给元好问印象极深，此后长期萦绕于胸襟，见之于诗作。现流传下来的有题画诗两首。《梁父吟扇头》(孔明箕踞坐大石上，望月作梁父吟)：

盘礴万古心，块石入危坐。
青天一明月，孤唱谁与和。

《竹溪梦游图》：

意外寒荒下笔亲，经营惨淡似诗人。
何时万顷风烟里，白发刁骚一幅巾。

另外还有关涉泰山的诗句，约有七首。如“哀哀泰山妇，叫断秋空云”（《虎害》）；“太山神明观，二室汗漫游”（《游龙山》）；“古来太山名，达观等秋毫”（《万化如大路》）；“君看泰山石，万古青未了”（《曲阜纪行》）；“华胥梦破青山在，梁甫吟成白发催”（《郁郁》）；“明年准拟莱芜住，寄谢东邻范史云”（《白屋》）；“前日江东罗给事，只今城里范莱芜”（《赠罗友卿三首》），等等。举凡用典、掌故、人物、传说，泰山作为一种具象，在他的诗中所涉广泛，运用自如。

七

泰山之游的第二年（1237），元好问首次造访东平，开始了他前后八次、历时十八年的漫游兼寓居生活，年龄从四十八岁到六十六岁，直到去世前两年方止，成为他后半生的重要生活内容。

元好问到东平，与严实父子有关。严实（1181—1240），字叔武，泰安长清（今济南市长清区）人。初为金长清令。元军南攻金，严实携部众三十万，投降元大将木华黎，拜为金紫光禄大夫、行尚书省事，后又授东平路行军万户，同相位。严实出身行伍，却比较重视文化教育。金元兵乱之际，东平未遭大的劫难，较为稳定、富庶，四方文士闻风投附，严实“悉引见周给，且荐用之”。经过多年苦心经营，使东平一度成为文化中心之一。严实对于名满天下、文坛盟主的元好问更是格外优遇。在首访东平的第二年，还专门邀请元好问到府中做客，住了一个夏天，此后结下了很深的友谊。蒙古太宗十二年（1240）严实病故，元好问怀着真诚的敬意，撰写了《东平行台严公神道碑》和《东平行台严公祠堂碑铭》，盛赞严实大仁大义，给东平百姓和四方文士周济优抚，实行文治教化的政绩，以及严实殁后“境内之人，野哭巷祭，旬月不能罢”的哀荣。严实死后，次子严忠济嗣任。严忠济（？—1293），一名忠翰，字紫芝。上任之后，“开府布政，一法其父。养老尊贤，治为诸道第一”。后元帝恐其权威太重，于中统二年（1261）命其解职，由弟严忠范代之。忠济在职时，经常借债替部民交赋税。卸任后，债主前来讨债，使他备尝人面冷暖，遂写下小令《天净沙》：“宁可少活十年，休得一日无权。大丈夫时乖命蹇。有朝一日天遂人愿，赛田文养客三千。”元太祖闻知此事，命发内藏代偿。严忠范（？—1273），字大用，早年以军功显，嗣任后两年，旋遭解职罢官。元好问与忠济、忠范兄弟一直保持密切往来，多有诗文酬赠。

《同严公子大用东园赏梅》：

东阁官梅要洗妆，青云公子不相忘。
翰林风月三千首，乐府金钗十二行。
佳节屡从愁里过，老夫聊发少年狂。
花行更比梳行好，谁道并州是故乡。

《约严侯泛舟》：

风物当年小洞庭，西湖此日展江亭。
诗贪胜概题难遍，酒怯清秋醉易醒。
白鸟无心自来去，红蕖照影亦娉婷。
仙舟共载平生事，未分枯槎是客星。

《喜迁莺》：

云雷天造。快嫖姚玉节，生平豪妙。野宿貔貅，江横组练，画角一声霜晓。鱼鸟简书知畏，草木威名先到。更谁似，并虎头飞将，封侯差早。　谈笑。尊俎地，兵卫画戟，燕寝凝香好。伏枥雄心，缺壶高唱，意气不妨倾倒。父子一门忠力，唯有君恩须报。济时了。看郎山长对，元勋难老。

《喜迁莺》：

清和时序。望桂影渐生，薰风微度。拂□金枝，传芳玉叶，天下瑞麟重睹。竞敕谢庭，兰□振振，西痈□鹭。庆门里，把丹枝争折，青云平步。　　声誉。喧盛世，咏少□□，□□□□□。□□□□，□□□□，□□□□□□□。今辰称美，愿与冈陵同固。更著取。继沂公勋业，东平茅土。

蒙古宪宗三年（1253），元好问从东平返回忻州，写下一篇《答大用万户书》，谈到“东原宿留几半岁之久。辱公家贤弟昆慰藉之厚，内省衰谬，愧无以当之耳”，并将家中搜集的雷氏霜钟、横笛、侍女图等托人送上，还约以再至东平，为严氏写一篇《树萱堂记》。足见其关系密切，远超出一般宾主，是无拘无束的至交密友。

八

元好问在东平，还参与了东平府学的筹建。东平府学历史悠久，最早由宋代资政殿大学士、沂国公王曾创办，地点在城西南之天圣仓。当时革新派名臣、郑国公富弼为之题记，历任郡守不断增葺，一时影响颇巨。金元战乱之际府学中断。但严实一直比较重视地方教育，聘请杜仁杰、张澄、商挺等人“延教其子”，“兴办长清庙学”，“一时名士会聚于此”。（《长清县志》）此后四方文人名士在东平授徒讲学，研习经史，已具备恢复府学的基础，但严实在任未及办理。严忠济嗣任后，即着手在城东北新址重建，于蒙古宪宗五年（1255）六月竣工，特请元好问写下《东平府新学记》。重建后的府学规模宏大，其礼殿“坚整高朗，视夫邦郡之居”，有孔子及十哲七十二贤之像、讲堂、书房、学舍、厨房等等，“故事毕举，而崇饰倍之”。府学祭酒聘康晔担任，下设东序、西序两部，东序教官梁栋，西序教官王磐。首批府学生员六十余人。这在当时其他地方战乱未止的情况下，“郓学视他郡国为独异”，成为一枝独秀。六年以后，即元世祖中统二年（1261），元朝“始命置诸路学校官”（《元史·选举志》）。这时东平府学生已成就学业，或雄踞文坛，或仕途顺达，“后多显者”了。

在元好问看来，教化是治国根本之一。《东平府新学记》是元好问教育思想的重要阐发。在教育学生、训导后辈方面，他更是身体力行，用心十分良苦。白朴长期跟随他游历求学，最终成为“元曲四大家”之一，就直接得益于元好问悉心培育。元好问去世后，王恽曾多次梦见其对己教诲的情景：“分明昨夜梦遗山，指授文衡履恂间。道必细论能出理，文徒相剽亦何颜。”（《中统五年六月八日夜梦遗山先生指授文格，觉而赋之，以纪其意》）东平府学的筹备重建、教学与管理，都倾注着元好问的心血，可算得鞠躬尽瘁。

九

元好问入东平，自然成为文人之首，起着统领、引导、凝聚作用，形成了一个比较紧密的、以元好问为首的东平文人集团。在他们的酬唱往来中，元好问留下大量关于东平的诗词。其中首先是关于老友杜仁杰，他对元氏入东平有引荐之功，现在二人朝夕相处，更加亲密无间。元氏有《送杜子》诗：

洛阳尘土化缁衣，又见孤云著处飞。
北渚晓晴山入座，东原春好妓成围。
来鸿去燕三年别，深谷高陵万事非。
轰醉春风有成约，可能容易话东归。

在他首次造访东平之后，有赠予杜氏的《出东平》：

老马凌兢引席车，高城回首一长嗟。
市声浩浩如欲沸，世路悠悠殊未涯。
潦倒本无明日计，往来空置六年家。
东园花柳西湖水，剩著新诗到处夸。

另一好友是康晔。康晔字显之，山东高唐人，后任东平府学祭酒，学问渊深，著有《淡轩文集》。据孙楷第《元曲家考略》考证，康晔极有可能与元代著名戏曲家康进之是兄弟。元氏有赠诗二首。

《官园探梅同康显之》：

柳麦榆椒寂寞边，尽饶梅事得春偏。

留残瘦骨犹堪画，未展幽香已可怜。
千里移根自何许，数枝临水记当年。
开时重约花前醉，试手东风第一篇。

《别康显之》：

玉川文字五千卷，郑监才名四十年。
谁谓华高吾岂敢，耻居王后子当然。
河亭笑语归陈迹，里社追随失后缘。
后夜并州月千里，南窗尊酒且流连。

东平行台令史王玉汝。王玉汝（？—1255），字君璋，东平人。曾得到耶律楚材赏识提携。元太宗曾欲将东平领地“裂而为十”，分封权贵，多亏王玉汝在朝廷当面据理力争，得以保全，由是迁行台知事，兼领平阴县令。元好问有一阙《南乡子・饮东原王君璋郎家中》：

促坐烛花红。春到梅边蜡蒂融。南去北来何限客，谁同？酒令歌筹醉不供。　聚散落花风。恨煞陵台望眼中。人世只除开口笑，难逢。莫惜金杯到手空。

商衜，字正叔，曹州济阴（今菏泽定陶）人。官至学士。性格滑稽豪爽，有古人风。曾编《双渐小卿诸宫调》，今不传。兄商衡，字平叔，金宗庆进士。衡子商挺，字孟卿，赵天锡幕僚，后任东平严实幕僚，累迁京兆宣抚副使，参知政事，枢密副使。商氏三代均与元好问交往密切。元好问有《商正叔陇山行役图二首》：

陇坂经行十过春，也随风土变真淳。
吴山汧水不必画，留在秦音已可人。

梦中陈迹画中诗，前日行人鬓已丝。
我亦寒亭往来客，因君还寄出关辞。

还有赠予商挺的《题商孟卿家明皇合曲图》：

海棠一株春一国，燕燕莺莺作寒食，
千古万古开元日。
三郎搦管仰面吹，天公大笑嗔不得。
宁王天人玉不如，番绰乐句不可无。
宫腰不按羽衣谱，疾舞底用牧猪奴？
风声水声谧清都，梦中令人羡华胥。
何时却并宫墙听？不恨将身作李谟！

《题商孟卿家晦道堂图二首》：

松亭竹阁数家村，通德仍余旧里门。
乔木未须论巨宝，青衫今有读书孙。

东国人门几百年，素风才到此公传。
卷中堪欲题诗句，惭愧韦家祖德编。

商挺之子商琥，字台符，小字阿眈。后任监察御史、国子司业。幼聪慧，深得元好问喜爱，并题诗充满期冀之情。《付阿眈诵》：

昨得商子书，知有阿眈名。
今朝见阿眈，惊喜喜复惊。
乃翁雅望倾汉庭，仕才千石埋九京。
我知渠孙不虚生，虎穴生虎子，堕地骨骼成。
举头为城尾为旌，几人雄猛得宁馨。
绣衣青春佳御史，路人望见行且止。
老夫从旁当说似，前日晦道堂前小儿子。
雷动风行自应耳，藜藿不采今其始。

东平行台书记张子益也是元好问好友。元氏有《送张书记子益从严相北上并序》：

子益省郎，观国之光，从公于迈。扬雄词赋，良借力于吹嘘。邓禹功名，本无心于禄仕。诗以送别，亦以趣其归云。

故家人物饶奇俊，耸壑昂霄今已信。
康侯昼接拜宠光，百里自应沾海润。
六月貂裘风雪深，天河天驷日骎骎。
莫把声华动台阁，东方书檄要陈琳。

赠东平诗人杨鹏四首。《寄杨飞卿》：

客梦悠悠信转蓬，藜床殷殷动晨钟。
西风白发三千丈，故国青山一万重。
沙水有情留过雁，乾坤多事泣秋虫。
三间老屋知何处，惭愧云间陆士龙。

《太常引·十年流水共行云》：

东原上清宫，同杨飞卿夜话汝梁旧游，追怀饮叔内翰。飞卿名鹏，有诗名东州。

十年流水共行云。相见要情亲。沧海坐扬尘。便疑是、前身后身。风台月榭，舞裙歌扇，乐事几回新。莫话洛阳春。更谁似、金銮故人。

《临江仙·赠答飞卿弟》：

壮岁论交今晚岁，只君知我平生。六年相望若为情。吕安思叔夜，残月配长庚。　济上买田堪共隐，嵩丘朝暮阴晴。紫云仙季白云兄。风流成二老，林下看升平。

《梅花引·同张仲经杨飞卿赋青梅》：

绿华仙萼彩云间。雪消残。拥香□。随意轻匀，浅注尽高闲。向道是梅刚不信，更谁占、东风最上番。　韵绝秀绝香又绝，恨千山复千山。才情似记何郎句，清泪斑斑。寂寞孤村，篱落小溪湾。修竹萧萧霜月苦，好留与、青绫护晓寒。

赠东平诗人李仁卿诗词，有《和仁卿演太白诗意二首》：

萧萧窗竹动秋声，紫极深居称野情。
静坐且留观众妙，还丹无用说长生。
风流五凤楼前客，寂寞千秋身后名。
解道田家酒应熟，诗中只合爱渊明。

萧萧窗竹动秋声，檐间白云澹以成。
白云朝飞本无意，白云暮归知有情。
渊明太白醉复醉，季主唐生鸣自鸣。
四十九年堪一笑，昨非今是可怜生。

《鹧鸪天·莲花白醉中同李仁卿赋》：

大乙沧波下酒星，露醽秘诀出仙扃。情知天上莲花白，压尽人间竹叶青。　迷晚色，散秋馨。兵厨晓溜玉泠泠。楚江云锦三千顷，笑煞灵均语独醒。

曾经为《高白松》故事题诗的张圣与，也是元好问好友。元氏有《东平送张圣与北行》：

天山曾望使车还，官柳青青此重攀。
去国衣冠元易感，中年亲友更相关。

荼云自可无千里，隐雾难教见一斑。
海内文章在公等，不应空老道途间。

《为阿眈题诗》：

壬子冬至，新轩张兄圣与求为儿子阿平制名，余名之曰“琥”，以仲眈字之，小字明，复有善祷之义焉。诗不工，当令阿眈洒落诵之。

阿平玉雪绝可怜，皎如鹤雏下青田。
呼来拜客挽不前，啼声如闻过秦篇。
陈王入门汉韦贤，新轩文笔尤翩翩。
大弨挂壁谁使然，我知一经会有传。
玄黓之冬客须城，问平之年才五龄。
乃公为儿求制名，儿名从虎玉与并，
仲眈为字以字行。佛书旧说无空青，
岂知空青今有形。紫公紫公还我明，
看儿著脚青云平。

赠东平画家诗《东平李汉卿草虫卷二首》：

蚁穴蜂衙笔有灵，就中秋蝶最关情。
知君梦到南华境，红穗碧花风露清。

过眼千金一唾轻，画家元有老书生。
草虫莫道空形似，正欲尔曹鸣不平。
自注：李资高亢，视钱币如粪土，贵人求画或大骂而去，故不与世合。

东平是全真教活动较集中的地区之一。元好问曾为丘处机弟子、东平正一宫住持范炼师题写《范炼师真赞》，并有词作《太常引·为东原范尊师寿》。范新得曹夫人，所画松上幽人图，上有曹道冲题诗：

衣冠人物渺翩翩，天地一癯仙。来自范公泉。管家在、三山洞天。一簪华发，一篇秋水，得意已忘言。图画看他年。与松上、幽人并传。

十

元好问在东平有一些宴游活动，呼朋唤友，举觞狂吟，大呼浮白，寄托旅人情怀，暂忘苦寂烦恼。这些活动也留下一批诗词。

《东园晚眺·东平》：

霜鬓萧萧试镊看，怪来歌酒百无欢。
旧家人物今谁在，清镜功名岁又残。
杨柳搀春出新意，小梅留雪弄余寒。
一诗不尽登临兴，落日东园独倚栏。

《江城子·江山诗笔仲宣楼》：

东原幕府诸公，送予西湖，行及阳公，作此为寄。

江山诗笔仲宣楼。弊貂裘。尽风流。独恨烟花，三月出东州。爱煞津亭亭□□，无一语，只相留。　来鸿去雁两悠悠。别离愁。几时休？得似孤城，春水一沙鸥。寄谢西湖追送客，分手地，莫回头。

《水龙吟·东园醉后》：

两年金凤城边，等闲又见东风菜。侯门惯客，东园高宴，青云飞盖。水上幽亭，恍然真似，兰舟同载。望红楼翠壁，青田白鹭，谁信是，山阴塞。　郁郁林梢紫动，便安排、春来天外。醉魂摇荡，尊前何恨，狂香浩态。高枕吾庐，倒衣命驾，心期常在。为使君料理，潘郎老鬓，尽花枝戴。

《临江仙》：

连日湖亭风色好，今朝赏遍东城。主人留客过清明。小桃如欲语，杨柳更多情。　为爱暮云芳草句，一杯聊听新声。水流花落叹浮生。故园春更晚，时节已啼莺。

《南乡子》：

迟日惠风柔。桃李成蹊绿渐稠。把酒樽前逢盛旦，凝眸。十里松湖瑞气浮。　功业古难侔。宜在凌烟更上头。彩色□闲浮喜气，风流。千岁三公万户侯。

《鹧鸪天》：

绿袖垂肩士女图。艳歌还似转莺雏。一春杨柳吹绵后，五月榴花照眼初。　明画烛，倒金壶。便君晓凤宴西湖。老来忘却行云梦，犹有春风醉后扶。

《鹧鸪天》：

十丈冰花太一峰。拍浮来赴酒船中。碧筒象鼻秋泉滑，泽国幽香笑卷空。云滃泞，月朦胧。醉乡千里鲤鱼风。冯夷击鼓休惊客，罗袜生尘恐恼公。

《太常引》：

东园歌管日相娱。佳酿出兵厨。陶写在桑榆。便鹤到、扬州未如。　攲红浓露，绿阴清吹，长□下楼居。高枕即吾庐，更何待、将军报书。

《点绛唇》：

玉蕊轻明，洗妆偏费春风手。韵香襟袖，别是闺房秀。　锦瑟华年，□醉东园酒。西归后，旧家花柳，谁得何郎瘦。

另有散曲《人月圆·卜居外家东园》：

重冈已隔红尘断，村落更丰年。移居要就，窗中远岫，舍后长松。　十年种木，一年种谷，都付儿童。老夫惟有，醒来明月，醉后清风。

玄都观里桃千树，花落水空流。凭君莫问，清泾浊渭，去马来牛。　谢公扶病，羊昙挥涕，一醉都休。古今几度，生存华屋，零落山丘。

十一

《续夷坚志》中记载了有关东平的故事四条。《古钱》记东平人钱信中，按照《钱谱》收集古钱，得到几十种，交茶店刘六保管。刘六也热衷此道，将两家收藏合而为一，其中有春秋齐刀币、汉五铢、金错刀、王莽币、唐开元钱、镂金月牙等珍品，同时还收藏了一批古字画、古琴鼎彝等物。引得东平满城文人每日聚会观赏，成为城中一景。

《鸡泽神变》记鸡泽农民上山砍柴，遇到“震荡天日”的强烈西风。有踏风而行的神人携农民同行，至一神庙中饮酒，座中“见神人各长丈余，有鬼形者、人形者，衣皆锦绣，香气袭人”。饮毕神人御风而去，独留砍柴农民，问之当地人，才知处在东平境内，神庙即东平岱庙。后来农民行乞数日方得回家。

《介虫之变》则较有趣，说东平薛价曾任鱼台县令，嗜食糟蟹。炮制方法是“生揭蟹脐，纳椒一粒，盐一捻，复以绳十字束之，填入糟瓮，上以盆合之，旋取食”。只是这种美味未免有些“惨无蟹道”，以致引起蟹们抗议游行。一夜薛为噩梦惊醒，见满地糟蟹蹒跚而行，不知从何而出。此后再也不食此味。

《闲闲公主章表》记载濮州程威仪于寒食节设醮祭孤鬼，任醮主。因无道籍，特地专程到东平受《明威箓》一节。醮文表章已就，有一雷姓道士要求暂代程为醮主，并在酬神表上改程为雷。醮后雷即死去，三日后复活，说死后入冥府，见到礼部尚书、翰林直学士赵秉文（号闲闲公）掌管冥府文书，责怪其不应擅改醮主名字，酿成死祸，特地暂时放生，以告诉世人；冥事文字不可不慎。言讫而毙。

十二

元好问一生钟情于山川游历，自称“诗人爱山爱彻骨”（《游承天泉》）。泰山是他心神向往已久的地方，所谓“平生华蒿游，兹山未忘怀。十年望齐鲁，登临负吟鞋”（《游泰山》），又与其他山感情不同。他的泰山诗“未成曲调先有情”，郁积着一股浩然正气，升腾着一种宏阔的境界：“泰山天壤间，屹如郁萧台。厥初造化手，办此何雄哉。”在诗人眼里，泰山亦是有情物，以其独有方式迎接知己：“夜宿玉女祠，崩奔涌云雷。山灵见光怪，似喜诗人来。”泰山与诗人，有一种高度的心灵投契。在心境与山境的融合中，“眼前有句道不得，但觉胸次高崔巍”。全诗汪洋恣肆，宏放飘逸，显示了牢笼天地的豁达胸襟。较之于李白、杜甫等人的泰山诗，元好问诗熔铸新意，自成一格，使他的山水诗达到一种新的境界。所以《四库全书总目提要》论其诗说：“到所自作，则兴象深邃，风格遒上，无南宋末江湖诸人之习，亦无江西流派生拗粗犷之失。”清代赵翼说元好问诗不喜用典，“专以精思锐笔清炼而出，故其廉悍沉挚处，较胜于苏、陆”（《瓯北诗话》）。这是元好问诗作出苏入杜，熔铸百家的结果。

泰山享词无多。《清平乐・泰山上作》是现存较早的泰山词。元氏词为金朝一代之冠，足以与两宋大家并立词坛。他的泰山词摹写情态，立意高远，给人以苍凉、沉郁、慷慨激越之感。清代况周颐称为：“神州陆沉之痛，铜驼荆棘之伤，往往寄托于词。”（《蕙风词话》）也可以看出他的词作，突破了豪放派与婉约派的固有界限，呈现出熔二者于一炉的明显趋势，为词作的推陈出新做出了可贵的贡献。

元好问有关泰山、东平的散文以及碑、铭、表、志、记、书等，众体悉备。他推崇唐宋古文大家，直接继承欧阳修、苏轼的传统，语言平易自然，风格清新雄健。

《续夷坚志》中有关泰山、东平的笔记小说也十分精彩。宋代洪迈在《夷坚志自序》中称：“颛以鸠异崇怪，本无意于纂述人事及称人之恶。”元氏虽以

《续夷坚志》自名，然宗旨却有所不同，书中不仅记载许多神怪故事，同时也有不少泰和、贞祐间北方的真人真事。所以至顺年间石岩跋云："《续夷坚志》乃遗山先生当中原陆沉之时，皆耳闻目见之事。非若洪景卢演史寓言也。"宋无在是书跋语中认为其立旨是"恶善惩劝，纤细必录，可以知风俗而见人心，岂南北之有间哉"。有关泰山的《包女得嫁》《高白松》等，均是金代优秀短篇小说，曲折地反映了当时的社会矛盾，有一定的认识价值和美学价值，堪称《聊斋志异》的先声。

元好问以文坛盟主的声望成为东平文人之首。在他周围形成一个庞大的文人集团，集中了一批优秀的诗人、戏曲家、散曲家。他们不仅使金元之际的东平、泰山一度成为创作中心之一，如白朴、高文秀等人，还成为元初享誉南北的戏曲大家，从而给整个元杂剧以巨大影响，显示出泰山文化的深厚积淀，成为泰山文化中值得骄傲的篇章。

五岳峙　真形露　刻我铭　期孔固
——杜仁杰与泰山

杜仁杰是金末元初著名文学家、散曲家。他终生未仕，生平不见于正史、野史，方志中也是寥寥数笔，未能勾画出清晰轮廓。但在文学上的突出成就，使他以“文章冠冕南北”。他所处的时代，正是宋杂剧、诸宫调、金院本向元杂剧转化的关键时期。他以自己的创作实践，及通过东平府学的教授生涯，对此时期产生了相当重要的影响，培养了一批颇具实力的东平籍杂剧作家，使东平成为元杂剧重要演出场所，并且使泰山有了一批优秀剧目。他对于泰山文化的贡献，是巨大而独特的。

一

杜仁杰（1197？—1282？），字仲梁，号止轩。先名之元，先号善夫，晚号散人，济南长清区人。其父杜忱，字信卿，姿美行洁，以辞赋雄东州，登进士，授京兆录事判官，卒于金宣宗贞祐四年（1216）。杜仁杰自幼受到良好的家庭教育，祖、父对其文学传教熏陶，使他在诗、词、曲、文诸方面具有良好素养。金正大元年（1224），杜仁杰离家南游汴梁，参加金廷科考未中，乃滞留京师，结识著名诗人元好问。开兴元年（1232）元军与金军战于钧州三峰山，金军大败，是为“壬辰之变”。杜氏于乱军中北渡黄河，逃归长清，结束了长达八年之久的游历生活。这时严实“称藩于东平，以长清为汤沐邑，往来其间，能折节下士”，请名流学者“延教其子”，“兴办长清庙学”，“一时名士会聚于此”（《长清县志》）。杜仁杰、张澄、商挺等即于此时成为严实的门客与政治谋士、家庭教师。严实卒后，其子忠济、忠范、忠嗣相继任东平行台。这段时间约从乃马真后称制到至元初的二十余年间，正是杜仁杰的中年时期，他是在东平严氏幕府中度过的。此时的东平，聚集了一大批金亡以后的名流人物，如元好问、王磐、王鹗、商正叔、商挺、宋子贞、李治、李昶、刘肃等，为教化地方、治理东平做出了重大贡献。

在这中间，杜仁杰与严氏父子关系尤为特殊，一方面都是长清人，有同乡之谊；另一方面，杜与严实有知遇之恩，与严氏兄弟则亦师亦友，志同道合；还有，杜氏在东平行台和东平府学谋划出力颇多，却始终未出任正式职务，无心仕途，处于隐、仕之间，很让严氏放心。在杜仁杰的鼎力辅佐与策划下，严氏办了三件深得民心的事：第一，宣扬孔孟仁慈爱民的王道，反对当时统治者推行的野蛮劫掠的霸道；以德养民，以礼养士，深得东平民心。严实改“善善堂”为“种德堂”，以教严氏子孙和辖内百姓修德行善。这在当时具有重要的现实意义。第二，兴学养士。中原战乱未定，严实率先办起东平府学，不仅吸引了大批名流学者，为东平繁荣发展起了重要作用，还培养了一大批政治与文化人才。如前列举的人物，大都做了元廷的高官，后起之秀如王恽、王构、王旭、李谦、徐世隆、孟祺、阎复、高文秀、张时起等，亦成为朝廷官员和著名诗人、戏剧家。所谓“东平庙学（即府学）……教养诸生，后多显者”（《元史·严忠济传》）。第三，兴礼乐以化民，改变杀伐之音。金亡后，严实首先把孔子五十一代孙孔元措从汴京请到东平，行礼乐之教，并为元廷输送了一批礼乐人才。严氏父子治理东平的四十余年间，曾数次至曲阜祭孔，意在宣扬孔孟的仁义礼乐之教，把东平治理成为一方“王道乐土”。上述种种，杜仁杰居间筹划力行，功不可没。

至元初年，杜仁杰约六十五岁，已步入晚年。此时东平行台严氏兄弟相继去职家居，杜氏靠山失据；加之行政区划变动，东平散府，新任执政者与其关系不似严氏亲密；另外，长期在东平患难与共的老友或入京为官，或去各地任职。约在至元二年（1265）后，杜仁杰便离开东平，在此后的近二十年中，他隐迹山林，徜徉于泰山、灵岩、长清、济南之间。大约在至元十九年（1282）逝于长清老家。杜仁杰之子杜元素，字质，曾任福建闽海道廉访使，杜仁杰因此被赠为翰林承旨、资善大夫，谥文穆。杜氏著作有《逃空丝竹集》《河洛遗稿》，惜皆早佚。现存诗作二十八首，词二首，散曲六首，尚不足九牛一毛。

二

杜仁杰一生多次登临泰山，频率之繁非一般人可比。他在《东平张宣慰登泰山碑》中称“予自壬辰北渡，三十余年，凡九来”，则在至元元年（1264）已登临九次。至元后的近二十年中，他漫游于泰山、灵岩之间，且“岁以结夏泰山为例”（《娄敬洞洞虚观碑记》），即每年至泰山度夏，加之平时纵游泰山，更不可计数。足以见他对泰山的深情，若无泰山诗作是不可理解的，可惜这些泰山诗都没有流传下来。倒是登山时撰写的碑文，因刊刻于石得以保存，留下了登山的具体时间，可以了解一些当时的情景。

1.元定宗海迷失后元年（1249）二月、七月，杜仁杰等两次陪同东平行台严实至曲阜礼祀孔庙，并于七月登泰山，撰有《严实礼岳祠记》。是记刻于岱顶碧霞祠西侧振衣冈，杜仁杰撰文，商挺正书。因风雨剥蚀，加之后人复刻“振衣冈”大字，已不能通读，只能约略得知此行为“七月廿有一日”，“王玉汝亦在行”，内容为颂扬泰山之佑，严氏治绩卓著等。据清朝金棨《泰山金石志》载，该摩崖石刻落款为：“定宗己酉七月，东平参议王玉汝，经历汶上张昉，知事柯亭李滋、济南杜仁杰、须句孟谦、从大行台严公，以□己酉七月中浣谒岳祠竟，是日遂登绝顶。陈人徐世隆题。”

2.海迷失后二年（1250）正月立春后三日游泰山，至岱阴谷山寺，作《谷山寺碑》，今仍立于谷山寺旧址千年银杏树下。是碑首先赞扬了谷山寺选址独擅三美：“凡选树道场，必去人境远者为胜，必依山之名而尊者为胜。然山水面南，观虽拔地倚天，其氛翠变态，终不至奇邃。必之于其阴，又绝胜也，是刹焉，乃在泰山之北。及讯得居者曰：殊不类尘世。吁异哉！可得具此三美者也。非有大福慧，孰能选是？非有大智力，孰能继而树是？”继而赞扬了寺僧维谨艰苦修复旧寺的功绩：“今僧谨，夏腊不满三旬许，嶷嶷然迥出伦辈，诚法中龙象人天之具瞻也。居无几，疏海目以泉，可饭可溉；室坤漏以园，可蔬可果；夷天险以田，可麦可禾。度其工程，疑有神物阴佐其役。不然，则胡人能胜其天也如此哉？后之来者，有能如谨兴废继绝，葺旧辟新，即是谷山第一祖也。又何必重以老少，先后次第分别为？”最后抒发了游谷山寺的感受：“至则恍连兜率不盈尺，阆风玄圃盖不数也。尝谓世之为浮屠者，例置精舍于城府阛阓间，政使上乘居之，几何其不淆为下愚，反入迷途者哉！如欲立超三界，一到谷山，便知喧静移人，淹速之度何如也！”是碑由东平路行军万户严忠济正书，前须城县令信昌篆额，泰安州刺史张郁立石，宣差都总管、东平府参议、知泰定军郎度使王玉汝题名。碑阴尚有从游者名若干，已漶漫不可识。

3.中统元年（1260）七月，与严忠范同游泰山、徂徕，在徂徕山二圣堂之贫乐岩下撰有《贫乐岩铭》，严忠范正书，刻于石壁。另在徂徕山白鹤湾东崖下，有杜仁杰正书题名。

4.中统五年（1264）正月，杜仁杰与严忠范游泰山，写下著名的《泰山天门铭》。现存岱顶南天门西侧石棚内。杜仁杰撰文，严忠范正书，泰安知州张汝霖、岱岳观主刘德源、昭真观主翟庆真勒石同立。在铭文中，作者借泰山天门喻帝王之门，指责统治者争权夺位，互相残杀，不顾百姓死活，所谓“揖让歇，篡夺屡。忽焉阖，梗无路”。“我欲叩，阍者怒。辟何时，坦如故。对冕旒，获控愬。豁蒙蔽，泄尘雾。刮疵政，剔民蠹”，影喻现实，指陈时弊，表现了对现实的强烈关注，是杜氏文章中现实性较强的一篇。铭中介绍了泰山南天门的修建情况：“泰山天门无室宇尚矣。布山张炼师为之经构，累岁乃成，可谓破天荒者也。”张炼师即张志纯，与杜仁杰、元好问、徐世隆等交游，关系密切。杜氏还为张氏家族撰《泰安阜上张氏先茔碑》，记述了张氏世系，重点介绍了张志纯的生平经历。张志纯生而“骨法殊不类凡儿。甫龀，并不饮食肉人乳，亦异哉！六岁习《神童》，诵《五经》，略皆上口，然不乐居家。十二岁去父母，入山学道。礼真静崔先生为师，得法讳志伟，号天倪子。发辞吐气，已不在了蓬老辈下。不数年，道价腾满齐鲁间。时东西诸侯，皆出于武弁，见之无不屈膝”。

张志纯对于泰山的贡献，也是杜氏此碑最具史料价值所在，是修复泰山宫观及岱庙：“其年七月，武惠公（严实）以书来召，因论泰安之为郡，盖前古帝封禅之所。其宫卫，其辇辂，其祠宇，自经劫火之后，百不存一，良可悼惜。下官忝在其境，不粗为修葺之，甚非所谓事神之义也，敢以大师道荫为我纲维其事，乃所愿也。师伛偻致词曰：‘某一空山食菜道人，何敢承当！’武惠公答以工匠之役，木石之资，与夫彩绘丹雘之费，我尽领之，师无让为，遂诺之。经构迄今，二十余年无空日。故自绝顶，大新玉女祠，倍于故殿三之二。取东海白玉石，为像如人然，一称殿之广袤。天门旧无屋，又创立之。下至会真宫、玉帝殿及圣祖殿、方丈、廊庑、斋厨，皆不与焉。外则岱岳、朝元等观，皆增修有数，抑亦劳哉！若夫师之寝处、饮食与役夫等，是以人忘其死而成师之志。虽国朝为之，亦不能齐一如此。有司闻之，特加崇真明道圆融大师之号，并提点泰安州教门事。复于中统四年，蒙燕都大长春宫掌教识明真人，专使赍奉圣训，委师提举修饰东岳庙事。”这是比较完整的金元之际泰山寺庙修建资料。

最后，杜氏介绍了二人交往情况，评价张氏的学识、事功、人品：“予自壬辰北渡后，往来于奉高者有年矣。夤缘得与师交际，其相与之意甚厚，且尝有同老泰山之约……如吾师者，退然才中人，癯瘁若不能胜衣，然问无不知，扣无不应，若九芥纳须弥，囊括宇宙，不足喻其胸次横阔之万一，乃以区区土木之功相溷，何其不知师之甚耶！”说明张氏不愧是道行超群的全真教大师。

杜氏还有一篇《天倪子像赞》，仅余残篇，称“其学也老庄，其志也轩岐”。轩岐者，黄帝与臣子岐伯也。因《黄帝内经》托名黄帝岐伯所作，后世遂医术为“岐黄之术”。徐世隆《送天倪子还泰山》诗中有“牛膝药灵斟美酝”句，可见张志纯还是一位悬壶济世的杏林高手。

5.至元元年（1264）九月，陪同东平路宣慰使张德辉登泰山，撰《东平张宣慰登泰山碑》。张德辉，字耀卿，号颐斋，冀宁交城（今山西省交城县）人。金贞元间，试掾御史台。金亡北渡，为史天泽辟为经历官。世祖继位，起用为河东南北路宣抚使，考绩卓著，迁东平路宣慰使，《元史》有传。早在壬辰北渡以前，张氏就与元好问、杜仁杰相识，志趣相投，交往颇深。对于老朋友东平为官，杜氏当然喜出望外，故在碑中首先褒扬一番：“皇帝中统元载，擢用宿儒，宣抚十道，公首与其选。公治河东，有异政，考为天下最。上亲召，劳以卮酒，至以字呼，朝野荣之。越四年，上复命公为东平宣慰使。”碑文主体是描写登山中的景致。抵泰山时，正逢绵绵秋雨，“云则载阴载旸，雨则间作间止。咫尺三观，在墨泼染间，刹那千百其变”。途中“次御帐少憩，去天门犹不翅十五里。路渐隘，林树四合，就其罅望之，开光凝碧如绀珠。薄暮至绝顶，由东以望，见山影默黑，偃卧无际”。登山夜景，气氛静谧肃穆。写日出奇景，则令人振奋不已：“六合褰开，肃然无纤滓。待蒸黍时，东方昽昽，乍离乍合。移晷，日露其半，恍然如入无量金色界中。凡在行者，莫不叹诧。及回，又得西影，直抵昧谷，若与昆仑争雄长。公辄奋髯惊，则曰：‘吾此行，凡三见岱宗面目，吾愿足矣！’”这种奇景，是人感动了天神，还是天人相互感应？杜氏不禁慨然叹道：“噫！予自壬辰北渡，三十余年，凡九来，未尝睹此奇事，虽欲记得乎？古者有天人之辨，谓人无所不至，唯天不容伪，真知言哉！公，纯诚人也，盖无往而不协，无动而不言，无祷而不应，是行之异，乃一节耳。虽然，天下之事，固有邂逅相合者多矣……如韩吏部开衡山之云，苏端明借海藏之春，皆我辈之余事，安用诧为？”这种人生感慨，块垒吐露，在现存诗文中是仅见的一例。

是碑立于至元二年二月，杜仁杰撰文，王祯篆额，副宫范居正、知宫王志朗、栖真大师副提点侯志崇，保和大师东岳庙副提点刘翊从、泰安州道门提点、东岳庙住持张志伟、泰安州刺史张汝霖同立。

6.至元三年（1266），杜仁杰至泰山谷山寺，撰有《谷山寺化缘疏》二篇，刻于《谷山寺药师七佛阁记碑》之阴。《七佛阁记》碑于至元二十一年（1284）立于谷山寺东侧，阎复撰文，李谦书，王磐题额，时震摹勒，四人皆为东平府学师生。碑文由石匠作头周顺、高成刻。碑阴有化缘疏三篇，皆为正书，一杜仁杰撰，至元三年四月；一杜仁杰撰，至元二年；一阎复撰，至元十九年二月。

7.杜仁杰晚年作有《娄敬洞洞虚观碑记》。娄敬洞在长清境内，灵岩寺西三十里处，泰山名胜之一。康熙《长清县志》载：“张夏东南八里许，汉娄敬曾隐于此，故名。山有洞虚观。”娄敬，汉代齐人，以戍陇西，过洛阳，劝汉高祖建都长安，赐姓刘氏，拜为郎中，号奉春君，后封建信侯。娄敬洞，是娄敬泰山隐居之地。金开兴年间，全真教道士曹致冲、曹致宁相继来此拓建，“至则以日为岁，朝畚暮锸，芟夷除剪，经营不出者余三十年。其徒稍稍来集，于是有殿、有庑、有厨、有斋、有库、有厩。志冲盖尝师掌教李真常，得以额请，因揭为‘洞虚观’。或者曰：境如是其邃，人如是其坚，缔构如是其美，不以文石寿之，所传恐难久也。曹致宁者，贰于曹志冲者也。致宁性绝巧，凿斧斤锯日不去手，前规后模，左布右置，率皆致宁所为”。对于这种筚路蓝缕的开拓精神，杜氏是极力赞许的。对于此处景观，杜氏也体验颇深：“跂而望之，北山绝如立屏，诸峰迤丽如拥抱，前有大岭横截如平云翳，以密林蓊然如比栉，若无间可入……方丈瀛洲徒闻海上，阆风元圃只在目前。信奇观也……岂若兹山通彻飔潄，其与仇池接境诚不远矣。此岂非万古烟霞之传舍，四时风月之蘧庐者耶。”在他看来，这真是景色绝佳的隐逸之地。

三

杜仁杰现存有关泰山的诗三首，皆其晚年之作。

其一为《中秋夜宿普照喜周卿至》：

久客厌孤寂，跫然闻子来。
夜凉风缩瑟，云破月徘徊。
旧事休重说，新诗且细裁。
几年无此夕，独欠两三杯。

普照即泰山普照寺，是他至元以后放迹泰山常游之地。周卿即李周卿。《遗山文集》卷二十一《御史张君墓表》："东平幕府从事张昉，持文士李周卿所撰先史君行状请于仆。"元氏还有《别李周卿二首》诗。则李周卿亦当为杜氏东平时期的老友。二人意外相会于普照寺，谈诗论艺，欣喜之状溢于言表。

其二为《题五峰山》：

青崖何亭亭，险绝不可状。
中有仙人台，曾此簇大仗。
千年迹已陈，剪来复谁创？
贤哉王真隐，志欲铲垒障。
林中万古滩，手独辟空旷。
得非借天巧，毋乃烦鬼匠。
向来樵木场，今为锦绣峰。
泉鸣灌木杪，人语飞鸟上。
居人固自轻，过客诚难忘。
时危乍便静，景胜翻增怆。
信宿已过期，久留非涉妄。
明日黄尘中，回头失昆阆。

据《五峰志·金石》："元杜仁杰诗石刻，在玉皇殿西壁。"另据《山左访碑录》《金石汇目分编》诸书记载，杜氏于元定宗二年（1247）正月，曾为崔道演（道号真静）撰碑。至元四年（1267）五月为洞真观主王志深撰《王氏葬亲碑》。此诗当写于是间。诗中描写了五峰山景色，对开辟道场、营建神祠的王真隐也给予了褒扬，表达了对昆仑阆苑般神仙境地的依依留恋。

其三为《游灵岩寺》：

涧水消尽水声喧，山杏开时雪满川。
老木嵌空从太古，断碑留语自前贤。
蓬莱不合居平陆，兜率胡为下半天。
金色界中无量在，可能此地了残年。

据《灵岩志·人物志·隐逸》载："元杜仁杰，以德行文章冠冕南北。元世祖闻其贤，与大臣议，以翰林承旨授公。累征不就，乃优游于灵岩、五峰两名胜而终焉。"此诗刻于石，现存于灵岩寺内墙壁。

此诗写于杜氏八十岁左右，是他现存的最后一首诗。在老年诗人眼中，灵岩的秀丽山川、奇岩峻峰、金碧辉煌的殿堂楼阁，参差于山林云霭间，全然是人间的蓬莱仙岛、兜率天宫。在这里亦隐亦僧度过人生最后时光，于愿足矣。

四

杜仁杰入幕东平二十余年，作有大量诗文。现存有关东平的诗四首，文二篇。

杜仁杰与严氏父子关系密切，遭人妒忌，而进谗言，导致一度关系紧张。蒋仲平《山房随笔》记载：杜氏"游严相之门。严乃济南望族，善甫为所敬重。一日，谗者间之，情分浸乖。杜以诗云……严悟，非其过，款密如初"。杜氏东平诗中有两首与此有关。一首是《雨中寄高无尘》：

久客饶孤闷，连阴动浃辰。
行云应已倦，细雨亦伤频。
飘泊嗟吾道，饥寒任此身。
人家酒应熟，谁为问南邻？

诗中"久客孤闷""行云已倦""细雨伤频"等语，皆暗指长期客食严门，遭谗者中伤，一度受到冷落的真实情景。

另一首是《谢严相》：

高卧东窗兴已成，帘钩无复挂冠声。
十年恩爱沦肌髓，只说严家好弟兄。

以诗中的语言及心境，说明此时严、杜之间的误解已涣然冰释，即蒋仲平所说“严悟，非其过，款密如初”了。

《绝句》诗：

高烧银烛照云鬟，沸耳笙歌彻夜阑。
不念征西人万里，玉关霜重铁衣寒。

《山房随笔》记：“（严实）时有掌兵官远戍于外，其妻宴客，笙歌终夕。善甫诗云云。”这首诗具有明显的劝谏意义，约作于壬辰至庚子（1232～1240）年间。据《元史·严实传》：此时严实先攻彰德，继下濮阳，“其后于曹、楚丘、定陶、上党”，皆不许戮民，直至丁酉岁（1273）九月，召严实毋事征伐，才从西征归里。此诗歌颂了严实在元初的统一战争中立下的功绩，也赞扬了严氏夫人帮助严实治理东平的重要作用，也可以看出杜氏起到的谋划作用。

《送信云父》：

居士笛轻日，秋天木落时。
山青云冉冉，川白草离离。
涉世心将破，怀人鬓已丝。
相逢琴酒乐，应怪久违期。

信云父即信世昌，字云甫，亦作云父，东平人，官至翰林学士承旨。《归田诗话》记：“信云父，山东人。元兵南下，为张弘范元帅馆客。文山被获，弘范命云父款待之，日次谈论，颇有向南之意。赠文山诗《宗庙》云云。文山教以诗法，即领悟，作《乐府》云云，文山称赏。”从诗意揣度，信云父为杜氏挚友，劝杜出仕为官，为杜婉拒。诗中以“秋天落木”自比，表现出对当时统治者的不满，表示不愿再涉足官场，以“琴酒乐”“久违期”作为答复。

有关东平的文章，其一是《与吕子谦书》。吕子谦，名逊（1209—1273），字子谦，东平人。父吕松，金辞赋进士，官至隰州刺史。兴定间城陷死节。子谦为人疏直恺悌，早岁有赋声，擅诗，长于七律，后为江淮都转运司幕官，居漕府几十年，杜氏与吕为同府好友，又是诗友。是书约作于杜隐居的晚年。由书中可知，吕向杜求字，杜精心书写自己的四首诗及题跋寄上。杜自己较满意，虽自谦“眼花手颤，不能以细字呈之”，但仍“少有瘾手处”，请吕子谦“不吝点窜”，可见二人关系密切。

其二是《故宣差千户保靖军节度使李侯神道碑》。碑主为李顺（1197—1261），字服之，长清人，是碑主要写了李顺的一生重要经历，叙述了他在严实麾下成为将领，治军严整，率军勇猛，严于律己，威以服众。其中突出描写了严实被困东平，李孤身请兵之事。“危机之际，叹莫可使者。侯时侍侧，慨然请行。公大喜，以所乘良马授之。遂单骑独出，往返数四，其勇敢有如此者。”他办事公道，抵制豪强，安抚民众，深得人心。退居家野后严诫子侄，胸襟豁达。最后评价李顺是“质而有文”，“廉而无取”，“仁而不忍”，“其孰能与此若侯者”，总结李顺一生恰如其分。碑文叙事条理清晰，层层递进，结构严谨，气满神足，是一篇优秀的人物传记。

五

杜仁杰以散曲《耍孩儿·庄家不识勾栏》奠定了他在戏曲史上的地位。金元之际，词体向曲体过渡，宋杂剧、金院本向元杂剧嬗变。受家庭的影响，杜仁杰自幼打下了坚实的词曲功底，又富有鲜明的个性。元代虞集《道园学古录》称他“善谑”。元南戏《宦门子弟错立身》中有“你课牙比不得杜善甫”之语。“课牙”是金元俗语，有斗嘴、调笑、辩难等意思。可见他“善墟”之名流传颇广，这在他的《庄家不识勾栏》中得到典型体现。

勾栏是宋金元时期杂剧演出的场所，相当于后来的剧场，散曲描写了一个不识勾栏为何物的庄稼人进城看戏的有趣经过，形象地反映出当时戏曲演出的具体情况。如写戏班的广告招幌，是“见吊个花绿绿纸榜，不似那答儿闹嚷嚷人多”。勾栏门口招徕观众，是“见一个人手撑着椽做的门，高声地叫‘请，请'，道'迟来的满了无处停坐'。说道'前截儿院本《调风月》，背后幺末敷演《刘耍和》'"。勾栏内戏棚、戏台的情况是："要了二百钱放过咱，入得门上个木坡。见层层叠叠团圞坐。抬头觑是个钟楼模样，往下觑却是人旋窝。见几个妇女向台上坐，又不是迎神赛社，不住地擂鼓筛锣。"戏文内容是张太公娶了个厉害的小老婆，由此引发了家庭矛盾："教太公往前挪不敢往后挪，抬左脚不敢抬右脚，翻来覆去由他一个。太公心下实焦燥，把一个皮棒槌打做两半个。我则道脑袋天灵破，则道兴词告状，划地大笑呵呵。"演出尚未结束："则被一泡尿，爆得我没奈何，刚捱刚忍更待看些儿个，枉被这驴颓笑杀我！"这套散曲诙谐幽默，妙趣横生，读来令人捧腹。在庄稼汉眼中，勾栏里的一切都是那样陌生、好笑，不合情理，不好理解；而在读者看来，庄稼人又是那样懵懂无知，粗俗直率，处处引人发笑，从而形成了强烈的喜剧效果。而杜氏在读者与主人公的双重喜剧中，完成了杂剧演出过程的完整描写，其语言功力与艺术手段的纯熟，无愧是曲家高手。无怪乎谈戏曲史者，无一不涉及这套成功的散曲。

这套散曲应写于东平时期，记录了东平的杂剧演出情况。它反映了元杂剧初期的几个重要问题：（1）元杂剧初期可与金院本同台演出；（2）当时杂剧可呼之为"幺末"；（3）东平杂剧在中统年间已很兴盛，东平文化繁荣，是当时戏剧演出中心之一；（4）高文秀有《黑旋风敷演刘耍和》杂剧（今佚），场上演出之《刘耍和》或即高氏所作。果如此，则东平又是水浒戏的发源地与最早的演出场所。水浒戏由东平走向全国，成为深受欢迎、常演不衰的保留剧目，则这套散曲的史料价值弥足珍贵。

杜仁杰虽未见有杂剧作品传世，但从《庄稼不识勾栏》中可以看出他对于杂剧也是行家里手。所以元代钟嗣成专门记载杂剧作家、演员的《录鬼簿》中，把他列入"前辈已死名公才人"。杜氏的妹夫梁进之是著名杂剧作家。《录鬼簿》载："梁进之，大都人。警巡院判，除县尹，又除大兴府判，次除知和州。与关汉卿世交。"贾仲明挽词云："警巡院职转知州，关叟相亲为故友。行文高古尊韩柳，诗宗李杜流，填词似苏柳秦周、翠群红里，捋羊糯酒，肥马轻裘。"《太和正音谱》称其作如"花里啼莺"。所作杂剧《东海郡于公高门》与《赵光普进梅谏》。二剧今并不存。

以上种种，可以看出杜氏与元杂剧千丝万缕的密切联系，正因为有这种联系，才能通过杜氏在东平的影响，通过东平府学的熏陶，培养出高文秀、张时起等一批优秀杂剧作家，奠定东平在元杂剧中的重要地位。

六

杜仁杰的泰山、东平诗文具有鲜明特色和卓异成就。他的《东平张宣慰登泰山碑》是现存唯一的游记散文，把写景、抒情、议事融为一体。他写秋雨中登山“云则载阴载旸，雨则间作间止。咫尺三观，在墨泼染间，刹那千百其变”，把山中景物千变万化，登山者情绪随之变化，安排得贴妥恰当。写山顶夜景奇观：“天光凝碧如绀珠。薄暮至绝顶，由东以望，见山影�黑，偃卧无际。”寥寥数语，把雨晴后的泰山夕景由明及暗、由近及远展开，读之如梦如幻。写泰山日出：“东方昽昽，乍离乍合。移晷，日露其半，恍然如入无量金色界中。凡在行者，莫不惊诧。”这点睛之笔，把刹那之景与观日出者惊奇之情相融，诚乃物与神会，景与情通。而结尾处一反常法，发出“韩吏部开衡山之云，苏端明借海藏之春”的议论，进一步说明人的善行与大自然的善报似相契合，然后引入对时代的慨叹，更加深化了主题。《泰山天门铭》《谷山寺碑》《娄敬洞洞虚观碑记》等，也都把写人、摹景、记事融为一体，带有深刻的社会性、现实性。《李侯神道碑》是一篇叙事论人俱佳的人物传记。他抓住人物不同时期不同侧面，集中表现人物的性格品质，写少时的异行，危难之际的勇烈，做地方官铲除豪强，为民除害，退休后严教子侄，临终前的豁达开朗等等，使传主形象鲜明，呼之欲出。运用夹叙夹议夹评说的手法，使人物褒贬分明，主题突出，达到了金元散文的极高水平。

杜仁杰的诗歌，后人评之为“牧之风调”，“樊川气格”。元好问在为杜氏所作《逃空丝竹集引》中称“仲梁材地有余，而持择功夫胜”，“仲梁气锐而笔健，业专而心精，极他日所至，当于古人中求之”。王恽在《挽征君止轩》诗中称“泰岱东蟠未了青，文章公独萃精英。赋方庾信才华壮，诗到樊川气格清。平日酒杯追散圣，一生高节见陈情。风流想在齐梁席，未让邹枚独擅名”，给予了极高评价。杜氏散曲，《太和正音谱》评为“如凤池春色”。

金元之际泰山、东平文人集团的形成和文艺创作的繁荣，得益于元好问的声望、杜仁杰的经营。杜仁杰的泰山诗、文、散曲都达到了相当的高度，成为“三栖”作家，在同时文人中尚属少见。他对泰山文化的贡献与影响传之既远，弥足珍贵。

雄观骇绝东溟日　逸驾高于北海鹏

——王恽与泰山

王恽是元初著名诗人、文学家。他的青少年时代，曾长期旅居东平、泰安，游学于元好问、杜仁杰、徐世隆、王磐诸人之门，是东平文化氛围中培养出的杰出人物。王恽的泰山诗秉承师传，峻拔雄健，富有生动深厚的现实内容。他的泰山文，记载了宋金之际珍贵的史料，丰富了泰山文化的内涵。

一

王恽（1227—1304），字仲谋，号秋涧，卫州汲县（今河南卫辉市）人。王氏是世代生活优裕的大户人家，祖父王宇仕金，官敦武校尉，父王天泽，金大正初年以律学中首选，仕至户部主事。王恽“幼有至性，勤学好问，若饥渴然。弱冠受教于鹿庵王公，诗文字画已有声，紫阳、遗山一见，为指授所业，期以国士”（王公孺《翰林学士文定王公神道碑》）。因汲县地近东平严实控制范围，王恽经常往来于东平，得到聚集在东平的名士传教，尤其得到东平府学西序教官王磐的悉心指点。元宪宗四年（1254）十月，元好问与张德辉自汴京北归，途经卫州，王恽以诗集贽见。好问教之曰：“文章千古事业，如日星昭回，经纬天度，不可少易。顾此握管铦锋虽微，其重也，可使纤埃化而为泰山；其轻也，可使泰山散而为微尘，其柄用有如此者。况老成渐远，斯文将在后，尔等其助哉毋替。”（《玉堂嘉话》卷十二《遗山先生口诲》）经名师传授，王恽学业大有长进，与东鲁王博文、渤海王旭齐名，号称“三王”。中统元年（1260），左丞相姚枢宣慰东平，辟为东平路详议官。“时省部初建，令诸路各上儒吏之能理财者一人，恽以选至京师。”（《元史·王恽传》）中统二年春，转翰林修撰，同知制诰，兼国史院编修官，寻兼中书省左右司都事。至元五年（1268）元廷建御史台，王恽任首批监察御史，他“申明典制，弹劾奸邪，凡百五十余章，窃直敢言，不畏强御”(《王公神道碑》)。至元十九年春，任山东西道提刑按察副使，治在东平。在官一年，以病返乡。至元二十九年(1292)授翰林学士、嘉议大夫。大德五年(1301)上章乞致仕，授其子王公孺为卫州推官，孙王笴为秘书郎，以便就近供养。大德八年(1304)六月卒，享年七十八岁。赠翰林学士承旨，资善大夫，追封太原郡公，谥文定。著述有《相鉴》《汲郡志》《承华事略》《乌台笔补》《玉堂嘉话》及诗、词、曲、文等，合为《秋涧集》一百卷。

二

王恽在东平期间及出仕以后，曾多次游览泰山，其中有明确记载的有三次。一次是至元元年(1264)。他在至元二十年因病返乡途中，有《齐河道中》诗：

甲子东游入泰安，封坛日观总跻攀。
谁知二十年来后，却向齐西看泰山。

从诗句中体会，至元元年之行应是初至泰山。

一次是至元二年五月。据清代陆增祥《八琼室金石补正》载，王恽有《汉柏诗》碑刻。诗文为：

苍柏无城拥汉陵，閟宫遗树郁峥嵘。
崔嵬不植明堂础，造化还通岳顶灵。
万壑烟霏封杰干，半空风雨撼秋声。
白头会见东封日，秀映鸾旗一色青。

立碑时间为“至元二年五月朔”，同游者为“郡人时震，吴能贤，莱蒲陈简，前司掾李昕，又有从仕郎泰安州判官张翔，承务郎同知泰安州事徐汝嘉，武德将军泰安州达鲁花赤兼诸军奥鲁□合秃，都目高渊”等人。此碑原存于岱庙，今佚。可知此行是在入京任职翰林院前后。

一次是至元二十年(1283)山东西道提刑按察副使任中。《玉堂嘉话》卷二

《辛弃疾小传》条中，有“至元二十年，予按部来游”泰山、灵岩的记载。

在多次游历登览中，王恽留下了大量泰山诗。其中最为集中的是十四首七绝《游泰山杂诗》：

胚融万化群龙首，丘垤诸山五岳宗。
茂陵诞荒夸后世，岱神何意望东封。

祖龙东巡擅雄豪，天门风雨几遁逃。
虞帝不来天自老，秦碑空倚禅坛高。

众山迤逦朝西东，帝孙突出天之中。
巨灵不劈苍崖断，虽有绝顶谁能通。

何年气母此融结，大小天门五十盘。
三峰自是神明观，漠漠阴风走石坛。

岱宗岩岩灵气宅，云烟物外争新奇。
世事难必有如此，吾欲人海从安期。

绾茁元气通苍海，雾涌云蒸一水山。
五十连城望霖雨，少分余润到人间。

万壑琼林映碧崖，云间三顶郁霄台。
摩挲御帐残松树，曾见秦皇汉武来。

路从御帐北艰屯，松顶云凝日脚昏。
上尽曲盘十八折，却看犹自有天门。

荡胸滃郁阴云生，行出天门路渐平。
脚力有余中顶近，徘徊应为纪山铭。

朝暾烂烂烘层巅，天门直下屯苍烟。
乾坤故为作开阖，世界幻入兜罗天。

何限诗人不克登，扶藜直到最高层。
壁间速即留题去，云起封中冷不胜。

东山何高四十里，万古通天只一门。
不知洞府深几许，宿云无数尽雄吞。

雄观骇绝东溟日，逸驾高于北海鹏。
更着山灵出奇货，千岩苍雪玉棱层。

雪林虎迹过新蹄，石蹬云霾步步低。
多谢山灵相拥护，一杯无事到中溪。

歌行体长诗《小山行》：

马子卿签事赠予《小山》，予目之曰《共岩》，故作是诗以谢：
我昔东登泰山顶，直度天门历参井。
十年西走华阴东，仰面蓬峰落天影。
岱宗坐如泰华立，梦寐至今犹耿耿。
揭来尘土客京师，长往无时空自省。
爱山复得马签书，相对高谈冠佩整。
马卿有石寄禅疏，护持拟与经函俱。
中峰魁岸大人坐，两峰傍翼殆若趋。
庭立而议相承趋，我因闲游叩僧户。
见之清兴为起予，摩挲携去便许诺。
喜过中流失舟，还得千金壶。
汲泉涤濯抉泥滓，特置棐几为膏濡。
君不见罗池漫作万石记，娱悦已弃荒夷嵎。

一拳泰岱堕吾前，寸碧点出遥岑图。
博山香暖黄金炉，细烟蒸润翻飞凫。
芳菲来助怪石供，缟带一缕山腰纡。
有如岫云雨歇归洞府，变化灭没还须臾。
想予本是山泽臞，澹然对之气安舒。
年来便静百念冷，今复乐此依稀仁者之徒欤。
山容忽开欣我主，瞑目便到秦观吴观之仙都。
茶瓯去手风生臆，飘飘如驾天门舁。
月明窗影印庭柏，落落恍倚秦松株。
地炉火炽红艳发，又似日观坐看日出海涌金轮孤。
茅斋一夕得此乐，冷却案上熊蟠腴。
微官不到奇章公，甲乙乃有奇章之一太湖。
它时南归富润屋，不愁室无仆孥居无庐。
殷勤厚贶何以谢，我欲赠之双琼琚。
琼琚虽美未足报，拜赠新诗永为好。

他在后来的《自寿》诗中，仍在追忆当年登山情景：

二年岱顶富奇观，今岁姑山对雾鬟。
笑拂岩华指归路，黄尘深处是人间。

泰山云雾的妖娆，也一直萦回在他的胸中。《春云出谷图》(其二)：

看云曾上太山巅，淡抹空濛总自然。
侣慰幽人怡说意，故萦林壑弄春妍。

秦皇汉武的封禅遗迹，勾起了他不少沧桑之感。《读汉武帝外事回诗》：

汾水西风岱顶柴，侈辞称自马迁开。
谁知留谤千年后，还向班生笔底来。

对于泰安、东平时期的师友，他一直怀有深厚的情感。他对元好问以恩师事之，《玉堂嘉话》中有十二条追忆元好问往事，其中《遗山先生口诲》一腔深情，读之令人动容。诗文中有三处提到梦见元好问，如《中统五年六月初八日夜梦遗山先生指授文格觉而赋之以纪其意》：

分明昨夜梦遗山，指授文衡履绚间。
道必细论能出理，文徒相剽亦何颜。
江流不废惊千古，雾管时窥得一斑。
落月满梁清境觉，紫桐花露湿吟冠。

杜仁杰逝后，他一气写下四首挽诗，是那样一往情深。《挽征君止轩》：

泰岱东蟠未了青，文章公独萃精英。
赋方庾信才华壮，诗到樊川气格清。
平日酒杯追散圣，一生高节见陈情。
风流想在齐梁席，未让邹枚独擅名。

在《汉柏诗》碑中出现过的时震，王恽也有诗相赠。《过道郎寄时伯威》（泰安教授名震）：

岱宗回望渐微茫，空翠随人过道郎。
三日鲁瞻亭上住，一樽风味讵能忘。

王恽与泰安刘世杰为同僚好友，有《送世杰郎中奉使云南》：

节旄坚驻海西陲，奋自陈汤一布衣。
朔雪不辞双鬓老，长缨直系六王归。
恩波重浃滇池浪，赤羽何劳汉将威。
想得诸羌迎拜处，使华先动玉门扉。
（余按部奉高，故人刘君之子持此诗来谒。感念畴昔，已廿五年矣。

顾其币利刓弊，因为重书以遗，庶几孝标怜西华之意云。）

王恽游历泰安，还写下一批吟咏名胜遗迹的诗篇。《谒梁太师王彦章祠》：

太师祠庙汶城西，坟上累累日渐低。
唯有英声消不得，至今高与泰山齐。

长清区在元初划归泰安州管辖，王恽在这里造访严实故居。《武惠公故里》（在长清西五十里，今称鹊里者是也）：

鹊里西连武惠林，苍烟埋没石麟深。
固应千古桓公叶，长听黄鹂送好音。

东汉二十四孝中的郭巨，其故里在肥城境内（后归长清）。王恽有诗《郭将军巨庙在肥城县西水里村南山上，土人云巨尝趁熟来此欲瘗其子于村傍，果然，余以谓孝，忍者也》：

家窭时供菽水难，岂堪孙息共盘餐。
生埋设若仝纯孝，不念将慈变忍端。

水里山头郭巨祠，岁时香火野人思。
反哺因羡慈乌鸟，斜日归飞满树枝。

在王恽军看来，郭巨之孝，实属残忍，未免悖于情理，难以说通。

《长清官舍》：

十载随人戴豸冠，望离清秩寔多难。
一身许国无知己，万事关心空汗颜。
花样况非时制巧，功名宜为老天悭。
季鹰何待秋风起，一夜归心满故山。

此诗亦当为王恽担任山东西道提刑按察副使时所作，大约作于同时的还有《黄石公祠乞灵文》，都表现出一种厌恶官场，又求去不得、无可奈何的矛盾心情。

王恽还有涉及泰山的诗句，如“不道汉家规制□，泰山磐石是基图”（《宣和宝石图》）；“太湖清润岱宗雄，金宅宣和第一峰”（《题刘总管宅御爱峰》）；“疠鬼遽来□□露，泰山炎烈骇黄流”（《挽平章御史中丞克斋公》）；“玉堂昨夜秋风冷，梦里归心到汶阳”（《送邓郎任绛州》）等等。其中不乏晚年之作，表现了其对泰山的深情。

三

王恽还有一批关于泰山的疏文、题跋等，留下颇有价值的历史资料。

《重修泰山庙疏》记载了至元年间修复岱庙的情况：“伏以物有生死，维岳主司；事至微，须人兴葺。眷新中之左地，俨泰岱之行宫。当年庙貌壮丽有余，此日岩廊摧毁无几。赖陈将军之果毅，曹乡老之经营，一备糇粮，一鸠工役。周垣已兴于百堵，正殿将复其五楹。度其工之寔繁，计所费以不少。若凭众力，可见成功。使车马风云，喜降临之有所；官僚户庶，获福祐以无穷。”言简文洁，朗朗上口，给人清新之感。

泰山主生死，亦主风雨。登岱祈雨，是历代沿袭的古俗。《岱岳祠祷雨文》：“岩岩岱宗，雷雨宅兮。艮震对代，生物仁兮。片云肤合，天下泽兮。兹者春霜例灾，桑柘空兮。二麦含实，勒将槁兮。秋虽下种，不出土兮。无褐无糗，岁何卒兮。衣被餍饫，雷雨合力兮。仰惟岳神，其念兹兮。忧民之忧，而亦部刺史公之责兮。偻偻微诚，神其鉴兮。”其情也哀，其请也诚，忧民之心，跃然纸上。

《玉堂嘉话》卷五记载了北宋名士石介的一段话：“士之积道德、富仁义于一身。盖假权位以布诸行事，利于天下也。岂有屑屑然谋夫衣食者欤！侯师圣曰：事君者以行道为志，非为禄也。然亦有时而为贫。若专以禄为事，则厮役之志也。”这段话也说出了王恽的心声。他在《黄石公祠乞灵文》中剖白心迹：“不肖猥叨时名，艾服官事余廿年。每以昧于事机，动成乖戾为愧，然非其材而乐之者，有贤父兄故也。矧先生明灵乎。至若矜其愚昧，濯其固陋，增益其所不能，非先生其谁？用是乞灵祠下，区区之怀，神其鉴兹。”虽有几分调侃自嘲，但不擅官场应付，不愿为名利所驱，却是发自内心。

《玉堂嘉话》卷四记载了有关党怀英早年的一条资料："庆寿（寺）长老满公曾住泰安天保寨，闻士人说党竹溪未第时家甚窘，至令其子为人牧猪。"天保寨即今新泰市天宝镇，党怀英曾在此留下诗文遗迹。此条记载，可见其生计艰辛。

看来王恽对党怀英情有独钟，此条之外，还有四条记载党氏书法笔墨的文字。《秋涧集》卷七十二《题竹溪诗笔》载："文献党公大定间翰墨为天下第一。如雪溪、黄山辈皆北面师尊之。宜其片言只字为后世宝藏，仰之如泰山云。"同卷《跋竹溪所书墨苑篇后》载："东坡先生百世高士，至自跨灶作墨，得佳者数百九，顾之而笑曰：足供吾一世著书。及煤发焚舍乃已。宜其竹溪为墨苑作书而不厌。所谓子云、相如，同工异曲也。"《跋竹溪所题东坡墨戏后》载："竹溪书所见多矣，未有若此帖之真楷萧散者。大似虞中舍谏猎奏状，间以侧笔，学坡之媚耳。乃知公当大定明昌间，不只以篆隶独步于玉堂金马矣，辅之韫椟爱玩，亦醉翁之意也。可谓真知赏音者哉。"卷七十三《跋党竹溪篆赵黄山文王子端书》评论道："党篆、赵文、黄华书，正如打鼓弄琵琶，合着两会家也。"对于党怀英的墨迹，王恽珍赏揣摩，烂熟于心。

有关长清的记事文两篇。《泰安州长清县乐育堂记》记载了县学乐育堂的创建经过："清今为中县，顾瞻岱宗，背负河济，教习出齐鲁间。在昔距济南为近，邑生徒率就学府，故礼殿序庠之屋庳隘无足称。"县令赵明叔"使后生无所学为耻，又以养育人材为吾君相之事"，乃筹建此堂，于至元十四年（1277）竣工告成。王恽认为此乃功德无量的善政。

《泰安州长清县朱氏世系碑铭》记载长清县黄山里朱氏起于乡里，以武力自卫，在战乱中保全地方，后投靠严实，成为军功显赫的将领。其中朱楫"结发从军几三十年，小大战百余合，忠勇奋发，亦可谓无负名之与爵矣"。朱氏世代"为国之正臣，豪侠乃乡土武断。其豁达匿智，虽习俗使然，彼风声气概，尚桓而趋事也"。为这等忠臣义士树碑立传，是荣耀之事，所谓"我铭韦佩，匪惟光昭"是也。

四

至元二十年（1283），王恽在山东西道按察副使任上游览了泰山灵岩寺，留诗二题共四首。《灵岩寺二十六韵》：

中土论名刹，兹山第一岩。
地灵连海岱，境胜隔仙凡。
绀殿通虚阁，丹崖间翠岚。
天低神宝岭，佛出证明龛。
鸡警阴魔暴，僧训怒虎眈。
定师兴寺始，党刻不辞惭。
石状群公怪，眉庞老衲毵。
钟声盘绝壑，幡影走枯楠。
法护双椤树，经严七宝函。
巢栖松鹤赭，茗瀹露泉甘。
花雨濛沙界，岩围抱碧潭。
布金仍赵魏，仰食不耕蚕。
富览山无尽，幽寻力不堪。
微官嗟缚律，小隐欲投簪。
吟就篮舆往，禅思玉版参。
静缘天或假，世味苦相谙。
城市蛙居坎，功名蚁战酣。
有来求福利，谁复减嗔贪。
风化吾儒在，慈恩释氏覃。
教崇缘世主，风靡过周南。
以此山林胜，皆为佛老探。
兹游聊适意，他日尽横谈。
翠琰诗如此，清吟口讵缄。
顾瞻因咄咄，前后至三三。
山主留昏宿，官程畏众岩。
夕阳人影澹，犹惜动归骖。

《灵岩寺三首》：

行入山门已可吟，葱胧佳树总幽寻。

气分岳秀开金界，鹤警阴魔护道林。
竹溜远萦云磴落，烟螺浓并寺岩深。
唤回三十年前梦，此日登临慰宿心。
（余三十年前梦游一寺，其形势殿舍，殆与此间不异。）

路转峰回堕翠窠，阳崖拥抱更嵯峨。
泉通碧涧来无尽，寺并青山永不磨。
林壑胜游缘兴适，乾坤清气与诗多。
晚钟似惜游人去，远泛余音绕涧阿。

绝景亭高胜赏多，杖藜到处即婆娑。
岩虚应磬声长远，寺古题名字半讹。
几树幽葩明宝供，满空金色下烟萝。
何时暂谢人间事，放眼云峦入浩歌。

《玉堂嘉话》卷二《辛殿撰小传》记载了辛弃疾、党怀英在泰山的珍贵资料：“辛弃疾，字幼安，济南人。姿英伟，尚气节。少与泰安党怀英友善。肃慎氏既有中夏，誓不为金臣子。一日与怀英登一大丘，置酒曰：‘吾友安此，余将从此逝矣！’遂酌别而去。既归宋，宋士大夫非科举莫进。公笑曰：‘此何有？消青铜三百，易一部时文足矣！’已而果擢第。孝宗曰：‘是以三百青凫传吾爵者乎？’其为授观文殿修撰。及议边事，主和者众。公曰：‘昔齐桓公雪九世之耻，春秋韪之。况我与金人不共戴天仇邪？今日之计，有战伐而已！’时丞相侂胄当轴，与公议合。自是败盟开边，用兵于江淮间者数年，公方为居多。开禧二年，除知绍兴府，至陛辞，复以金人□乱，宜亟攻，为言辞情慷慨，义形于色。继侂胄再议恢复，乃以枢密都承旨召公于越，中道以疾李，道号稼轩居士。今女集中寿南涧翁者，盖侂胄也。初，公在北方时，与竹溪尝游泰山之灵岩，题名曰‘六十一上人’，破‘辛’字也。至元二十年，予按部来游，其石刻宛在。”此条记载为王恽独家所有，又属亲见，价值极高。

五

王恽长期游历东平，诗文颇多。著名的现实主义诗作《挽漕篇》即写于此时。《挽漕篇》一作《拖舟谣》：

荡荡汶水波，西骛复东注。
势虽汗漫来，止可流东楚。
发源本清浅，才夏即沮洳。
安能浮重载，通漕越齐鲁。
有时泛商舶，潦涨藉秋雨。
船官行有程，至此日艰阻。
巨野到齐东，着浅凡几处。
必资州县力，涩滞方可度。
漫村赶丁夫，所在沸官府。
先须刮流沙，推挽代篙橹。
硬拖泥水行，奚异夏汤努。
涉寒瘅股腓，负重伤背膂。
咫尺远千里，跬步百举武。
兹焉幸得过，断流行复阻。
又须集牛车，陆递入前浦。
中间吏因缘，为弊不可数。
蛮梢贪如狼，总压暴于虎。
所经辄绎骚，不若被掠虏。
盼盼入海口，未免风浪鼓。
舟中一斛粟，百姓几辛苦。
今复起堰坝，壅积百方御。
木石动万计，科配困氓伍。
不思根源微，堤障深几许。
转漕本便民，广储实国补。

事功贵顺成，勉强终龃龉。
海道事已然，又复有此举。
惜将生民力，委弃若泥土。
山东实重地，一静乃可抚。
尝闻建隆间，有相曰赵普。
凡百投利人，罢遣皆不取。
以兹报国恩，后世比申甫。
黄阁十余年，清风一万古。

王恽在东平，师友、同僚颇多，有不少酬和之作。《送宁端甫宣慰东平》：

潇洒风神见德隅，走趋知不利长裾。
老谙所事无多味，却觉闲官是美除。
恩诏才离温室树，甘霖先沛泰山墟。
宪陵山色溪堂月，剩有诗来当尺书。

《题徐中丞子方爱兰轩诗卷》：

幽兰在谷似幽人，相近相亲有使君。
独爱逊绵诗律细，宛从平淡发奇芬。

手治兰台种竹围，护香笼日淡炎晖。
丝纶阁下文书静，却似当年对紫薇。

山行还喜得夷途，路转兰皋更可娱。
十里晓烟香不断，春风吹袂过鹅湖。

徐子方即徐琰，字子方，号容斋，东平府学生。得王磐之荐，出任陕西行省郎中，后官至翰林学士承旨，有《爱兰轩诗集》。王恽与之友善，故有此诗相赠。

《贾仲和庆八秩》（君前宋魏国文元公远裔，其家世备见遗山所撰千秋后录）：

太史徵文献，阴功满谏章。
诸孙宜曼衍，八秩见康强。
孝义闻东鲁，簪缨庆北堂。
千秋遗录后，奕叶又生光。

贾氏为东平望族，世代簪缨，诗书传家。元好问有《东平贾氏千秋录》详记其世系。

《怀旧诗》并序：

至元九年二月十四日，济南刘汉卿出示亡友王仲蔚诗轴三复之，余慨焉爽伤。因忆往年在东平时，与仲蔚诸人暮春之初，会饮于宿城野务赵媪家凡三次，歌酣尽欢，同会者六人。明日仲蔚赋诗，有“杨柳青旗连坐榻，杏花春色过邻墙”之句，殊为上轩所赏。明年仲蔚从事济南幕府，予亦西归淇上，自是而不复相见。秋七月，闻仲蔚病疽死历下。忽睹斯作，令人又有短气者。七年之间，六客者止存井、任与予三人耳。因为赋此以抒梗概云。

遗诗一读已凄然，玉树临风堕眼前。
心拟酒宽终致疾，寿随中止欲谁愆。
蜀州寄远犹如昨，伯道无儿更可怜。
转首惠连春草梦，月明愁满宿城烟。

王恽与王修甫是好友，酬唱频仍，有《赠王修甫》：

樊川风调锦囊诗，邂逅青楼豁所思。
得酒爱浇吟舌健，放谈时露剑锋差。
香翻月户情难极，风入庭梧鬓已知。
过眼纷华终寂寞，望君冠盖凤凰池。

《水调歌头·送王修甫东还》：

樊川吾所爱，老我莫能俦。二年按马淇上，来往更风流。梦里池塘春草，却被鸣禽呼觉，柳暗水边楼。浩荡故园思，汶水日悠悠。　洛阳花，梁苑月，苦迟留。半生许与词伯，不负壮年游。我亦布衣游子，久欲观光齐鲁，羁绁在鹰鞲，早晚西湖上，同醉木兰舟。

《挽王修甫》：

时客死于燕。君有《燕都怀古》词，内有“恨满西山秋色”之句。至元元年在东平时屡向余道。

大梁东郡卫南鄘，尊酒论文几度逢。
少日才情惊小杜，中州人物惜元龙。
长歌老骥壶空缺，秋色西山恨更浓。
五十五年成底事，一丘露草泣吟蛩。

王恽与东平路总管史天泽也是同僚好友，有《水龙吟·寿都督史侯，时为东平总管》：

汉坛千古风流，笑谈自是诗书将。两淮草木，一门忠孝，先声远畅。奕世金貂，雄边韬略，三军独张。道十年汉水，旌旗动色，春都在，投壶唱。　一点德星回照，光浮动、太山千丈。戟门春静，人安事简，提封保障。汉相规随，盖公安靖，平生心赏。见筹毫不远，凤池消息，醉仙家酿。

史病故后，又撰《左丞史公哀辞并序》：

左丞史公之薨，客有云云者。余曰事机之来，虽理有难处，度不违于义，其宠辱有不足惊者。当克明之无定力以顺受，轻则伊郁而自沮，重则至忧悸而殒越，正以不安而无定力故也。呜呼！史公不少隐忍以光先正之业，而至于斯，其命耶？抑以有未安于所受之正耶？于是作是诗哀之。

霜鬓金貂汉九乡，大阶平自柏台清。
尽将事业传钟□，不特家声藉父兄。
自忖行藏无所慊，此生荣辱不须惊。
辨奸听彻唐君说，泪洒春风满豸缨。

还有《奉诔大丞相忠武史公》：

赠太尉，敕撰神道碑，翰林学士王磐文。
万国鞭笞走帝庭，堂堂争识汉孤卿。
元勋高出麒麟上，旷度初无智勇声。
俪景去翻髯影驾，柱天留在笏端铭。
白头无地酬知己，痛为苍生泪满缨。

商挺，字孟卿，号左山老人，游于元好问之门，元初为东平行台幕府，后累迁枢密副使。王恽有《商左山哀辞》：

商孙肤敏矫犹龙，千载流芳见此公。
佐鲁谋猷元克壮，定秦功力更沉雄。
城门被爇池鱼涸，臣罪当诛圣主聪。
老泪不缘知已痛，麒麟台上又秋风。

夹谷之奇，东平名士，由行省都使累官翰林直学士、吏部尚书。王恽有《夹谷尚书哀挽》：

品汇流形万不同，铨量平允尽清通。
恩非出已知谁怨，天不遗贤见道穷。
三复苦辞归汶上，一官催老掩曹东。
茫茫大块升沉里，重为清朝惜至公。

东平府学教授龙革挽诗《龙教授哀挽》：

东郡教授龙君名革字取新，广安人。善赋，学及五星等术。士子从之学者多所沾丐。至元辛巳与予相遇于滑，朝夕从游者旬日，一良德君子也。后主魏县簿，政有声，今兹云亡，其子夔来求挽章，特为赋此。

当年按部馆南衙，日夕相过兴未涯。
楚产例佻开实学，天星推跳见名家。
大伾山下游龟洞，归雁亭边望暮沙。
此日题诗重惆张，为君回首眷西华。

张德辉与元好问同为王恽之师，后为东平路宣慰使。王恽在张宅见到曾经严实收藏的古画《坐龙图》，引发豪性，写出长诗《僧传〈古坐龙图〉》：

严东平所藏。至元二年秋九月张签省耀卿处观。七年闰十一月甲戌公退，马上偶得。时秋苦旱，冬天无雪。

深山大泽物所蛰，千丈悬淙挂青壁。
潭阴水黑不见底，老雨初开元气湿。
卷龙何处行雨归，闯首踞坐红云堆。
山僧骇绝噤不语，万壑阴雾生缁衣。
咄哉传古隐龙性，隔户写影窥天机。
一从元化堕此笔，饮海不复观晴霓。
世间画本万尺蠖，尾鬐一掩无晶辉。
比年一旱几焚如，牲币空事山川雩。
群龙痴睡洞府黑，六合任使黄霾污。
何当铁匣出雷火。冲屋而去腾天衢。
六丁奔命仆射御，倒卷溟渤天瓢斟。
滂沱一洗乾坤净，却敛神功寂若无。

东平行台严实素为王恽敬重，曾多次访谒遗迹。《过青崖山》（上有圆台，几顷余，上有老严公手株，今为大林麓矣）：

鹤巢东下望青崖，武惠当年几往来。
欲说雄图中最重，至今东鲁号多才。

青崖山在今长清区张夏镇五峰山南，是严实早年驻兵之地。

诗人笔下的东平风物，是那样富有乡情，温馨宜人。

《过沙沟店》：

高柳长途送客吟，暗惊时序变鸣禽。
清风破暑连三日，好雨依时抵万金。
远岭抱村围野色，行云随马弄轻阴。
摇鞭喜入肥城界，桑柘阴浓麦浪深。

东平糟鱼是传统名吃，出于何时众说不一，王恽的诗可证元代已有，并把这一名吃的做法、特点描述得活灵活现，令人垂涎。

《糟鱼》：

霜刀截断玉腴芳，暖贮银罂酿粉浆。
锦尾带赪传内品，金盘堆雪喜初尝。
解酲未减黄柑美，隽味能欺紫蟹香。
一筋餍余乘醉卧，梦横沧海听鸣榔。

东园是东平名园，元好问曾多有吟咏。王恽之作，另有意蕴。

《水调歌头·为仲方东园赋》：

野饮不称意，归促紫游缰。谁知草堂深处，清赏兴尤长。梦里佳人锦瑟，眼底瓦盆浊酒，衣袖醉床浪。歌罢竹轩晚，风细月波凉。　为东园，梅与竹，足清香。不须更栽桃李，花底驻春光。人道漆园家世，王谢风流未远，培取桂枝芳。读书贫亦好，此语试平章。

《宿东平南衙》：

□□曾预幕中筹，白首重来□□□。
却似绛园春睡□，几声鶗鴂五更头。

有关东平人物的短文两篇。一为王恽起草的诏书《诏罢东平路管民总管兼行军万户严忠济》，全文为：

尔父承国家兴运，左右将士同心戮力，封植东平，久为名藩。我祖宗嘉尔父之功，乃建为侯，自尔嗣位，又二十年。朕初即政，命复袭爵，往即乃封，敬之慎之。其修德砥行，自立名节，勉图后效，无忝先猷。十七日戊寅巳刻，上临轩亲喻诸路总尹，遂以前东平总管严忠济弟忠范为东平总管，仍戒之曰：兄弟天伦事，至于此□，朕甚悯焉。今予命尔王兹东土，非以讼受之也。彼所责匪轻，敬哉。今而后苟不克荷，非若汝兄幸而免也。

严实卒于元太宗窝阔台庚子年（1240），次年由次子严忠济袭东平路行军万户、管民长官。至中统二年（1261）召还京师，由弟忠范代之。实际原因是严忠济“开府布政，一法其父”，又军功显赫，深得人心，元廷担心“其威权太盛”采取的抑制手法。至元四年（1267），元廷又令“居大藩者，子弟不得亲政”（《元史·严实传》），忠范、忠嗣兄弟并罢官家居，宣告东平严氏时代的终结。起草这份诏书时，正是王恽刚刚转任翰林修撰、同知制诰。他书写此诏，心情当较复杂。

一篇是有关信云甫的《记梦》，文为：

至元戊子，八月十三日，夜送真定姬仲实上路，就枕熟睡，梦在一雪后亭榭，尚书梦符，宣慰信云甫，御史王子渊三人来访。坐久，话及向在东平时游燕等事。梦符衣一素练衫，当膺画名士像，自遗山以下数人。予即题诗几上，云：“不惜千金买东绢，丹青难写是真容。”因大噱，曰：“此衫甚佳，但到处长负一轴诸公行神也。”遂踏砌雪而散。觉乃自占其梦，复作一联，云：“恐是隆江方大用，故将贤彦贮胸中。”

是文作于至元二十五年（1288），王恽已是六十一岁的老人，追述年轻时东平往事，历历如在眼前。信云甫是东平著名诗人，与文天祥、杜仁杰、王恽等都交往颇深，所以王恽萦绕入梦，怀念有加。

六

王恽自称“平生爱山复爱画，近岁长游石林下”。他的泰山诗突出特点之一，是较多朴素的自然崇拜，所谓“淡抹空总自然”，他最为欣赏的是自然景观，如“雄观骇绝东溟日，逸驾高于北海鹏”的泰山日出，“宿云无数尽雄吞”的云海；对于一般文士景仰赞叹的秦皇汉武，历代封禅，却持明显的批判态度，所谓“茂陵诞荒夸后世，岱神何意望东封”，“祖龙东巡擅雄豪，天门风雨几遁逃”，在默然屹立的泰山面前，这些活剧未免滑稽。

王恽泰山诗的另一特点是颇有“自得”，集中笔力描写泰山的“灵气”“元气”“云烟”，力图探索这些神秘物象之后的山水真谛，所谓“岱宗岩岩灵气宅，云烟雾外争新奇”，“缩茁元气通苍海，雾涌云蒸一水山”，“更着山灵出奇货，千岩苍雪玉棱层”，给人以深奥无尽，迷幻朦胧的新奇感。

王恽泰山诗的风格是雄浑劲健，大气磅礴。写泰山的雄伟，是“众山迤逦朝西东，帝孙突出天之中”；写阴晴变化，是“乾坤故为作开阖，世界幻入兜罗天”；写泰山高与天接，有“直度天门历参井”；写诗人胸襟博大，是“一拳泰岱堕吾前”；写泰山历史沧桑，有“虞帝不来天自老”；写秦松汉柏的苍劲，有“万壑烟霏封杰干，半空风雨撼秋声”。体现出激越豪迈，气吞山河的壮美。

《挽漕篇》是杰出的现实主义诗作。汶河发源于泰山东部山脉，西流注入东平湖，是一条河宽水浅的季节河，而要通过漕运的官船，却给沿岸百姓带来痛苦与灾难。官府强行征集大批劳役，河底挖沙，拉纤拖船，“硬拖泥水行，奚异夏汤努”，沉重的粮船使民夫苦不堪言，伤病迭出，“涉寒痺股腓，负重伤背膂。咫尺千里远，跬步百举武”，好不容易拖过深处，河水却出现断流，“又须集牛车，陆递入前浦”，明知劳民伤财，却要一味蛮干，奥妙在于“中间吏因缘，为弊不可数，蛮梢贪如狼，总压暴于虎，所经辄绎骚，不若被掠虏”。造成这种状况的根源，是一群鱼肉百姓的贪官污吏。这首诗揭示之深刻，控诉之有力，在元诗中堪称上乘之作。

王恽的泰山文平易畅达，又富有变化。尤其是关于辛弃疾、党怀英早期泰山活动的记述，更是细致真实，填补了史料的不足，具有重要价值，引起了人们的注意。《四库全书总目》称王恽“文章源出元好问，故其波澜意度，皆不失前人矩镬。诗篇笔力坚浑，亦能嗣响其师。论事诸作有关时政者，尤为疏畅详明，了如指掌”。这种评价，应该说是恰当公允的。

岱宗太平顶　摩崖与天齐

——郝经与泰山

郝经是元代著名诗人、古文家。他生于六世业儒之家，祖父郝天挺是元好问的老师，他自己又是元好问的学生，并受学于刘祁、赵复、杨奂，所学颇博。《四库全书总目》称“其文雅健雄深，无宋末肤廓之习，其诗亦神思深秀，天骨挺拔，与其师元好问可以雁行，不但以忠义著也”。从元好问游学及出仕以后，郝经曾数至东平，并游历泰山，创作了一批泰山诗文。

一

郝经（1223—1275），字伯常，泽州陵川（今山西晋城）人。金末兵乱之际，父郝思温携家避于河南鲁山，与当地民众一起藏于地窖，乱兵以烟火熏灼，许多人窒息而死，郝母亦在其中。情急之下，郝经以蜂蜜和寒菹汁，撬开母亲牙齿灌下，始得复苏，此时郝经年仅九岁。金亡以后，徙居顺天，家贫无以为生，年幼的郝经便白天担柴换米，晚上点灯读书，就这样度过了数年艰难的学习生活。后来得到元军元帅张柔、贾辅的礼遇，能够恣意纵览他们家中的万卷藏书。大约就在此时，郝经成为元好问弟子。元好问经常勉励他：“子状类乃祖，才气非常，勉之！”并亲授作诗作文之法，学问大进，声誉鹊起。元宪宗二年（1252）入忽必烈王府，颇受信任。时忽必烈总帅东路兵马，议论征宋。郝经上疏提出：“王不如修德布惠，敦族简贤，绥怀远人，控制诸道，结盟饬备，以待西师。上应天心，下系人望，顺时而动，宋不足图也。”（《元史·郝经传》）见地之深，令忽必烈愕然。不久宪宗设江、淮、荆、湖南北等路宣抚司，以杨惟中为宣抚使，郝经为副使。中统元年（1260）忽必烈即位，为元世祖，擢升郝经为翰林侍读学士。时南宋宰相贾似道请和，世祖命郝经佩金虎符，充国信使，入宋，为贾似道羁于真州（今江苏仪征）达十六年。至元十二年（1275）丞相伯颜南伐，郝经始得北归，至燕京病卒，年仅五十三岁。元人比之为汉代苏武，朝廷赠以昭文馆大学士、司徒、冀国公，谥文忠。

郝经被羁期间，以著述为事，撰有《续后汉书》《易春秋外传》《太极演》《原古录》《通鉴书法》《玉衡贞观》等，另有诗文集《陵川集》三十九卷。

二

郝经早年从元好问游学东平时，是否到过泰山，已不可考。现存泰山诗，大部分作于元宪宗五年（1255），约是在他担任宣抚副使期间。此行路线是从青州出发，经莱芜，穿徂徕山，入泰安。他在《青州山行》诗中写道："日斜过云门，凌跨方半醉……云梢见莱芜，孤城隐霾曀。回视青万叠，乾坤屹轩轾。穿出过徂徕，背转逾汶泗。泰山正面看，益见崇高势。"不过他并没有直入泰安，而是先到东平会见严实。《灵泉行二首并序》称："乙卯秋八月，及行台严公猎于东山，遂会于凤山之灵泉。"他在东平盘桓月余，于九月十九日至二十二日游览泰山，留有诗作五首，赋一篇。

《乙卯秋月十九日登泰山太平顶》：

穷秋老雨四十日，坤轴欲烂阴霾缠。
我来方作泰山游，玉虹一夜收云烟。
山灵奕奕生喜色，突兀撑裂青罗天。
轻裾飘飘过黄岘，乘兴直到三峰前。
霜余灌木出秋色，万叠红锦幪椒巅。
泓澄寒溜浸太古，翠壁细泻珠玑圆。
当时秦汉极侈丽，未必如此皆天然。
天门中断两屹立，箭筈一磴蛇蜿蜒。
凌层绝顶肆崇峻，伫立矫首望八埏。
长天沉沉入西极，九州却在东海边。
冲风惨淡万里来，海窟劲刮鲲鲸涎。
须臾白云生岳麓，脚底泱莽无山川。

秦坛周观觉浮动，满地覆冒兜罗绵。
忽疑山移入海中，白浪四汹虚涛掀。
山阴瑰诡光怪出，赤气翠晕相钩连。
下从谷底上碧落，宝塔万级高蟠旋。
遂登日观叱日驭，六龙倒著珊瑚鞭。
玉鳞剥落金甲拆，九芒迸绮生血鲜。
三山摇荡海水沸，蓬壶缥缈来飞仙。
为言此色与此界，君自固有非尘缘。
恍然记悟复无语，把手一笑三千年。

这首长诗的前半部分写了秋雨初霁，云收烟散，山光苍翠的景色，后半部分写泰山云海翻卷而至，吞群峰，撼绝顶的壮观气象，颇似李贺诗歌的奇崛诡异，体现了他诗歌要“有骇愕触忤之奇，有鼓舞豪宕之节”(《与橄彦举论诗书》)的主张。

《太平顶读秦碑》：

岱宗太平顶，摩崖与天齐。
左列则天颂，右刻张说辞。
文采与书法，不离近代规。
汉封宛在周观东，秦坛复出绝顶西。
坛前圆平值中峰，突兀上有始皇碑。
年深雨渍百裂余，析作两峰蹲半规。
面阳数字仍可辨，隙缝重衔苔藓皮。
中间隐约见制可，完好可辨惟臣斯。
拳如钗股直如筯，屈铁碾玉秀且奇。
千年瘦劲益飞动，回视诸家肥更痴。
当时风雨有余怒，岂容夸石独在兹。
只应神明爱尤物，不肯轰击常护持。
昔年韩文公，曾赋岣嵝诗。
字青石赤皆传闻，漫为咨嗟涕涟洏。

何如亲登泰山日观峰，光怪特见绛气缠金虹。
摩挲细读秦相碑，天门高咏来清风。
乃知山灵不相负，夜宿天边不忍去，
醉倚云窗重回顾。

诗中所指秦碑即秦始皇及秦二世泰山刻石，从“中间隐约见‘制可’，完好可辨惟‘臣斯’”诗句可见，元代存字似不会超过“数字”。这一记载，颇值得研究者注意。

《日观铭》有序：

惟帝出震，故东方首庶，物在南北，西之右，而其岳镇，号为天帝之孙，群灵之府。故泰山视衡、华、恒为独尊。自岳麓而上，越黄岘，入天门，登太平顶。又极东南，轰出而危峙者曰日观，视泰山为独高。故东土为四方之冠，泰山为四岳之冠，而日观则又冠夫泰山者也。以其隮高尊峻，下视日出，故以为名焉。岁乙卯秋九月癸丑，自奉符登岳，拜谒绝顶神祠，遂登日观。光怪自观北谷底环属而上，九采联缔，入于天心，不啻数万仞、百千万层，日入始灭。翌日复瞰观，旭日神光，瑰景洞灼，精魄异遇，灵界皆所未睹，则又日观之杰观也。观之巅有危石，四削突起，勒铭其上，传示不朽。铭曰：

岩岩岱宗，作镇大东。
峙列三州，旋拱三峰。
扼海拒河，绾结苍龙。
業業日观，岱宗独冠。
八蛮九夷，平视天半。
石脚隐日，昏晓割判。
我来一登，神光揭擒。
金环碧绳，连虹属蜺。
亘地经天，植起不移。
雄鸡忽惊，日出峰底。
火山荡摇，红海沸起。

俯瞰愕眙，身在天里。
蓬莱方壶，金阙银台。
赤城光明，照耀洞开。
鳌头突兀，飞仙飞来。
回视秦汉，摩崖镌石。
玉检金泥，夸示罔极。
侈心崔嵬，青苔满壁。
我来大书，增尘其间。
记异揭灵，挥斥神奸。
庶答昭休，壮观名山。

铭文中提出，泰山为四岳之冠，日观峰为泰山之冠，并描述了日观峰“神光”出现时瑰丽怪异的景象。躬逢此景，是历代文人墨客难得的幸运，这恐怕也是郝经起意撰写《日观铭》的原因。

《封松行》：

始皇登泰山，风雨暴至，避于五松下。已乃爵松为五大夫。今其处犹有稚松存焉，乃为赋此。

六国西移周道绝，草木尽污秦兵血。
泰山山头五株松，黛色犹参周日月。
文武成汤深雨露，八百年来养贞节。
祖龙一旦侈心生，坑深不用诸儒说。
千乘万骑压山谷，检玉泥金自铭德。
鬼神呵禁不容上，振雨凌风力飘荡。
人诛未即即天诛，欲使碎骨千年障。
偶来择音幸偷生，滥爵斜封重诬傍。
真松本自如鲁连，泰山岂不如林放。
山东赤帝子已生，山灵亦已居芒砀。
秦王虽云幸，余亦为松悲。
君不见湘妃祠前风雨夕，赭山伐木一无遗。

在郝经看来，秦始皇“千乘万骑压山谷”的封禅大典、“检玉泥金自铭德”的手法，都无法改变他暴虐贪侈、焚书坑儒的现实，最终引起天怨人怒，神鬼欲诛。气节高尚的泰山松，也不会接受秦皇的封号。如果受封，则属“诬谤”，倒不如像湘妃祠前的树木一样统统被砍掉。

《下泰山题真君观壁》：

黄岘趋回马，州人竟捧觞。
忽惊天上梦，犹带日边光。
绝顶秦碑裂，阴崖汉柏香。
行行重回首，瞻仰意难忘。

这是下山以后，地方官员在真君观设酒迎接。而诗人犹自沉浸在山顶仙境中，不愿遽然离去，所以有“惊梦”之感。

《泰山赋》：

粤大荒之播气，肇天一而为水。滓沉澄而浊凝，柔涧荡而刚恃。故水载乎地，地载乎山，抵艮茁震，冠海而起。为万物之始终，藏八索之首尾。堪舆之骨壮，真宰之形似。人皇九头，俶载于祀。禹凿益焚，神力是试。条而为三，别而为九，祀而为四。中为岱宗，独尊而雄，盘踞万古，莫与比隆。衡固阜丽，瘴海极炽。融飚赫赫，物毁其锐。华固秀拔，金天肃杀。一翠横秋，万化搴擢。恒亦宏富，天地阖户。玄都幽府，固阴寒冱。粤惟兹山，首出庶岳。其顶则呀突乾维，其足则亘抐坤络。奄东国之全势，孕日出之鸿爝。作帝孙而奕大，混天胎而不凿。为有生之司命，权天地之橐籥。露太初之面目，慑巨灵之狞恶。鳌六卷而矫首，龙七襄而奋角。障大海使不流，俾降丘以东作。拒洪河之奔湍，俾回翔而北却。三州得以完厚，万民得以土著。瞰临冀魏，轩轾恒赵。背左燕辽，夹右瀛鄚。辟青徐之疆畛，包兖豫之封略。压吴头而益重，捽楚尾而欲割。拉琅邪而横骛，控龟蒙而回跃。瀹济漯以为襟，带汶沂以为约。潴大霈于雷夏，泄庞泽于郓鄚。秦观可以窥长安，周观可窥汴洛，合沓九州之半，覆压数千余里。重觉鲁强，不为齐弱。岂无他山，高蹈磊落。剑门则擅其重闭，石楼则肆其超卓。天台则郁其诡谲，太行则亘其磅礴。各据地势，偃蹇峠崿，如草昧之崛起，据偏方而骄跋；恃区区之险固，徼制外之封爵。孰如兹山，中华正朔，建极启元，衣冠礼乐。天宇夷而皞皞，王道裕而绰绰。岂无群山，纷纭交错。或缭径之蛇结，或垂巘之鹫啄。或刀岩之栉叠，或断壁之牙遏。或青莲之天开，或苍屏之玉削。如夸徒与宵民，极其力而相较。客气鼓其余勇，冶容盛其涂抹。孰如兹山，衮冕黻珽，朱弦疏越。纯粹中正，崇高溥博。大哉乎！联延九重，郁如深宫，岿其中峰，见天子之雍容，前列如却，后列如剥，拱捧旋蹶，见百工之致恪，云云、亭亭，众星北辰；石闾，社首，百鸷一鹗。既熢涌而丰隆，复旷豁而绵邈。扶青帝之宫观，缔玄台之楼阁。瀛洲邃其幽深，蓬壶敞其寥廓。飞仙飘兮遨游，抱明月而遂乐。采玉芝之芳润，探先天之希阔。御绝顶之长风，眇天地于目末。阅扶桑之菌蠢，幻鱼龙之轇轕。卵长鲸于云根，巢阳乌于日脚。苍筤分其霁色，铄红金于碧落。羲和起其龙驭，骇万国以开觉。耆睨蓄而奕奕，昭灵贮而灼灼。岂徒云乎高大，乃与世而落莫。岂呈奇而露异，等寻常之岩壑哉！

若夫触石而云，肤寸而合，崇朝一雨，暵旱弥虐。卷舒阴阳，杳不可度。有如是之神，储膏溢泽，蒸为桑土，衣被天下，民无寒苦。播为阳春，狐犷天宇，发育万物，勾芒汇庶，信屈起伏。如妪如煦，有如是之仁，既高而大，又神而仁，乃于岳麓，笃生圣人。续太皞之统，萃奎壁之真。太极再造，四时复春，蕴而为道，发而为文，膏泽其民，尧舜其君。德与山高，名与山尊。六经垂天，与不死者存。则又与夫育兰茝，囿松椿，出器车，生皇麟。羡金锡之利，蕴珠璧之珍者，不既大矣乎！

宜乎唐虞盛典，周汉极制，巍巍堂堂，殷秩缛事。后王后帝，崇德报施。继继承承，垂于万世。

这篇赋通过辅陈扬厉，描写了泰山的气势景象，揭示出“首出庶岳”的深厚基础，突出了泰山作为“中华正朔，建极启元”，“纯粹中正，崇高溥博”的历史文化内涵，诗人对泰山的认识，远超乎一般文人，达到当时相当高的水平。

他在羁居真州期间所作的《秋思六首》之六，还回忆这次泰山之游：

昔游东诸侯，秋晚登泰山。
伫立太平顶，超然出尘寰。
日观望吴越，浩渺秋云闲。
长风漾江海，天末生微澜。
今年坐舍馆，江声满重关。
却如在幽陵，修阻不得看。
好花静有色，相对婉且闲。
无由写哀怨，日绕歌幽兰。

当年登山远眺，胸襟何等旷达，而现在羁于舍馆，如笼中之鸟，虽对好花幽兰，也只能鸣出哀声。

另外还有许多诗篇涉及泰山。如“藏舟泰山巅，偶值怀襄流”（《幽思六首》）；“昌黎高冠何昂昂，泰山北斗元气傍”（《唐十臣像歌》）；“翳云拥雾二十里，虎踞龙蹯泰山足”（《楷木杖笏行》）“泰山北斗斯文权，道有师法学有渊”（《闲闲画像》）；“城南倒插泰山脚，城北沈涵海气横”（《使宋过济南北渚亭》），等等。

登泰山之前，从青州经莱芜穿过徂徕山，有诗二首。

《梁甫吟》：

南山有芙蕖，北山有鲤鱼。
河干石亦烂，海竭桑亦枯。
吁嗟乎！将安归乎！
南山有鹓雏，北山有蒲芦。
苍梧竹不实，朝阳桐亦枯。
吁嗟乎，将安归乎！
秋兰兮青青，秋菊兮有英。
美人兮不来，芬菲兮满庭。
望美人兮山之阿，褰桂子兮披绿萝。

美人兮不来，临风兮啸歌。
荒山陂陁，六龙蹉跎。
云雷不从，将奈之何。

《竹溪》：

竹溪无竹背阴崖，涧石参差渍老苔。
六逸于今竟何往，四贤不复更谁来。
叶边重觅怀英画，天未空思太白才。
为向居民问遗迹，路南只有看山台。
（泰安文庙有羊祜、孙明复、石介、党世杰四贤祠）

有关泰安的诗作还有《题汶阳王太师彦章庙》：

不许乾坤属李唐，孤军直与决存亡。
大梁仅得延三日，匹马犹能敌五王。
谁意人间有冯道，幸因身后遇欧阳。
千年豹死留皮在，破冢风雨绕铁枪。

三

泰山登览之后，即游灵岩寺，有诗三首。
《灵岩道中》：

轻骑长鞭踏老埃，萧灵爽气动灵台。
霜余落水三秋尽，日照扶桑半夜开。
袖里还携泰山去，笔头又卷东海来。
临风怅望有所忆，鲁连安期安在哉。

《鸡鸣山行》：

一峰奇秀高插空，万马踏碎青芙蓉。
桑乾黑浪落绝壁，霜净天澄更觉雄。
穷边绝徼谁曾顾，千古行人少诗句。
浑如定武看嘉山，绝胜齐州华不注。

《游灵岩寺》：

乙卯秋九月十九日登泰山，二十二日下太平顶，遂游灵岩寺。
岱宗西北驰，倒卷碧玉环。
岳灵秘雄丽，势欲藏三山。
初从谷口入，两崦争孱颜。
渐疑下地底，细路深屈盘。
仰视觉天窄，石井攒峰峦。
陆海沙劫开，突兀仁主坛。
桐鲸吼西风，栋宇横高寒。
石龙喷清泉，洒落几案间。
修竹扫山色，莹绿穿云根。
丹凤饥不来，寂寞青琅玕。
上方在天上，下视无尘寰。
空菲锁霜树，翠锦蒙朱殷。
西日回清辉，轻金满烟鬟。
何时脱世网，挂席高盘桓。
静境求初心，滞虑驱万端。
向晚苍烟合，更欲穷跻攀。
路断不得前，矫首重一看。

四

郝经还有一批交游诗，反映出他与泰安、东平人物的关系。其中首推他为元好问写的挽诗、祭文，表达了他对恩师真挚而深厚的感情。元宪宗七年（1257）九月，元好问卒于真定获鹿寓舍。郝经闻讯前往吊唁恸哭，挥泪写下《获鹿新居哭元遗山》：

残山绕荒城，惨淡带余雪。
我来问新居，欲语还哽噎。
摇摇识风旌，掩掩泪隐睫。
额地升中堂，痛激肝胆裂。
鼻若阊阖风，幽冥忽穿彻。
空床一束书，不见文章伯。
愁马喑不鸣，老仆顿欲绝。
娇儿背面啼，高弟展转说。
有书未绝笔，有传未卒业。
灵輀已西州，壮心空北阙。
缅思从公游，灏汗飞玉屑。
振笔青云开，炳烺寒电掣。
鲸吹涛山回，隼厉霜锋擎。
蕴情入软语，婉蔼幽更切。
莺啼柳阴深，百啭春不歇。
方张大庭乐，谁意成永别。
徙倚扳庭柯，窗户转寥寂。
乾坤入凋丧，衣冠少颜色。
魂来暮山青，魂去暮山黑。
城头老毕逋，底事悲破月。
中肠元易感，使我心欲折。

他还为元好问画像题写了《元遗山真赞》:

其才清以新，其气夷以春。其中和以仁，其志忠以勤。不啻蔡、辛，与坡、谷为邻。歌谣慷慨，喜气津津。唾玉喷珠，看花饮醇。而乃爇香读《易》，坐席凝尘。假邪真邪？呜呼！复几千年，更有兹人也邪？

在《祭遗山先生文》中评价其文章地位与价值：

……先生萃灵蜚英，羁草宦学，岳岳棱棱。硕士鸿儒，莫不震惊，以为间士生（闲闲初见公文，曰是间世生者）。渡南河而为名公，入京师而为名卿……收有金百年之元气，著一代衣冠之典刑。辞林义薮，文模道程。独步于河朔者几三十年，岂非造物者之所在，而斯文殆将兴邪？……先生雅言之高古，杂言之豪宕，足以继坡、谷；古文之有体，金石之有例，足以肩蔡、党；乐章之雄丽，情致之幽婉，足以追稼轩；其笼罩宇宙之气，撼摇天地之笔，囚锁造化之才，穴洞古今之学，则又不可胜言。人得其偏，先生得其全……

在《遗山先生墓铭》中又进一步论述其诗文特色，称之为：

独以诗鸣，上薄风雅，中规李杜，粹然一出于正，直配苏、黄氏。天才清赡，邃婉高古，沈郁大和，力出意外。巧缛而不见斧凿，新丽而绝去浮靡，造微而神采粲发，杂弄金壁，糅饰丹素，奇芬异秀，洞荡心魄。看花把酒，歌谣跌宕，挟幽并之气，高视一世。以五言雅为正出，奇于长句杂言，至千五百余篇。为古乐府，不用古题，特出新意。以写怨思者，又百余篇。用今题为乐府，揄扬新声者，又数十百篇。皆近古所未有也。汴梁亡，故老皆尽，先生遂为一代宗匠……每以著作自任，以金源氏有天下，典章法度，几及汉唐。国亡史兴，已所当为……乃为《中州集》百余卷，又为《金源君臣言行录》，往来四方，采摭遗逸，有所得，辄以寸纸细字，亲为记录，虽甚醉不忘。于是杂录近世事，至百余万言，捆束委积，塞屋数楹，名之曰：“野史亭”。书未就而卒……

文中还忆及“先生与家君同受业于先大父，经复逮事先生”的情景，和元好问年轻时即负诗名，至“家累其什，人嚼其句，洋溢于里巷，吟讽于道途，巍然坡谷复出”的盛况，成为传神之笔，为史书及后世论者引以为据。

郝经与杜仁杰也有交往，为杜氏长清故居撰有《万竹堂记》，描写经过杜仁杰重新栽植整理的竹林一片生机：

> 视其初植也，色既苍然，而节则高矣。嶷嶷挺挺，迈伦盖世，扫烟霞于八表之外，栖飞鸾而食凤雏，有不与从竹等者……其中植也，萧然森然，枝叶疏布，琤琳葱错，绿玉肥莹。剑拔戟列，凛不可犯。端悫真固，不跛不挠，而锵然有声，斐然有文，猗猗箦箦。郁乎高而沛乎下，拱于前而控于后，翕焉相扶，晔焉相辉……乐哉！先生诗秋酒春，太古一天也。偃息其下，静以观化，万古一朝也。不溺于世，不滓于涅，夷清惠和，千古一符也。夫达者必有所寓也，我寓形于天地，天地寓理于我，我复寓心于物。故康之锻，伯伦之酒，奇章公之石。今杜氏之竹，委其天趣，惟适而已，迹虽不同，千古一寓也……安得君家穆如清风，扫是而为之廓清也哉。

是记以竹喻人，以人喻竹，人品竹品，相映生辉，是一篇展现杜氏风范的美文。

郝经对党怀英非常景仰。从莱芜到东平，徂徕山并非必经之地，而他不惮山高路远专门绕行，恐怕主要是为了寻觅党怀英遗迹。这在他有关党氏的两首长诗中有所表露。

《读党承旨集》：

一代必有名世人，瑰伟特达为儒宗。
接续元气大命脉，主张吾道追轲雄。
金元文物纂辽宋，国初尚有宣政风。
世宗大定三十年，师干不试信命通。
藻饰皇度议事典，培植教养王化隆。
胜残去杀于乎仁，继以泰和尤昭融。
中间承旨掌丝纶，一变至道尤沈雄。

岿然度越追李唐，诚尽简质辞雍容。
斫雕剥烂故为新，畅达明粹理必穷。
汉火百炼金源金，周制一用中华中。
混然更比坡仙纯，突兀又一文章公。
自此始为金国文，昆仑发源大河东。
伊昔避乱洙泗间，太平顶隐东蒙峰。
学书遍写竹溪叶，琢句向倚徂徕松。
古文隶篆妙入神，风雅韵胜超樊笼。
邈然欲作鲁两生，放浪海上寻高踪。
中原有主始出仕，白头射策开天聪。
进退不苟尤老成，蓬累偶尔为蛇龙。
先皇实录似贞观，往往笔补造化功。
镐王一诏说帝心，恳恻义与大诰同。
告归复拥仙岩节，君臣道合全始终。
文孺子端拜道左，请更指授袪朦聋。
为言但当多读书，不求于工应自工。
呜呼后学安得知，客气趁俗涂青红。
承旨有集当重读，官样妥贴腴且丰。
秋风萧飒黄金台，紫气正绕燕山宫。
果如公言读尽世间书，必如真龙出九重，
一洗万古凡马空。

《跋党承旨篆字太白琴赞》：

右军学书世界黑，扶桑沾尽西海竭。
竹溪学书无片纸，写遍千山万山叶。
太白琴赞二尺余，丞相小篆承旨书。
端劲妥贴肆雄奇，展尽笔力世所无。
绿绮微声绝弦久，峄阳孤桐至今有。
知音赖得谪仙词，挥洒又逢天下手。

问说琴台在鲁山，摩崖深刻亦何难。
青天二绝一万古，绝胜区区坐上看。

另外在《古篆行赠高松岩文举》诗中，他还提及“金源百年党承旨，明月夜光传片纸。屠龙谁意复有人，元气堂堂元不死”，盛赞党怀英书法造诣高深。

五

郝经的诗作，以他使宋被留为界，可分为前后两期。前期受李贺影响，多雄奇警拔的长篇歌行体，其泰山诗多属此类，后期长歌渐少，短诗增多，雄奇之气变为含蓄悲凉。他的泰山诗篇轶宏肆、奇崛峻拔，如《登泰山太平顶》《日观铭》等，着力体现警策之神、纵姿之力、郁抑之思、骇愕之奇，使繁富的泰山景观带有强烈的主观色彩，表现出诗人的充盈才气与雄健笔力。他的《泰山赋》等文则“丰蔚豪宕”，辞采丰润，跌宕起伏，气势充沛，论辩有力，从而使“吾之卓尔之道，浩然之气，巉乎与天地一，固不待于山川之助也”(《陵川集·内游》)。他对于泰山文化内涵的认识，也远超出同代人的理解，直指泰山文化的本原，更给人以深刻的启迪。

风云一举到天关

——张养浩与泰山

张养浩是元代中期著名政治家、诗人、古文家和散曲作家。作为政治家，他身居高位，在赈济灾民中累死，实为有元一人；作为文学家，他自少年即颇负文名，孛术鲁翀称“其文渊奥昭朗，豪宕妥帖，辞必己出，凛有生气”(《云庄类稿序》)。清初王士桢读其《王友开墓志》，深叹其“奇诡”,《四库全书总目》称：“养浩为元代名臣，不以词翰工拙为重轻。然读其集，如《陈时政》诸疏，风采凛然。而《哀流民操》《长安孝子贾海诗》诸篇，又忠厚悲恻，蔼乎仁者之言。即以文论，亦未尝不卓然可传矣。”他担任过东平学正，也游历过泰山，留下了为数不多，但有鲜明特色的泰山诗文。

一

张养浩(1270—1329)，字希孟，号云庄。祖居章丘相公庄，自祖父时迁至济南。他少有德行，为学勤苦，“年方十岁，读书不辍。父母忧其过勤而止之。养浩昼则默诵，夜则闭户，张灯窃读”(《元史·张养浩传》)。十九岁时，便以出手不凡的《白云楼赋》而声名大著，时人称为“只余一赋千金值，零落齐州白云楼”。后来得到山东按察使焦遂赏识，荐为东平学正，时在至元二十六年(1289)，年方二十岁。在任三年，于至元二十九年赴京求任，游平章不忽木之门，并上疏。不忽木大奇之，辟为礼部令史，仍荐于御史台，后为丞相掾，选授山东堂邑县尹。任间多有善政，深受民众爱戴，以至“去官十年，犹为立碑颂德”。后历任监察御史。他力行职守，不避权贵，直言敢谏，曾抗言尚书省，勇上《时政书》，终为统治者不容，被降为翰林待制，又后被罗织罪名，罢官为民，并不准再用。一年多后，元仁宗即位，起用为中书省右司都事，后至礼部侍郎、礼部尚书，参议中书省事。元英宗至治元年（1321）元宵节，“帝欲于内庭张灯为鳌山”，因上《谏灯山疏》，英宗一见勃然大怒，虽然后来由怒转喜，又予赏赐，但他内心深感“龙颜”莫测，下场不妙，遂急流勇退，以父老辞官归隐，回到济南云庄故居。他的故居云庄别墅，北依清河，西傍标山，南毗府城，东接沃野，云庄内有绰然亭，可远眺山川。他在这里度过了八年的隐居生活。其间朝廷六次下诏征聘，皆力辞不赴。天历二年（1329）“关中大旱，饥民相食”（《元史 · 张养浩传》），朝廷火速召他任陕西行台中丞，赈救灾民。他毅然受命，“散其家之所有与乡里贫乏者”，登车就道。行前，年迈体弱的母亲拉着他的手说：“我年迫八旬，汝发亦素，此别之后，再见无期。”但他仍挥泪相别，日夜兼程赶赴陕西。一路所见灾情，是“十里路埋千百冢，一家人哭两三般。犬衔枯骨筋犹在，鸦啄新尸血未干”，使他五内俱焚。到任四个月“未尝家居，止宿官署”，夜以继日，拯民于水火。终因年高体弱，加之“罄思竭力”，“忧劳悲戚”，在灾民稍得安顿后，便溘然长逝。百姓闻知噩耗，“哀之如失父母”，纷纷“树石刊颂”其功德。朝廷封赠为摅诚宣惠功臣，荣禄大夫，陕西等处行中书省平章政事、柱国，追封滨国公，谥文忠。其次子、秘书郎张引继承官职，奉旨扶柩归葬济南云庄，即今北园镇张公坟庄。

张养浩著述甚富，流传下来的有各类文章百余篇，论说三十章，诗约四百首，散曲二套，小令一百六十余首，收入《归田类稿》《云庄乐府》两书。

二

张养浩早年登过泰山。《归田类稿》卷十九有《登泰山》诗。此书编次由张养浩亲定，大致按写作时间排列。该卷第一篇诗作《过舜祠》，下有自注“时年十七”，则第二篇《登泰山》应相去不远。《登泰山》诗：

风云一举到天关，快意平生有此观。
万古齐州烟九点，五更沧海日三竿。
向来井处方知隘，今后巢居亦觉宽。
笑拍洪崖咏新作，满空笙鹤下高寒。

全诗充满一种新鲜、壮美的人生体验和昂扬进取的精神状态，与入仕后的成熟、洞彻世象的老练迥然不同，无疑是其少作。

《归田类稿》卷十七收有《题李太白登泰山观日出图》诗：

岱宗郁郁天下雄，谪仙落落人中龙。
兹山兹人乃相从，气夺真宰愁丰隆。
玉堂一任云雾封，长啸飞度秦皇松。
夜呼日出沧海东，再为斯世开鸿濛。
钧天帝居深九重，醉舞踏碎青芙蓉。
天孙玉女为敛容，却视五岳秋毫同。
长鲸一去不复逢，乾坤为黑号秋虫。
当年咳唾留绝峰，至今树石生香风。
我欲追之杳无踪，不意邂逅会此中，
屋梁落月依然空。

清代王琦校注《李太白全集》附录中，将此诗署为段辅。段为元代稷山县（今属河北）人。稷山段氏亦为望族，但段辅文集及作品无从查考。此诗为张养浩所作当较可靠。

张养浩隐居期间所作《云庄遣兴自和十首》之九也涉及泰山：

半世求闲始得闲，醯鸡飞去瓮中间。
盆池游戏均沧海，块石达观即泰山。
对酒便当烹郭索，伤人且莫语黄斑。
风烟满目归来好，物我从今付八还。

同作于此期的《山中》诗，也在怀念当年登泰山的情景：

朝居日日忆山中，拟欲题诗遍玉峰。
今曰好山俱在眼，却愁诗思不能供。

张养浩还有一篇泰安地方的碑记。元泰定四年（1327），他应莱芜尹申楫之请，撰《莱芜县三皇庙记》。文中记述了申楫增修三皇庙，设置讲堂，教化地方之功。他在文中再次强调提倡“实学”，反对“虚文”的主张：“我世祖之训：士不务实学，惟虚文是恂，缓急其可倚？呜呼！吾元所以享亿万世无疆之休者，其本于斯欤？……抑闻三代取人以行，徵诸《王制》可知。后世取人以文，徵诸隋唐以来可知。”以反语讥讽的手法，说明以“虚文”取人，实在是本末倒置。这是他阐明其“实学”思想的重要文章。

三

张养浩还有一些与泰安地方有关的交游诗。他与当朝丞相拜住交契颇深，其《拜东平王拜住丞相画像》写得感人至深：

孤忠自倚了澄清，笑视群奸不足争。
壮志未酬还中彼，披图老泪雨如倾。

拜住为仁宗、英宗朝重臣，以协助英宗诛杀叛臣失烈门，擢升中书左丞相。张养浩所上《谏灯山疏》，即由拜住“袖其书入谏”，若无拜住从旁转圜，仁宗也未必会由怒转喜。在耿介忠直、抨击奸佞方面，张养浩与拜住可谓志同道合。英宗至治三年（1323），叛臣铁失、赤斤铁木儿杀死英宗、拜住。晋王也孙铁木儿即位，是为泰定帝，遂画拜住像供奉于大都海云寺，一时“观者数万，无不叹惜泣下”（《元史·拜住传》），并赠太师、开府仪同三司、上柱国，追封东平王，谥忠献。张养浩见到画像，哀恸于衷，也是忠臣相惜。

张养浩与同是由东平出仕的王恽交往密切，王恽死后，有诗《挽王恽》：

束发耽经晚益勤，平生精力尽斯文。
先朝十老今余几，当代三王独数君。
李贺屡烦韩愈驾，羊昙空阻谢安坟。
玉堂寥索人何在，落日淇川满白云。

张养浩与元初著名诗人、散文家姚燧有很深的交谊。姚燧（1238—1313），字端甫，号牧庵，洛阳人。三岁丧父，由伯父姚枢养大。姚枢宣抚东平时，姚燧还是二十二岁的青年，得以交游东平诸名士，获益匪浅。三十八岁出为秦王府文学，累官至太子宾客、翰林学士承旨，著有《牧庵文集》。张养浩作有《牧庵姚文公文集序》，认为“皇元宅天下百许年，倡明古文，财牧庵姚公一人而已……公才驱气驾，纵横开阖”，并回忆自己二十四岁“见公京师，时公直学士院，每有所述……章成则雄刚古邃，读者或不能句，尤能约要于繁，出奇于腐，江海驶而蛟龙拿，风霆薄而元气溢，森乎其芒寒，皓乎其辉烨”，把他的文章比作唐代之李邕、韩愈，宋代之欧阳修、苏轼。在《祭姚牧庵先生文》中，盛赞其“文由天得，不踵故蹊，纵横操舍，举自己为，笔未及落而气已驰……为难耶，则无樊宗师之深涩，为易耶，豪放抗衡于坡老，正大并謍乎昌黎”，并深情回顾了其提携晚学、褒奖后进的雅量。姚燧散文宗韩愈、苏轼，喜条达疏畅，以刚劲雄豪见长，时人为之耳目一新，推崇备至，把他与虞集并称为元文两大家。张氏之说，虽多褒誉，仍算比较公允。

四

讲到张养浩的诗文，无法不提及张养浩的散曲。元代散曲，大多是描写男女风情和歌唱山林隐逸的，只有张养浩等少数作家接触到了当时重大的社会问题，反映了人民的痛苦，揭露了社会的黑暗。他最著名的散曲作于陕西赈灾之行，这是他生命和作品的光辉顶点。西出潼关，有《山坡羊·潼关怀古》：

峰峦如聚，波涛如怒，山河表里潼关路。 望西都，意踌躕，伤心秦汉经行处，宫阙万间都做了土。兴，百姓苦；亡，百姓苦。

这是一篇不同凡响的怀古作品，它以犀利的剖析、峻拔的语势，相当深刻地把封建王朝的兴亡和广大人民的苦难联系起来，写出了统治者与人民群众在利益上的尖锐对立，触及广大劳动人民受苦受难的真正根源，使这首小令的思想性和人民性，达到了一般封建文人难以达到的新高度。

而作于赈灾现场的歌行体诗，则是这首小令最深刻、最有说服力的注释。

《哀流民操》：

哀哉流民！为鬼非鬼，为人非人！
哀哉流民！男子无缊袍，妇女无完裙！
哀哉流民！剥树食其皮，掘草食其根。
哀哉流民！昼行绝烟火，夜宿依星辰。
哀哉流民！父不子厥子，子不亲厥亲。
哀哉流民！言辞不忍听，号哭不忍闻。
哀哉流民！朝不敢保夕，暮不敢保晨。
哀哉流民！死者已满路，生者与鬼邻。
哀哉流民！一女易斗粟，一儿钱数文。
哀哉流民！甚至不得将，割爱委路尘。
哀哉流民！何时天雨粟，使汝俱生存！
哀哉流民！

这是何等有力的血泪控诉！若不是发自深心的至情，无以有如此真诚与深恸。他的真情作品，他死于赈灾的行动，有元一代，罕有其匹。明代吏部尚书尹旻在张公坟碑文中赞誉道：“风绰高致，节全始终，名留天地，齐鲁一人！”

毕生绝艺　雕绘泰山

——高文秀与泰山

高文秀是元杂剧创作中具有显著特色的重要作家，向有“小汉卿”之誉。他又是第一位写泰山戏的剧作家，其《黑旋风双献功》是泰山拥有的第一部戏剧，并在水浒戏中占有重要地位，与康进之《李逵负荆》合称“黑旋风双璧”，在全部元杂剧中也属上乘之作。高文秀和一批东平杂剧作家的出现，确立了东平、泰山一带戏剧创作演出的中心地位，丰富了泰山文化的艺术蕴藏。

一

高文秀，东平人。其事不见于正史、野史，亦不见于历代《东平县志》，故其生平不详。元代钟嗣成《录鬼簿》中，将其列入“前辈已死名公才人，有所编传奇行于世者”，也仅有寥寥数字：“东平人，府学，早卒。”贾仲明增补本《录鬼簿》稍详，作：“东平府学生员。早卒。都下人号小汉卿。”这为我们了解高氏生平提供了重要线索。据元好问《东平府新学记》，元代东平府学恢复于宪宗五年（1255）六月，当时招收“子弟秀民，备举选而食廪饩者余六十人”，高氏当为其中之一。元初，东平路直隶中书省，与大都联系密切。杜仁杰妹夫梁进之即为大都人。高文秀大约也去过大都，与大都杂剧作家有交往，所以才能有都下人称其为“小汉卿”。后来辗转南下至江浙，做过县官。据孙楷第《元曲家考略》：元代张铉至正年间《金陵新志》卷六《官守志》载，溧水县达鲁花赤有高文秀，至元十七年（1280）任。溧水，今属南京市。达鲁花赤，意为断事官。清康熙《山阴县志》卷十八《职官志》，元县尹有高文秀，任职时间不详。既属早卒，生年当五十岁以下，一般认为卒于至元末年。

高文秀作有杂剧三十四种，仅次于关汉卿的六十六种，数量上列元杂剧作家第二位。其杂剧按取材分类，可分为水浒剧、历史剧、神话剧、风情剧等，尤以前两类为多。水浒剧计有九种：李逵剧八种，除《黑旋风双献功》外，还有《黑旋风大闹牡丹园》《黑旋风借尸还魂》《黑旋风诗酒丽春园》《黑旋风敷演刘耍和》《黑旋风乔教学》《黑旋风穷风月》《黑旋风斗鸡会》；武松剧一种《双献头武松大报仇》。其水浒戏数量之多、质量之高，在元杂剧作家中是独一无二的，是当之无愧的黑旋风专家。

高氏现存作品有杂剧五种：《黑旋风双献功》《须贾谇范雎》《好酒赵元遇上皇》《刘玄德独赴襄阳会》《保成公经赴渑池会》；残曲一种《周瑜谒鲁肃》；散曲两套：《一枝花·惜花春起早》与《瑹木儿·朦胧睡巧梦成》。把他的杂剧作品联系起来看，就会感受到其深沉的思想内涵，体现出他对泰山的深刻了解。

二

《黑旋风双献功》是戏曲史上第一部关于泰山的戏剧，也奠定了高文秀在戏曲史上的地位。泰山为水浒英雄李逵提供了表演舞台，李逵的英雄业绩为泰山艺苑增添了光彩。整个戏剧情节是在泰山这一广阔的背景中展开的。在剧中，高氏着力刻画了李逵英勇、机智、敏锐、谨慎，而又不乏诙谐、幽默的农民义军头领形象。这与其他元杂剧中的李逵，与后来《水浒传》中鲁莽骄躁的李逵差别极大，有鲜明的性格特色。

《双献功》剧情并不复杂：郓城县孔目孙荣与妻子郭念儿到泰山进香还愿，暗地到梁山泊请结拜兄弟宋江派人护送。李逵自愿请行，并立下军令状。来到泰城，孙妻与白衙内相约私逃，然后白衙内“借”了泰安州衙门坐着，把前来告状的孙荣打入死牢。李逵乔装入狱，用计救出孙荣，并潜入州衙，杀死白、郭，回梁山报功。

泰山历来是四方香客云集的繁华之地。作者以一支《混江龙》描写：“春光明晔，路行人拂袖扑蝴蝶。你觑那往来不断，车马相接，墙角畔滴溜溜草稕儿挑，茅檐外疏剌剌布帘儿斜。可知道你做营运的家业，大古里人烟热闹，买卖稠叠。”在繁华背后，也有官府爪牙，三教九流，黑白两道各种势力汇集。用孙荣的话说，就是“泰安神州谎子极多，哨子极广”。宋江叮嘱李逵：“泰安神州，天下英雄都在那里。你休与人厮丢厮打，做那打家截道杀人放火的勾当。”“那泰安山神州庙，有一等打擂台赌本事的，要与人厮打。你见他山棚上摆着许多利物，只怕你忍不过，就要厮打起来。”泰安之行的重重艰难险阻，更激起李逵的豪迈气概，显露出英雄本色：“我去呵，两只手忙揪住巅险峰，两只脚牢踏住村峭岭，主张的我神州庙里身周正，我可敢搬倒那嵯峨，这一座泰山顶。”这不仅为戏剧冲突和人物性格提供了背景，同时也形成了强烈的戏剧悬念。

随着戏剧情节的展开，高氏着力刻画了李逵这一形象。其性格展现的基础，是对梁山事业的无比忠诚，对统治阶级的强烈仇恨。听说要护送孙荣去泰山，他立即自报奋勇争先前往。宋江提醒他注意，仔细叮咛，他却毫不畏惧：“泰安州便有那千千丈陷虎池，万万尺牢龙阱，我和你待摆手去横行。”并主动立下了军令状，若出了差错，“情愿输了我吃饭的这一颗头和颈”，充分体现了他视赴危履险若等闲的英雄气概和过人胆量，奠定了他的性格基调。

然而高氏的过人之处在于并没有以浓墨重彩渲染这种勇武的性格基调，而是把它作为侧面烘托，从正面着力表现了李逵的细致、机智、灵活。宋江的再三叮咛，使他意识到孤军深入的危险，感到了肩上的分量，决不能像大队人马杀奔江州时那样“抡圆了板斧，排头砍去”快活任性，而需要机智谨慎，细致周全，尤其要按捺住自己鲁莽冲动的躁脾气，忍事饶人。即使挨骂也“只索忙赔着笑脸儿相迎”。遇到比武打擂，也“紧闭口不敢放些儿硬，我只作没些本领”。同时要奉孙荣为兄长，悉心照料，“上马处与他执鞭坠镫，吃酒处与他绰镟提觥”，全然不能有平日的顽泼。对于李逵来说，确是用短克长，这种严厉的束缚，也远不如阵前厮杀来的痛快。但关系到梁山泊的声誉和事业，他还是毫不含糊地应承下来。

下山以后，李逵处处谨慎，留心观察，显示了他长期生活在社会下层，久经江湖，并在农民义军中养成的高度警觉。见到郭念儿，他一眼就看出：“这嫂嫂敢不和哥哥是儿女夫妻么。”使得办案老手孙荣也吃了一惊：“兄弟，你好眼毒也，你怎么便认将出来。”从郭氏轻佻放浪的言行举止中，李逵预感到迟早会由她引出“一场天来大小利害”。果然，郭氏与白衙内早已暗地勾搭，在泰安城火炉店相约私逃。白衙内为绝后患，还“借”了一座大衙门，即泰安州衙门坐着，把前来告状的孙荣打入死牢。事情发展的结果，完全证实了李逵的料事准确。

面对如此变故，李逵只能独自力挽危局。这对他的应变能力与处事韬略无疑是严峻的考验，同时也为他施展才能机智提供了充分的余地。在探监时，他紧紧把握住自己“庄家呆后生”的身份，装痴佯傻，嬉笑嘲讽，并抓住牢子贪财好利的弱点，巧妙周旋，应对从容，摸清虚实，掌握了斗争的主动权，终于引敌入彀，集中展示了他的机智灵活和幽默诙谐。他怕露出破绽，进狱时不去拉牵铃索，却用砖头砸门，并编了一套假话，自称是孙的庄户兄弟，合情入理，不由人不信。他假认监狱是牢子的家，说：“你家里人一定不老实，可怎生高墙矮门儿，一周遭棘针屯着。”牢子腿上生疮，他赶紧说：“早看觑着，不要迟了，怕变作疔疮。”看似讨好，实则笑骂，以守为攻，争取主动，他说在牢里丢了钱，引得牢子团团乱转，又以羊肉泡饭为诱饵，用蒙汗药麻翻了馋嘴的牢子。在这里，呆傻身份成了迷惑敌人的便利条件，庄家后生的粗愚反倒战胜了牢子的奸诈。而这一劣胜优败的转变，竟是性格莽撞、“身似碑亭”的李逵别出心裁运筹的结果，就实在令人忍俊不禁了。这种鲜明的性格对比，是李逵形象中最为精彩的一笔，也为全剧造成了强烈的喜剧效果。

下山以前，李逵已做好了充分准备，一旦遇到危险，他就要逞勇显威，“喝一喝骨都都海波腾，撼一撼赤力力山岳崩”，把官兵歹徒打做“翻过来落可吊盘的煎饼”。救出孙荣以后，他只身潜入泰安州衙，力杀白衙内、郭念儿，为民除害，为孙荣报仇，表现出疾恶如仇的性格和勇武过人的胆识，显示了他的英雄本色，从而在不同角度上丰富了这一形象。

《双献功》的戏剧情节完整，发展脉络顺畅，首尾衔接紧密，每个场次、环节都较好地展示了人物性格的不同侧面。把这些不同侧面贯穿起来，构成了丰满生动、勇谋相兼的李逵形象。这是在其他杂剧以及《水浒传》中所没有的，应该说是本剧最为突出的艺术成就。在剧情发展上，又突出了动作性强、富于喜剧效果的场面，以求戏剧节奏的起伏变化、错落有致。全剧最精彩的是探监一场，李逵以庄家后生的身份与牢子周旋，场面生动，语言诙谐，具有强烈的喜剧气氛和演出效果。

在词曲方面，全剧大量运用泰山方言和本色语言，朴素贴切，准确地表现了人物性格与感情。例如“没梁桶儿便休提”，“谁有那闲钱补笊篱”，“囊里盛锥，尖者自出”，“吹筒粘竿，有诸般来摆设”，“翻过来落可吊盘的煎饼”，“亲身作业亲身受”，“闲茶浪酒结绸缪”等等。剧中还涉及许多泰山地名及礼仪风俗。例如孙荣在泰城所住的香客店名火炉店，即是以店门口所挂火炉模型得名，一如山顶天街的金钟店、笊篱店，是泰城独有的招幌店名，令香客一看便知，“但是南来北往官员士庶人等进香的，都在我这店中安歇”。再如剧中提到的草参亭，实为遥参亭，在岱庙之前，是旧泰城中心位置。凡来朝山进香的帝王大臣等，都要在祭东岳庙以前，在此行“遥参”之礼，以示敬重。泰城民间称之为“草参亭”，高氏对此也很清楚。另外如东岳庙打擂博彩等等，都说明高氏对泰山相当熟悉。因泰安州在元初隶东平路，东平府学师生的游迹、题刻遍布泰山上下，高氏亦自应登过泰山，并有所感受，遂移入剧中，点染生春，大大增强了表现力。吴梅评论高文秀是“毕生绝艺，雕绘梁山”的作家，诚为中的之言，还应补充一点，他也是“雕绘泰山”的作家。

三

高文秀现存另四外种杂剧均取材于历史和民间传说，其中透出了他的政治抱负和仕途淹蹇，在总体上能感觉到一种激扬奋发的进取精神和壮志难酬的忧郁愤懑，是浩歌与哀鸣的和声，变徵与清商的间奏，是元代社会下层知识分子心曲的抒泄。

《保成公径赴渑池会》取材于《史记·廉颇蔺相如列传》，贯穿了完璧归赵、渑池赴会、负荆请罪三个事件，塑造了蔺相如智勇双全、胸怀坦荡、以国家和人民利益为重的忠臣形象。在处理这类历史题材时，高文秀往往能准确地把握事件的内涵，从而另辟蹊径，达到思想与艺术上新的高度。例如相如奉璧使秦，就把《史记》中相如“持璧睨柱”、廷叱秦王一节，改为相如提议“来日聚集文武”献璧，“也显得俺赵公敬公子之心”，同时要求秦昭公“先进这十五座连城图样”，“也显得公子不失信于赵公”。这一合理要求使得秦王无法复施伎俩，更突出了相如的雄辩才能和老于谋略。他不计个人安危，只身出入秦国虎狼之地，首先是“恐怕士马相残，庶民涂炭”，“我则待罢刀兵，安社稷，则要的物阜民熙”。这就脱出了单纯“忠君”的狭隘观念，带有更多的民本思想。他对于廉颇的克制忍让，不计个人恩怨，也完全出于忧国忧民之心：“若自伤损相残暴，则恐怕倾颓了赵国，畅快了秦朝。”蔺相如作为“贤相”典型所表现的高风亮节，无疑寄托着作者自己那种“国难见忠臣”的从政理想。

《刘玄德独赴襄阳会》出自《三国志平话》，由刘备赴会、檀溪脱险、樊城大捷等内容组成。剧中的刘备作为汉室宗裔，虽遭刘琮一再暗算，却能屡屡化险为夷，并得到司马徽、庞德公、徐庶等经国术士的指点帮助，在兵微将寡的情况下大败十余万曹兵，使汉家基业孤脉相续。这里既有神功天意，更有为中兴汉室建功立业的英豪忠烈。应该说，这种以古鉴今、以古喻今，是作者怀汉心迹的直接表露。对事业的向往与对功名的渴求汇聚在一起，便鼓荡起激扬的辅国济世雄心。这在《谒鲁肃》残曲《草池春》中表现得淋漓尽致："自思忖，自议论，从混沌初分，耕田隐姓伊尹，聚萤读书车胤，会稽担柴买臣，淮阴乞食韩信，太公垂钓渭滨，伍员吹箫吴郡，孔子绝粮在陈，颜回甘贫守分，王陵沽酒待宾，相如题桥发愤，萧何司吏出身，樊哙屠户得运，高祖原是庶民，光武居住村镇。自古来朝中贤人，关外将军，登基明君，开国功臣，谁不生在白屋寒门？当日苏秦，几曾胎胞里便带黄金印？千丈志，一跳身，须为将相，定立功勋！"一口气列出古来十五位王侯名臣由寒贱到发迹的史实，真是意气纵横，豪迈雄壮。如此酣畅痛快的抒情之曲，不仅在高氏剧作中，即使在全部元杂剧中，也可称得上是扛鼎之作了。

但在政治黑暗、仕途久蹇的社会现实面前，昂扬的书生意气转瞬即涣然冰释，济世雄心也化为身世之叹。取材于《史记·范雎列传》的《须贾谇范叔》就是对怀才不遇、有志难伸的知识分子的命运感叹："一身流落，半世辛劳，常只是白首相知犹按剑，枉了也朱门贤达有同胞。"纵然是满腹经纶，终究也一无所用："便读得十年书，也只受得十年暴，便晓得十分事，也抵不得十分饱。至为俺学到老，越着俺穷到老。"同时对官场秽行丑闻也睥睨愤懑："调大谎往上钻，抱粗腿往前跳，倒能够禄重官高。"取材于民间传说的《好酒赵元遇上皇》中的赵元，也是以沉醉佯狂掩盖对政治的厌恶和官场的失意："我怕的是闹垓垓虎窟龙潭。原来这龙有风云，虎有山岩，玉殿金阶，龙争虎斗，惹起奸谗。"从而一心要"做酒都监，自斟自干自清谈，无恼无烦口劳兰，是非处没俺，这玉堂食自怎如我瓮头甘"，在宦海沉浮之中早已心灰意冷。这是在元代的风云际会之中，知识分子进无以济天下、退不能善其身，苦闷惆怅精神状态的真实写照。无论是昂扬的进取，还是失意的消沉，高氏作品总是与整个元杂剧创作的时代精神息息相通，化为元曲奏鸣中一个响亮的音符。这或许是高文秀被称作"小汉卿"的深层原因。

四

高文秀的出现及其取得的杂剧创作成就，并非偶然。杜仁杰的散曲《庄家不识勾栏》，说明至元以前东平就成为杂剧演出中心之一。东平府学之内一批散曲高手言传身教，影响不可低估。如杜仁杰不仅擅长散曲，其妹夫梁进之也是著名杂剧作家。东平府学祭酒康显之，与另一黑旋风杂剧巨擘康进之疑为兄弟行。进之杂剧《老收心》《杏花庄》皆写李逵，事涉东平，则进之亦可能寓居东平（《元曲家考略》）。东平府学学生中，除高文秀以外，还有以杂剧著称者：

张时起，《录鬼簿》载为："字才英，东平府学生，居长芦。"生卒年均不详，约元世祖中统前后在世。所作杂剧四种：《沉香太子劈华山》《昭君出塞》《赛花月秋千记》《霸王垓下别虞姬》，今皆不存。《太和正音谱》称其词如"雁阵惊寒"。贾仲明挽词云："霸王垓下别虞姬，出塞昭君胡马嘶，牡丹事花月秋千记。与高文秀同闬里，同斋同笔、抄冠新杂剧，旧传奇，都一般风惨烟迷。"

另有无法确定为府学生的东平作家数人：

张寿卿，《录鬼簿》记为"东平人，浙江省掾吏。"杂剧有《谢金莲诗酒红梨花》一种，今传。贾仲名挽词云："浙江省掾祖东平，蕴藉风流张寿卿。红梨花一段文笔盛，花三婆独自胜。论才情压倒群英。敲金句，击玉声，振动神京。"

顾仲清，《录鬼簿》记为："东平人，清泉场司令。"事迹无考，约元世祖至元中在世。所作杂剧二种：《知汉兴陵母伏剑》《荥阳城火烧纪信》，皆佚。《太和正音谱》称其词如"雕鹗冲霄"。贾仲明挽词云："唐虞之世庆元贞，高士东平顾仲清，泉场掌印为司令。见传奇举世行，向雨窗托兴怡情。撰陵母伏剑，编纪信火蒸。府州县，按安试流名。"

赵良弼，与《录鬼簿》作者钟嗣成为同窗好友。是书记之较详："良弼字君卿，东平人。总角时，与余同里闬、同发蒙，同师邓善之、曹克明、刘声之三先生，又于省府同笔砚。公经史问难，诗文酬唱，及乐章、小曲、隐语、传奇，无不究竟。所编梨花雨，其辞甚丽。后补嘉兴路吏，迁调杭州。天历元年（1328）冬，卒于家。公之风流蕴藉，开怀待客，人所不及，然亦以此见废。能裁字，善丹青，但以末技，故不备录。"所作《春夜梨花雨》杂剧一种，今不传。钟嗣成词《凌波曲》曰："闲中袖手刻新词，醉后挥毫写旧诗，两般总是龙蛇字。不风流难会此，更文才宿世天资。感夜雨梨花梦，叹秋风，雨鬓丝，住人间能有多时？”

陈无佞，《录鬼簿》记：“无佞字彦实，东平人。与余及君卿同舍。性资沉重，事不苟简，以苛刻为务，讦直为忠，与人寡合，人亦难之。公于乐府隐语，无不用心。补衢州路吏，后迁婺州，升浙东宪使，调福建道。天历二年三月，以忧卒。其弟彦正殡葬之。乐府甚多，惜乎其不甚传也。”陈氏作品名目，看来同学钟嗣成也不太清楚，故未录之，只有《凌波曲》词：“府垣几月露忠肝，宪幕冰霜岂污颜。后会何时再，英灵甚日还？望东南翘首三山。”

李显卿，《录鬼簿》记：“东平人，以父为浙省掾，因居杭焉。自幼粗涉书史，酷嗜隐语，遂通词章，作赚煞，成□□篇，总而计之，四百乐章称是。至正辛巳（1341），以荫父职钱谷官，由台州经庆元会余，别后遂无闻，久之不禄矣。”

王修甫，东平人。生于金兴定初年（1218），卒于元至元十年（1273）。曾游历河南、山陕一带，结交甚广，颇负文名。现存散曲两套：《八声甘州》与《斗鹌鹑》。著名诗人王恽与王修甫友善，有《望海潮·送王修甫东还》，诗有《赠王修甫》《挽王修甫》等。此外，“东平四杰”中的阎复、徐琰等人，也都是散曲高手。东平作家群的阵容，堪称强大。

五

元代水浒戏首先在东平出现，实非偶然。东平去梁山仅四十余里，东平湖是梁山泊唯一残留的水面。水浒好汉的遗迹、传说在东平比比皆是，他们匡扶正义、除暴安良的壮举，给年轻的高文秀们以精神鼓励和现实启迪；东平府学教师和大批滞留东平的宋、金文人，受其感染思念故国；离开府学之后，仕途显达者终是少数，大部分府学生只是混迹小吏，官场黑暗也体验尤深。现实的不平与不幸，使他们往往从历史回顾中寻找原因；个人际遇与对异族统治、社会黑暗的不满交织在一起，他们便以熟悉的杂剧形式表达反抗，以较高的文化素养，赋历史故事、民间传说以新的内容和时代精神，从而具有更加广泛的社会性和强烈的现实性。他们的黑旋风戏、水浒戏、历史戏成为元杂剧中的黄钟大吕，唱出了时代强音。在这中间，《双献功》既是黑旋风戏，又是泰山戏，实在是难得的巧合。

移家岱宗下　日与山相亲

——王旭与泰山

王旭是元代东平著名诗人。他一生中的大部分时间是在江南各地坐馆教书，后来当过安徽砀山县令，之后寓居泰山，又游居鲸川等地。他与乃师杜仁杰、戏剧家高文秀一样，生平事迹不见于正史、野史，地方志中亦寥寥数语，未知其详。他的诗作以风调、气格见长。《四库全书总目》称“其诗随意抒写，不屑于雕章琢句，而气体超迈，亦复时见性灵”。他的泰山诗文有四十余首，数量既丰，风格亦复多样，是一位个性鲜明的作家。

一

王旭（1245—？），字景初，东平人。清代《山东通志》称王旭“与同郡王搆及永年王磐俱以文章名世，天下号为三王”，其出处与有关事宜均未详载。从王旭自撰的《祭母文》中可以看出，其父早卒，“家贫多累，育我三子，蚕绩织络恒区区，勤苦以穷年。及今某等已成人矣……遭时运之迍邅，东原大府不得宁居，而南寓济宁之荒陋，忧愁无聊，实日日而相煎，眼中三子，不获侍侧，远者千里外，近者百里外。俾思心日夜之悬悬，积虑伤人，沉忧损寿，此吾母致病之由缘。人来急往，孰知吾母之不待”。母死不能归葬，只得暂厝济宁，“此非安宅，权时寄寓。当于府北，别择山水明秀之地，以为吾母万年之乡，永远不迁。吾父在此，儿孙满前，设祭以告”，其家境贫寒，可见一斑。王旭自幼发愤苦学，师事杜仁杰，诗法大有长进。及长游历四方，以教授为业。曾至河南安阳，长芦（今河北沧州），及杭州、长沙等地，足迹几占中国之半。他曾作诗自况“处困不堪家累重，谋生聊藉主人贤”，其生活境遇可见大概。他在元大德四年（1300）居于鲸川，卒年不详。

王旭有诗文集《兰轩集》十六卷，但久佚不显。清初顾嗣立毕数十年之功编纂《元诗选》，收录近四百家，而未得王旭集。至纪昀主修《四库全书》，始从《永乐大典》中重新采掇抄出，使王旭其人其书得以流传，免于湮没。

二

王旭的泰山诗文大多作于五十岁时。他的《登泰山歌》中有“我生齐鲁间，早闻泰山名。尘埃五十载，始有今日行”句，说明他五十岁始登泰山。他在《泰山诗会序》中说：“元贞元年春，余自砀徙奉高。”元贞元年为1295年，可知他大约生于蒙古乃马真后四年（1245）。此次至泰安是长期寓居，其《送国希颜序》中称：“予寓泰山下。”他的《环溪记》则是作于大德元年（1297）春，可见他至少在泰安居住两年时间。但移居鲸川以前，未见有作于其他地方的诗文，则也有从泰安直接到鲸川的可能，那么就有可能居泰安达五年之久，有条件从容优游，细吟长赋。

他的第一首泰山诗是长篇歌行体《登泰山歌》：

我生齐鲁间，早闻泰山名。
尘埃五十载，始有今日行。
鸟道盘中溪，浮云同上征。
时节当孟夏，风暄雨初晴。
红绿分夹道，禽鸟鸣嘤嘤。
经过蜕仙岩，拜酬玉堂英。
濞南不复归，春隔芙蓉城。
屡憩到黄岘，脚底诸山平。
于兹观岱宗，始见真仪刑。
壁立五千仞，仰看入青冥。
御帐久寂寞，流泉自清泠。
天门十八盘，步步喘汗并。
披云立绝顶，回望还自惊。
三神之山竟何许，但见碧海翻长鲸。

苍梧虞舜叫不返，白日惨惨无光晶。
望中百二形势强，弹丸黑子奚足争。
烛龙衔光照玄野，近向掌上穷幽并。
眼中天地只如此，一笑宜将人世轻。
高大乾坤五岳四，未到想象应知昔。
抗衡须弥载物书，□□昆仑诧山经。
二山极高大，岂不神且灵。
然皆荒迷九州外，且恐寓言难准程。
争如兹山在中国，磅礴尊严秀以峥。
自非谪仙之才少陵笔，有句谁敢轻题评。
夜宿玉女祠，天低寒气生。
羽人谈封禅，历历言可听。
雄华竟安在，千古一梦醒。
天风起夜半，万壑松杉鸣。
欲往观日出，峰危足难停。
披衣还入户，坐侍东方明。
取水玉女池，调以沆瀣精。
三漱复三咽，洗我物欲情。
愿从白云半间屋，炼此九转仙丹成。
下观人世不归去，坐使千岁还童婴。
从渠争名复争利，蜂衙蚁穴纷营营。
嗟予有志未能遂，拂袖空留长啸声。

诗人登山，一路诗情。还有《玉女池诗》：

来登日观峰，因谒岳神殿。
殿侧有寒潭，甘冽可供荐。
山泽本通气，况乃神所眷。
大旱溪涧干，湛然终不变。
夜深诗思渴，汲取无人见。

清涵明月辉，冷浸白云片。
世味洗一真，华池助三咽。
天明再拜归，可敬不可玩。

《秦碑》：

周亡六国归秦嬴，祖龙肆欲穷苍生。
祷祠求仙遍天下，翠华万里长征行。
登封直上泰山顶，刊颂功德垂休声。
侈心未极天命去，西归不到咸阳城。
骊山之藏肉未冷，函谷已纳诸侯兵。
可怜区区亥与婴，乞死不得为编氓。
兴废悠悠二千载，阅世只有山无情。
日观峰头苍石屏，我来摩拂叩山英。
莓苔风雨字残缺，仿佛认得臣斯名。
前王失道致颠覆，后王鉴之宜改更。
汉唐以来凡几君，夸大欲与秦争衡。
泥金检玉竟何事，太平粉饰初非诚。
唐崖纪号空自炫，我心感愤终难平。
天门回首一长啸，落日万壑松风鸣。

《白云洞》：

古洞谁所凿，白云自舒写。
泰山统万灵，安知无守者。
古称肤寸合，崇朝雨天下。
云何三年旱，不一见挥洒。
何当驱雷霆，沛然周四野。

《岩岩亭》：

岳麓多道宫，亦有阿兰若。
登临论形胜，无若此亭者。
北瞻三观高，左右寒溪泻。
南揖徂徕峰，苍烟带平野。
吟怀豁空旷，爽气极潇洒。
当年构者谁，用意何高雅。
惜哉岁月深，风雨飘败瓦。
樵牧休其中，牛羊宿其下。
我心思起废，但恐随者寡。
夕阳久徘徊，欲去终未舍。

《蜕仙岩》是怀念登山途中坐化的王若虚：

玉堂遗老滹南翁，平生景慕恨莫从。
著书辨明经史惑，议论至今学者宗。
一朝东游登日观，笑视八表开尘胸。
归来中途憩磐石，遽谢浮世骑苍龙。
天风缥缈导笙鹤，弱水不隔蓬莱峰。
我行道此不能去，摩抚短碣怀高踪。
青山千叠云万重，阴吹浩浩生寒松。
独立苍崖空四顾，神交何必真相逢。

据元好问《王内翰墓表》所记，王若虚是登山途中休于此处，坐化而去。至王旭已认为是登山归来后休此，讹误已非常明显。但对这位同宗的先贤，王旭还是非常敬重的。

《招岩客》：

渐渐山间石，历历涧谷路。

修藤复绵绕，行人那得度。
猛虎蹲我侧，豺狼饥复怒。
雄虺狩九首，蝮蛇长如树。
北风飘林薄，仆马悲狂顾。
寄谢山中人，归来恐迟暮。

三

从中天门西行至黑龙潭、竹林寺、天外村，名为西溪，是景色幽静所在。王旭对此情有独钟，诗作最多，为他人所不及。

《弄水岩诗》：

白云满西溪，不浼杖屐尘。
谁知空岩下，弄水有幽人。
我来观题名，物在迹已陈。
磐石临清泚，小休劳倦身。
饮罢猿鸟去，濯缨得相亲。
一曲沧浪歌，清风及隐沦。
从教桃花片，流出山中春。
作诗示同游，澡德期日新。

我爱西溪水，泠泠响佩环。
偶逢苍石坐，聊对碧波门。
尘土逍遥外，珠玑播弄间。
濯缨人不见，猿鹤怨空山。

三溪此最佳，每到归辄懒。
绿树相流连，白云共萧散。
云根有寒泉，注潭潭已满。
虽无尘缨濯，亦足供漱盥。

题名彼何人，意长浮世短。
取酒浇苍苔，今古付一莞。

《登萃美亭》：

移家岱宗下，日与山相亲。
登临得佳处，来往不厌频。
苍崖俯西溪，摄衣上嶙峋。
危亭萃众美，构者知何人。
想见当日游，旷怀乐天真。
举杯一笑罢，万象纷前陈。
岁月不相待，废兴良有因。
我来访遗址，时节正残春。
关关群鸣集，郁郁众绿新。
绝壁开日观，寒泉落天绅。
逍遥一枝筇，缥缈千仞身。
浩歌云霞上，谢彼区中尘。
飘然随飞仙，汗漫游我神。
此志恐未可，归哉从隐沦。

登临得奇胜，杖屦不容懒。
山风吹白云，野服称疏散。
危亭今何在，翠岭烟霞满。
悠然物外心，会者应亦罕。
浮世黄尘深，青天白日短。
且将山中乐，供我一笑莞。

岱岳西南麓，烟霞俯仰间。
有亭能萃美，乘兴辄忘还。
乐奏半溪水，屏开三面山。

谁能为起废，留我伴云间。

《胜概亭为丁仲文赋》：

山川有奇趣，俗子无由知。
兹亭发天巧，借问作者谁。
令威古仙伯，簿领真游嬉。
亭成身不居，远与幽人期。
白云朝自闲，黄鹤暮何之。
古来山林士，用之王者师。
孤芳石上兰，五色岩间芝。
秋风霜露寒，采采恐后时。
安得一樽酒，歌我山中诗。

《游竹林寺得影字韵》：

石径俯云壑，竹林秘幽境。
寺古僧徒稀，山深岚气冷。
清游未终兴，白日忽倒影。
曳杖披暝烟，长歌下前岭。

《又云字韵》：

竹林古招提，佳胜夙所闻。
偶同二三友，行尽西溪云。
憩身清凉境，超然谢尘氛。
山僧老烟霞，惯与猿鸟群。
客来问不应，但诵贝叶文。
真空竟何有，怜尔徒辛勤。
寒风起阴壑，白日忽已曛。

诗人有遗韵，聊为英灵分。

《西溪十首》：

我爱西溪好，将营屋数椽。
烟霞忘俗累，诗酒度残年。
盖影留晴树，琴声泄夜泉。
须知云屋叟，不羡玉堂仙。

我爱西溪好，披云屡往来。
一川烟景豁，三面画屏开。
薄俗无高隐，清诗有逸才。
近岩多隙地，松竹更须栽。

我爱西溪好，泉清石怪奇。
共言幽胜处，偏与隐居宜。
富贵非吾愿，山林及此时。
生涯黄卷在，心事白云知。

我爱西溪好，清无一点尘。
云霞增胜境，猿鹤待幽人。
杖屦终留此，英灵许卜邻。
从今休更说，无地著闲身。

我爱西溪好，常来弄浅清。
真能忘世虑，何止濯尘缨。
岸石层层出，山云细细生。
诗肠憎火食，饮水啖黄精。

我爱西溪好，将来作主人。

且图薪水便，宁畏虎狼嗔。
地壮蔬应美，泉甘酿必醇。
白云堪伴老，何苦恋红尘。

我爱西溪好，潜深有白龙。
乾坤苦方旱，雷雨不应慵。
石峻水声急，岩高云气重。
谁能窥变化，神物本无踪。

我爱西溪好，高垂百丈泉。
若非银汉落，即是玉虹悬。
喷薄映青壁，空濛生白烟。
来观当六月，毛骨亦森然。

我爱西溪好，岩将弄水名。
谁书三大字，傍纪一时英。
世事从多变，人生只此情。
青山一樽酒，醉眼看云生。

我爱西溪好，来登萃美亭。
泉飞千尺素，山叠万层青。
胜绝诗难状，高寒酒易醒。
他时谁起废，留我伴英灵。

西溪石峡东侧、普照寺西侧，就是宋代泰山书院遗址，孙复、石介等人刻苦攻读、培养生徒的地方。《孙泰山书院故基诗》：

惟昔孙泰山，著书祛世惑。
麟经晦三传，探讨独有得。
尊王名分定，返正乱贼息。

坐令元圣心，千载一朝白。
怀人不可见，访古恋遗迹。
我欲祠先生，配以徂徕石。
浮云满空山，西风扫无力。
正邪有消长，耳目异畴昔。
倚杖听寒松，兹情竟谁识。

宋承五季衰，文气卑已极。
天将启淳源，谈经起孙石。
巍然齐鲁间，师弟无愧色。
尊王一书成，坐释麟经惑。
至今学者心，讲贯知用力。
迩来二百年，何人继其迹。
故居虽未毁，见者为叹息。
天寒孤凤去，日暮群鸟集。
回首瞻泰山，岩岩自寒碧。

又有同题七言《孙泰山书院故基诗》：

鲁史成书自圣人，当时三传已纷纭。
穷经历代非无士，立义尊王独有君。
游客偶来观故迹，后贤谁与继斯文。
钟鱼声起弦歌断，落日空山愁白云。

四

王旭居家泰山下，买田置宅，优游山林，游踪所至，随意吟咏，有一批意趣闲适的诗篇。《种云》：

买田泰山下，石多如羊群。

造物为我耕，种之皆白云。
汹涌初郁勃，散漫还氤氲。
收归方寸间，吐作五色文。
一笑顾妻孥，未用空愁困。

岱庙汉柏，相传为汉武帝所植，是千年沧桑的见证。《汉柏》：

白云泰山麓，有柏森仙宫。
其大蔽牛马，其高攀苍穹。
枝干老益坚，摩挲若青铜。
我来问故老，因得知始终。
汉帝昔封禅，侈心秦比崇。
乃于五松外，兴此栽培功。
至今千载余，盘郁势愈雄。
争知茂陵上，无树起秋风。
乾坤俯仰内，日月兴废中。
英灵为护持，不逐劫火空。
无意栋明堂，何心俟良工。
诗成重徘徊，遥忆杜陵翁。

人家种榆柳，得力一何早。
首尾十年间，森然已连抱。
匠斧随所用，何尝到枯槁。
苍苍泰山柏，汉物传故老。
养材今千岁，造物非草草。
腹朽半空虚，根危欲颠倒。
明堂何时构，日月难永保。
物生有盛衰，时至无丑好。
倚杖三叹嗟，谁能测天道。

《初到泰安游佛峪寺》：

平生爱奇胜，历览心未足。
今朝复何朝，泰山在吾目。
未暇登绝顶，先来访佛峪。
灵境开洞天，清游浣尘俗。
时当仲春半，阳气浮草木。
云烟色葱倩，禽鸟声断续。
仰观万仞峰，俯临千丈谷。
径滑槲叶黄，棚低松盖绿。
老僧喜延宾，扫榻留我宿。
神清夜无寐，衣润云满屋。
天明盥玉泉，整驾呼童仆。
尚惭缠世网，使我归息速。
山英许相招，来往从兹熟。

这次出游，王旭有一篇《游佛峪寺序》记之颇详：

泰山之阴有佛峪，去州治五十余里，其境胜绝。元贞乙未春，余寓居奉高，同诸君往游焉。出郭东行，山尽北转而西，岩谷阻深，高下重叠。入峪数里，线路萦纡，俯临千尺之壑，寒藤巨石，修篁怪松，交掩互映。时久旱，流泉断绝，以不得闻潺湲荡激之声为恨。既至寺，登重阁，憩松棚，酌玉泉，烹山茗。南对天门、日观、莲花诸峰，其东、西、北三面，亦皆苍翠万仞，环绕拱峙，烟云晦冥，顷刻千变。是夕留宿僧堂，爽气萧然，此身不自谓在尘世间。天明出峪，尚回首恋恋不忍去也。噫！胜境难逢，良朋易失，清兴所寓，能无识乎。

王旭还有一借泰山抒怀咏志的诗。《古风三十一首》其七：

登高望沧海，波浪天漫漫。

中有万里鳌，首冠三神山。
长戏动修鳞，海摇山不安。
我欲脍此鳌，散为万国餐。
佳月结修饵，雄虹裁钓竿。
泰山为矶石，起坐堪盘桓。
惜哉未得往，抚志增长叹。

《行路难》：

泰山无石海无珠，沆沆古井生珊瑚。
碧云埋空白日暮，美人邈在西山隅。
手中万古轩辕瑟，一唱三叹咸韶俱。
调高曲古知音少，哀哉不及齐门竽。

《杂兴七篇次陈公望韵》其二：

我本山林人，衣冠厌包裹。
归来一念静，稍销利名火。
宝贵多危机，功名足奇祸。
细观秋毫理，未觉泰山大。

《寄司都事》：

去年相见凤城秋，叹我劳生空白头。
长策欲陈谁见问，壮怀将吐竟成休。
栽松本不为春计，力穑唯应待晚收。
归筑书堂泰山下，此心千载正悠悠。

王旭寓居泰山下，与当时泰安州监州石氏大有关系。王旭居泰之前，即与石相识为友。王旭有诗文三篇相赠。

《泰安监州石使君再临郡治，适相会于京师，因其归，赋诗为饯，兼简元侃同知一笑》：

白昼山川衣锦行，故乡归去马蹄轻。
郡人定有壶浆候，童子宁无竹马迎。
千里再歌新德化，一朝重续旧声名。
到时若见张夫子，为说相思白发生。

《木兰花慢·寿泰安石监州》：

泰山雄胜地，人物出，必豪英。看衍庆堂中，使君才气，磊落高明。春风又临初度，正梅花香满腊嘉平。唤取茅仙送酒，樽前共祝长生。　青云居第初筑成，燕雀亦欢声。伫梦协熊罴，祥占弧矢，兰玉春荣。山城岂能淹滞，佩飞霞，终上紫霄行。留着兰轩老笔，他年歌颂功名。

《衍庆堂记》：

泰安监州石使君新第堂成，名以衍庆，而请余记之。余谓庆者，吉祥之总名；而衍者，引而长之之谓也。水必有源，然后可以衍其流。木必有根，然后可以衍其枝。人之庆，必有所自。苟无以积于前，则亦安能衍于后哉。盖庆者，天也，衍之者，人也。以人而求，必于天。自势而观之，则见其形声不相接，视听不相干，而有可疑者。自理而观之，则上下之同流，而感应之一气，未尝或差也。易曰：积善之家，必有余庆。庆在天而善在人，善愈积则庆愈长矣。是岂无自而来哉。惟君父子相承，宣化千里，其施泽于民既厚且久。余之来也暮，不及拜先使君，而遗爱在人，称之者不容口，则固知其善之有所积矣。及与君游，则见其襟度夷旷，气貌温和，好贤乐善，诚实自然，真吉人也。于是退而叹曰：石氏之庆，未可量也。使天而可，必则于公之高门，王氏之三槐又如何哉。虽然，源深矣而愈加疏濬之功，本盛矣而益致培养之力，则其流其枝，岂不益长而益茂乎？是又君之所当知而加勉者也。

五

王旭居泰安期间，还游览了灵岩寺、徂徕山等景胜。游灵岩有诗二首。《游灵岩寺》：

灵岳走西北，连峰郁崔嵬。
中有古佛宫，地势深远回。
苍烟万木表，金碧出楼台。
山僧喜迎客，笑捧松醪杯。
憩定导客行，登临共徘徊。
题名满石壁，岁久昏苍苔。
天风收白云，千仞矗丹崖。
初疑赤城现，又讶朱陵开。
清泉甘若醴，流入厨中来。
峨峨五花殿，缔构真奇哉。
压云亭最高，晴空岚气埋。
扶筇立绝景，万象生吟怀。
方知此形胜，当为天下魁。
佛界长清凉，人世多尘埃。
吾非西方学，幽隐心所谐。
诗成出山去，猿鹤空悲哀。

《娄敬洞》：

苍山谁凿破，幽隐自娄公。
地处秦坑外，人归汉室中。
一编青史在，千载白云空。
我欲观遗迹，单衣怯冷风。

游徂徕山留诗四首。

《过竹溪》：

竹溪徂徕阴，幽邃有佳趣。
当年唐六逸，盘桓此其处。
高情继烟霞，觞咏遗世故。
出处士大节，正要安所遇。
宁为南阳龙，不忆东门兔。
阴阳运否泰，治乱关气数。
乃知贤达心，于世本无预。
溪竹绿益繁，溪流清不污。
归隐谁我同，怀人日空暮。

《题竹溪清晓》：

溪竹拥苍云，溪流漱寒玉。
中有避世士，岁寒甘幽独。
浩歌风露余，抚此万竿绿。
七贤不可作，六逸谁当续。
荣华易零落，世道多反复。
抱琴归去来，春风谢华屋。

《游光化寺》：

山门森万木，俗客到常稀。
藤葛逢僧话，烟霞息世机。
秋声连涧壑，岚气湿裳衣。
懒入尘中去，尘中有是非。

《师旷庙》：

子野晋太师，知音古今善。
胡为有遗祠，乃在鲁东县。
问俗知其乡，怀贤起钦恋。
古乐久崩亡，新声日惑眩。
斯人不可作，雅郑何由辨。
客行无牲酒，歌诗代陈奠。
感慨千古心，因之此中见。

六

王旭还有一批关于泰山的文章，从不同方面记载了较有价值的史料。其中比较重要的是记述当时泰山诗会活动情况的《泰山诗会序》：

夫名山大川，有英灵之气，惟诗人知之，而得其助，他人不知也。泰山岩岩，岂非英灵之所萃乎？于此而无诗，则非所以为知者矣。诸君俯仰其胜，日与英灵接，其诗会宜愈盛，顾乃中辍而弗续，何哉？元贞元年春，余自砀徙奉高，岳之胜概，获窥其略，而觉目明神爽，于山似有所得也。今诸君既有意于寻前之盟，则予虽不敏，敢不欣然随其后。虽然，人之生，精力有限，而事理无穷，物欲易流，而本心难御。言志固圣人之所与，而玩物亦圣人之所戒也。愿与诸君如约而酌取其中，可乎？

《环溪记》是一篇以状物摹景见长的小品，颇得柳宗元游记神韵：

泰山陈君鲁彦，有别业曰环溪，在郡城之西六七里。丁酉季春，尝置酒邀余往游焉。有草堂三间章，西临古溪，堂前地可四十亩，肥而平，植诸果。后可半亩，皆花卉错。坐定，余谓君曰：所谓环溪者，此邪？水泉安在？君笑而起，导余下溪岸十余步，得泉一泓，长数寻，中浮小荷如钱。北而西，其泉渐多，或浅或深，或广或狭，澄碧不流，有鱼出没可观。君方种柳数百株。溪所环地可十亩，宜稻。时大旱，涧谷皆涸，而此溪如是，他时可知也。归堂上，举酒属君而言曰：夫有山恒患于无泉，有泉恒患于无土。今君仰高俯清而宅膏腴，可谓得其胜矣。虽然，君之心将不止于是也。盖因高之仰而景行之是行，则仁当日进；因清之俯而心源之是澄，则吾知当日明；因膏腴之宅而道德精华之是撷，则吾之业当日广。如此，则人因地而益高，地因人而益胜矣。但恐天爵修而人爵至，不得久为环溪之主，奈何？君因大笑，酌酒酬予，而歌曰：环溪之山兮神且灵，环溪之水兮甘以清。环溪之土兮沃而平，卜吾居兮乐吾生。终逍遥兮谢浮名。歌罢更酌，大醉而返。

《泰安州重修岩岩亭疏》则是一篇颇富鼓动性的募捐告示：

怀邵公之德，必封植于甘棠；慕阳城之贤，亦徘徊于古驿。盖思其人，则爱其树，而抚其旧，则图其新。矧此岩岩之亭，实居表表之地。临于岳麓，构自徐公，名传四方，势负三观。嗟岁月之徂迈，为风雨之侵凌。栋宇将颓，英灵弗乐。岂唯孤来者揽胜之志，抑亦郁邦人怀贤之心。欲议重修，须烦众力。使工师，求大木，行当见栋梁之来；求富室，施余财，想应无毫发之吝。共成胜事，不愧神仙。期壮观之一新，与群情而胥悦。他时亭上，愿陪父老以壶觞；今日疏中，请署英贤之姓字。

王旭居泰安时，适逢连年干旱，这在他的诗文中多有表现。祈雨攘灾，成为一州之大事。大约是受石监州之托，王旭作有三篇祈贺文字，是为《岳祠祈雨文》《玉皇庙贺雨祝文》《谢雨文》，都是短篇小品，留下一段旱情及祈雨的史料。《泰安申君墓碣铭》记述了名医申道安徙家泰安，仗义疏财，在宋金战乱之际保护一方百姓的事迹。其子申国瑞于至元年间两任泰安州医学教官，也是杏林高手，在当地颇负声望。

七

王旭曾师从杜仁杰，受益颇多，并结下浓厚的师生之谊。《兰轩集》中现存有王旭赠诗一首，祭文一篇。诗为《杜止轩先生亲书诗卷》：

千古南丰一瓣香，此心元不限存亡。
春归浮世空花尽，恨入遗阡宿草长。
纸上龙蛇亲翰墨，卷中星斗旧文章。
挑灯细读人何在，庭竹吹风月照廊。

《祭止轩先生文》写得感情真挚：

呜呼！造化钟秀，江山孕奇。贤运五百，非公而谁。学际天人，声名四驰。雄章俊语，星日争辉。高文典册，元气淋漓。豁达飘逸，灵襟坦夷。鼓舞群才，妙无端倪。动风雷于唇吻，溢阳春于须眉。斯文不坠，学者知归。惟登夫泰山之巉岩，而后知丘陵之为低。惟游夫沧海之汪洋，而后知坎井之为卑。惟观夫神龙之变化，而后知蛭蚓之玄微。大鹏不可笼，天马不可羁，伟先生之浩荡兮，信余子之难为。佩青霞而服明月兮，陋蝉冠与锦衣。悠悠东山，白云紫芝。挹浮丘以劝酒，抚洪崖而诵诗。徒有勤于丹诏，终无梦于皇扉。意哲人之寿考，必神明之扶持。岂期微疴，缠绵岁时。膏肓成兮恨医和之去早，招魂远兮怨巫阳之来迟……

嗟予小子，久从吾师。开发成就，余力不遗。恩深海岳，报未毫厘。忽讣音之南来，痛贯彻于肝脾。腰绖执绋，于礼则宜，恨山川之莫往，徒北向而欷歔……

杜仁杰病故时，这位爱徒正困顿于南方。讣书到后，追思往昔，愈觉五内俱恸，而不能亲事吊唁，其情其景，蕴有多少酸辛。

八

王旭主要活动在至元、大德年间，这正是元代诗歌从形成期向成熟期过渡的时期，其显著特点就是元诗的宗唐之风，由标举盛唐而转学中唐、晚唐，尤其是“竞学长吉”，效李贺诗风。在这中间，郝经、王旭等人起到了重要作用。他们“宗唐得古”的结果，使元诗也像唐诗一样千花万木，风格多样。王旭的泰山诗就体现了他的风格。首先是篇制体裁宏大，以长篇歌行取胜，颇得李长吉之风，显示了他充沛的才情。《登泰山歌》长达三十六韵，《西溪十首》四十韵，十几韵的更为多见。诗中古往今来，天上地下，摹景胜谈掌故，包笼万象。论史则“羽人谈封禅，历历言可听”，观景则“眼中天地只如此，一笑宜将世人轻”(《登泰山歌》)，兴之所至，纵横捭阖，挥洒自如。

其次是善于以史为鉴，引人思索。他在《泰山诗会序》中自称“于山似有所得”，主要体现在这方面。他写秦始皇“登封直上泰山顶，刊颂功德垂休声。侈心未极天命去，西归不至咸阳城。骊山之藏肉未冷，函谷已纳诸侯兵”(《秦碑》)，强烈对比，令人深思。“汉帝昔封禅，侈心秦比崇。乃于五松外，兴此栽培功。至今千载余，盘郁势愈雄。争知茂陵上，无树起秋风”(《汉柏》)，以同样的手法，揭示出“日月兴废中”的规律，显示出深刻的历史洞察。

再次是重于写实，诗风质朴淳厚，不事铺张扬厉，以浮词造情。尤其是描写现实生活的诗篇，如“买田泰山下，石多如羊群”(《种云》)，一句话就传神地道出泰山脚下山岭薄地的景象，同时也隐现出无力购置良田的艰窘。又如“生涯黄卷在，心事白云知”，“地壮蔬应美，泉甘酿必醇”(《西溪十首》)，写来明白如话，又自然清新。

王旭的泰山文，体裁各异，大多精悍短小。其文法出入于唐宋八家，尤得柳宗元神韵。其文辞清丽流畅，行文简约，跌宕转折从容不迫。如《环溪记》中由“仰高俯清而宅膏腴”的居住环境，引申到仁智道德的精神修养，过渡自然，毫不牵强。《泰安州重修岩岩亭疏》是募捐号召，却说“他时亭上，愿陪父老以壶觞；今日疏中，请署英贤之姓字”，委婉雅致，动人以情，展示了“兰轩老诗笔”的文采与魅力。

飞仙挟我游天门　足蹑万壑云雷奔
——赵孟頫、王蒙与泰山

历代书画大家当中，赵孟頫、王蒙可算得上与泰山渊源较深的了。这两位外祖、外孙的泰山游踪和泰山书画名噪一时，成为泰山艺坛的佳话。

一

赵孟頫（1254—1322），字子昂，号松雪道人，又号水精宫道人，湖州（今浙江吴兴）人。他出身宋朝皇族，为宋太祖赵匡胤十一世孙，其祖脉属宋太祖之子秦王赵德芳之后。其曾祖父师垂，祖父希永，父亲与訔，皆为宋朝高官。孟頫自幼聪敏善学，“读书过目辄成诵，为文操笔立就”（《元史·赵孟頫传》，下同），与名画家钱选等人并称“吴兴八俊”。其才名早为朝廷所知，年仅十四岁便被录用为真州司户参军。元灭南宋后，归家闲居，闭门攻读。元世祖为笼络南方士族，于至元十三年（1286）派行台侍御史程钜夫到江南搜访有名望的士大夫，赵孟頫也被入选推荐。入觐之时，“孟頫才气英迈，神采焕发”，世祖很是器重，欲委以重任，被中丞耶律楚材以“宋宗室子，不宜近使左右”为由阻止。至元二十四年六月授奉训大夫，任兵部郎中，三年后迁集贤直学士。元世祖多次召见问政，一次问道：“右丞相叶李、尚书留梦炎二人孰为优劣？”孟頫答道：“梦炎，臣之父执，其人厚重，笃于自信，好谋而能断，有大臣器；叶所读之书，臣皆读之，其所知所能，臣皆知之能之。”元世祖说：你以为梦炎贤于叶李，梦炎在宋为状元，位至左丞相，当右丞相贾似道私自向我乞和，答应称臣纳贡，一方面又诈称大胜，误国欺上，梦炎明知而依顺。而当时叶李仅是一名太学生，却敢上书反对贾似道，被流放漳州。如此看来，还是叶李贤于梦炎。你以为梦炎与你父亲是至友，不敢说他不贤，可以写诗讽刺一下嘛！于是赵孟頫赋诗一首："状元曾受宋家恩，国困臣强不尽言。往事已非那可说，且将忠直报皇元。"这首诗既是为留梦炎写照，也是赵孟頫自己心迹的表白。

赵孟頫虽得元世祖赏识，但自感在朝居政要，为人所忌，同时以赵宋后裔仕元，境况尴尬，心有所疚，遂求外任。至元二十九年（1292）出任同知济南路总管府事。其间居官清正，办学兴教，重视有识之士。他经常夜晚便衣出巡，听到哪家有读书声，就在门柱上刻以标记，第二天派人送酒礼褒奖。他办案询狱体察民情，捕囚之事经月不见发生，有"户版自多无讼狱"，"闻是山东第一州"（戴表元《寄赵子昂济南诗》）之誉。因为他不顺承苛虐的上司哈剌哈孙而屡遭刁难，被罢官返里。适逢成宗修《世祖皇帝实录》，将他召回京师。此后又任汾州知州（未到任）、江浙行省儒学提举、泰州尹（未到任）等职。元仁宗时，升集贤侍讲学士，后进翰林学士承旨，成为"被遇五朝，官登一品，名满天下"的显赫人物。晚年托病归里，至治二年（1322）六月卒，年六十九岁。元廷追封魏国公，谥文敏，有《松雪斋集》十卷传世。

二

赵孟頫曾游览泰山，时间当在任济南路总管期间。但未能留下专写泰山的诗章，只在后来诗文中有零星追忆。《松雪斋集》中现存有关泰山的诗篇二首。

其一为《次韵王时观》：

相思吴越动经年，一见情深重惘然。
草木变衰人易老，江湖牢落雁难前。
泰山半出青天上，禹穴遥临古道边。
欲说旧游浑似梦，何时重上剡溪船？

其二为《己酉元日朝拜喜睛总管次前韵见教复和一首》：

公庭拜舞笑声闻，晓色曈曈射锦茵。
元日不阴占乐岁，太平有象兆新春。
不知何地来银瓮，复报诸方致白麰。

四海治安封禅举，岱宗久已望东巡。

其三为《修竹赋》，系皇庆二年（1313）为夫人管道昇巨幅《墨竹图》而作。管道昇字仲姬，著名画家，以画竹名闻遐迩，亦精梅、兰、山水、佛像等，兼工诗词。其“寸绡片纸，人皆求之”。赵氏在赋中写道：

猗猗修竹，不卉不蔓，非草非木。操挺特以高世，姿潇洒以拔俗。叶深翠羽，干森碧玉。孤生泰山之阿，千亩渭川之曲。来清飙于远岑，娱佳人于空谷。观夫临曲槛，俯清溪，色侵云汉，影动涟漪。苍云夏集，绿雾朝霏。潇潇雨沐，袅袅风披。露鹤长啸，秋蝉独嘶。金石间作，笙竽杂吹……

赵孟頫曾在泰山留有书迹。《岱史·灵宇纪》“东岳中庙”条载，位于王母池西侧的岱岳观“废址中有古柏、古松十余株，其枝干如虬如龙……而后园洞中壁间一石碣，题‘汉柏’二字，相传赵子昂书，玩之，近是”。《岱史》为明嘉靖年间山东盐使吴尧山命人搜集泰山遗事编写，距赵孟頫游泰山约二百余年，碑尚完整，可惜著录此碑者未精鉴赏，不能确认。清代金石家金棨任泰安知府时，著有《泰山金石志》，认定为赵作，题记时间为延祐七年（1320），并移入岱庙保存，后不知所终。

赵孟頫在济南任上还有写龙洞山的诗篇。龙洞在泰山之阴，济南东南郊。诗题为《祷雨龙洞山》：

苍山如犬牙，细路入深谷。
绝壁千余仞，上有凌云木。
阴崖不受日，洞穴自成屋。
萧森人迹少，荟蔚兽攸伏。
云林互隐映，涧道相回复。
翔禽薄穹霄，鸣鸟响岩曲。
临桥濯清飔，汲井漱寒玉。
神物此渊潜，愆阳有祈祝。

风漓惭善教，吏懦耻厚禄。
莛怀尘外想，独往疑有梏。
过幽难久居，济胜乏高躅。
策马寻故溪，归樵相追逐。

赵孟頫还与一些东平人士有交往。出身东平府学的夹谷之奇，与孟頫同朝为官，时任吏部侍郎、侍御史。至元二十五年（1288）丁母忧回乡守制。赵有《赠别夹谷公》诗二首：

驱马原隰间，经时不遑休。
昔来日在斗，今去麦已秋。
王事有埤益，宴安非所求。
翩翩晨风翼，一举逝莫留。
谁令匏瓜系，自怀离别忧。

青青蕙兰花，含英在中林。
春风不披拂，胡能见幽心。
相去千余里，会合大江浔。
促席谈自古，知我一何深。
此别虽非远，怀思渺难任。
公其爱体素，尚无金玉音。

商琦，字德符，号寿岩。其父商挺曾长期担任东平严实诸子教师。商琦自幼随父在东平长大，后出任集贤侍讲学士、通奉大夫、秘书卿，也是当时著名画家，善山水，墨竹自成一家。赵孟頫有《题商德符学士桃源春晓》诗：

宿云初散青山湿，落红缤纷溪水急。
桃花源里得春多，洞口春烟摇绿萝。
绿萝摇烟挂绝壁，飞流淙下三千尺。
瑶草离离满涧阿，长松落落凌空碧。

鸡鸣犬吠自成村，居人至老不相识。
瀛洲仙客知仙路，点染丹青寄轻素。
何处有山如此图，移家欲向山中住。

三

一生尊奉“到处云山是吾师”的赵孟頫，应有充裕的时间与条件优游泰山。何以他较多济南诗文，及流传千古的杰出画作《鹊华秋色图》，而缺专门泰山诗作？其中原因大约有二：一是他“以宋朝皇族改节事元，故不谐于物论”（《四库全书总目》），使他长期处于内疚自谴的沉重情感之中，经常吟诵“中原人物思王猛，江左功名愧谢安”，“同学故人今已稀，重嗟出处寸心违”（《和姚子敬秋怀》），“在山为远志，出山为小草”，“昔为水上鸥，今为笼中鸟”（《罪出》），这成为他诗歌的情感主调。而泰山历来是汉家基业的象征，封禅、巡祀是国运昌盛的标志，秦松、汉柏是帝王恩泽的遗存。这些为历代文人放怀吟咏的事象，在赵孟頫却是“敏感题材”，怕再出现“往事已非哪可说”的尴尬，干脆敛手不作。二是其文集当时即有散佚。元人“杨载作孟頫行状，称所著有《松雪斋诗集》，不详卷数。明万历间江元禧所编《松雪斋集》寥寥数篇，实非足本。惟焦竑《经籍志》载《孟頫集》十卷……外集杂文十九首，亦他本所未载，盖全帙也”（《四库全书总目》）。在这些亡佚的诗文当中，或许包括专写泰山的篇章，只是无法得知其详了。

赵孟頫现存有关泰山的诗文书法，因是吉光片羽，故弥足珍贵。作为诗人，他是元代南方诗派的领军人物、元中期诗歌“四大家”的先驱。他的诗风，胡应麟说是“首创元音，体裁端雅，音节和平”（《诗薮》），顾嗣立概括为“风流儒雅”。其特点是富有真情实感，抒情合度，韵律优美。他的“泰山半出青天上，禹穴遥临古道边”（《次韵王时观》），“翔禽薄穹霄，鸣鸟响岩曲”（《祷雨龙洞山》），确实富有风韵之美。作为书画家，他与颜真卿、柳公权、欧阳询并称唐宋四大家，《元史》本传称他“篆、籀、分、隶，真、行、草书无不冠绝古今，遂以书名天下。天竺有僧，数万里来求其书归，国中宝之。其画山水、木石、花竹、人马，尤精致”。他主张“书画同法”，力求把书法与绘画熔为一炉，使绘画笔墨能充分体现书法韵味，具有开创意义。他在自题《秀石疏竹图》中说：“石如飞白木如籀，写竹还应八法通。若也有人能会此，须知书画本来同。”这一理论为后世书画家奉为圭臬。他自己也力行探索，刻苦研习，自称“余一日写三万字，未尝以力倦而辍笔”，终于取得卓越成就。其书学李北海而以二王为宗，笔法圆转遒丽，人称“赵体”。胡汲仲说“子昂书，上下五百年，纵横一万里，举无此书”。他的“汉柏”题刻亡佚，实为遗珠之憾。

四

赵孟頫之后，其外孙王蒙又至泰山踵事增华。

王蒙（1301—1385），字叔明，号黄鹤山樵。他也是著名书画家，与黄公望、倪瓒、吴仲圭并称元代四大家，是国画史上的关键人物。其书画深受外公影响，顾瑛说他“强记力学，作诗文书画尽有家法，尤精史学”（《草堂雅集》卷十二）。元末张士诚割据浙西时，他做过“理问”“长史”之类的小官，不久弃官隐居余杭临平黄鹤山，因以为号。明洪武二年（1369）出任泰安知州，“清廉有守，吏习而民安之。公余与士大夫饮酒赋诗，临池染翰，一时盛事”（《泰安县志·宦绩志》），一如当年其外公守济南。洪武年间，明太祖朱元璋为了巩固统治地位，严刑峻法，屡兴大狱。当时左丞相胡惟庸勾结日本与蒙元残余势力，企图谋反，遭到朱元璋严厉镇压。胡惟庸被处死，株连达三万余人。王蒙曾至胡氏私邸观赏过藏画，也被牵连下狱，于洪武十八年（1385）死于狱中。

五

王蒙在泰安任上，用了三年时间精心创作了巨幅《岱宗密雪图》。据钱谦益《列朝诗集小传》“陈经历汝言”条载：

> 王蒙知泰安州，厅事后有楼，面泰山。王蒙张绢素于壁，兴至捉笔，三年而图成。陈汝言自济南往访，方看画，雪大作，欲改雪景，而难于设色。汝言沉思良久，曰：“得之矣！”为小弓，夹粉笔，张满弹之，俨如飞舞。王蒙叫绝，以为神奇，题曰：《岱宗密雪图》。

这幅佳作应算是与陈汝言合作，堪称珠联璧合。《明诗纪事》甲签卷十八《王蒙》条引都穆《谈纂》则记载更为详细完整：

王叔明洪武初为泰安知州。泰安厅事后有楼三间，正对泰山。叔明画泰山之胜，张绢素于壁，每兴至，辄一举笔，凡三年而画成，傅色都了。时陈惟允为济南经历，与叔明皆妙于画，且相契厚。一日胥会值大雪，山景愈妙。叔明谓惟允曰："改此画为雪景可乎？"惟允曰："如傅色何？"叔明曰："我姑试之"。以笔涂粉，色殊不活。惟允沉思良久，曰："我得之矣"。为小弓夹粉笔，张满弹之，粉落绢上，俨若飞舞之势，皆相顾以为神奇。叔明就题其上曰《岱宗密雪图》，自夸以为无一俗笔。后惟允固欲得之，叔明因辍以赠。陈氏宝此图百年，非赏鉴家不出。松江张学政廷采，好奇之士，亦善丹青。闻陈氏蓄是图，往观之，卧其下两日不去，以为斯世不复有是笔也。徐武功尤爱之，尝谓客曰："予昔亲登泰山，是以知斯图之妙。诸君未尝登，其妙处不尽知也"。后以三十千归嘉兴姚御史公绶，未几姚氏火作，此画亦付煨烬。惜哉！

洪武四年（1371），王蒙在泰安任上还为马文璧作《清溪书楼图》，或是以下临投书涧的宋代泰山书院为蓝本构思创作，当是又一幅泰山佳作。

王蒙还作有长篇歌行体诗《登泰山》：

余过奉高，谒岳祠，见郝伯常（泰）山三诗，刻于庑下。明日登日观峰，下瞰沧海，尘世苍茫，青徐在衽席间耳。因成此诗，以补郝公之所未道者云。

飞仙挟我游天门，足蹑万壑云雷奔。
凌虚直上数千尺，适见混沌分乾坤。
巨鳌左折蓬莱股，鲸波东注扶桑根。
地高俯瞰沧海日，天近仰叩清都阍。
古帝何年辟下土，九点青烟散寰宇。
翠旍孔盖此登封，盛德神功照今古。
人间瞬息三万年，七十二君何茫然。

秦皇汉武踵遗躅，镂玉坎埋山之巅。
金官翠陛苦不乐，遣使碧海求神仙。
羲和龙辔不稍贷，岂料海水成桑田。
试向封中一回首，六合块莽空云烟。
千秋谁识当时事，五松大夫知此意。
岩前长揖大夫松，数子胡乃干秦封。
高标直下鲁连节，避世不及商山翁。
雪髯雪干如屈铁，涛声瑟瑟吟悲风。
松本无心偶然耳，人情好恶多弥缝。
欲倾箕颍一瓢水，为汝洗净羞惭容。
为君解嘲君勿怒，万事转首成虚空。
帝子绛节朝丹穹，神灵婀娜群仙从。
嘘呵紫焰开芙蓉，光景上属超鸿蒙。
玉女夜降骑青龙，鸾匏凤笙声喤喤。
霓裳舞袖飘长虹，琼音间作鸣丝桐。
白露清谣曲未终，冷风命驾归崆峒。
千峰万峰浸明月，恍惚身在瑶池宫。
明朝稽首下山去，翠幙突兀青霞中。

王蒙在泰安任上曾到灵岩寺、娄敬洞游历，并撰有《娄敬洞记》，记述了他从娄敬洞道士张德玄听到的一段掌故：秦代张良谋刺秦始皇于博浪沙，尔后潜迹匿踪。秦廷大索天下，不知其所终。及汉高祖破秦，张良又出而辅佐。究竟张良藏身何处，成为千古之谜。王蒙在张道士引导下来到娄敬洞，见到“洞离地二十丈，乃石壁上一小窍耳。藤萝悬挂其上，不复知有洞……有葛藟拳跼洞中。钩而下之，两葛交挽若梯，可蹑而登。洞若厦屋，连构十五里达东崖，古人凿娄敬、张子房对坐其中”，因而恍然大悟：原来张良被娄敬藏于此洞中，那娄敬极可能是刺秦的同谋。是“非此山不足以隐娄敬，非娄敬不足以匿子房，非子房不可以报娄敬，是诚千古之奇迹。当时后世，人不及知。余因偶得于登览笑谈之顷，于是睇丹崖之嵯峨，仰高峰之绵邈，溯往古之穷流，发鬼仙之神秘，为之感叹唏嘘，而纪其遗迹云”。显然，王蒙对这一意外发现感到格外振奋。

六

王蒙的书画，自幼即受到外祖父赵孟頫的深厚影响，倪瓒称“允尔英才最，居然外祖风”。同时他又努力研习前代诸家。董其昌说他：“泛滥唐宋诸名家，而以董源、王维为宗。故其纵逸多姿，又往往出文敏规格之外。”说明他注重学习传统，广征博采，又能融会贯通，自立门户。《岱宗密雪图》与他现存的传世之作一样，属于密体，郁然深秀，又得苍茫之致。其技法不局限于一家，或用董源、巨然披麻长皴，或用郭熙卷云带斧劈皴，或浓墨点染，或无点细擦，使画风绵密蓊郁，浑厚苍茫，又生机盎然，气韵生动。倪瓒称他“王侯笔力能扛鼎，五百年来无此君”(《题岩居高士图》)，确实道出了他旷达的襟怀与非凡的功力。山水之外，王蒙尚能墨竹、墨梅及人物画，具有多方面的艺术才能。

王蒙的山水画对明清两代产生了巨大的影响。王世贞《艺苑卮言》中认为传统山水画至“黄鹤又一变也”，成为重要转折，说明他在山水画发展史上有着举足轻重的地位。然而，他的《岱宗密雪图》不幸被焚，实在是泰山艺术史上无可弥补的重大损失。

东岳名高四海间　此山之外更无山

——边贡与泰山

有明一代，“前后七子”蜚声文坛。边贡是“前七子”中的佼佼者，与李梦阳、何景明、徐祯卿号称“弘正四杰”。前七子另外三人为康海、王九思、王廷相。他们旗帜鲜明地“倡言复古，文自西京，诗自中唐而下，一切吐弃”，使得当时“操觚谈艺之士，翕然宗之”(《明史·文苑传序》)，产生了广泛而深远的影响。清代王士祯说：“吾济南诗派大昌于华泉、沧溟二氏，而筚路蓝缕之功，又以边氏为首庸。”可见其在明代诗坛的地位相当重要。

一

边贡(1476—1532)，字廷实，号华泉，济南历城人。祖父边宁，官应天府治中，父边节，曾任代州知州。边贡幼有异质，九岁随祖父至南京，受学于塾师陈月庵，居二年余回乡。弘治八年(1495)举乡试第四,九年中进士，授太常博士，深得孝宗赏识，是年仅二十岁。弘治十八年(1505)除兵科给事中。正德初迁太常寺丞。因不趋炎附势，正德四年(1509)外放河南卫辉知府，五年改荆州知府，颇有治绩。正德十年(1515)起为河南提学副使，申条教、勤考校，士风大振。世宗即位，起为南京太常寺少卿。嘉靖二年晋南京太仆寺卿，三年改南京太常卿，六年再改太常卿、提督四夷馆。嘉靖七年(1528)转刑部右侍郎，后拜户部尚书。嘉靖十年(1531)，右都御史汪铉劾其纵酒废职，遂致仕归乡。他一生游宦，每到一地，都要“登临山水，购古书、金石文字，累数万卷”(《历城县志》)。罢职后在济南大明湖畔筑万卷楼，以蓄金石书籍，不料于嘉靖十一年，万卷楼为大火所焚，一生心血化为灰烬，使他痛心疾首：“嗟乎，甚于丧我也！”遂伤恸过度而卒，年五十七岁。

二

边贡的文学成就主要在诗歌。纵览山水、登临古迹是其诗歌的重要内容，家乡一带的名胜，更是到处留下了他的游踪。他的一生，有四次游历泰山。第一次是弘治十七年（1504），时在太常博士任中，偶得闲暇，携友优游，饱览泰山秀色，留有《登岳，次刘希尹韵四首》：

其一

岱宗山秀百灵屯，壁立烟霄万古存。
幽府化机盈地轴，上清真气接天门。
霞标日观青松丽，春透龙池碧水温。
薄暮振衣峰顶石，蓬莱东眺海云昏。

其二

北上天门日未斜，刚风吹我度豁岈。
仙人洞古留丹鼎，玉女祠高护碧霞。
深涧千年犹冻雪，阴崖四月始桃花。
秦封汉禅俱牢落，细读穹碑感岁华。

其三

玉皇祠畔一凭栏，绝顶峰高夏亦寒。
北去尘沙通瀚海，西来天地是长安。
青云回隔三千界，白日平临十八盘。
似有飞仙度幽壑，凤笙声袅佩珊珊。

其四

岩嶂崔嵬云雾升，泰山灵秀古今称。
百千万地岂重有，三十八年才一登。
贝殿深春来供客，松崖落日下樵僧。

中天夕磬冷冷发，知在烟峦第几层。

诗中所提友人为刘天民（1486—1541），字希尹，号函山，济南历城人。正德九年进士，授户部主事，官至四川按察司副使。二人志趣相投，友谊颇深。后刘出仕，还诗文往还不断，共忆此番泰山之游，抒发对家乡的怀念。边贡殁后，刘天民搜罗焚后遗稿，约为边贡全部诗文三分之一，辑为《边华泉诗集》，并请人付梓，使边贡诗名与李梦阳、何景明共存并称。能有这样一位知己，边贡亦可自慰了。

第二、三次泰山之行是在正德八年（1513）他丁父忧在家守制期间。据边贡《东山春兴卷引》载，是年春曾游泰山，未久，业师陈月庵到济南，又陪其师游泰山。是在春季两游泰山。此行存有诗二首。

《泰山回马岭》：

回马岭前春时西，涧花岩树郁萋萋。
上方钟落不知处，唯见白云岩畔栖。

《御帐坪》：

白日天门近，青山御帐空。
亭虚从眺览，树古自登封。
过鸟层空上，鸣泉万壑中。
翠华春不返，惆怅昔人踪。

第四次游泰山是在嘉靖十一年罢职家居以后、万卷楼被焚以前，他与文朋诗友畅游泰山灵岩寺。此行从济南出发，一路逶迤南下，两番不期而至的大雨，反而更激起诗思游兴，留下一路华章。

《张夏道中遇雨短歌示同行诸子》：

南山北山雨如注，寒风飒飒吹山树。
中河水发行子愁，褰裳欲渡且复休。

黑雾苍云蔽村舍，咫尺谁能辨马牛。
嗟哉！出门百里行路难，我今胡为在中野。

雨过之后继续前行，到达靳庄，作《由张夏村赴靳庄望同游诸子》：

落日过张夏，黄昏投靳庄。
岭牛将犊下，沙鹤避人翔。
石径盘青霭，柴门闭绿杨。
同游忽不见，孤眺转苍茫。

好不容易在靳庄聚齐，却再次遇雨，诸人限韵唱和，有《靳庄铺坐雨次沈休翁韵》：

村南村北云山，亭外亭中烟景。
东岩过客重来，萝径萧萧薄暝。
鸟啼千树万树，云起前山后山。
门外青春向晚，雨中游客西还。

在山清水秀的游途上，却见到早春的蝗灾，零落的村庄，他不觉顿生凄凉。《靳庄山馆即事次张待御仲斋韵》：

野馆千峰对，登临日载阳。
山川气纡郁，天地色凄凉。
未卜三秋稼，先传二月蝗。
古村兵燹后，摇落见空墙。

次日一早，步出靳庄，灵岩寺已遥遥在望了。《出靳庄望灵岩寺》：

福地灵山表，来游春已深。
情知百里道，虚抱十年心。

野树犹含色，鸣禽欲变音。
花宫瞻望处，烟雾绕青岑。

时至中午，在灵岩寺附近的小村黄山店休息，心情兴奋而急切。《将赴灵岩午憩黄山店示同游诸子》：

感时愁不极，出野兴仍高。
墟野当红药，园林过碧桃。
水行沙路软，云卧石床牢。
更喜山翁朴，忘形对尔曹。

山人质朴，秀色可人，引发了游子的童心，遂一气写下《黄山店赵山家人》四首：

一

西山半衔落日，东岭尚宿归云。
雨过荒村向暮，柴门流水沄沄。

二

瓠叶翻翻雨骤，竹枝袅袅风斜。
忽见绿柽花发，犹疑春在山家。

三

流莺百啭深树，巢燕双飞短帘。
过客不惭阮籍，主人只似陶潜。

四

烟中白鸟双度，草际黄牛独还。
山寺暮钟何处，随风飘落人间。

将近灵岩寺之际，忽闻故友即至，有《出黄山村遇霍子闻郡守章柳庵将至灵岩喜而有作》：

路转黄山店，人逢霍茂才。
传呼寺僧出，五马欲东来。
野水村村响，岩芳树树开。
浪游双屐齿，沾湿破苍苔。

至于抒写灵岩寺景物名胜的诗篇，当是在万卷楼大火中丧失，已无从见到了。

边贡还有一些关于泰山的酬赠之作。如为友人之子所作《望岳亭为王生作》三首：

一

东岳名高四海间，此山之外更无山。
何时倚杖青云上，与尔朝登复暮攀。

二

望岳亭临河水隈，碧窗遥对孔林开。
谁知仰止平生意，不为岩岩气象来。

三

岱宗西与太行临，岚翠霏微晓不分。
底是灵州狄刺史，不看岩障只看云。

为内侄扇面画题诗亦涉泰山。《题内兄子立扇头》：

斜日清源北，浮云岱岳东。
故山归路好，不得与君同。

边贡还十分重视对民间风俗的调查了解。为宦各地时，经常是“自采民风问老农，微行不遣近官从”。他也注意到泰山一带流传的孟姜女哭长城的传说，有《贞女祠》诗：

长城在秦那在齐，齐山古寺春草萋。
千载哭夫能变俗，至今犹说杞梁妻。

贞女祠在泰山之阴，近莱芜境处。孟姜女哭城故事最早见于汉代《列女传》，说杞梁为齐国伐莒战死城下，“杞梁之妻乃枕其夫之尸于城下而哭。内诚动人，道路过者，莫不挥涕。十日而城为之崩”。据《左传》：鲁襄公二十三年（前550），齐国袭莒，齐将华周、杞梁与莒军交锋，杞梁被俘，齐君曾派使慰问其妻。其时齐长城尚未修建，则杞梁妻所哭应是莒国都城，后来转化为哭齐长城。故事发生的地点，则附会于泰山之阴的长城岭。现泰山南天门西侧的望府山，为当年孟姜女寻夫经过的“望夫山”。后因秦长城名气大，齐长城废弃，孟姜女故事遂被附会至秦长城。泰山望夫山也被传为望济南府之“望府山”。可知，孟姜女故事是泰山一带流传广泛的民间传说。边贡失察，限于当时条件，未能揭示孟姜女故事本源，反把齐地保存的祭祀孟姜祠庙作为讹传。这种失误，当可谅解。

边贡现存泰山诗，只有赴灵岩寺途中所作较为完整。由此看来，远不止现有数量。万卷楼遭焚之后，刘天民所辑已不足三分之一。现存《四库全书》本《华泉集》，是由王士祯重辑，距刘氏本又隔百有余年，散佚更多，已无缘见到边贡泰山诗之全貌，仅存的二十余首，就显得弥足珍贵了。

三

作为一个意气相投的创作群体，边贡与“前七子”其他成员之间的友谊很深，而他们对边贡故乡的泰山也情有独钟，写有大量泰山诗，或在诗文中多以泰山为喻，形成了明代泰山诗的第一个高峰。

李梦阳（1473—1530），字献吉，号空同子，庆阳（今甘肃庆阳）人。弘治七年（1494）进士，弘治十一年（1498）出任户部主事，后迁郎中，弘治十八年（1505）因弹劾“势如翼虎”的张鹤龄被捕入锦衣狱，不久释放。出狱后，有一次路遇张鹤龄，他竟扬鞭打掉张的两颗牙齿，可见他疾恶如仇的性格特质。正德元年（1506）因替尚书韩文起草弹劾刘瑾的奏章，被贬为山西布政司经历，不久又被捕入狱，刘瑾拟杀他，全靠康海说情才得释放。刘瑾被杀后，起故官，不久迁江西提学副使。后又因替朱宸濠阳春书院作记，削籍为民。著有《空同集》。

李梦阳的泰山诗有《郑生至自泰山》二首：

一

昨汝登东岳，何峰是绝峰？
有无丈人石？几许大夫松？
海日低波鸟，岩雷起窟龙。
谁言天下小？化外亦王封。

二

俯首无齐鲁，东瞻海似杯。
斗然一峰上，不信万山开。
日抱扶桑跃，天横碣石来。
君看秦始后，仍有汉皇台。

《五仰诗五首》（其三）：

我所仰兮在泰山，侧身东望阻齐关。
南有龟蒙东肃然，仙人赠我绿琼丹。
招我东游扶桑间，我欲从之途路艰。
东望河济涕潺湲。

《仙人篇》：

何者一老翁，耳垂双肩绿瞳方。
来此芙蓉峰，招我同行。

耸身即老翁，授我玉柈丹。
携手游洪濛，东至泰山巅。
飞瀑扬膏波，清松荫石关。
饥叽掇瑶草，渴饮玉屑泉。
晨朝吸沆瀣，夕憩若木间。
俯视九区内，伤心泪汍澜。

李梦阳的泰山诗，善于开阖变化，善于突兀作结。如《郑生至自泰山》（之一）前两联连续三个设问，造成突如其来的气势，给人剑拔弩张之感。他的诗才思雄鸷，气象高古，意象开阔；如《郑生至自泰山》（之二），有磅礴欲动的气势，蕴藏着鉴古知今的雄风；如《仙人篇》，则寄寓着对现实的感慨。

何景明（1483—1521），字仲默，号白坡，又号大复山人，汝宁信阳（今河南信阳）人。自幼聪明颖悟，弘治十五年（1502）二十岁时考中进士，弘治十七年授中书舍人，与李梦阳等相互交游，倡言复古，即自兹始。武宗即位后，刘瑾窃权，他上书吏部尚书许进，劝其“秉政毋挠”。次年，恐祸及，谢病归。刘瑾伏诛后，因李东阳推荐，直内阁制敕房。正德九年（1514）曾上奏《应诏陈言治安疏》，针对各种弊端，提出“义子不当畜，边军不当留，番僧不当宠，宦官不当任”，表现出明智的政治见识。后升吏部员外郎，旋升陕西提学副使，在任期间敢于摧折豪强。正德十六年病卒，年仅三十九岁。著有《大复集》。

何景明与边贡交谊颇深，其《赠边子四首》（之二）写道：“同车越梁晋，览历多古疆。纡迟卫流汭，转盼淇水阳。感来意不浅，道故言已长。辛勤眷途语，怆恻悲别章。”何氏的泰山诗有《梁甫吟》：

君不见，泰山高高，梁甫在其半。
古来封坛禅地无宫馆。
崖崩壁坼铁锁断，秦碑汉碣何人看。
自从生人开九州，九十六帝行权谋。
虎豹啖食龙蛇忧，朝翻暮覆作云雨。
立谈坐笑生戈矛，鬼神来往仙不死，
尘埃万变扶桑流。

君不见，田疆论功争二桃，齐门三丘埋野蒿。
又不见，鲁连辞赏轻千金，却秦救赵何雄豪。
眼前无人辨曲直，身后声名更何益。
拂袖空怜蹈海心，护车枉负排山力。
梁生五噫歌莫哀，东绝梁甫观蓬莱。
千年云开锦绣壁，五色日抱金银台。
瀛洲方丈列仙占，文成五利何能验。
徐生入岛竟不回，博士儒生尽坑堑。
我吟梁甫君振衣，世路崎岖多是非。
琅玕芝草海岱曲，钓竿拄杖从今归。

何景明对泰山、徂徕古松情有独钟，写有《古松歌》，标榜泰山松的格调风骨：

贤隐寺傍之古松，奇绝可比徂徕峰。
问之故老迷岁月，但见皮肉屈彊苔藓裂。
高枝上掣玄冥风，回柯反扫阴崖雪。
藤翻蔓卷空林黑，集霰流烟岂终极。
斧斤相顾畏盘错，梁栋谁来夸正直。
昔予山游驻车马，行吟屡憩兹松下。
松根老僧为开径，野色岩姿坐生暝。
叶暗秋灯梵殿深，花香晚饭斋厨静。
一年幽忧不到此，宁知摧折空山里。
龙盘虎拿终有神，白骨苍鳞半枯死。
沧波古岸霜气夕，硉矹犹看数千尺。
石上连朝走云雨，山中十月飞霹雳。
千灵百怪相护诃，过客居人尽怜惜。
君不见泰山五大夫，零落今看在何处。
沧海空流使者槎，悲风暮起将军树。
呜呼！人生富贵竟何益？
松乎松乎！吾当为尔诛茆傍青壁！

另外还有赞颂泰山雄奇瑰丽、神仙缥缈的《石川子歌》：

石川之水东流入东海。
涛雷赣雪几荡咍，
白石烂烂色不改。
泰山嵯峨青石室，
楼阁窈窕云雾密。
悬峰窗牖瞰海底，
红轮倒影扶桑日。波上三山渺安在？
海灵冥冥现百怪。蛟螭九首盘为梁，
神仙万古长相待。
……

与李梦阳的劲健不同，何景明的泰山诗以俊逸为主，往往给人以婉转抑扬之感，如《梁甫吟》；但也偶尔有劲健雄厉之作，如《古松歌》。他与李梦阳的泰山诗名各有千秋。

徐祯卿（1479—1511），字昌谷，吴县（今江苏苏州）人。少与唐寅、祝允明、文徵明齐名，号吴中四才子。弘治十八年（1505）进士，授大理寺副卿，因失囚，降为国子博士。卒于京师，年仅三十三岁。著有《迪功集》，又有《谈艺录》一卷，谈诗颇有会心之论。徐祯卿与边贡交谊极深，有《秋日怀李郎中及边、熊二君五首》。徐祯卿的泰山诗均为歌行体。

《步出夏门行》：

远游蹑泰峤，高举凌云门。
白日驻华盖，丹霞耀飞轩。
腾蛇载雾兴，玄鹤凭飙骞。
玉女从白鹿，青龙挟两辕。
左顾叔卿笑，右接洪崖言。
长松荫列坐，六博溯芳樽。
袅袅祥风被，郁郁华芝馨。

沐余逝咸池，晞发乘昆仑。
轻身仿鸿举，长啸若云翻。
下视尘世徒，鼠腐宁足论。

还有一首拟“苛政猛于虎”寓意的长诗《猛虎行》。

上山晨采樵，下山逢猛虎。
深林丛薄不可度，熊貔巉岩兮向我怒。
虎欲食我，低头据地而长号。
使我心悲泪如雨。
舍中无人，言父与妻。爨下又无食，
使我孤儿啼，拔剑前致词：
尔胡不仁至此为？棱牙锯齿，食人之肝！
拒骨而撑尸，膏血布川谷，
乌衔其肉，倒挂东南枝。
恻恻草野中，行哭声正悲。
娇女行采桑，道逢野虎抟食之，
沧浪之天更不慈。
猛虎瞑目若摇思，便复舍我置道旁。
我欲东归河无梁，绵绵邈邈，思我故乡。
嗟尔行路人，猛虎当关慎莫行，
思我父母多苦辛。
吁嗟！猛虎白额狸斑而黑文，
何不渡河而去从彼豺狼群，
城中咆哮竟夕闻。吾将诉汝于泰山君。
猛虎行，且莫歌，泰山之君奈若何！

还有一首《石川子歌》：

石川子，隐于鲁门之西。

长牵青牛饮素溪，有时驾之骖文狸。
骖文狸，乃至岱宗之巅，弱水之湄。
石门迢迢上通天，玉京金阙光陆离。

过谒太山君，道逢赤松师。
授以长生说，炼气服食除三尸。
青泥丹鼎子善治，玉枰他日如相赠，
共尔商山歌紫芝。

徐祯卿的泰山诗质朴沉稳，同时又幻化神奇；具有情文并茂，意韵缠绵的特点，又不乏格调清妍、文辞婉约的风格。

“前七子”中另外三人，未见有专诗写泰山，只是在相互酬答诗中偶涉泰山，故兹不具论。

四

边贡当时就被推许为高手。明人何良俊在《四友斋丛说》中评价边贡是“兴象飘逸，而语亦清圆”。这一特点，在边贡泰山诗中有突出表现。如《泰山回马岭》的“上方钟落不知处，唯见白云岩畔栖”，确实兴象飘逸，言有尽而意无穷；还有“幽府化机盈地轴，上清真气接天门”(《登岳》之一)的雄奇奥秘，有“北去尘沙通瀚海，西来天地是长安”(《登岳》之三)的壮丽磅礴，有“似有飞仙度幽壑，凤笙声袅佩珊珊”的柔美婉丽。在语言方面，边贡诗注重词采，但并不过分藻饰雕琢，并继承了唐诗音韵和谐、自然流畅的特点。陈子龙在《明诗选》中说他“才情甚富，能于沉稳处见其流丽”。王世贞《艺苑卮言》中说：“边廷实如洛阳名园，处处绮卉，不必尽称姚魏。又如五陵裘马，千金少年。”这种成就，受益于地域之便，他数次登山，谙熟景胜；这种评价，影响带动了“弘正四杰”中其他人泰山诗的创作，形成了一个小小的繁荣。这一点与明初诗坛大有不同，“开国文臣之首”的宋濂，隔阻于兵荒战乱，只能发出“泰山有乔松，老干凌苍霞”(《送李生还四明诗》)的浩叹，对泰山心神向往；博学多识如高启，也只是放歌“泰山玉检书成功，芝房正奏甘泉宫”(《放歌行》)，作神游泰山之想。边贡等人的泰山诗，弥补了明初诗坛的这种缺憾，同时也为明中叶以后泰山诗文的大量涌现，开辟了先路。

路入天衢畔　身当宇宙中

——王守仁与泰山

王守仁是明代中叶著名的思想家、政治家、哲学家、教育家，也是文学家。他所创立的“阳明心学”，与南宋以来的“程朱理学”分庭抗礼，其学说影响，不仅风靡当时，而且波及明清两代以至近代儒学，并在日本、朝鲜等国产生了重要影响，成为中国传统文化中的重要组成部分。作为文学家，他曾经参与“前七子”的活动，在诗歌、散文创作中独树一帜，卓有成就。“前七子”中的徐祯卿及当时一批著名诗人都是他的门人；“后七子”重要成员王世贞笃信“阳明心学”，自述“余十四岁，从大人所得《王文成公集》，读之而昼夜不释卷，至忘寝食，其爱之出于三苏之上”(《读书后·书王文成公集后》)。阳明学说对前、后“七子”创作均有一定影响。王守仁的泰山诗，也别具风格。

一

王守仁(1472—1529)，字伯安，号阳明，浙江余姚人。王氏谱系可上溯到晋代名臣王览，其与王世贞当为族亲。守仁之父王华，明宪宗成化十七年(1481)举进士第一，充翰林院侍讲，累官翰林学士、少詹事、南京吏部尚书，封新建伯。王守仁自十一岁随父任在京，作诗即有异质。弘治十二年(1499)进士及第，观政工部，次年授刑部云南司主事。十七年(1504)改兵部武选司主事。武宗正德元年(1506)，宦官刘瑾矫旨，将南京给事中御史戴铣等二十余人逮捕入狱，王守仁抗疏引救，为此遭到刘瑾报复，被廷杖四十，贬为贵州龙场驿(在贵州修文县)驿丞，受尽折磨，几至于死。刘瑾死后，于正德五年(1510)出任江西庐陵知县，半年后升南京刑部四川司主事。正德九年(1514)升南京鸿胪寺卿，后升南京都察院左佥都御史，正德十四年(1519)升江西巡抚。次年平定宁王朱宸濠叛乱，升南京兵部尚书，封新建伯，参赞机务。其上疏乞归里探亲。嘉靖六年（1527）复起为都察院左都御史，总督两广及江西、湖广军务，于九月赴广西平定田州、思恩之乱，随后在当地设立学校，教化民众。次年十一月从广西返回，行至江西南安（今大余县）青龙铺，逝于舟中，时年五十七岁。后追赠新建侯，谥“文成”。有《王文成公全书》三十八卷行世。

王守仁一生有多方面的卓异成就。清代著名学者王士祯说：“王文成公为明第一流人物，立德、立功、立言皆踞绝顶。”（《池北偶谈·谈献五·王文成》）他的学说在明中叶以后影响很大，本人也成为明代最具影响的人物之一。

二

明孝宗弘治十四年（1501），王守仁在刑部云南司主事任上，应山东监察御史陆偁礼聘，担任山东乡试考官。向往泰山已久的王守仁喜出望外。他在《山东乡试录序》中说：“山东，古齐、鲁、宋、卫之地，而吾夫子之乡也。尝读夫子《家语》，其门人高第，大抵皆出于齐、鲁、宋、卫之叶，固愿一至其地，以观其山川之灵秀奇特。”在《山东乡试录后序》中还说：“夫山东天下之巨藩也，南峙泰岱，为五岳之宗，东汇沧海，会百川之流；吾夫子以道德之师，钟灵毓秀，挺生于数千载之上，是皆穷天地，亘古今，超然而独盛焉者也。然陟泰岱则知其高，观沧海则知其大，生长夫子之邦，宜于其道之高且大者有闻焉，斯不愧为邦之人矣！”考试结束之后的深秋，王守仁登临泰山，写下了八首泰山诗。《登泰山五首》：

一

晓登泰山道，行行入烟霏。
阳光散岩壑，秋容淡相辉。
云梯挂青壁，仰见蛛丝微。
长风吹海色，飘遥送天衣。
峰顶动笙乐，青童两相依。
振衣将往从，凌云忽高飞。
挥手若相待，丹霞闪余晖。

凡躯无健羽，怅望未能归。

二

天门何崔嵬，下见青云浮。
泱漭绝人世，迥豁高天秋。
暝色从地起，夜宿天上楼。
天鸡鸣半夜，日出东海头。
隐约蓬壶树，缥缈扶桑洲。
浩歌落青冥，遗响入沧流。
唐虞变楚汉，灭没如风沤。
藐矣鹤山仙，秦皇岂堪求。
金砂费日月，颓颜竟难留。
吾意在庞古，冷然驭凉飔。
相期广成子，太虚显遨游。
枯槁向岩谷，黄绮不足俦。

三

穷厓不可极，飞步凌烟虹。
危泉泻石道，空影垂云松。
千峰互攒簇，掩映青芙蓉。
高台倚巉削，倾侧临崆峒。
失足堕烟雾，碎骨巅崖中。
下愚竟难晓，摧折纷相从。
吾方坐日观，披云笑天风。
赤水问轩后，苍梧叫重瞳。
隐隐落天语，阊阖开玲珑。
去去勿复道，浊世将焉穷！

四

尘网苦羁縻，富贵真露草。

不如骑白鹿，东游入蓬岛。
朝登太山望，洪涛隔缥缈。
阳辉出海云，来作天门晓。
遥见碧霞君，翩翩起员峤。
玉女紫鸾笙，双吹入晴昊。
举首望不及，下拜风浩浩。
掷我《玉虚篇》，读之殊未了。
傍有长眉翁，一一能指道。
从此炼金砂，人间迹如扫。

五

我才不救时，匡扶志空大。
置我有无间，缓急非所赖。
孤坐万峰颠，嗒然遗下块。
已矣复何求，至精谅斯在。
淡泊非虚杳，洒脱无蒂芥。
世人闻予言，不笑即吁怪。
吾亦不强语，惟复笑相待。
鲁叟不可作，此意聊自快。

《泰山高次王内翰司献韵》：

欧生诚楚人，但识庐山高。
庐山之高犹可计寻丈，若夫泰山，
仰视恍惚，吾不知其尚在青天之下乎，
其已直出青天上？我欲仿拟试作《泰山高》，
但恐培塿之见未能测识高大，笔底难具状。
扶舆磅礴元气钟，突兀半遮天地东。
南衡北恒西泰华，俯视伛偻谁争雄？
人寰茫昧乍隐见，雷雨初解开鸿蒙。

绣壁丹梯，烟霏霭雷，
海日初涌，照耀苍翠。
平麓远抱沧海湾，日观正与扶桑对。
听涛声之下泻，知百川之东会。
天门石扇，豁然中开；
幽崖邃谷，襞积隐埋。
中有遁世之流，龟潜雌伏。
餐霞吸秀于其间，往往怪谲多仙才。
上有百丈之飞湍，悬空络石穿云而直下，
其源疑自青天来。岩头肤寸出烟雾，
须臾滂沱遍九垓。古来登封，
七十二主；后来相效，
纷纷如雨；玉检金函无不为，
只今埋没知何许？但见白云犹复起，
封中断碑无字，天外日月磨；
刚风飞尘过眼倏，超忽飘荡，
岂复有遗踪！天空翠华远，
落日辞千峰。鲁郊获麟，
岐阳会凤；明堂既毁，
闷宫兴颂。宣尼曳杖，
逍遥一去不复来，幽泉呜咽而含悲，
群峦拱揖如相送。俯仰宇宙，
千载相望，堕山乔岳，
尚被其光；峻极配天，
无敢颉颃。嗟予瞻眺门墙外，
何能仿佛窥室堂？也来攀附摄遗迹，
三千之下，不知亦许再拜占未行。
吁嗟乎！泰山之高，其高不可极。
半壁回首，此身不觉已在东斗傍。

《游泰山》：

正湍下云窟，千尺泻高寒。
昨向山中见，真如画里看。
松风吹短鬓，霜气肃群峦。
好记相从地，秋深十八盘。

《御帐坪》：

危构云烟上，凭高一望空。
断碑存汉字，老树袭秦封。
路入天衢畔，身当宇宙中。
短诗殊草草，聊以记吾踪。

三

王守仁的诗文成就，往往为他的功业学术所遮掩，而较少有人论及。他作为诗人，也有很高天分。十一岁随父赴京上任，船过镇江金山寺，大人们饮酒赋诗，尚未成篇，他已脱口而出："金山一点大如拳，打破维扬水底天。醉倚妙高台上月，玉箫吹彻洞龙眠。"使人大为惊异。后来在京师，与李梦阳、何景明交游，"刻意为词章"(《列朝诗集小传·王守仁传》)，并负有才名。只是后来专心研究学问，才停止了酬唱。据王之门人钱德洪、罗洪先所作《年谱》记载："京中旧游俱以才名相驰骋，学古诗文。先生叹曰：'吾焉能以有限精神为无用之虚文也！'"但他在文学上仍取得很高成就。清人徐元文称他"文章汪洋浑灏，与唐宋八大家抗行。"他的《瘗旅文》等被选入《古文观止》，成为广为传诵的名篇。他的诗作也自成一体，独抒胸臆，形成秀逸自然的诗风。他的《登泰山五首》之一，还带有模仿、化用唐代李白《游泰山》诗的痕迹。其他几篇，也有较浓厚的寻仙访道、厌倦尘世的味道。但是作为注重内心省察的学者，不可避免地涉及现实社会的内容。如《登泰山五首》之三中"失足堕烟雾，碎骨巅崖中。下愚竟难晓，摧折纷相从"，对当时在泰山"舍身崖"舍身还愿的迷信陋俗进行批评，表示惋惜。在第五首中，直接以议论为诗，说明自己的志向与处世态度不为世人理解，自己却能以洒脱相对，淡泊处之。

他的《泰山高次王内翰司献韵》，以长篇歌行体抒写了泰山的雄奇景色与神奥变幻，气势镑礴而富有变化，忽而是高峻的雄峰，忽而是低迷的沟壑，忽而海涌日出，忽而云遮雾罩。这种倚峙不定的境状，实际上隐晦地折射了他在习悟程朱与出入佛老之间的徘徊、选择。

他的两首五律《游泰山》《御帐坪》清新爽利，秀美如画，可视为早期诗歌的代表作。“飞湍下云窟，千尺泻高寒”，准确地捕捉到泰山之秋的传神景致，使一路游览“真如画里看”。天、山、人相参，乃生出“路入天衢畔，身当宇宙中”的感悟。凭吊秦松汉碑，倍感人生短暂，这次游踪更是忽如过隙。那么什么才能与山川景物同样永存呢？看来只有“吾心”了。这次游览泰山，对王守仁一直苦思冥想的“心学”不无启迪。

王守仁对于自己的泰山诗和早期诗作还是比较满意的。王世贞在《书王文成集后》说：“伯安之为诗，少年有意求工，而为才所使，不能深造而衷于法；晚年尽举而归之道，而尚为少年意象所牵，率不能深融而出于自然。其自负若两得。”纪昀在《四库全书·王文成全书总目提要》中作了比较全面的评价：“守仁勋业气节，卓然见诸施行，而为文博大昌达，诗亦秀逸有致，不独事功可称，其文章自足传世也。”这个评价，应当说是比较公允的。

河流晓挂天门树　海色秋高日观峰

——李攀龙与泰山

李攀龙是明代“后七子”的领袖人物，于嘉靖、隆庆间主盟诗坛二十余年，名重一时，被称之为“崛起沧海，雄长泗上，诸姬主盟中夏，燕、秦、吴、楚之人翕然宗之，如黄河、泰岱，又如太原公子，望之有王气，斯固万夫之雄也。后之学者，闻于鳞之风，皆振衣高步，追踪古作者，于鳞有起衰之功矣”。直至清初，仍“家有其书，人耳其姓字，传诵其流风余韵不衰”。（施闰章《沧溟先生墓碑》）作为一代诗宗，他那笔力雄健、风骨高格的泰山诗，对整个明代的泰山诗，也具有不可磨灭的“起衰之功”，充盈着一股超逸的气韵。

一

李攀龙（1514—1570），字于鳞，因家靠近东海，自号沧溟，人称沧溟先生。先世籍贯济南府长清县，他的曾祖父李祯从长清县迁移到历城县龙山镇（今属济南章丘区）。李攀龙出生于一个破落富豪之家，其父李宝“以资事德庄王为郎，善酒，任侠，不问家人生产”（王世贞《李于鳞先生传》）。攀龙九岁而孤，赖母亲张氏纺织度日。因家贫而自奋于学。嘉靖十九年（1540）二十七岁时以省试第二名考上举人，嘉靖二十三年（1544）三十一岁入京会试，名列第三甲末尾，赐同进士出身，试政吏部文选司。次年“以疾告归”，返济南养病。嘉靖二十五年（1546）“还京师，聘充顺天乡试同考官，简拔多奇士”（王世贞《李于鳞先生传），次年被正式任命为刑部广东司主事。为政之暇，结交了一批同声相应的文朋诗友，如同乡好友、时任翰林院检讨的殷士儋，后来结为儿女亲家的许邦才等。在这期间，发生了两件影响钜深的大事。第一件事情，是嘉靖二十六年（1547）春，江苏太仓人王世贞中进士，试政大理寺，由其同年山东濮州（今河南范县）人李先芳把他推荐给李攀龙，李、王二人成为契交。李先芳（1511—1594），字伯承，号东岱，北山，湖北监利人，寄籍濮州，后官至尚宝司少卿，有《东岱山房稿》《江右诗稿》《读诗私记》等。李先芳十六岁即能赋诗，"未第时，诗名籍甚齐鲁间，先于李于鳞"（《列朝诗集小传·李同知先芳》），待职在京期间，"乃与历下殷文庄公、李宪使于鳞、任城靳少宰、临清谢山人，结社赋咏，相推第也"（于慎行《尚宝司少卿北山李公先芳墓志铭》）。李攀龙早期诗作曾受到李先芳、谢榛等人影响指教。由李先芳热情介绍，王世贞与李攀龙交识，并取得"文自西京以下，诗至天宝以下不齿"（徐中行《重刻李沧溟先生集序》）的共识，从而奠定了结为"后七子"诗社的坚固基础。第二件事情，是嘉靖二十九年（1550）春，"后七子"另外四名成员徐中行、梁有誉、宗臣、吴国伦同登进士，聚会京师。徐中行（1517—1578），字子与，号龙湾，浙江长兴人。授刑部广东司主事，官至江西左布政使。梁有誉（1519—1554），字公实，号兰汀，广东顺德人。官刑部山西司主事，有《兰汀存稿》。宗臣（1525—1560），字子相，号方城山人，江苏兴化人。授刑部广西司主事，后官至福建提学副使，有《宗子相集》。吴国伦（1524—1539），字明卿，号川楼，又号南岳山人，兴国（今湖北阳新县）人。授中书舍人，后官至河南左参政，有《甔甀洞稿》。这四人再加上李攀龙、王世贞、谢榛，号为"后七子"，大力从事诗歌创作，高举文学复古旗帜，"诸人多少年，才高气锐，互相标榜，视当世无人，七才子之名播天下"（《明史·文苑传·李攀龙传》），李攀龙更是被尊为"文苑之南面王"（虞淳熙《徐文长集序》）。这种情况，一直持续到嘉靖三十一年（1552），李攀龙奉母回济南，梁有誉以病告归，谢榛南游安阳，王世贞返江苏太仓，"后七子"星散各地，集中的创作活动告一段落。

嘉靖三十二年（1553）秋，李攀龙被外放，任直隶顺德府（今河北省邢台市）知府。这是他自称"傲吏"，"稍类强直"，不肯趋附于权相严嵩而不可避免的结局。当时顺德灾乱连年，他到任后察灾情，问疾苦，兴利除弊，三年境内大治，赢得"卓异"政绩，于嘉靖三十五年（1556）秋升迁为陕西按察司提学副使。不满一年，即借故致仕归家，十年不起。直到严嵩父子得到惩治，隆庆改元，才起复为浙江按察司副使，转河南按察使。隆庆四年（1570）卒于官，年五十七岁。

二

李攀龙现存有八首泰山诗，分别作于不同时期。他在嘉靖二十四年回济南养病时开始学习作诗，方法是模拟盛唐，直接根源。其现存诗歌近1400首，其中早期拟古、仿古诗占三分之一，这些诗作大多“止规字句而遗其神理”（朱彝尊《静志居诗话》），“不堪与古乐府并看，看则似临摹帖耳”（王世贞《艺苑卮言》）。他最早的泰山诗即明显带有这一特点。《泰山篇》：

大东有神岳，专名为岱宗。
日精摄海气，吴野控其峰。
明堂朝列后，金策纪元功。
维昔七十家，轩辕此登封。
云霞自窈窕，石室何青葱。
仙人揽玉树，须发生清风。
灵液飞潺湲，芝草如蒿蓬。
唯帝拥灵符，千载一升中。
愿言与问道，乘龙举太空。

全诗板滞生硬，毫无韵致可言，果然是“临帖”之作。这篇不成熟的诗作，倒是给我们提供了李攀龙初次登泰山的时间，大致应在嘉靖十六年（1537）成为郡学廪生之后，至嘉靖二十三年赐进士前这段时间。有了这次登览，诗中才能广泛涉及泰山史迹典故、景胜风光。

同期还有古体诗《题申职方五岳图》：

谁将五拳石，错落余之堂？
坐看素壁缠云雾，安得群峰挂屋梁！
更愁深林暝难入，岚影明灭侵衣裳。
左眄欲生沧海日，右临少昊凝青霜。
扫练白沙走朔漠，回毫紫盖垂炎荒。

须臾二室崚嶒出，杳然置我烟霞傍。
不闻吹笙控飞鹤，浮丘子晋俱冥茫。
良工拓笔天为开，长风西逐层阴来。
中庭无人数移席，巅崖乍堕松杉摧。
眼前突兀太古色，九州惨淡如浮埃。
宓牺神农未诞降，元气始判洪濛哉。
大江浩浩黄河流，巨野相望悬莫秋。
异代犹控秦汉策，真形或结金银楼。
凭轩忽惊去千里，青鞋竹杖胡在此？
复疑窈窕迷归路，何当税驾聊徙倚。
卷帘逾添空翠寒，张灯更爱夕阳紫。
邢襄小吏困时名，知君雅意怜泥滓。

与《泰山篇》相比，这首歌行体多了些恢宏气度，少了点呆板沉重，已有明显进步。申职方，其人未详。职方为官名，明代在兵部下设职方清吏司，职责为执掌舆图、军制、城隍、镇戍、简练、征讨之事。大概家在河北邢台一带，故称“邢襄小吏”。

“七子”结社之后，李攀龙有一首《同元美、子相、公实分赋怀泰山得钟字柬顺甫》：

域内名山有岱宗，侧身东望一相从。
河流晓挂天门树，海色秋高日观峰。
金箧何人探汉策，白云千载护秦封。
向来信宿藤萝外，杖底西风万壑钟。

纵观李攀龙诗作，唯其七律成就最高。这首七律虽谈不上有多少真挚感情，但已初步显示出气势奔放、意境开阔的特征。题目是诸人“分赋怀泰山”，则点出参加分赋唱和的王世贞、宗臣、梁有誉等人在此之前已游览过泰山。

在京居官期间，李攀龙还有两首泰山诗，即《殷太史正甫至自泰山为赠》：

明堂天子昔登坛，御道风流拥汉官。
海色回临三观动，春阴不散五松寒。
白云忽向封中出，玉牒谁从箧里看？
此日满朝求禅草，相如早晚入长安。

《又作此问正甫》：

上宫春色自何年，阿阁神房几洞天？
囊里定携三秀草，怀中曾拟四愁篇。
射牛汉迹今犹在，系马吴门似杳然。
七十二家论祀典，还朝可奏圣人前。

殷正甫即殷士儋（？—1581），字正甫，又字棠川，历城人，与许邦才同李攀龙在济南郡学时为同窗好友，嘉靖二十六年进士，后入翰林院，“选庶吉士，授检讨”，曾任裕王朱载垕（即后来即位的明穆宗）的讲官，是一位直言敢谏的耿介之士，后官至武英殿大学士，加太子太保，著有《金舆山房稿》。攀龙之子李驹曾从殷受学，攀龙死后，由殷撰写墓志铭，称之为“当代之宗工巨匠”。二人交谊很深，所以诗中以汉代司马相如来比喻殷之文采与幸运。此时李攀龙所作七律已臻圆熟，透出雄俊超逸的气象。

李攀龙最后一次登临泰山，是在辞官居家期间。嘉靖三十八年（1559），李攀龙四十六岁，是年在历城东郊华不注山、鲍山之间筑起白雪楼，杜门谢客，专心致志于诗文撰述，进一步倡导文学复古，执天下文柄，名声日隆，达官贵人造访却不得见。时髫年好友殷士儋在告家居，许邦才任德王府长史，只此二人可与攀龙过从靡间。此次游泰山留诗两首。《和魏使君扶侍游泰山》：

中天诛荡敞天门，上帝楼台拱帝孙。
五马并临吴观重，诸峰独让丈人尊。
秦松忽借苍颜驻，海日遥衔紫气屯。
可道黄河看似带，须知西北是昆仑。

《魏使君以太公登泰山》：

何言紫气满昆仑，须信中原五岳尊。
南极一星朝日观，东方千骑拥天门。
舞衣重染云霞色，探箧深衔雨露恩。
试向丈人峰上望，徂徕新甫拱儿孙。

使君是汉代对刺史或太守的称谓，后成为对州郡长官的尊称。此处魏使君乃指济南知府魏裳。裳字顺甫，蒲圻（今湖北蒲圻）人。与宗臣等同为嘉靖二十九年进士，授刑部山西司主事，后稍迁员外郎、郎中。李攀龙与王世贞、宗臣等“分赋怀太山”时魏裳即在场。“七子”结社时，“顺甫自以才不能称诸子，益自刻苦，昼从曹中治司空城旦，小间即开卷，非夜分弗释也”（王士贞《魏顺甫传》），后来终于被王士贞称为“后五子”之一，亦是“吾党三甫”之一。魏裳是李攀龙的忠实追随者、支持者。当李攀龙与谢榛发生龃龉时，他坚决站在李攀龙一边。嘉靖三十三年（1554）春，谢榛赴京途经顺德，拜谒了出任顺德知府的李攀龙，受到冷遇，而生怨恨。及至京师，颇为人道白此事，言及李攀龙治顺德无状。当时魏裳“最庄事于鳞，亦以于鳞故推（重）东郡谢生。一日，谢生恨于鳞，数其郡不法事。众默然。顺甫独前质曰：‘为先生见之耶？抑闻之人耶？’生遽曰：“亦闻之人耳”。顺甫曰：‘于鳞之善先生，天下莫不闻，先生宜得之久。今以人言而遂信之，则不明；有所闻而不以告于鳞，则不忠；不以告于鳞而告之士大夫显者，则不厚。裳请改事矣！’遂拂衣去”（王世贞《魏顺甫传》）。嘉靖末，魏裳以刑部郎中出任济南知府。此时李攀龙“已弃官里居，一切谢客，顺甫三及门而不见，以一苍头报谢。人或谓曰：‘与若部民，胡倨也？’顺甫益往候之。于鳞不自得，乃出，饮，谈诗甚欢。顺甫性高简，亡所过从，所过必于鳞。即伺，于鳞亦无他客也。以是竞其任时”（王世贞《魏顺甫传》）。两位同样孤傲狂简的人物，竟能有如此奇异的交往。诗中特别点明魏的“扶侍”“以太公”事之，更突出了魏裳的恭谨奉伺。除了登临泰山，魏还以同样的恭谨陪同李攀龙游览了龙洞山、神通寺、玉函山等名胜。

李攀龙还有一首写五岳真形图的诗作《和题郭山人五禩游囊杂录·五岳图》：

远游何所佩？五岳真形图。
怪尔烟霞里，精光互有无。

李攀龙居家期间的诗作，尤其是律诗和绝句，艺术圆熟，达到较高境界。“后七子”诗派中“末五子”之一的胡应麟，称其“七言律绝，高华杰起，一代宗风”。许学夷也说：“于鳞七言律，冠冕雄壮，诚足凌跨百代。”（《诗源辩体》）以此校之此期的泰山诗，也是适宜的。

居家期间，李攀龙还有一次携友同游泰山的设想。在他给李先芳的《答李伯承书》中约定：“暮春者维我二人，握手天门日观之上，信宿道故；东望吴门，品目中原诸子，沾沾自快无已。南谒孔林，振衣金奏，可论昭旷之致，伯承能无意哉？昨谢叟报诗，能邀令从游否？”据于慎行《李符卿墓志铭》、邢侗《濮阳李公行状》推测，李攀龙此书应写于嘉靖四十四年（1565）李先芳罢官后不久。但此次邀请同游泰山，并请李先芳转邀谢榛“令从游”，是否成行，已很难考证。不过就二李及谢榛现存诗文来看，未成行的可能性较大。

三

李攀龙还有一部分关于泰安的诗文，说明他对泰山一带人物事件的关心。在京居官期间，有一篇七言排律《送莱芜萧簿》：

萧生业本儒术起，稍因读法得其指。
栖息十年白鹿洞，担囊一卷《青乌子》。
岱宗雄蟠大海滨，衣冠气王中有人。
我家松槚三千树，鞍山东望华不注。
为说干时常坎坷，独怜明主能知遇。
莱芜作薄更谁群，但恨无过范史云。
釜里蠹鱼堪自见，鞭下虫蛆讵忍闻。
看君才岂催科拙，请谒公门非所屑。
藩臣答诏误承恩，翻然遂就迁官列。

匹马悠悠复路岐，即今失意欲何之？
同乡冢宰谙名胜，府掾郎曹伫可期！

诗中萧薄，即萧荣祐，江西人，嘉靖二十七年任莱芜县主簿。诗中称赞了他的学识、才华，对暂屈下僚的惋惜、对前程的期望，也介绍了家乡山水景胜的美好，人物掌故的传说等等，对这位刚刚踏入仕途的年轻士子，充满殷殷之情。

居家期间还应友人之请撰写了两篇有关泰安的碑记。一篇是《重修肥城县孝里铺记》。孝里铺是东汉二十四孝中郭巨埋儿的地方（在今长清境内），东汉以来即建祠供奉祭祀，作为昌明孝道之所。至嘉靖末年已坍塌破败。经当时山东按察使周公提议，肥城县令钱某操办主持，历时三月告竣，使“门属之门，堂属之堂，其个相偶，其序相翼，备矣”，整体建筑焕然一新，致四方士众“望孝里而归之，视远如迩”。查《山东通志》及《肥城县志》，山东按察使为周世远，四川江津（今属重庆市）进士。肥城县令为钱周商，吴江（今江苏苏州）举人，嘉靖四十四年（1565）至隆二年（1568）在任。李攀龙于隆庆元复出，可知此事不会晚于嘉靖四十五年。另一篇是《肥城县修城碑记铭》。记中首先考证自汉代设泰山郡以来就领有肥城，东汉泰山太守应邵称为“肥子国”。其“城围六里，一百步，高一丈五尺云，盖严邑也。五岭盘其北，陶山据其西，视郡城为外屏焉”。又是由按察使周世元、县令钱周商共同发起筹备，将旧城土墙修葺加固，补筑了长年坍缺的西面城墙，并以石砌就，使“肥之所以有成城也”。是役同样历时三月。在李攀龙看来，这当然是防乱安民的一桩德政，值得刻石留记。

四

“后七子”一派既是同气相求、同声相应的创作流派，其对泰山的兴趣关注亦有同好，因而留有一批泰山诗文，成为明代泰山诗文的第二个高峰。

李先芳是“后七子”的长者，结社之事实发轫于先芳。李攀龙、王世贞成名之后及“后七子”结社之时，先芳早已外任江西新喻县令，后又获罪遭贬，未得列入“七子”，而仅名列晚期的“广五子”。这种蹉跎经历并不能贬损李先芳的诗名，也不能阻隔他对泰山的神往。他不仅自号“东岱”，将文集名为《东岱山房集》，还多次游览泰山，著有《五岳志略》。李先芳的泰山诗有《岱宗》二首：

一

十八盘高拥帝都，徂徕梁甫众争扶。
神女来游明月幛，仙人对博泰山隅。
天鸡唤日浮三岛，海鹤巢松遍五株。
欲草相如封禅疏，汉家坛观久荒芜。

二

岱宗绝顶玉皇祠，云起天门挟屦迟。
汉畤秦封行处是，石间瑶草至今疑。
日衔三观金银阙，天泻银河玉女池。
晓向虚空探海屿，扶桑真见水中移。

宗臣是当年“分赋怀泰山”的参加者之一，但其诗作已无从寻觅。现收入《四库全书》的《宗子相集》中只有一首诗，即《何侍御为予谈泰山蓬莱东海之胜，令我飞动，辄赋长篇》：

三年不见金门客，走马相见清源陌。
自言前上泰山巅，东海蓬莱皆所历。
人传泰山高比天，层崖曲蹬路转窄。
振衣直上最高头，恍然一啸天门白。
天门东西相对开，星斗仿佛落吾额。
悲风摇落吹骨寒，虽着重裘似絺绤。
三峰插入青云中，巉磊突兀倚天壁。
日观峰头望晨日，晨日沆沆起深泽。
须臾忽上如奔马，天地四方俱色赤。
破竹裂木不可当，恍惚半空飞霹雳。

杖策携壶行复立，一一询兹今古迹。
汉皇尚留封禅碑，秦人犹剩纪功石。
莲花桃花千百峰，隐隐四出如列戟。
南望吴越西望秦，万里青天起寒色。
回驾又登蓬莱山，蓬莱乃在东海侧。
东海一去何终穷，浩荡微茫湛空碧。
仙人共把珊瑚枝，白日观潮夜观汐。
忽然长风振天末，两仪不辨海云黑。
惊波巨浪排空来，怪石奇岩怒且激。
蛟龙奋起不可制，神鱼动尾几千尺。
左右大呼东西走，令我欲归不可得。
广陵狂客心颇雄，闻此意气满胸臆。
长剑欲摧玉女峰，短钩直下鲛人宅。
海中鱼龙手可搏，山中虎豹力能射。
何时拂袖谢尘世；与君散发步天极。
坐看万古乾坤自开辟。

这首长诗的前半部分，细致描写了登山途中所见山势雄伟、泰山日出的壮丽景色，及泰山极顶的古迹名胜，在泰山诗中倒是别具一格。

徐中行有泰山诗三首。《登岱》二首：

一

浩荡天门日月开，削成丹壁拥崔嵬。
河宗泰岳翻西绕，山拱神京自北回。
黯淡春阴收碣石，霏微佳气接蓬莱。
更闻玉女三浆在，愿上君王万寿杯。

二

东岳峥嵘迥不群，中峰瑞霭更氤氲。
天门雪尽河流合，日观春晴海色分。

风起秦松常似雨，气蒸汉柏欲成云。
千秋霸迹终销歇，犹说相如封禅文。

《游灵岩寺》：

列岫围丹壑，诸天出翠微。
云霞明客路，薜荔暗禅扉。
御墨金为榜，神僧铁作衣。
塔窥清溪上，钟袅白云飞。
挥尘深玄理，忘筌学息机。
乍如逢慧远，日暮憺忘归。

张佳胤，字肖甫，铜梁（今重庆铜梁）人，是王世贞所说“后五子”之一，与魏裳（字顺甫）、张九一（字助甫）同为“吾党三甫”。与宗臣、徐中行等同为嘉靖二十九年进士。除滑县知县、擢户部主事，后官至兵部尚书，加太子少保，是“后七子”一派诗人中唯一宦途亨通者，钱谦益《列朝诗集小传》说他“高才贵仕，兼而得之，近代所罕见也”。这位才气纵横的诗人有《登岱》四首：

一

张衡曾赋四愁诗，东望相从及此时。
翠壁千盘随杖转，丹梯一线自天垂。
瑶函偶拾神人字，绛节高居玉子祠。
梦里按图分五岳，真形微被地灵窥。

二

青松寒露滴芙蓉，按辔天门倚岱宗。
汉草相传司马笔，秦官犹寄大夫松。
参差三观疲双目，巃嵸千岩藉短筇。
方内名山探欲遍，晚年始遇丈人峰。

三

天鸡听罢曙将分，剑倚峰头接斗文。
仿佛白知山下水，升腾红放海东云。
烟霄身拥三千丈，封禅书传七十君。
怪底衣裾常五色，由来岳气已氤氲。

四

日月霍从岱顶悬，每依帝座挽青烟。
秦碑突兀青天上，仙岛微茫大海前。
寓目好看吴苑马，俯身那辨汶阳田。
山中纵失襄城驾，犹胜风尘在市廛。

吴国伦有《汝思同诸公登泰山出所作见示》一首：

几年梦寐登东岱，咫尺虚从马上看。
不分青云私上客，常扶彩笔到层峦。
樽前日吐天门曙，句里涛生海甸寒。
便欲凌风将羽翼，惊闻玉女佩珊珊。

汝思即徐文通，《明诗综》卷四十三："（徐）文通，字汝思，永康人。嘉靖甲辰（1544）进士，历官山东按察使。"

李攀龙是性格孤傲、头脑清醒的官吏，也是才力富健的诗人。他的泰山诗，能以俊亮的词采写出雄浑的意境，因而备受推崇。王世贞称为"汉朝两司马，吾代一攀龙"，称其诗"五七言律自是神境，无容拟议。绝句亦是太白、少伯雁行。排律比拟沈、宋，而不能尽少陵之变"（《艺苑卮言》）。这当然有溢美之词。但他的七律能引起当代诗家毛泽东的重视和喜爱，不为无因。由李攀龙的倡导力行，"后七子"一派诗友们接踵游于泰山，写下一批可观的泰山诗文，足可雄视当世，睥睨后代了。

城连岱云起　地接海天浮

——谢榛与泰山

谢榛是明代“后七子”初期的创作主将、理论中坚，“后七子”中唯一的专业诗人，嘉靖隆庆年间名重诗坛的风云人物。他一生创作长达六十余年，尽管“诗草经年只半存”（谢榛《晓起》），现存诗作仍有2500余首。他的诗在当世就获得很高评价，论者称其诗直追李白、杜甫，“得少陵体裁、太白格调”，“一代诗人出吾山东矣”（朱厚煜《四溟旅人诗叙》）。直至清代，纪昀在评点谢榛诗作时仍说“榛诗足以传”（《四库全书总目》卷一七二）。同“后七子”其他成员一样，谢榛也曾登览泰山，留下了吟诵泰山的诗篇佳作。

一

谢榛（1499—1579），字茂秦，自号四溟山人，又号脱屣老人，临清（今山东临清）人。谢榛父母皆早逝，谢榛本人自幼右目失明，这使他早早断绝了科举仕宦之念，而矢志于词曲和诗歌创作。王世贞在《明诗评》卷一中说他“弱冠……多度艳曲”，此后他“折节读书，刻意为歌诗，遂以声律有闻于时”（《列朝诗集小传》）。其时彰德府赵康王朱厚煜崇尚文雅，招引四方文学之士，闻谢榛诗名，“修梁王故事，延为上宾，当筵授简，人拟汉之邹、枚云”（汪元范《诸公爵里》）。谢榛寓居之彰德府，即今河南安阳市。这是在嘉靖十三年（1534）。从此，他移家客居安阳，开始云游四海的山人生涯。四十余年中，他赴约访友，揽奇探胜，足迹遍及京津、河北、山西、河南、山东的大部分地区。

嘉靖二十六年（1547），谢榛第三次游历京师。此时，李攀龙已疾愈还京，任刑部广东司主事；殷士儋举进士，选庶吉士；李先芳中进士，未授职选。诸人聚会，结社赋诗，然尚无“七子”之名，仅有“五子”之数。于慎行《尚宝司少卿北山李公先芳墓志铭》曰："历下殷庄公，李宪使于鳞、任城靳少宰、临清谢山人，结社赋咏，相推第也。"这段时间，谢榛诗思旺盛，佳作频出，直至嘉靖三十一年（1552）才回到安阳。

这段时间，谢榛也做了两件影响巨大的事情，一是力救卢柟脱狱，一是与李攀龙发生争执。先说救卢柟之事。卢柟，字少梗，亦作次梗，又字子木，河南浚县人。嘉靖年间著名诗人和辞赋家，有《蠛蠓集》五卷。卢柟作为名士，自有狂放不羁，恃才傲物的通病，因而"恣睢傲物，获罪上下"，而被"雇工张果本家图死，县官以私怨置之大辟"（《蠛蠓集》），构成冤狱，于嘉靖十九年（1540）下入死牢。先是，谢榛与卢柟相知，闻有此变，谢"爱其才，且悯其非罪，遂之都下，历于公卿间暴自而出之"（《诗家直说笺注》），使卢蒙冤囹圄十三年后，于嘉靖三十一年获释。一介布衣，能仗义行侠，冲破官场黑暗，脱无辜于冤狱，实在是难能可贵。当时在刑部任职的李攀龙、王世贞等人也深受感动。此事引起一时轰动，"士大夫争愿识之，河朔少年家传说矣"（王世贞《谢茂秦集序》），朝野"诸公皆多其谊，争与交欢"（《列朝诗集小传》）。这为谢榛今后的交游与创作，提供了良好的氛围与背景。

再说与李攀龙的争执。诸子结社之初，谢榛以布衣侧身其间，相得甚欢，但不久即出现分歧。钱谦益《列朝诗集小传·谢山人榛》称："结社燕市，茂秦以布衣执牛耳，诸人作五子诗，咸首茂秦，而于鳞次之。已而于鳞名益盛，茂秦与论文，颇相镌责，于鳞遗书绝交，元美诸人咸右于鳞，交口排茂秦，削其名于七子、五子之列。"这种说法流传甚广，张廷玉《明史》亦采此说，但未能曲尽根源。李庆立《谢榛研究》指出，"后七子"结社的发起人是李攀龙、王世贞，结社之初，就确定了李攀龙的盟主地位。谢虽为中坚，却未任盟长。诸人作《五子诗》，只是按年龄大小排列，自然由谢居先。二人争执的根本原因，在于诗歌创作的主张和方向不同。李攀龙倡言复古，"文自西汉以下，诗自天宝以下，若为其毫素污者，辄不忍为"（殷士儋《明故嘉议大夫河南按察使李公墓志铭》），并以此作为结社宗旨。他的复古要求相当严格，对持异议者视同异类，极力排斥，且在社内鞭弭左右，跋扈自大。谢榛主张诗歌"以盛唐为法"，这与李并无大异。但他取法较宽，认为"历观（初、盛唐）十四家所作，咸可为法。当选其诸集中之最佳者，录成一帙，熟读之以夺神气，歌咏之以求声调，玩味之以裒精华。得此三要，则造乎浑沦，不必塑谪仙而画少陵也"（《诗家直说》）。简而言之，就是全面继承盛唐诗歌的优秀传统，在融会贯通，“造乎浑沦”的基础上，重在创新，“又添一家”。这与李攀龙规定的结社宗旨是相悖的。随着他们互相深入了解，这种分歧逐渐暴露，加之谢榛才高气盛，直言不苟，倔强难驯，矛盾便愈演愈烈，以至闹到遗书绝交，诗社除名。有趣的是，谢榛的诗歌理论仍为李、王等人奉行。此后很长时间里，谢与七子诸人疏于来往，只是到了晚年，相互间裂痕才有所弥合。在这场争论中，也使李、王对自己的创作主张和实践进行了反思。

谢榛以诗名干谒王侯，一直得到赵康王优遇。嘉靖三十九年（1560）康王去世，谢失去依靠，只得于次年返回故乡临清。此后又曾游居河北、山西等地。万历七年（1579），游至河北大名府，有客请他赋寿诗百章，赋至八十余首，投笔而逝，年八十一岁。留有《四溟诗集》十卷，《诗家直说》（即《四溟诗话》四卷）。

二

谢榛共有六首泰山诗。从取材看，有三首为酬赠之作，一首为追忆，二首为登临之作。从写作时间看，大约可分为三个阶段。

第一阶段当在嘉靖二十六年至三十一年游历京师期间，有诗二首。《酬方子文见寄登岱之作》：

风骚谁继鲍参军，浩唱凌秋碧落闻。
独秀峰头闲对酒，月华高出海东云。

方子文即方元焕，字晦叔，又字子文，号两江，山东临清人。嘉靖十六年（1537）举人，著名书法家，善古文辞。谢榛此时尚未登过泰山，只能从友人的交谈和诗作中寻觅景胜，展开想象。同期的诗作还有《五岳吟》（其一）：

海东黄鸟送书来，欲上天门把玉杯。
万壑风云随杖履，狂歌醉舞汉王台。

这是一组歌咏五岳的七绝，每岳各占一绝，东岳泰山居首。此时谢榛未曾到过东岳泰山、西岳华山、南岳衡山，仅凭想象“追忆”，重在表现纵横五岳、蹈厉江河的意气胸襟。

第二阶段是在嘉靖四十年（1561）秋，谢榛回到临清，趁便经平阴、长清，游览了泰山、济南，实现了他多年登临泰山的愿望。到达平阴时，已按捺不住急于登临的迫切心情，在诗中写道："问予东去欲何求，日观峰高独胜游。离合此生能几醉，啸歌今夕故相留。庭前松桂偏宜月，笛里关山别是秋。他日鸣珂还有意，停云时傍凤城头。"（《夜集梁武选公济园亭同何稽勋治象得秋字》）诗中所提及之梁武选，据《山东通志》卷二十八："梁成，字公济，平阴人。嘉靖辛丑进士，初授行人，迁兵部员外郎。时严嵩柄国，屡挠职方成法，遂拂袖归，杜门二十年，嵩败亦不出"，后终官江西按察司副使。何治象，即何海晏，字治象，平阴人，嘉靖甲辰进士，官山西副使，河南参政。谢离开平阴、长清后到达泰山，看来的确是"独游"，留有诗二首。

《登岱》：

绝顶登攀海日明，下看蚁蛭隐孤城。
玉童不见云霞渺，丹侣相从杖屦轻。
汉石尘迷千古字，秦松风起半天声。
欲探灵异来迟暮，自觉人间负此生。

《登泰山》：

登攀绝顶处，封禅断碑文。
古洞寻丹液，秋衣拂紫氛。
下飞关塞雁，东接海天云。
惆怅秦松在，寒涛空自闻。

第三阶段约在万历初年，有诗两首，皆为送别之作。

《送蒋判官子重之泰安》：

策马齐中道，行当佐郡忧。
城连岱云起，地接海天浮。

赋税征兵日，星霜报国秋。
有怀时北望，寒雁下河洲。

蒋子重，即蒋垕，字子重，长洲（今江苏苏州市）人。万历初年任泰安府管粮判官。

另一首为《送吴子游泰岳》：

送尔西江客，探奇东岳峰。
断文余汉石，古色有秦松。
倚杖海天近，听泉云壑重。
金箱秘丹诀，谁共访仙踪。

吴子，名字不详，布衣。从诗中看，疑为广东西部人。

三

谢榛的一生，“惟诗是乐”（《诗家直说》）。他诗歌的基本风格，既有激昂慷慨、壮直苍健、雄丽奇伟、豪宕浑厚者，又不乏清妙明达、俊亮雅致、疏逸澹远、隽永密丽。在保持这种基本风格的同时，又有所变化。大体说来，在为赵康王上客时，移家安阳，南客大梁，北上京师，论交天地间，与诸名流、缙绅结诗社，迭唱互吟，扬榷风雅，傲睨千古。其诗多爽朗、昂奋，蕴含着某种期待和追求。赵康王去世后，谢榛在事业和生活上失去了靠山，日益窘迫，其诗转而变为悲壮，凄怆，清苦，婉曲，工细。他的泰山诗，比较充分地体现了这一变化。第一阶段的两首泰山诗，充满勃勃生气和探奇揽胜的豪性，所以放歌“风骚谁继鲍参军，浩唱凌秋碧落闻”（《酬方子文见寄登岱之作》），“万壑风云随杖履，狂歌醉舞汉王台”（《五岳吟》），唱出了诗人的“性情之真”（《诗家直说》）。“独秀峰头闲对酒，月华高出海东云”（《酬方子文见寄登岱之作》），“海东黄鸟送书来，欲上天门把玉杯”（《五岳吟》），则表现出独立乾坤，与天地相参的豪迈、旷达、洒脱。这是作者以借景抒情之法，展现不羁的情怀，“以情为主，景为宾”（吴乔《围炉诗话》），创造出“物皆著我之色彩”

的“有我之境”（滕咸惠《人间词语新注》），因而更加真实，更具韵味，更有艺术感染力。

谢榛的两首登临诗和此后的两首送别诗，则显得凄婉寂凉。诗中格外突出秦汉封禅史迹，如“登攀绝顶处，封禅断碑文”（《登泰山》），“汉石尘迷千古字，秦松风起半天声”（《登岱》），“断文余汉字，古色有秦松”（《送吴子游泰岳》）；同时充满对神仙丹药的追寻，“玉童不见云霞渺，丹侣相从杖屦轻”（《登岱》），“古洞寻丹液，秋衣拂紫氛”（《登泰山》），“金箱秘丹诀，谁共访仙踪”（《送吴子游泰岳》），造成一种旷远、迷茫、不可寻觅的意象。在这种意象中踌躇的诗人，必然倍感孤寂、落寞，充满难以排遣的迟暮情怀，所以有“欲探灵异来迟暮，自觉人间负此生”（《登岱》），“惆怅秦松在，寒涛空自闻”（《登泰山》）的诗句，自觉如塞上寒雁，不胜凄凉，暗映出他在赵康王去世后无处栖息、心神俱失的心境，因而显得格外沉郁，工稳。

谢榛的泰山诗，从体裁上说，全都是他最擅长的律诗和绝句。钱谦益称：“茂秦今体，工力浓厚，句响而字稳，七子、五子之流，皆不及也。”（《列朝诗集小传·谢山人榛》）不仅在“后七子”中，即使在有明一代，也罕有其匹，“不愧能手”（鲁九皋《诗学源流考》，见《清诗话续编》）。他的律诗，直接得力于杜甫，王世贞说他：“诗宗法少陵，穷体极变，原旨推用，五、七言律，得其十九，时之麟凤哉！”（《明诗评》）陈允衡也说他：“得杜之神，令人咏叹不尽。”（《诗慰·四溟山人集》）谢榛这些独具风韵的泰山诗，不仅是“后七子”诗篇中的佼佼者，在明代泰山诗卷中亦堪称翘楚。

天门倒泻银河水　日观翻悬碧海流

——王世贞与泰山

王世贞是明代“后七子”中举足轻重的人物，他与李攀龙共同发起结社，在李去世以后，又继续主盟文坛达二十年之久。他的文学活动贯穿于嘉靖、隆庆、万历三朝，声誉极高。钱谦益说“元美之才，实高于于鳞，其神明意气，皆足以绝世”，“操文章之柄，登坛设墠，近古未有”。(《列朝诗集小传・王尚书世贞》)《明史・王世贞传》称他“才最高，地望最显，声华意气笼盖海内。一时士大夫及山人、词客、衲子、羽流，莫不奔走门下。片言褒赏，声价骤起”。他以高逸的才华，创作出一批繁富的泰山诗文，无论其数量，或艺术水平，都无可争议地雄居“后七子”之首。

一

王世贞(1526—1590)，字元美，号凤洲，又号弇州山人，江苏太仓(今江苏太仓市)人。他的族谱上溯到晋代大官僚王览，王览的孙子王导是晋代中兴功臣，三朝元老，王家从此成为江南望族。到王世贞的祖父王倬，举明宪宗成化十四年(1497)进士，官至南京兵部右侍郎。父王忬，嘉靖二十年(1541)进士，官至总督蓟辽都察院右都御史兼兵部左侍郎。一代名将戚继光、俞大猷，都是他父亲赏识提拔的部下。王世贞出生于这样的书香门第，自幼受到良好教育，且“生有异禀，书过目，终身不忘”(《明史・王世贞传》)，十五岁作诗即有奇名，嘉靖二十六年(1547)二十二岁时中进士，在大理寺观政，与同年山东濮州(今河南省范县)人李先芳结识，志趣相投。次年任刑部主事，又由李推荐，与李攀龙订交。嘉靖二十九年(1550)徐中行、梁有誉、宗臣、吴国伦同举进士，遂结为“后七子”诗社，成为颇有影响的创作团体。

嘉靖三十一年（1552），王世贞奉命南下徐州、太仓一带省视狱谳，两年后返京，升任刑部郎中。嘉靖三十五年（1556）年底任山东布政司副使兼青州兵备副使，此间他着手撰写文艺理论与批评专著《艺苑卮言》，编撰朝廷典故《丁戊小识》，并有诗文集《海岱集》十二卷，杂文笔记《少阳丛谈》二十卷。此时恰逢李攀龙罢官返里，二人经常来往酬唱，诗文赠答。此期还数次登临泰山，纵览岱岳名胜史迹。

嘉靖三十八年（1559），王忬遭奸相严嵩陷害入狱，到次年十月，竟以边吏陷城之律将王忬处死弃市。王氏兄弟扶柩归乡，隐居不出。隆庆改元，大赦天下，才使王忬冤案昭雪。隆庆二年（1568）下诏起用耄旧，王世贞接替李攀龙升任浙江布政司左参政。万历十五年（1587）又推为南京兵部右侍郎。万历十八年（1590）上疏乞致仕获准，九月在家病逝，年六十五岁。留有《弇州山人正稿》《弇州山人续稿》共三八一卷，二百余万言。

二

王世贞在青州任职期间，曾三次登临泰山，详细观览了泰山名胜景色和历史古迹。这在他十七年后所作的《游泰山记》中叙述详备。第一次登泰山，是在嘉靖三十七年（1558）正月末，与宋大武一起登临。据《山东通志》卷四十八《职官表》：宋大武，江西余姚人，进士，山东布政司副使，分巡登、莱二州。此行黎明入山，阴雾浓重，“浮云出没眦际，十步外不辨物”，以致“即绝顶亦无所睹见，且寒甚”。此游行色匆匆，寒雾交迫，深以为悔。倒是在三更起床后，登山之前，夜色晴朗，向山上望去，但见“若曳匹练者，自山址上至绝顶，又似聚萤数百斛囊中，光熠耀不定”。经过询问，才知道是四方善男信女举灯参拜碧霞元君。这一奇景，与他的好友王锡爵在《东岳碧霞宫碑》中所记载的碧霞元君信仰盛况一致。此行因“无所睹见”，大失所望，未有诗文。这次行程，大约是分巡各州府的副使谒见山东巡抚，所以有《泰安即事呈同事诸君》诗二首：

其一

忽闻谒台去，颠倒揽裳衣。

不知褷襶子，规腰何所师。
含吐将及唇，瑟缩未成辞。
流汗分成浆，袖手不顾挥。
委蛇将出门，归我旧须眉。
轻风发微凉，白日已崦嵫。
张宴陈钟鼓，为乐不逮时。
北山有岱宗，南山有徂徕。
溟海中相隔，步武竟焉之。

其二

琼台双文篚，上有五色芝。
纤月承卿云，玮煌霞文披。
藉以流黄绮，贡之白玉墀。
违性虚见珍，虽贵非所希。
不如南山柏，千载长如斯。

登临泰山之后，思念起辞官居家的好友李攀龙，遂作古体诗四首：《岱宗之什·岱宗思友李氏也》：

瞻彼岱宗，伏云蒙蒙。
有美君子，言栖其宫。
峰何岧嵲厜且巖，彼君子哉。

瞻彼济濑，伏流濊濊。
有美淑人，言卜其舍。
水何潏沦清且涟，彼淑人哉。

自我不睹，徂寒迨暑。
药房修修，粉泽如赭。
岂无令颜，谁适子处。

自我不睹，徂暑再寒。
蕙轩钏钏，粉泽如丹。
岂无皓齿，谁发子叹。

赞颂这位官场失意的朋友品格高洁，如经寒历暑的山野香花，终有君子寻芳而至。

第二次登临泰山是同年六月初，陪同监察御史段顾言，同行者还有山东布政司副使徐文通、张希举、李嵩，山东布政司佥事王遴、张师价等。为了仔细观览景胜，弥补正月之游的缺憾，王世贞特意与徐文通先众人一天上山。时值麦收，田野中黄绿杂错如绣毯，微风吹来面食的清香，正是畅游的好天气。二人乘山轿一路逶迤而上，经红门至回马岭、御帐岩、五大夫松，至十八盘、南天门，游览了元君祠、玉女池，观赏了李斯小篆刻石、大观峰摩崖石刻、玉皇祠等，夜宿于山顶。第二天清晨，在山顶远眺，游目骋怀，“时天初霁，日益弄色，其东南尽目，方微白而洸瀁者，以为海耶。直北而西，隐隐一抹苍碧，若长城之堞者，则意为太行、恒、嵩之类耳。至稍远而淄、渑、济、泗，千流叠带；近而诸山，皆若培塿，独徂徕稍尊，居然一衡几”。观赏甫罢，段御史诸人亦至山顶会合。是夕宿山顶，次日天未明而大雨，连续四日，诸人饥寒交困，至第五日雨晴下山，但见十八盘两侧“岩傍飞瀑争下，凡二十余丈，涛翻雪喷，若斗龙吐蛰，玉鳞四飞，珠沫群唾”。这一奇观引得诗人豪兴遄飞，“跳立盘石流泉中，呼酒数大白，辄酹，长歌振林越，诸君皆壮之”。此行饱览泰山景胜，写下《登岱六首》：

其一

缥缈琳宫接上玄，岧峣飞蹬界苍烟。
峰回洞壑纷俱拱，石拆松萝袅自悬。
过雨双龙争玉峡，擘云孤鹫拄青天。
莫言仲实无他技，能诵相如最后篇。

其二

翘首精神欲奋扬，几从开阖见阴阳。

千崖忽敞中原日，六月长飞使者霜。
在昔钧天青帝坐，即今封地白云乡。
还应五岳都游遍，乞取安期火枣尝。

其三

轩辕皇帝有高台，鞭石千秋辇道开。
匹练天萦吴观出，金泥日射汉封回。
西盘瓠子河如带，东挂扶桑海一杯。
谁为登坛论王气，只应尘世有仙才。

其四

尚忆秦松帝跸留，至今风雨未全收。
天门倒泻银河水，日观翻悬碧海流。
欲转千盘迷积气，谁从九点辨齐州。
人间处处襄城辙，矫首苍茫回自愁。

其五

幞衣吾欲卧天门，中夜凭栏起自论。
半割乾坤悬对抱，低垂星斗乱堪扪。
狂呼六博仙人箸，渴问三浆玉女盆。
未必驺生真海外，唯应汉史有昆仑。

其六

壁立芙蓉万古看，削成松桧隐高盘。
中峰翠压徂徕色，绝顶青收碣石寒。
梁甫吟成还自和，茂陵书就欲谁干。
依微白马吴阊在，欲向秋风问羽翰。

下山后返回充作宾舍的丰都宫，徐文通、张希举等人闹着要王世贞设酒。宴罢，王世贞诙谐性发，作《泰安戏呈徐张二使君索会》二首：

不有清樽在，何当慰折腰。
倦来时自哂，狂至欲谁骄。
岱色家家饱，岚云日日饶。
岂无逃暑会，乘兴未须招。

高卧成吾懒，闲居任物情。
开门稀候吏，隐几至啼莺。
仗酒为公事，裁诗问友生。
城南富修竹，何处可题名。

第三次登泰山在嘉靖三十八年（1559）四月初一，他因巡视公务经莱芜至泰安。此时父亲王忬正被严嵩爪牙、御史方辂以滦河失职事弹劾，王世贞忧心忡忡，计无所出，便专程登泰山乞求碧霞元君保佑，使父亲消弭祸。参拜祝祷事毕，稍觉宽慰，又见到向往已久的日出景观："东方色微辨，而顾余及从者衣洞赤已，睹石室及诸碑碣尽赤，乃见一线赤从东黯霿中起，顾山之背则犹昏然，鸡盖三喔也。又顷之，日轮徐上，云君霓师，金支翠旗，仿佛扈从，于是诸峰城郭尽现，而山之观与世同矣。"写日出笔不着日，专以周围景色变化衬出，不愧是文章高手。而他对严嵩险恶的认识却实在幼稚得很，见到日出，觉得是个好兆头，又诗兴发作，写下《重登岱岳四首》：

其一

天矫双旌引翠微，千崖欲绝至如归。
天门不散真人气，河汉曾窥织女机。
峡坼苍龙仍对舞，峰回碧凤旧争飞。
唯应处处樱桃发，似有珊瑚缀薜衣。

其二

玉琯银璈且莫从，孤筇信汝踏芙蓉。
岩腰半卷垂虹带，涧底俄悬落日舂。
暑霁青天如对染，寒归白雪竟留封。

灵芝只畔斋房种，不向秦皇羡五松。

其三

平楚苍然万里看，不堪秋思罢凭栏。
三千自拥神仙宅，七十空传圣帝坛。
北极垂衣阊阖远，中原回首夕阳寒。
长余一掬人间泪，来日风尘未敢弹。

其四

大火人间郁欲流，嵯峨萧瑟吐高秋。
鸡声忽讶淮南过，鸟迹犹疑舜帝留。
返照金泥时自跃，过云石髓向堪愁。
君王未许东封奏，空向长安问子侯。

泰山之行结束后返回青州，五月就得到消息，父亲之案由严嵩拟旨论死系狱。这一变故如晴空霹雳，惊得他回不过味来，旋即赴京为此事奔波去了。

三次游览泰山，王世贞把泰山上下主要胜迹几乎搜罗殆遍，超出常人所得。举凡名峰、名崖、名峪、名石、名洞、名泉，都亲临观赏，并详细记入《游泰山记》中，对于远离泰山主峰的一些名胜，还遗憾地表示“固未及一二探也”。泰山在他心中的重要性可以想见。在此后他的诗文中，经常萦绕着泰山情怀。隆庆元年（1567），李攀龙被起用为浙江按察司副使，于八月南下途中，在苏州与王世贞相逢，彼此倾诉心曲，作诗赠答。此时王世贞正在为是否重新出山而犹豫，不久又染沉疴。李攀龙闻讯奔来亲视，不久又托友人再探，并劝王早做打算。当谈及泰山景色时，王世贞浮想联翩，出山决心似乎已定，作《周公瑕登泰山自于鳞所归岁暮访病夫海上有赠》：

岁晏寒扉傍日开，江昏独棹溯波来。
还因东海云霞至，似挟中原岱色回。
万事何人怜伏枕，千秋无恙起衔杯。
宁论我退君能进，屈指重着御李才。

在给其他友人的赠答诗中，也频频涉及泰山。如在给吴国伦的《赠吴给事明卿》其二中写道：

岱宗何油油，触石起层阴。
天乔希生态，色飞讵能禁。
为施苟失时，被物故不任。
良苗杀其根，百草蔓相侵。
远轨牵流潦，归翰泥故林。
委弃衢道间，谁能明嘉霖。
天泽岂不甘，怨者谥为淫。
毋以贤达资，中彼谗夫心。

在《答周比部胤昌见怀》其二中写道：

泰山何崔嵬，乃在天之东。
海日割夜生，元气浩无终。
上有七十帝，往往苍苔封。
吾子挟飞仙，乘化观鸿濛。
区区云门色，焉以驻游踪。

还有《途遇刁太史时甫登泰山归有赠》：

胸罗寒月有梯云，四海才名凿齿闻。
已自讲坛推岳岳，仍从禅地访云云。
胸前齐鲁森相逼，观表秦吴杳不分。
见说封中萦紫气，还应彩笔动天文。

在赠《郭山人六绝句》其一《五岳真形图》中写道：

汝到瑶池西，披图问阿母。

二室三花间，可着王郎否。

除赠答之作外，还有两首专写泰山的古体诗。一首是《泰山梁甫吟》：

巍巍天门山，郁郁梁甫禅。
金泥闳玉册，荣光噎昭倩。
贤圣七十二，其名几称见。
何况于谋臣，飘沦同春霰。
阙里困韦裳，千秋丽河汉。
亦有抱膝人，居然恬贫贱。

一首是《龟山操》：

龟之山吐云，蔽龟山兮。
彼龟不知，以云藩兮。
予望鲁社，龟兮间之。
君臣交贤，谁兮辨之，噫！

三

王世贞游览泰山之后，顺便游览了被称为“天下四绝之首”的灵岩寺。第一次游灵岩是再登泰山之后，偕段御史同行，留下一批诗作。

《夏日陪段侍御游灵岩寺作》：

群峰抱兰若，孤塔界晴空。
未沐菩提雨，时闻薝卜风。
使星聊一驻，佛日暂相同。
倘借支公马，长陪鲍氏骢。

《陪段侍御登灵岩绝顶》：

径折全疑尽，峰回陡自开。
苍然万山色，忽拥岱宗来。
碧涧传僧梵，青天落酒杯。
雄风别有赋，不羡楚兰台。

《游灵岩寺十二韵》：

懒怯灵岩胜，惊看即道傍。
天垂孤刹出，地转万峰藏。
桥石鲸飞动，烟岚鹫渺茫。
山形界齐鲁，榜字接隋唐。
虎坐俄拿攫，虬潜欲奋扬。
腊留祇树色，春勒宝花香。
伏水侵禅座，归云护讲堂。
慈篁深岁月，忍草足冰霜。
饱进茵陈饭，眠酣荟蔚房。
微吟和清磬，步屧信回廊。
许掾谈推解，陶公醉不妨。
莫疑车马客，尔亦困津梁。

另外还有题写灵岩诸景的八首绝句。

《灵岩寺朗公石》：

朗公一片石，礼拜无寒暑。
弹指千偈终，低头竟何语。

《铁袈裟》：

问衣何自来，祖师传迦叶。
不悟曹溪春，居然一方铁。

《双鹤泉》：

双鹤摩天去，双泉为谁久。
昨夜王乔过，山僧尔知不。

《证明岩》：

野夫如慧能，随缘就衣食。
劳师强证明，本自无功德。

《甘露泉》：

曾闻尼连河，世尊旧浴处。
一洒青杨枝，人间尽甘露。

《锡杖泉》：

卓锡飞泉流，人天大欢喜。
来既无心来，止应何处止。

《定公堂》：

定公创招提，凿破青山色。
惜哉不住心，翻留有为迹。

《鲁般洞》：

窍石为幽居，虚称鲁输子。
三十六洞天，天工定谁始。

第二次游灵岩寺在明神宗万历二年（1574），王世贞被起用为湖广按察使，擢升太仆寺卿。此时他刚为母亲守制服除，对宦海沉浮产生厌倦，已是“五投归亩疏，两作起家人”，对于出仕心情十分复杂矛盾。离开家乡经营多年的小祇园赴京上任，途中重游灵岩寺，作《再游灵岩寺十二韵》：

为舍祇园竹，名山结愿偏。
登临恍初地，徒倚更诸天。
不改芙蓉色，微添萝薜烟。
松云移叠嶂，花雨助鸣泉。
芒屐青从引，苔衣碧任穿，
井犹双鹤浴，瀑似片虹悬。
磬发僧归定，灯余客借传。
新茶收月供，净毡割霞眠。
未叩无生理，聊追有漏缘。
空闻飞锡杖，不见布金田。
尽劫终成幻，降心返离弹。
只应何所住，一钵付流年。

《灵岩晚眺得思字》：

天敞峰回入瞑迟，兴来携策未全疲。
倚风传芸妇词。
霞犹似罢妆时。
极目凭栏重所思。

四

王世贞晚年时而江湖，时而魏阙，飘蓬不定。他有一首绝句自况："学道频年懒未成，偶将身世付流萍。纵教自勘应难答，出爱微宦处爱名。"他纵酒赋诗，谈禅论道，"一壶美酒抽一编"，"自吟自写终残年"（《九友斋十歌》）才是他真正的精神寄托。这期间他还撰写了一批泰山诗文。价值较高的，当属前引《游泰山记》。除此之外，他在数年间陆续写成的《咏史》诗百首之十六中，专门论述了泰山封禅：

秦始修封禅，白骨尸撑连。
汉武修封禅，宇内尽骚然。
开元修封禅，妖女蘖其间。
文彩涂人目，万眸自眲眲。
隋帝既平陈，能为长者言。
虚言诬上帝，薄德报名山。

另外还有三篇碑刻考证跋文：

《唐玄宗御书泰山铭后》：首先描写了铭文摩崖的特殊位置和不同凡响的气势："度天门，造碧霞，郁云雾中，此铭独煜然有龙翔凤翥之态。"继而评论到铭文内容，玄宗封禅目的与秦皇汉武虽称不同，但同以封禅为国运昌盛标志，不免有五十步笑百步之讥，"当是时，天下几小康，帝意以前薄秦皇汉武不足道，而不知太真、林甫、国忠、禄山之徒固已乘其侈而入之蠹矣"，倒是不乏历史家的冷峻。并从书法上评点，"隶法虽小变东京，最为秾劲，有古意"，"婉缛雄逸，有飞动之势……若鸾凤翔舞，于云烟之表为之色飞"。最后指出摩崖刻石的残损情况："其下三尺许，为搨工人恶寒，篝火焚蚀，遂阙百余字。"

《汉泰山孔宙碑后》：首先考证碑文之主、东汉泰山都尉孔宙是孔融之父，孔宙卒于延熹四年（161），时孔融仅九岁，故碑中无载，特予补记。至于碑文内容及书法成就，"虽非至者，要之不失东京本色也"。

《跋汉隶张荡阴碑》：指出此碑系东汉荡阴县令张迁之门生故吏所立，认为“其文辞翩翩有东京风，独叙事未甚详敷耳”。驳斥了张迁祖先是张良或张释之、张骞等混乱说法，系文人附会耳。论其“书法不能工，而典雅饶古意，终非永嘉以后所可及也”。所谓“书法不能工”之说，因张迁碑处从典型的正统汉隶向魏晋隶书转变过程中，它吸取了民间书法的运笔技法，并开启了魏碑体之先河。近人以为此正是该碑价值所在。王氏缺乏变化意识，但以传统汉隶来审视，又确有其“不工”之处，说明王氏鉴赏眼光确仍当行。

五

王世贞是“后七子”诗歌理论的代表人物，在古代文艺理论史上也占有一席之地。他的诗文观前后有所变化。前期观点主要表现在《艺苑卮言》里。他虽与李攀龙一起倡言“文必西汉，诗必盛唐”，但学问渊博，眼界开阔，不像李攀龙那样偏激、执拗。他在《先考思质府君行状》中说父亲“其于材好诸葛武侯、范文正及王文忠诸公，于诗好建安、李、杜，文好司马子长、贾长沙、苏子瞻，封事好陆宣公，而尤笃精于经术”。这种家学渊源，培养了他在艺术修养方面的宽厚与敏锐。他在《艺苑卮言》中一再指出，“书画可临可摹，文至临摹则丑矣”，“剽窃、模拟，诗之大病”，宣称“吾于诗文，不作专家，亦不杂调。夫意在笔先，笔随意到。法不累气，才不累法，有境必穷，有证必切”。他虽主张从学古入手，但最终目的是“一师心匠”，达到“气从辞畅，神与境合”的完美境界。到了晚年，他更主张诗歌创作应“发为声诗”，能够“发性灵，开志意，而不求工于色象雕绘”（《邓太史传》），实际已是对早年单纯复古的一种悔悟，甚至坦率地承认：“诗以陶写性灵，抒纪志事而已。”（《题刘松年大历十才子图》）

王世贞的泰山诗，较好地体现了他抒写性灵的主张，是“气从辞畅，神与境合”的范例。如《登岱六首》充满雄健的气势和奇丽的境象，“缥缈琳宫接上玄，峪峣飞蹬界苍烟”（其一），“翘首精神欲奋扬，几从开阖见阴阳。千崖忽敞中原日，六月长飞使者霜”（其二）；有凌绝顶小天下的壮阔，“西盘瓠子河如带，东挂扶桑海一杯”（其三）；有风雨凄迷的苍茫，“天门倒泻银河水，日观翻悬碧海流。欲转千盘迷积气，谁从九点辨齐州”（其四）；有与天地神仙来往的潇洒旷达，“半割乾坤悬对抱，低垂星斗乱堪扪。狂呼六博仙人箸，渴问三浆玉女盆”（其五）。他的《重登岱岳四首》则借古喻今，具有强烈的现实感，“北极垂衣阊阖远，中原回首夕阳寒。长余一掬人间泪，来日风尘未敢弹”（其三），“返照金泥时自跃，过云石髓向堪愁。君王未许东封奏，空向长安问子侯”（其四）。封禅的功臣未得封赏，反而暴毙身亡，这种结局要在父亲身上重现吗？语句虽然婉转，却是有力控诉。

他写灵岩寺的诗篇，则充盈着空灵之气。他描述灵岩寺的位置环境，状物准确又具禅味，如“群峰抱兰若，孤塔界晴空”（《夏日陪段侍御游灵岩寺作》），“天垂孤刹出，地转万峰藏”，“山形界齐鲁，榜字接隋唐”（《游灵岩十二韵》）。写谈禅讲经，则僧俗融合，不着痕迹，“使星聊一驻，佛日暂相同”（《夏日陪段侍御游灵岩寺作》），“腊留祇树色，春勒宝花香。伏水侵禅座，归云护讲堂”（《游灵岩十二韵》）。他写灵岩胜景的八首绝句，则属随意挥洒，意到调成，自然婉转。

王世贞的四十余篇泰山诗文，在他汪洋浩瀚的全部作品中仅占极小的一部分，但已足能显示他“天分既高，学殖亦富”的才华学识，较之明代前、后七子的泰山诗文，他的作品是一座高耸的山峰，也是厚重的压卷之作。

茫茫今古事　欲问岱君灵

——于慎行与泰山

于慎行是明末著名的政治家、史学家、文学家。他生当隆庆、万历年间，起而反对李攀龙等人一味因袭模仿为“复古”的弊病。由于他“读书贯穿经史，通晓掌故”，“学有根柢，词知典要”，所以其诗文“春容弘丽，一时推大手笔”（钱谦益《列朝诗集小传·于阁学慎行》），被推称“文学为一时冠”（《明史·于慎行传》）。清代纪昀评价他的诗“典雅和平，自饶清韵”，对于“后七子”的弊端能够“矫枉而不过直，抑尤难也”（《四库全书·谷城山馆诗集提要》）。他的泰山诗文，数量上超过王世贞，并有自己的鲜明特色，足可与前、后七子相颉颃。

一

于慎行（1545—1607），字可远，又字无垢，号谷山，山东东阿（今山东平阴县东阿镇）人。十七岁乡试中举，隆庆二年（1568）二十三岁时中进士，授翰林院庶吉士、编修。万历初年《穆宗实录》成，进修撰，以史官充任日讲官，这在当时是比较特殊的礼遇。他为皇帝讲史不拘泥章句，而擅鉴古知今，“每进讲唐史，至成败得失之际，反复论说，上为悚听”（《列朝诗集小传》）。他性情耿介，刚正不阿，因而得罪首辅张居正，遂于万历七年（1579）告疾还乡。张居正死后，他才被重新起用。后由侍讲学士擢礼部右侍郎，再迁礼部尚书。万历十八年（1509），因争国本（立太子）事累上十余疏，致万历皇帝朱翊钧大怒，于慎行第二次乞休归籍，此后家居十七年。万历三十五年（1607）又被推荐起用，诏加太子少保，兼东阁大学士，入参机务。到京后十三天即去世，谥号“文定”。著作有《谷城山馆诗集》二十卷，《谷城山馆文集》四十二卷，《谷山笔尘》十八卷,《读史漫录》十四卷,《兖州府志》五十三卷，堪称博通端雅，著作等身。

二

于慎行的家乡东阿县，处于泰山西部支脉谷城山、鱼山、云翠山环围之中，东距泰山主脉仅二百余里。他曾多次自豪地宣称自己是岱畎人。他在六十三年的生命历程中凡七次登岱，时间跨度达四十年之久，在古代文人士大夫中实属罕见。兹据明末邢侗、阮自华合著《东阿于文定公年谱》(以下简称《年谱》)，将其游泰山情况及诗文创作胪列如下：

第一次登泰山，在嘉靖四十五年(1566)九月，时年二十三岁，随山东都察院右副都御史朱衡(1512—1584)同游。衡字士南，又字惟平，江西庐陵府万安县人。当时兼工部尚书，总理河漕。此行或是为治水事赴泰山祭祷。于氏与朱关系密切。七年前(1559)朱衡在山东布政司使任上时，即慧眼看中了年仅十五岁的于慎行，乃与山东提学使吴维岳商量，使于氏与其子朱维京(字可大，约1548—1595)为学友，馆于朱氏私邸。此次登岱具体情况不详，亦未见有诗文创作。

第二次登泰山是在隆庆六年(1572)三月，时年二十八岁。上一年，他在翰林院编修任上告病里居，故能有暇游泰山。此次同游者为济南于子冲。子冲(1545—1592)名于远真，字子冲，一作子充。为于慎行少年时学友，曾一同肄业于朱邸。此时他尚为“贫诸生”，但热情地充当了东道主，陪同于慎行登山。在此前数年，于慎行已开始诗歌创作。他早期以泰山为题材的两首诗当作于此行。

《感怀十二首》(之四)：

迢迢泰山隅，渺渺无行迹。
猿鸟夹路啼，松桂百余尺。
中有啸歌士，鸣琴卧泉石。
夕采山上薇，朝吸松间液。
放情凌绛霄，流目瞩四极。

宴息藐无言，中情多所适。
我欲往从之，惜哉无羽翼。

《古意十二首》(之七)：

瞻彼泰山岑，厥有孤生竹。
冉冉捎云霓，亭亭上岩谷。
凄凄岁欲寒，盈盈华色绿。
凉风振层阿，音响如哀玉。
高节抱贞心，可折不可曲。
顾见女萝枝，绸缪附乔木。
天霜降严威，零落成朴樕。
所以君子心，邈然自结束。

第三次登泰山是在万历九年(1581)六月二十二日至二十三日，时年三十七岁。于慎行因与内阁首辅张居正不谐，于两年前告假里居。此次同游者为其少年好友、同窗朱维京。朱于四年前与于子冲同中进士，官大理评事，进右寺副，又于今年京察中被贬为汝州同知，于六月十五日至东阿访于氏，于氏乃邀朱同游泰山。《年谱》中记此次行踪较具体："甲寅，登岳椒，醮于元君之祠，饮日观峰。""乙卯，观日出。下，饮于石经之峪。"据于氏作于此行的《登泰山记》，还能更加详细地知道游览路线及名胜为：岳祠(岱庙)、瑞仙岩(回马岭)、黄岘岭、御帐坪、五大夫松、大小龙口、玉皇宫、汉登封坛、舍身崖、岩岩亭、王母池、百丈峰等。此行诗文除《登泰山记》外，还有《同朱可大廷平登岱八首》：

其一

终古名山莫大东，遥瞻云汉倚穹崇。
千峰明灭天高下，万壑晴阴气郁葱。
星土盘回元化转，仙闾缭绕百神通。
真游五岳何当遍，首蹑烟萝上碧空。

其二

玉阙朱楼万仞端，六龙辇道倚巑岏。
悬崖翠磴云中转，叠嶂红泉树杪看。
海色眬瞳三观晓，秋声萧瑟五松寒。
天门咫尺君应见，比似人间路更难。

其三

忽出尘寰赋壮游，试从九点辨神州。
浮云直上千峰色，落日长悬万里秋。
紫塞东临沧海断，黄河北绕大荒流。
秦封汉禅成丘土，留与人间不尽愁。

其四

倚杖高临万玉峰，氤氲陆海散芙蓉。
寒声半落天中雨，暝色低催涧底钟。
金检谁探秦帝策，白云犹起汉时封。
君看十二侯王地，能出神宫第几重。

其五

绝顶秋高上帝宫，茫茫一气俯寰中。
地盘河济三州尽，天入秦吴万里空。
玉阙光连星斗上，丹峰影落海门东。
亦知真宰多相藉，许倚烟霄两剑雄。

其六

万仞瑶坛冷夕曛，斗边三十六天分。
仙人洞府悬双阙，玉女神房切五云。
游客自成梁父叹，词臣不草茂陵文。
东皇旧握群生纪，海国河山翊圣君。

其七

高丘东望气雄哉，海色遥看万里开。
三岛春波涵日月，五城仙气吐楼台。
酒边影吸金银动，杖底云飞紫翠来。
烟水茫茫徐福去，至今不见报书回。

其八

上宫夜色冷漫漫，月转层霄十二栏。
大地河山银作海，中天楼阁玉为坛。
虚无灵境箫声断，缥缈秋光练影寒。
仙掌芙蓉看欲近，转从北斗识长安。

《日观峰歌》：

岱岳峰头一片石，天光杳杳连空碧。
我来夜扫石上云，未明看见海中日。
日出海东几千里，茫茫不辨云与水。
天鸡啁喔海上啼，东方霞气半边紫。
忽然潋滟琉璃丹，一泓捧出赤玉盘。
长绳斜挽不得上，半时方到扶桑端。
扶桑枝叶成五色，海水明灭一线白。
日旁云气如连山，目中欲识鲛人国。
平明日高海水干，满天翕赩红气团。
三山金阙流安在，六鳌背骨秋霜寒。
忆昔秦帝东封年，欲浮白浪游灵仙。
驱石作桥不可涉，金支翠羽空西旋。
几时得见海中出日三千丈，脱屣妻子如浮烟。
眼前朱生信豪士，侧帽大叫石上眠。
我亦欲取巨石填东海，挥戈且止羲和鞭。

六龙不停日如矢，仰天鸣鸣酒热耳。

《曝经石》：

朝下天门关，夕憩曝经石。
此石自何年，斜倚万仞壁。
叠嶂洒飞泉，匹练百余尺。
水底玉篆分，了然成鸟迹。
其文乃上古，读之茫不识。
谁参雪窦禅，永示金仙迹。
绿池低宝树，宛见祥河出。
兀坐听潮音，洗耳心方寂。

第四次登泰山是在万历二十年（1592）三月初十至十二日，时年四十八岁，前此两年，于慎行在礼部尚书任上，为立太子事累上十余疏，致万历帝大怒，慎行乞休回籍，于去岁十月抵里，家居十七年。这是他通仕籍后第三次告归家居。此番归来，已倦于宦途，真要隐居林泉，以耕读优游、吟咏著述为事了。此行及此后的三次登岱，皆在家居期间进行。此次登岱，开始是独行，在红门宫遇到了官监察御史的傅光宅。傅字伯俊，号金沙，聊城诗人。晤后即分手而行。下山至灵岩后，济南于子冲、平阴王兴甫赶来同游。兴甫（？—1595）名诗，亦于慎行少时学友。据《年谱·（万历）二十年壬辰》，此次游踪如下，“庚午，朝于岱庙”，“谒元君于巅，献袍服”，“壬辰，醮，遂下，宿于三阳观”。这次游览结识了三阳观道士昝云山，在昝陪同下遍游三阳观，并将“三阳庵”旧名改为现名，将观东南悬崖上的亭子题名为“木末亭”，作《三阳观记》一文刊于石。除此文外，此行还有诗七题十首。

《泰山道中》：

地僻尘踪少，山深石路斜。
雨中过佛院，云里见人家。
雊雉飞春麦，啼莺绕落花。

流亡今欲尽，几处有桑麻。

《上隔马岭旧寺》：

荒凉经古寺，迢递出层空。
路抱千峰转，天开一窦通。
残松疏雨后，颓瓦夕阳中。
犹有余僧在，逢迎问转蓬。

《泰山天门禅堂适傅柱史金沙赠别》：

含桃花欲落，山下遇君时。
雨过空王殿，天晴岳帝祠。
相看芳杜色，各有白云期。
不似风尘路，匆匆叹别离。

《泰山绝顶对酒》：

茫茫今古事，欲问岱君灵。
汉柏虚称观，秦松枉勒铭。
此生游已倦，何地酒能醒。
杖底千峰色，依然未了青。

《下泰山游三阳观》：

半岭通仙界，萦回岳麓西。
已看三观回，犹觉万峰低。
暮雨瑶华落，春云玉洞迷。
游情浑未减，缥缈望丹梯。

《饮三阳观绝顶对月》：

孤亭堪倚啸，一醉斗牛边。
袖拍千峰月，觞飞万树烟。
花前鸾吹度，海上鹤书传。
借问三官路，今当几洞天。

《游仙词四首赠三阳观昝云山道士》：

寰区不足步，聊作小游仙。
牒秘丹缯字，山藏绿玉篇。
石梁云外挂，瑶岛月中悬。
欲问餐桃客，蓬莱更几千。

五游凌碧落，仿佛见乘鸾。
瑶水银为阙，蓬丘玉作坛。
飞尘成大药，毁灶出神丹。
旧遇华山博，曾将六箸看。
（昝公曾栖华山，故云。）

由来称福地，自合有仙才。
萧史吹笙下，栾巴噀酒回。
云轩通紫阙，月宇逼丹台。
谢手尘中客，年光漫自颓。

辞家慕冲举，名岳且依栖。
辽左迟归鹤，淮南见去鸡。
玄霜堪入药，白石总如泥。
试访清都宴，云门路欲迷。

第五次游泰山是在万历二十二年（1594）八月初一至初三，时年五十岁，与朱可大同游。去年，朱可大上疏反对万历皇帝的三王并封诏，言辞激厉，至有“是欲愚天下，而实以天下为戏也”之类语句，万历帝“震怒”，命其谪戍极边，大学士王锡爵力救，得贬为民（《明史·朱维京传》）。此次过访于氏，当是送其子赴顺天乡试路过，登泰山后返乡一年，即以壮年卒于家。此行踪迹，据《年谱》记曰：“八月丙午，升于岳，望礼于天门，宿于三阳之观。”“丁未，醮，遂下。州大夫享于治。”“戊申，游于竹林寺、白龙之池。”此行留有诗作七首：

《泰山客馆送朱可大登岳》：

息驾泰山麓，何以慰所思。
送君九节杖，拄上五松枝。
涧底出云处，夜中观海时。
同游不同醉，应忆旧题诗。

《重游三阳观宿》：

曾向春山宿，重来似旧青。
坛风落橡栗，岩雨长芝苓。
试觅长生药，聊缮内景经。
不知凉夜永，星斗挂疏棂。

《三阳观木末亭晚眺因迟可大未至》：

木末堪凭槛，秋空四望开。
晚烟迷汶水，落日满徂徕。
酒忆垆头醉，人从岳顶回。
那逢摇落侯，萧瑟易悲来。

《傲莱山》：

不断青螺色，依然万仞峰。
云间翔鸑鷟，天杪秀芙蓉。
岳界三千里，仙间十二重。
神功何处敛，此地宅蛟龙。
（山有芙蓉、飞鸦诸峰，山下石窟名曰龙池。）

《同诸君饮竹林寺树下》：

灵岳多真境，禅宫路更深。
五峰常隐日，双树自成林。
涉涧逢瑶草，临流漱玉琴。
晚钟归骑缓，沉醉北山岑。

《观泰山百丈岩瀑布》：

尽日水声中，还看匹练空。
盘涡喧万马，削壁斗双虹。
弧抉天河落，源从月窟通。
固知灵境异，融结骇神功。

《望仙影岩》：

何劫飞来影，分明鹤上仙。
侧身疑面壁，作礼似朝天。
观化兴云雨，凭虚阅岁年。
扶桑终日在，几见海成田。

登岱返里以后，于慎行还于十月十六日作《岱畎图经记》一文，叙述了泰山主脉及诸支脉山水名胜概况。

第六次登泰山在万历二十七年（1599）九月初五至初十，时年五十五岁。这年七月，于氏好友，暂告家居的冯琦捎信，与于氏“约岱之会”。冯琦（1559—1604）字用韫，号琢吾，山东临朐人，诗文与慎行齐名。约会时间定在中秋节前夕。但冯因“陨珠”（丧子或女）之痛未能按期赴约，于氏作诗二首怀望。后又来信约于重阳节晤于泰山。于氏遂于九月初三动身，初四到泰安。冯尚未至，于慎行先游览了岱庙和三阳观。初七冯氏到达，同来者还有蒙阴诗人公鼐。公鼐字孝与，后中万历二十九年（1601）进士，官至礼部侍郎。第二天初八，于氏与冯、公同登日观峰，饮于山巅，宿于岳馆。初九下山，冯琦请饮于经石峪，公鼐请饮于禅房。初十共游三阳观，十一日抵灵岩寺，十二日登方山。分手后，冯即奉召进京。冯氏在次年为于慎行《谷山笔尘》作《题辞》时，追忆此次同游：“客岁，余赴召，约先生晤别于岱。夜语良洽，因手《笔尘》稿以示余。余受而北征……”冯琦于于氏为年家子，二人交谊甚笃。此次岱宗分手，竟成永诀。此游留诗四题五首，皆与冯氏有关。

《冯用韫宗伯订西游登岱，过期未至，怀望遣闷二首》：

自得高丘约，脂车已隔年。
如何期屡易，直作信空传。
海色云门上，秋光日观前。
侧身凝望眼，端拟四愁篇。

海上碧云断，佳期谁为留。
已看过九日，原约近中秋。
岁晚常思会，身轻未厌游。
迟回应有为，无处问书邮。

《泰山对酒赠冯琢吾少宰》：

晨登泰山坂，四顾何茫茫。
浮云蔽若木，旭日开扶桑。

阴晴倏忽变，登顿多苍黄。
长风四面至，烈烈吹我裳。
客子驾言迈，行行陟帝乡。
前有一尊酒，临此万仞冈。
绸缪亦何念，展转不尽觞。
结交眷金石，怅别怀参商。
高举步万里，游目涉四荒。
其雨怨杲日，若济思舟航。
努力事明主，庶令泰道昌。

《同冯用韫少宰登岱，因送北上》：

三年书札镇相闻，倚杖高丘此送君。
憭慄秋声天未起，微茫海色雾中分。
情关离合诗难就，兴到登临酒易醺。
颇讶连朝多雨气，已知携出上峰云。

《九日登三阳观，与冯用韫学士、公孝与文学言别》：

神霄峰下有仙坛，送远还同斗际看。
地近三天秋气凛，节逢九日酒杯宽。
红尘阅代多新事，白首论交少旧欢。
此别良游恐难再，惟将萸菊劝加餐。

第七次，也是于慎行最后一次登山，在万历三十四年（1606）九月二十日至二十二日，即去世的前一年，时年六十二岁。这次赴泰山是为了“诣岱谢”，即到泰山酬谢神祇。盖在腊月、正月之交，于氏大病一场，几绝，夫人秦氏率内外遥祈于泰山神。于氏愈，乃亲往还愿。是行于九月十八日出发，十九日抵泰安。其门人、泰安州知州江湛然及僚属陪祀。二十一日醮于岱顶，宿于此。二十二日游黄花洞，下山，饮于经石峪。萧大亨之长子、工部都水清吏司郎中萧协中宴请于禅堂。及暮下山，宴于岱庙。二十三日，江湛然饯别于社首，暮宿万德，作书与江湛然。盖因于氏此次登山，见到两年事情令他牵挂：一是近年泰山连年大雨，五大夫松被冲毁，使他“愀然不乐”；二是游经石峪时，见到树木被严重砍伐。为此专门请江湛然采取措施，尽快修复与严禁。此行有无诗作，不得而知。因为于氏《谷城山馆诗集》校定、付印于万历三十二年（1604）春，此后诗作均未收入。

于慎行还有一首赠给济北人刘元阳的泰山诗，不知作于何年，《五大夫松歌为刘博士元阳赋》：

爵名五大夫，其数不必五。
何知非二松，屑屑为之补。
二松五松俱莫论，秦人已没沙丘魂。
金椎驰道迹如扫，此中惟有松枝存。
我观此松颜色古，干如虬龙质如土。
鸾栖鹤舞几千秋，犹忆当年岩畔雨。
自有此山即有松，百木之长五岳宗。
秋声不断天门路，海气长悬日观峰。
亦不为封荣，亦不为封辱。
兴亡阅尽总无情，何况区区小除目。
济北刘生达者流，题诗旧向松间游。
岁寒岂欲连三友，道远还因寄四愁。
君为博士挂冠早，松号大夫今欲老。
浮云梦幻两茫茫，不须苦作秦松考。

另外还有一首为人祝寿的泰山诗，《岱西山人歌寿何吏部敬庵》：

君不见岱宗之山海上起，云霞沃宕三千里。
七十二峰峰插天，西支半落清河水。
山川回合势连绵，灵气应钟不世贤。
大名谁者齐北斗，岱西山人行地仙。

山人旧隐双龙阙，左省含香陪上列。
其道诗名水部传，更闻启事山公绝。
一时流品入陶甄，简要清通世所珍。
三十朱轮行宝陌，衣香风动洛阳尘。
素心忽忆栖岩谷，解组归来双鬓绿。
玉树多从院宇生，兰房近傍烟雨筑。
山人修脩六十余，赪颜绰约玉不如。
载酒时游广里月，垂竿闲钓锦川鱼。
石间有伴餐瑶草，玉几金床春色晓。
人间已自有蓬瀛，何人更说蓬瀛好。
为翁亢节歌欲长，琼卮起寿春茫茫。
泰山若砺海水竭，大年不凋齐日月。

三

于慎行从家乡东阿来往于泰山，途中必经灵岩寺，因而能乘便数游灵岩。第一次游灵岩当是在隆庆六年（1572）三月，与于子冲同游泰山之后，又同游灵岩诸胜。留有《春日同于子冲上灵岩寺四首》：

寺自高齐辟，山从岱岳盘。
云霞千嶂晓，风雨万松寒。
路绕泉声入，花分鸟道看。
忽闻钟磬发，作礼叩旃檀。

为访名山胜，来参梵帝筵。
烟霞围宝地，龙象拥诸天。
喻法昙花落，翻经贝叶传。
郎公今化石，不转谒金仙。

春阴连岳麓，法界满祇林。

巨壑浮云细，悬崖百日深。
野僧闲入定，山鸟静多音。
幸共齐年侣，同皈出世心。

双峰最高顶，倚仗白云扉。
树杪看人出，山坳送鸟飞。
钟声众壑满，香霭下方微。
三观凭阑得，因风欲振衣。

第二次游灵岩在万历九年（1581）六月，朱可大同游。此次朱可大先至东阿拜访于慎行，二人同游东阿云翠山，又经肥城，游灵岩，然后游泰山。此行创作诗文较多。文有《游灵岩寺记》一篇，诗有九题计十首。游肥城陶山有《陪朱可大文游陶山幽栖寺绝顶同张士师、李鸿胪、黄文学赋》：

幽栖真此地，绝壁到人稀。
石角斜钩杖，藤梢曲挂衣。
壶飧高洞险，钟磬下方微。
共有登临兴，谁能不醉归。

《陶山怀古》：

越相何年隐，齐山旧有名。
地连肥子国，路出铸乡城。
洞杳秋云白，岩深古木平。
临池怀往迹，颇识种鱼情。

《陶山赠张东山士师》：

陶朱今不见，君是鲁朱家。
侠骨千金剑，仙垆五色霞。

生涯随畜牧，乡语话桑麻。
早结东山隐，惊看鬓有华。

转入灵岩路中，便有一路诗情涌发。

《游云台山》：

窈窕黄山路，秋云入几重。
寒声泉上竹，古色寺前松。
地隐秦时洞，天连月观峰。
由来真迹秘，不许世人逢。

《同可大宿黄山张氏精舍》：

谷口隔疏篱，林深鸟不啼。
石泉萦户转，山果亚枝低。
涧壑参差映，藤萝咫尺迷。
苦无向平累，聊可共依栖。

《同可大对饮黄山玉龙峡上》：

看山意不厌，复此濯尘缨。
涧落飞虹影，泉飘喷玉声。
隔花分送酒，凿石共题名。
相对濠梁意，翛然少世情。

《老君岩》：

万仞峰头碧玉坛，丹霞为佩月为冠。
应知一化金仙后，象教唯从过去看。

《朗公石》：

朗公已逐诸缘灭，此石何缘号朗公。
莫向精魂论片石，都无生灭是真空。

《送可大行方山道中二绝》：

马上朝朝望翠微，山中处处有泉飞。
人间岐路能如此，半点红尘不上衣。

烟林六月早凉生，夹道青山画不成。
流水亦知人送客，潺湲学作断肠声。

第三次游灵岩在万历二十年（1592）三月，即第四次登泰山之后，由于子冲、王兴甫陪同，有诗四首。

《子冲携尊方山相侯因谋卜筑》：

百里行厨至，追欢有报书。
春城开腊蚁，别墅罩河鱼。
白社能留客，青山可卜居。
未须烦地主，十笏是吾庐。

《灵岩竹房对雨》：

旧日题名处，山窗竹未残。
重游春欲暮，复向雨中看。
暝色来千嶂，寒声列万竿。
应添禅悦味，新笋入餐盘。

《灵岩主僧邀游五峰亭遇雨即事》：

已成三日醉，更上五峰亭。
岭外云犹碧，尊前雨半青。
唯然南岳谒，莞尔北山铭。
向夕传清梵，泠泠自可听。

《灵岩禅室子冲兴甫夜饮大醉》：

对酒不能醉，明星已在天。
放歌知爱客，纵饮是逃禅，
世事惊心后，时才屈指边。
乾坤吾党在，把臂意茫然。

第四次游灵岩是在万历二十二年（1594）八月，是第五次登泰山后，与朱可大同游。他立于灵岩绝顶，东望泰山，北眺玉函，西视家乡云翠，慨然系之，有诗三首。

《游灵岩绝顶却望泰山玉皇观》：

珠林丹嶂倚秋曛，绝顶开尊俯雁群。
万木寒飞金地雨，五峰晴幻紫霄云。
上方台殿尊前涌，大国河山鸟外分。
回首天门归指顾，玉皇曾授赤灵文。

《玉函山眺望》：

岱宗直北玉函开，海客乘春蹑履来。
绝壁松杉含宝相，中峰云气出香台。
湖边万井烟光动，城上双河练影回。
青鸟不归丹鹫远，仙踪佛地两徘徊。

《望云翠山绝顶》：

乾坤灵迹自何年，缥缈孤标斗际骞。
矗立千寻疑挂日，削成一柱欲承天。
苏房近傍瑶坛路，鸟道晴飞玉洞烟。
岱岳西来如万马，千峰云气总相连。

返程经过肥城牛山寺，有《牛山赠百岁僧二绝》：

百岁真僧住翠微，白毫光散六铢衣。
逢迎犹自过山半，指点岩泉步似飞。

匡床一钵饱胡麻，不记山中岁月赊。
惟有少时松桂在，眼看落尽六朝花。

第五次游灵岩在万历二十七年（1599）九月十一日至十二日，是第六次登泰山之后，与冯琦同游，有诗两首。

《灵岩送别琢吾》：

山馆夜不寐，起视明星微。
北斗挂楹牖，天河垂欲晞。
客行一何遽，申旦从此辞。
十年聊一晤，此后长相思。
斗酒不得醉，涕下沾裳衣。
君如山上云，作雨弥天施。
我如涧中石，抱此不化姿。
浮沈各有以，本自相因依。
寸心苟不渝，安在合与离。
愿言保黄发，待子成功归。

恋恋分手之后，旋即得到冯琦寄来诗作，遂复以《方山别后得冯少宰寄诗赋答口号》：

不堪别思倚高秋，人自销魂水自流。
莫问留侯何事业，只今已伴赤松游。

四

于慎行有关泰山的专文计有五篇。以时间为序，最早的一篇是《登泰山记》。写于万历九年六月第三次登泰山时，收入《谷城山馆文集》。文章之首，先记述民间祠礼碧霞元君的盛况：“若在三、四月，五方士女，登祠元君，以数十万，夜望山上篝灯，如聚萤万斛，左右上下蚁旋鱼贯，叫呼殷赈鼎沸雷鸣，弥山振谷，仅得容足之地以上。”此种情景与王世贞、王锡爵所记有惊人的一致，也给于氏留下了极深刻的印象。于氏上山所乘山轿有轿夫四名，办法是“树四人以为竿，而中贯一舆，前人之趾，履后人之颠，后人之趾在予眦上，其后二人如之”。这情况在泰山文献中仅见。写登山途中景色细致如画：“而其两旁，丹壁翠崖，嵾谞嵫萃，云霞万色，阴晴异态，岩傍飞瀑争下，涛翻雪喷，流声淙淙，乍大乍细，若县绠鸣环下而迎客。而水帘之泉，从山上弥漫下流，注于绝壑以入磥垒，忽然出没，有时复出，石梁木杠撑柱，间以其耳目与之接，唯恐失之，而不敢纵观。”于氏对泰山极顶景色的描写尤为精彩。写夕景，是“日光西沉，霞色在壁，风吹冠衣，声如裂石……望见西南有千家之聚，横以大堤，默黑无际，谛视之，云也”。写夜景，是“月出，羽人吹笙，和以歌音，极醉而返。山气凛凛，枕席皆湿，不可以寐。出立坛上，月光荧荧，星斗可拂；俯视万壑，烟云一气，茫茫正白，银海玉波，不可辩识”。写晨景，“顾见山中云气，从涧壑吐出，如一缕烟，稍上而大，东西聚散，车驰马奔，倏然往来，顷刻灭没”。写日出，“回而东望，有山数峰；如卧牛车盖之状，而又渐没；赤霞半天，光色媚丽，间以碧绿，熠辉五色，直射衣袂；顷之，平地涌出赤盘，状如莲花，荡漾波面，而烨炜不可名状，以为日耶。又一赤盘，大倍于先所见，侧主其上，若两长绳左右汲挽，食顷乃定，羽人告曰：‘升矣！’盖先前所见如莲花者，乃海中日影”。这段文字内容连贯，气韵生动，人与景交融互织，浑然天成。下至经石峪，见到所刻《金刚经》，却将隶书认为“古篆文”，在《曝经石》诗中也说“水底玉篆分，了然成鸟迹。其文乃上古，读之茫不识”。以于氏的学识，实在不该有如此错误，不知原因何在。

《岱史序》作于万历十五年（1587）正月，时任礼部右侍郎兼翰林院侍读学士，经筵日讲官，充《会典》副总裁，直《起居注》。泰山作为五岳之长，先前并无专门志史。明嘉靖年间，山东盐运使吴尧山命人“搜集泰山遗事”，编写了一部《泰山志》，但未刻印。万历十四年，侍御谭耀任山东盐运使，乃命盐务同知查志隆在旧志基础上扩充改编。查氏受命亲往泰山，“频仍陟巅涉阻，又遍历其崇深。对景挥毫，风餐雾沐，据梧屈首，宵烛晨窗”（查志隆《岱史公移》），是年仲夏动手，至孟冬告成，共十八卷。山东监察御史毛在、盐运使谭耀皆为作序。于氏在序中首先叙述了作《岱史》的缘起及目的，“岱固无志乎？有而系诸州且不备也”，所以要修一部新志，“革旧而为新，因略以致详，旁搜遐考，以备人文而标名胜”。接着介绍了各卷的意义与内容。对于《岱史》的总体评价，是“旁该廖廓，苞举珍瑰，缤纷浩侈，洞心溢目，宏哉博矣”，其价值不亚于帝王封禅中所献祭之文“此亦金简玉策之藏，而县宇之巨观矣”。指出谭耀、查志隆对于泰山的贡献，“岱得侍御公与大夫而后尊于史，岱尊于史而公与大夫之名得以不朽于岱”，确实不愧史家眼光。

《三阳观记》作于万历二十年（1592）三月。是时他应道士昝云山邀请游览了三阳观，并作是记，由王应星书丹，刻石于三阳观前。记中首先介绍了三阳观的位置形胜：倚“凌汉之峰，其下曰香水峪，山坳平壤，坛衍如坻。俯临溪谷，杂树蓊蔚，泉石铿訇”。随后介绍了该观的创建、繁盛情况。登三阳观峰顶观赏，景色奇丽：“登是而望，忽若飘撇，上腾似临云霓。神霄、芙蓉诸峰环之，如扆青入天倪。南俯川陆，势尽数百里，徂徕、梁父拱揖左右，以朝于岳。汶水出其下，茫茫如练，蒸为浮烟，长天平野，混以返照，丹翠异色，徘徊啸歌，暮不得下。顷之，月出东峰，风林飒飒，凭栏上下，颢气回合。如泛银海，肌骨悚慄，不可以留，信乎仙圣之秘境，寰宇之大观也。”此景此境，令人往神追。这对境处幽秘的三阳观，堪称传世铭文。

《岱畎图经记》作于万历二十二年（1594）十月十六日。是时与朱可大作第五次泰山之游后返里。岱畎者，泰山周围之小沟也。这应该是泰山及其周围山脉图形的文字说明，但该图情况已不可知。是记不足九百字，凝练精当，以泰山主峰为中心，按泰山以北、以南、以西三个方向叙述。北至济南大明湖、千佛山、华不注山，南至徂徕、龟、蒙、尼山、曲阜、峄山，西至灵岩、肥城陶山、东阿谷山、嶦山、云翠山。按“岱畎”一词，始见于《尚书·禹贡》：“岱畎，丝、枲、铅、松、怪石。”注曰：“畎，谷也……岱山之谷出此五物，皆贡之。”于氏在诗文中，一直视泰山为故乡，称自己为泰山人。所谓“家本东海裔，樵牧东山下”(《感怀二十首》之十四)，东山即泰山。又有“结庐同卧岱宗云，无那离歌此日闻”(《送傅伯俊侍御诣阙》)，“岱岳西来如万马，千峰云气总相连”(《望云翠山绝顶》)，乃至在《岱史序》中称“家于岱畎”。道光《泰安县志》收入于慎行《登岱记》(是否系《登泰山记》衍文，待考)，结尾部分自署“岱畎生”。在《岱史亭》后还自署“石闾主人”，石闾是泰山以南小山，汉武帝曾于此禅地。由此可见，他作《岱畎图经记》的真正目的，是把谷山与泰山连为一体，把自己当作泰山人，并以此引为自豪。

《游灵岩记》作于万历九年(1581)六月，与朱可大登岱后又同游灵岩寺，这是于氏唯一写灵岩的文章。从泰山一路走来，便生出很从意味：“泉声瀌瀌纵横马足，锵如鸣珂，终日不绝。林木蔽亏，溪涧缭绕，盖行图画。”继而介绍方山为泰山北支，其势“峰峦围绕，四面峭绝，斗如城郭，与世绝境”。沿方山而上，南望俯视明孔山，“山之绝顶，石窦正开，可容大车，而人不能上。视之窈窕，才如瓮口”，东望为郎公石，“一壁南向，如世尊趺坐。前有片石，人立而偻，状如作礼”。周围诸峰环绕，“玲珑蛸翠，如瓶、如盂、如香花供，盖天所以开佛土也”，令人叹为观止，然而方山景色更为奇绝，“削成万仞，绝壁荧荧”，登顶之路“鸟道斜悬，仅容一趾，耳如属垣，石壁斗出，往往如覆盂”。人行其上，要贴壁擦耳，“偻而穿之”，才能到达功德顶，登上仙人岩。此处已是人迹罕至，其绝胜之处，也是一般人无从领略的。这一番描写铺陈，使人读来如临其境。写灵岩寺倒是极为简略，只说：“他楼、阁、塔，为游人所称……大都宏丽庄严，为梵宇冠。”可惜“岁久圮曼不治”。时尚有僧众数百，只是香资匮乏，官吏盘剥，生计窘迫。这也是一段珍贵史料。

除上举五篇泰山专文外，于氏还有一篇泰安地方的文章《重修新泰县儒学记》，作于万历三十五年(1607)八九月间，即于氏起为东阁大学士之前，是有关泰山、泰安的绝笔之作。新泰县学宫始建于宋代，明初重建，万历三十四年毁于大风雨。时新泰县令胡悦安慨然以复兴为责，筹措物料资金，召集工匠，于万历三十五年春至秋八月，凡半年乃成，使县学宫室“敝者新，颓者整，洋洋弦诵，彬彬衣冠，依然杏坛洙泗之风也”。在于氏看来，新泰“邑在岱宗下，古称嬴博之间，汉晋以来，名贤硕辅，表表相映”，因而兴学崇化尤为重要。而当权官吏或困顿于经费无出，或热衷于官衙威仪，甚或汲汲于“谒大吏”之途，全然以教化之事为“赘疣”，世风如此，胡氏之举实属地方之幸运！

五

于慎行还有关于泰山的专著。于氏具有卓越的史学才能和天赋。十一岁时，生母刘氏去世，他私属《先慈言行录》成，识者称之为“童史”(见《年谱》)。通仕籍后，与修《穆宗实录》，充任《大明会典》副总裁，值起居注，著有《读史漫录》，与同里孟一脉合著成《东阿县志》，并主编《兖州府志》等。他曾有夙愿为泰山编一部史志。他在《岱史序》中说：“行不佞，家于岱畎，盖尝有意于斯举而力不能及。”而他“力不能及”的原因，一是当时政务繁忙，实无闲暇；二是身体病弱，体力不济。他如果能篡成泰山志书，也一定会是一部杰作。斯志未果，实为泰山史林一大缺憾。

于氏有专门歌吟泰山及周围山脉的诗集《岱畎行吟》。他在几十年的时间里，游览泰山诸脉，正如《岱畎图经记》所说：“其处善卧，其出善游。游于岱宗之野，三登日观之峰，以望沧海；北至于济，南至于峰，无不周也。其游于若士为偶，左手操杯，右手操管；其止恒饮，其醉恒歌。声中金石之音，楮氏之子默而传之，藏诸奚氏之室，是曰《岱畎行吟》。”《岱畎图经记》写于万历二十二年十月，则《岱畎行吟》一书亦应初成于是年。这部诗集对于研究泰山史、泰山文学皆有重要价值，惜此书今佚。大概未经刊行，只是抄本，故流传未广。此书最早见于《传是楼书目》。传是楼是清初昆山徐乾学(顾炎武之外甥)的藏书楼，可见徐曾藏有此书。后其藏书归怡亲王允祥，此书即不知下落。光绪《山东通志》卷一百四十二《集部》载“《岱畎行吟》二卷，于慎行撰”，即据《传是楼书目》著录。揣测是书内容，当基本保存于《谷城馆诗集》中。

于氏还有泰山及周围诸山的游记专集《东游记》，系万历十一年(1583)刊本，一夹一册，现藏于浙江宁波天一阁。见骆兆平《新编天一阁书目·遗存书目》。

于慎行在辞官里居之后，于万历二十年（1592）应兖州知府易登瀛、卢学礼之请，主持编纂《兖州府志》，历三年告成，刊刻于万历二十四年（1596）。于氏以他的史才史识殚精竭虑以赴，使此书考证精确，体例严谨，资料翔实，号称明代方志杰作。明代兖州府包括今泰安的宁阳、东平二县及肥城一部，故是志中记载了大量地方文物、古迹、史实，具有重要价值。例如对东平尧城的考证，就相当翔实而精当。他指出尧城在菏泽曹县至濮州（今河南范县）一带，尧之后裔陶唐氏封于蛇丘之铸乡城，即今东平北部之芦泉一带。芦泉山阳的尧陵，为陶唐氏后人祭祀祖先的陵庙。为此，于氏曾亲至实地考察，并有《东平谒尧祠六韵》：

古殿空山里，荒丘野戍边。
星文临鲁甸，云气仰尧天。
绮栋丹霓落，雕楹翠藓镌。
仙冥犹应月，黛柏自含烟。
化想垂裳代，人怀击壤年。
名言志浩荡，流眺土阶前。

此时他所见到的是嘉靖二十七年（1548）重建后的尧陵，有正殿七间，前有重檐斗拱，石坊跨道，还颇具规模与气势。

《志》中还记载了东平湖畔重要的名胜景点蚕尾山。蚕尾山在县城以北，汶河以东，周围有黄华山、凤凰山、白石峪、九女泉诸胜。唐代著名诗人苏源明任东平太守时，曾在蚕尾山上建洄源亭，并在此大宴宾客，游赏赋诗，西望湖水，命之为“小洞庭”，成为文人墨客传诵的佳话。熟知这一掌故的于慎行久已向往，在修志中亲赴实地寻访体验，果然景致殊异，遂写下《过阳谷店山下问小洞庭遗迹是唐时东平太守苏源明宴处》：

蚕尾峰头路，当年小洞庭。
污邪余水国，文物闭山灵。
野草微茫白，川云掩惨青。
犹疑歌舞地，笳鼓振空溟。

盛事已过，只有荒凉景象聊供凭吊了。

在是志《风土志》中，他还记载了宁阳县的风土人情：“邑境狭隘，不通商贾，而土颇膏沃。其俗敦厚驯雅，易于兴善。成化以前，士尚气节，以礼仪相高，后稍衰薄焉。然地僻政简，吏治称易矣。”此条亦于氏实地考察所得。于氏与宁阳地方官吏多有交往，有《送宁阳徐令君入觐》诗：

鲁道讴歌拥画筵，东侯奉璧远朝天。
仙凫影集追班地，神雀祥徵奏最年。
别日雪销梁父社，归时花发汶阳川。
承恩莫拜黄金赐，请为余民折税钱。

徐君名汝冀，上海人，举人出身。任上有善政，当地百姓立有生祠碑。这次入朝得到褒奖勉励，旋升任沂州知府。这也证明了《志》中所说的“吏治称易矣”之不虚妄。

六

于慎行之于泰山，并非匆匆过客，而是视为家乡。他把别业中所居之楼称为“望岳楼”。万历十一年（1583）七月，他在北京任中患病甚重，“一夕梦泰山元君赉一彩毫，曰：‘此历下殷公（士儋）笔也。’病良已”（《年谱》）。可见于氏泰山之情超乎常人，到了寤寐思之、铭心镂骨的程度。他的泰山诗文，总体风格正如纪昀所评，是“典雅和平，自饶清韵”；其各不同时期又有变化：早期清丽细腻，如《感怀二十首》之十四、《古意十二首》之七；中期雄浑宏丽，豪情奔放，如《登岱八首》《日观峰歌》《上灵岩寺四首》；晚期则归于淡雅和平，如《泰山绝顶对酒》《下泰山游三阳观》《岱畎图经记》等。

从具体内容上看，于慎行的泰山诗文首先是热情赞颂了泰山的雄伟壮丽，表现了他对泰山的崇拜景仰，“终古名山奠大东，遥瞻云汉绮穹崇”，“高丘东望气雄哉，海色遥看万里开”，“地盘河济三州尽，天入秦吴万里空”（《登岱八首》）。他写泰山日出的壮观奇丽：“日出海东几千里，茫茫不辩云与水……忽然潋滟琉璃丹，一泓捧出赤玉盘。长绳斜挽不得上，半时方到扶桑端……平明日高海水干，满天翕艳红气团。”他的《登泰山记》以移步换形之法描述登山沿途所见，或险峻可怖，或神秘奇异，或清新明丽，或辽阔杳渺，皆摄形传神，读之如临其境。

其次，泰山诗文还展示了于氏的怀抱与节操。他在《古意十二首》（之七）中赞美生于“泰山岑”的“孤生竹”：“冉冉捎云霓，亭亭上岩谷，凄凄岁欲寒，盈盈华色绿。凉风振层阿，音响如哀玉。高节抱贞心，可折不可曲。”这是于氏怀抱的真实写照。于氏一生三次告归，三次被起用，最后官至礼部尚书、东阁大学士，可算得位极人臣。但他十分清醒，泰然处之，宠辱不惊，正如泰山五大夫松，“亦不为封荣，亦不因封辱，兴亡阅尽总无情，何况区区小除目”（《五大夫松歌为刘博士元阳赋》），决不能像攀附爬高的女萝，“顾见女萝枝，绸缪附乔木。天霜降威严，零落成朴蔌”，由此自警自勉，“所以君子之心，邈然自结束”。在《岱畎图经记》中，他还以一个畸形特异的人自喻，表现了同样的情怀。

其三，他在家居期间的泰山诗文，表现了对社会现实的关注与忧虑，尤为难能可贵。万历二十年（1592）三月，在游灵岩寺时惊闻宁夏之变，遂写下“世事惊心后，时才屈指边。乾坤吾党在，把臂意茫然”（《灵岩禅室子冲、兴甫夜饮大醉》），慨在以天下为己任。万历二十七年（1599）九月在泰山送冯琦进京时，勉励他“努力事明主，庶令泰道昌”（《泰山对酒赠冯琢吾少宰》）。万历以来，朝政腐败，赋役加重，百姓不胜负担，也使于氏忧心忡忡：“天门咫尺君应见，比似人间路更难！”（《登岱八首》之二）“流亡今欲尽，几处有桑麻！”（《泰山道中》）不在其位，他仍关注着社会现实与百姓生活，表现了一个有良知的知识分子的民本思想和忧患意识。

其四，追求超脱、宁静的精神境界，做出世之想。于氏对世事淡泊处之，又兼身体病弱，常生世俗羁累之感。青年时代，他就在《感怀二十首》之四中描写了一个优游于“渺渺无行迹”的“泰山隅”中之“啸歌士”，放情于山水泉林，“宴息藐无言，中情多所适”，于氏自己也“欲往从之”。在《日观峰歌》中，他更直截了当地说：“几时得见海中日出三千丈，脱屣妻子如浮烟！”他在《三阳观记》中再三慨叹：“吾曹逐逐名利，汩没白首，进而羁于风尘，退而牵于家累，曾不能探奇选异，自卜菟裘于烟霞窈窕之境，徙游而心慕之，视云山之流，其亦可愧也夫！”这里既有老庄思想的影响，更多的还是作为一名史学家对于当时社会的洞察，以及对自身命运的达观。

其五，表现了一位造诣较深的学者，从学术角度对泰山的认识，比之以往只注重对泰山历史、文化的追溯，有更重要的意义。他的《岱畎图经记》初步形成了以泰山主峰为中心的山脉体系。在《兖州府志自序》中说“龟、蒙、凫、峄，疏自岱宗；沂、泗、汶、洸，委诸左海”，把泰山的地理概念扩而大之，加以划分研究。在《登岱记》论赞中，他进一步论述：“岱畎生曰：予览古图经，地势所由高下，盖北纪诸山，负地络之阴，并太行、王屋、东逾常山，至医巫闾而止；南纪诸山，负地络之阳，桐柏、熊耳入于瓯越，江、淮、河、济所由，东下如建瓴矣。岱宗独立海上，西向而揖群山，汶、洸、沂、泗出其支麓，旋之如带，以入于海，其状若负扆云。往河流燕、齐间，由岱之北挟济入海；今徙徐方，顾反出岱岳南，挟淮入海。斯地道所变迁也。”这一地域，与近年文化史研究所关注的“泰山文化圈”正相吻合，不能不令人在惊叹之余，更加佩服于氏的学识眼光。他是诗人，更是学者。这两个方面的杰出贡献，奠定了他在泰山文化史上的特殊地位。

正气苍茫在　敢为山水观

——张岱与泰山

张岱是晚明著名的历史学家、诗人、散文家。他在文学上吸取了公安三袁“不拘格套，独抒性灵”和竟陵派钟惺、谭元春“孤峭幽深”的长处，要求“纵壑开樊”，解除种种束缚生灵的桎梏，使“物性自遂”(《西湖梦寻·放生池》)，从而创作出任情适性、率尔天意的小品文，成为集晚明小品之大成的作家，当时就被誉为“文中之乌获”，“后来之斗杓”(王雨谦《琅嬛文集序》)。他的泰山诗文，也有着鲜明独特的个性，卓异不凡地特立于泰山文史之林。

一

张岱(1597—1679)，一名维城，字宗子、石公，号陶庵、蝶庵，山阴(今浙江绍兴)人。祖籍四川绵竹，故亦自称“蜀人”或“古剑”。张岱出身于仕宦之家，书香门第。高祖张天复、曾祖张元忭、祖父张汝霖，皆举进士，或为显官。他们学识渊博，精通史学、地学、经学、理学、文学，均有著述传世。其父张耀芳曾任鲁王长史。张氏世代重视藏书，累计图书达三万余卷。张岱在这种条件下，自幼即受到良好教育。但他并没有像一般士子那样走科举之路。原因一是他所处的明末是大厦将倾、梁木崩坏的时代，科举之途日渐淹蹇；二是受父亲影响。其父久困场屋不第，转而沉湎于声色奢华，耳濡目染，遂成积习。张岱《自为墓志铭》说：“少为纨绔子弟，极爱繁华，好精舍，好美婢，好娈童，好鲜衣，好美食，好骏马，好华灯，好烟火，好梨园，好鼓吹，好古董，好花鸟，兼以茶淫橘虐，书蠹诗魔。劳碌半生，皆成梦幻。”纨绔子弟的豪纵习气，晚明文人的颓放作风他兼而有之。

张岱长期生活在经济较发达的江南地区，经常在苏杭、扬州、南京等繁华都市游历，同市民阶层关系密切，结识了许多畸人寒士，又受晚明社会新思潮影响。从文学思潮上看，经过千年道统的禁锢重压，到晚明，已有一部分人的文章从事关国体、明性载道的牢笼中解放出来，创作抒发灵性的小品，逐渐形成一股强大的潮流。袁宏道主张远离尘嚣，尽情享乐，最终资财散尽，“然后一身狼狈，朝不谋夕，托钵歌妓之院，分餐孤老之盘，往来乡亲，恬不知耻。士有此一者，生可无愧，死可不朽矣”（《与龚惟长先生书》），如此放胆豪言，几近肆无忌惮。这实际也是张岱本人生活的写照与心态的共鸣。他在《自题小像》中说：“功名耶落空，富贵耶如梦，忠臣耶怕痛，锄头耶怕重，著书二十年耶而仅堪覆瓮，之人耶有用没用？”从生活内容、思想感情到文学趣味如此契合，出现这样一个小品文流派就是顺理成章的事了。

崇祯十七年（1644）清兵入关，明朝灭亡。这是张岱一生的转折点。他携家逃至嵊县（今嵊州市）西白山中，所谓“年至五十，国破家亡，避迹山居，所存者破床碎几，折鼎病琴，与残书数帙，缺砚一方而已。布衣蔬食，常至断炊”（《自为墓志铭》）。在政治环境与艰苦生活的重压下，他始终以气节自励，发愤著书。其间艰难备尝，窘迫万状，“故旧见之，如毒药猛兽，愕窒不敢与接。作自挽诗，每欲引决，因《石匮书》未成，尚视息人世。然瓶粟屡罄，不能举火”（《陶庵梦忆序》）。终于在顺治十一年（1654）完成了明史巨著《石匮书》。此书卷帙浩繁，曾“五易其稿，九正其讹”（《石匮书自序》），凝聚了他近三十年的心血。尔后又撰成《石匮书后集》和大部头的《史阙》。除史学著述之外，张岱还精通戏曲、音乐、书法、绘画、篆刻、园林，乃至医药、茶道等等，且勤于纪录撰述，写下《夜航船》《陶庵梦忆》《西湖梦寻》《一卷冰雪文》《陶庵肘后方》《茶史》等著作约三十余种，八十四岁那年，还完成了《琯朗乞巧录》一书。他的勤奋，至耄年犹未衰歇。

二

张岱自称“余少爱嬉游，名山恣探讨”（《大石佛院》）。因家庭渊源，他曾两次游历齐鲁，一登泰山。张岱祖父张汝霖，曾于万历三十四年（1606）任山东布政司副使。天启四年（1624）张岱之父张耀芳到兖州任鲁献王长史司右长史。张岱《家传》载：“鲁献王好神仙，先子精引导，君臣道合，召对宣室，必夜分始出。自世子郡王以至诸大夫国人，俱向长史庭执经问业，户屦常满”。这种情况一直延续到崇祯四年（1631）。在此期间，张岱先后于崇祯二年（1629）北上游览了曲阜，于崇祯四年游览了泰山、兖州。曲阜之行，他写下了小品文《孔庙桧》《孔林》二篇，五言古诗《孔子手植桧》《子贡手植楷》二篇。兖州之行有小品文《兖州阅武》《鲁藩烟火》二篇，及《贺鲁国主册封启》一篇，七言古诗《兖州鲁府松棚歌》。

此次泰山之行，留有五言律诗《泰山》：

正气苍茫在，敢为山水观？
阳明无洞壑，深厚去峰峦。
牛喘四十里，蟹行十八盘。
危襟坐舆笋，知怖不知欢。

泰山之行给他留下了深刻印象，在后来的另外一些诗篇中多处提及。在《兖州鲁府松棚歌》中，他写到鲁王府灵光殿前古松时，就将其与泰山五大夫松相比较：“泰山或是其苗裔，殿上犹称五大夫。”他在《观海八首》中，把海、岱相较：“昔登泰山巅，群山如浪走。今在海中央，浪如山岳陡。”（其三）在《空翠难强名》中描述悠远空静之美，也说“齐鲁青未了，一语画泰岱”。在他不多的慷慨激昂之作中，也唱出“拨尽松铳火，口占梁父吟”（《戊午除夕》）。在《大石佛院》诗中还写道：“泰岳既巍峨，补陀复杳渺。天竺放光明，齐云集百鸟。”在他现存的130余首诗中，关于泰山的诗就有6首。

三

张岱的泰山文仅有一篇《岱志》，这是他为数不多的长文之一。动笔之前，他阅读了历代描写泰山的名作，认为“应劭记封禅而岱之事尽，钟惺记岱而记事尽，李士登记十六字而诗文之事尽。此外再益一字，是不知岱者也”。这就先给自己出了一道难题，但随即机锋一转，说明“余之志岱，非志岱也……亦言岱之上下四旁已耳。一字不及岱，而岱之事亦缘是而尽”，显示他擅于构思，长于机巧。是志果然避开抒写景胜典故的老路，另辟蹊径，重点写了泰山及周围形势地貌，泰山气候之诡谲无常，泰安客店习俗，岱庙集市，泰山香税、乞丐、山轿等，不仅是令未至泰山者向往，即身处泰山者亦觉隽永，回味无穷。例如他写泰城客店的一段文字：

离州城数里，牙家走迎，控马至其门。门前马厩十数间，妓馆十数间，优人寓十数间。向谓是一州之事，不知其为一店之事也。到店，税房有例，募轿有例，纳山税有例。客有上中下三等，出山者送，上山者贺，到山者迎。客单数千，房百十处，荤素酒筵百十席，优傒弹唱百十群，奔走祗应百十辈，牙家十余姓。合计入山者日八九千人，春初日满二万。山税每人一钱二分，千人百二十，万人千二百，岁入二三十万。牙家之大，山税之大，总以见吾泰山之大也。呜呼泰山！

文字仅有二百，容量却很大，俨然是老泰山叙说一个韵味醇厚的故事。张岱自己对这篇文章也格外看重，后来单独摘出，冠以“泰安州客店”的题目，收入《陶庵梦忆》中。这在张氏文章中，似为仅见的一例。

又如写岱庙集市，仅百余字，却清清楚楚，曲尽其致：

东岳庙大似鲁灵光殿。棂星门至端礼门，阔数百亩。货郎扇客，错杂其间，交易者多女人稚子。其余空地，斗鸡、蹴鞠、走解、说书、相扑台四五，戏台四五，数千人如蜂如蚁，各占一方。锣鼓讴唱，相隔甚远，各不相溷也。

写泰山轿的形制与登山方法，仅四十余字，便觉游刃有余：

山樏在户，樏杠曲起，不长而方。用皮条负肩上，拾山蹬则横行如蟹。已歇而代，则旋转似螺，自成思理。

写泰山乞丐习俗，也是奇异非常：

甫上舆，牙家以锡钱数千搭樏杠。薄如榆叶，上铸阿弥陀佛字，携以予乞。凡钱一贯七分，而此直其半。上山牙家付香客，下山乞人付牙家。此钱只行于泰山之乞，而出入且数百余金。出登封门，沿山皆乞丐，持竹筐乞钱，不顾人头面。入山愈多，至朝阳洞少杀。其乞法扮法叫法，是吴道子一幅地狱变相，奇奇怪怪，真不可思议也。

这番直叙白描，虽仅点到“出入且数百金”，却把牙家乞丐串通一气、欺诈游客的伎俩揭露无遗。古今泰山游记中写到乞丐之状，且如此深刻者，仅有张岱《岱志》与今人吴组缃《泰山风光》两篇。

他写民间香社泰山进香的盛况也极传神：

天未曙，山上进香人上者下者，念阿弥陀佛。一呼百和，节以铜锣。灯火蝉联四十里，如星海屈注，又如隋炀帝囊萤火数斛，放之山谷间，燃山熠谷，目炫久之。

人们进香的神主，是泰山女神碧霞元君。这一回轮到张岱吃惊了：“元君像不及三尺，而香火之盛，为四大部洲所无。”

关于泰山山税及香火钱的情况也记之颇详。泰山香税始于明正德十三年（1518），止于清雍正十三年（1735），约相当于门票性质，但收入统缴国库。据张岱计算：“合计入山者日八九千人，春初日满二万。山税每人一钱二分，千人百二十，万人千二百，岁入二三十万。”此数额在于晚明，不可谓不巨。泰山香火钱起源较早，其盛况更令人惊讶：

应劭《封禅记》：汉武至泰山下，未及上。百官为上跪拜，置梨枣钱于道，为帝求福。置钱之例，其来已久，然未有盛于今时。四方香客，日数百起，醵钱满筐，开铁栅，向佛殿倾泻，则以钱进。元君三座，左司子嗣，求子得子者，以银范一小儿酬之，大小随其家计，则以银小儿进。右司眼光，以眼疾祈得光明者，以银范一眼光酬之，则以银眼光进。座前悬一大金钱，进香者以小银锭或以钱，在栅外望金钱掷之，谓得中则得福，则以银钱进。供佛者以法锦，以绸帛，以金珠，以宝石，以膝裤、珠鞋、绣帨之类者，则以绵帛、金珠、鞋帨进。以是堆垛殿中，高满数尺。山下立一军营，每夜有兵守宿。一季委一官扫殿，鼠雀之余，岁数万金。山东合省官，自巡抚以至州吏目，皆分及之。

张岱之父任鲁王府长史，正是“吏目”一类职务，亦当分及。由是张岱所记当为信史。

四

张岱著述，除他在《自为墓志铭》中所罗列种类外，还有独具特色的《夜航船》。该书自序即令人耳目一新：

天下学问，惟《夜航船》中最难对付。

昔有一僧人，与一士子同宿夜航船。士子高谈阔论，僧畏慑，拳足而寝。僧人听其语有破绽，乃曰：“请问相公，澹台灭明是一个人，两个人？”士子曰：“是两个人”。僧曰：“这等尧舜是一个人，两个人？”士子曰：“自然是一个人！”僧乃笑曰：“这等说起来，且待小僧伸伸脚。”

余所记载，皆眼前极肤浅之事，吾辈聊且记取，但勿使僧人伸脚则可已矣。

是书内容几乎包罗万象，从天文地理到经史百家，从三教九流到神仙鬼怪，从政治人事到典章沿革，旁采博收，共计二十大类，四千多个条目。其中多系张岱广涉各种典籍后，经过严加采撷，用自己隽永的文字连属起来的，涉及学科很广，是比较有规模的一部分类百科全书。其中有关泰山的条目为40条，约占是书的百分之一，内容相对比较集中。

这些条目按内容可以分为两大类。第一类是泰山名物掌故，间有张氏的辨误正讹：

泰山　泰山上有金箧玉策，能知人年寿修短。汉武帝探策得十八，倒读曰八十。后寿果八十。

此条原出于东汉应劭《风俗通义》，明人所修《岱史》亦收入。张氏登泰山后，得到兖州监军刘半舫赠予《岱史》，印象自然极深。

五大夫松　今人称泰山五大夫松，俱云五松树，而不知始皇上泰山封禅，风雨暴至，休于松树下，遂封其树为大夫。五大夫，秦官第九爵也。此言可订千古之误。

此条在书中凡两见，文字基本相同。五大夫之称，历来被认为是五株松受封大夫。指出五大夫为秦代第九级爵位，张岱是第一人。“订千古之误”，非是夸张。

砺山带河　汉高祖定天下，剖符封功臣，刳白马而盟之，封爵之誓曰：“使黄河如带，泰山若砺。国以永存，爰及苗裔。

这是“河山带砺”成语的辞源。后以此形容泰山黄河的雄伟气势，亦常泛指山河景胜。

肉山酒海　魏曹子建与季重书曰：“愿举泰山以为肉，倾北海以为酒。”又古纣王以肉为林，以酒为池。

曹植此喻，气魄可谓宏大。与殷纣王的酒池肉林不可同日而语。

但张氏亦偶有失误。如“夹谷山”条说夹谷在赣榆。齐鲁夹谷会盟是春秋时著名事件，址在齐鲁交界处，即今莱芜境内。

征卤封禅　张说以大驾东巡，恐突厥乘间入寇，议加兵备边。召兵部郎中裴光庭谋之。光庭曰：“四夷之中，突厥最大，比屡求和亲，而朝廷勿许。今遣一使，征其大臣从封泰山，彼必欣然承命。突厥来，则戎狄君长无不皆来，可以偃旗息鼓，高枕而卧矣。”说曰：“善，吾所不及。”即奏行之。

据《旧唐书·礼仪志》及张说《封禅坛颂》碑记载，唐玄宗封禅泰山，确有四境之内“戎、狄、夷、蛮、羌、胡朝献之国”的首领，及日本、昆仑、新罗、百济等十余个国家的国王、使者、陪臣等参加。行封禅之时“仗卫罗列岳下百余里”。以当时唐朝强盛的国力，恐突厥不足为患。不过这种借封禅行震慑的策略，在宋真宗那里得到充分体现，这是后话了。

第二类是有关泰山的人物。其中比较集中的是泰山羊氏家族人物，占七条，涉及五人：

悬鱼　羊续，南阳守。入境，即微服间行。凡令长贪洁，吏民良猾者，皆廉知其状，一郡震竦。府丞以生鱼献，受而悬之庭柱。其后进，妻率子秘入郡舍。不纳。妻怒检室中，惟衾盐菜而已。

羊续事见于《后汉书·羊续传》。续字兴祖，泰山平阳（今泰安新泰市羊流镇）人。泰山羊氏从汉代至唐代都是声望显赫的名门望族，至羊续已是“其先七世二千石卿校”。羊续先后任庐江太守、南阳太守。他为政清廉，深恶奢靡之风。此事便是“羊续悬鱼”之典的来历。

八顾（顾者，能以德行引人者也）

郭泰、范滂、尹勋、巴肃、宗慈、夏馥、蔡衍、羊陟，为八顾。

羊陟字嗣祖，泰山梁父人，羊续族人。事见《汉书·羊陟传》。陟少清直，有学行，举孝廉，拜侍御史，后迁尚书令，河南尹。在任上“计日受俸，常食干饭茹菜，禁制豪右，京师惮之”。后因党锢之祸罢官。

堕泪碑　晋羊祜以清德闻。及死，南州为之罢市，巷哭者声相接，葬于岘山。百姓望其碑者，辄流泪，谓之堕泪碑。

折臂三公　晋有术士相羊祜墓当有受命者，祜闻，掘断地势，以坏其形。相者曰：“尚出折臂三公。”祜后堕马折臂，位至三公。

羊公鹤　晋羊叔子有鹤善舞，尝向客称之。客试使驱来，氃氋而不肯舞。故比人之名而不实。

羊祜字叔子，泰山南城人，事见《晋书·羊祜传》。祜为羊续之孙，父羊衜，上党太守。祜为蔡邕外孙，景献皇后羊徽瑜之胞弟，晋武帝司马炎的国舅爷。羊祜虽是正牌皇亲，却持身严谨，屡建奇勋。经营边境多年，以德行与人格赢得吴国军民信任，最终进而平吴。因功高德重，先后加封车骑将军、征南大将军、南城侯，开府仪同三司。祜再三谦让，写下著名的《让开府表》。生前被服率素，身后家无余财，他是封建社会中难得的清官，罕见的不趋炎附势的皇亲国戚。

兖州八伯　羊曼，祜从孙，任达嗜酒，与阮放等八人友善，时称阮放为宏伯，郗鉴为方伯，胡毋辅之为达伯，卞壸为裁伯，蔡谟为朗伯，阮孚为诞伯，刘绥为委伯，而曼为踏伯，号“兖州八伯”，又号为“八达”。

羊曼字祖延，事见《晋书·羊曼传》。曼父羊暨，官平阳太守。曼少有才名，然任达颓纵，好饮酒，不涉仕途。王敦与朝廷怀有二心，网罗名士，置曼为右长史。羊曼知其居心，故“终日酣醉，讽议而已。敦以其士望，厚加礼遇，不委以事，故不得涉其难”(《晋书》本传)。最后为叛臣苏峻杀害。

八伯之中还有一位泰山人胡毋辅之。辅之字彦国，其高祖胡毋班，同书“八厨”条中有记载。“厨”是施财救人的意思。胡毋班在汉代任过执金吾。胡毋辅之“少擅高名，有知人之鉴，性嗜酒，任纵不拘小节，与王澄、王敦、庾凯俱为太尉王衍所昵，号曰四友”(《晋书·胡毋辅之传》)，曾任陈留太守，后迁扬武将军、湘州刺史。

水斋　羊侃性豪侈。初赴衡州，于两艖䑶起三间水斋，饰以珠玉，加以锦缋，盛设围屏，陈列女乐。乘潮解缆，临波置酒，缘塘倚水，观者填塞。

羊侃字祖忻，羊续第九代孙。父羊祉为北魏平南将军、光禄大夫。侃先为北魏征东大将军、泰山太守，后投奔南梁，梁武帝萧衍封之为高昌县侯、徐州刺史。后在保卫京城建康中立下大功，累迁为太子左卫率、侍中。羊侃善音律，自制《采莲》《棹歌》二曲，新颖有韵致，曾风靡一时。

釜中生鱼　晋（应为汉）范丹字史云，桓帝时为莱芜长。人歌之曰："甑中生尘范史云，釜中生鱼范莱芜"。

范丹，陈留外黄人。《后汉书·独行传·范丹传》称其"好违时绝俗，为激诡之行"。他接到莱芜长的任命，因丧母守制，并未到任。但因系首次任职，故人称"范莱芜"。明代戏剧家李开先编纂的《莱芜县志》也将其收入，以弘扬地方声誉。范丹后遭党锢之祸，"遂推鹿车，载妻子，捃拾自资，或寓息客庐，或依宿树荫。如此十余年，乃结草室而居焉。所止卑陋，有时粮粒尽，穷居自若，言貌无改"，故而有此歌谣流传民间。后辟为司空，再辟太尉不就。临终遗嘱薄葬，是一位廉名远扬的官吏。

另外，书中还记载了春秋时齐宣王夫人、东平无盐丑女钟离春，以"管鲍分金"著称的新泰鲍庄人鲍叔牙，以德行著称的新泰人柳下惠，东汉时"建安七子"之一、宁阳人刘桢，北宋时泰山书院名士孙复、石介、胡瑗，书院学生杜默等人。

五

张岱论人论文，首先强调要"真"。他认为"人无癖不可与交，以其无深情也；人无疵不可与交，以其无真气也"（《五人传》）。他为文也是率真浑朴，不事雕饰。他的泰山诗文的成就，首先就是着力发掘泰山的真性情，直接把泰山文化的底蕴和盘托出，"正气苍茫在，敢为山水观"（《泰山》），"泰山元气浑厚，绝不以玲珑小巧示人"（《岱志》）。这里所说的"正气""元气"，超出泰山作为外在景观的具象，上升到深层的哲学体验。自孔子、司马迁把泰山与人生境界联系起来，此后一直无人承乏。历代名人游览登临，或觅迹于封禅祭祀、金简玉册，或徜徉于白云红日、秦松汉柏，多是借泰山景物，吞吐自家之气。泰山之于他们，更多的是移情、寄性之物。至于探索泰山文化的深层蕴含，那只是间或的一瞥，很少专门顾及。倒是张岱以超人的见识，执着于此，点出长期以来朦朦胧胧、欲浮欲现的东西，触到了中国古代文人的泰山情结，实现了对泰山认识上的跨越。虽然张氏对这种"正气""元气"没有进一步揭示，也没有具体阐述，但无疑是指向泰山文化的真谛，揭示泰山文化的本体和实质。

在这一点上，张岱的贡献是巨大的。

其次，他善于以敏锐的眼光捕捉别人不易察觉的事物，做到“意随景到，笔借目转”(《跋寓山注》)，尤以勾画晚明泰山风俗画见长。其中泰安州客店、东岳庙市场、泰山山轿、泰山乞丐、泰山香火钱等等，历来为正统文人不屑一顾，在历代泰山游记中，此等事物多属绝无仅有。他功力非凡的白描、鞭辟入里的点评，使风土人情、时俗掌故跃然纸上。牙家喃喃，香客笑语，看似闲笔，实则点睛，读之如身临其境，令一幅幅画卷灵气活现。今天的民俗学者谈泰山民俗，必先提张氏《岱志》，足见其重要的文献价值。

张岱的文风简约平易，造句奇诡，苦心铸辞，又不失自然。他写登山的情景，是“牛喘四十里，蟹行十八盘。危襟坐舆笋，知怖不知欢”，平直，诙谐，几近打油，却生动传神，耐人回味。这类警句、慧语，令人解颐，给人启迪，是一般正统文人无法做到的。他的《岱志》擅长在短章小幅中营造波澜，文章法度中规中矩却又背叛传统。他驳杂广通，不拘秦汉，不泥唐宋，更不囿竟陵、公安，而自得风流，铿鸣四座，声追前彦。其才思隽语之富之妙，汩汩如泰山泉水，脉脉如奇峰幽壑，显示着永久的艺术魅力。

东南云海几千里　夜悬日气开鸿蒙

——王士祯与泰山

清代诗歌是中国古代诗歌链条中的最后一环。标榜“神韵说”的著名诗人王士祯主盟诗坛数十年，以他的诗歌理论和诗作，在这最后一环镌上了熠熠闪光的名字。他和他的诗友们一生创作了一批关于泰山的诗文，也为泰山文化增添了“神韵”。

一

王士祯（1634—1711），字贻上，号阮亭，别号渔洋山人，山东新城（今山东桓台县）人。他出身于一个历代仕官家庭，曾祖父王之垣，明嘉靖进士，官至户部左侍郎；祖父王象晋，明万历进士，官至浙江右布政使；父王与敕，清顺治元年拔贡，封国子监祭酒。渔洋兄弟四人，长兄仕禄，顺治进士，历官吏部考功员外郎；仲兄仕禧，廪贡监生；三兄仕祜，康熙进士。由于家学渊源，兄弟四人自幼便受到较深的文化教育，擅长诗文，长后各有成就，蜚声文苑。渔洋六七岁入塾，读《诗经》已能领会诗情。顺治十四年（1657）八月济南乡试期间，诸名士集于大明湖北渚亭，举办秋柳诗社，渔洋即景赋《秋柳诗四首》。当时和者即多，后一经传扬，大江南北诗人才子，甚至闺秀之中亦多和作。诗人陈允衡称赞《秋柳》诗说：“元倡如初写《黄庭》，恰到好处，诸名士和作，皆不能及。”（《渔洋诗话》卷上）这年渔洋二十四岁，诗名已享誉大江南北。次年赴京殿试中进士，授扬州推官，后迁户部主事、郎中，最后由都察院左都御史迁刑部尚书。他是康熙时期位高望重的大僚，从二十六岁中进士到七十一岁罢官，在官四十五年。他堂堂正正、清清白白地度过了既治学又做官的一生。他标榜的“神韵”说，要求作诗须达到境界缥缈淡远，意味空灵含蓄，语句自然清新，具有风调之美。他的诗歌创作也正体现了这一主张。这对于清初崇尚以议论为诗、质木无文的沉闷诗坛，可谓吹来一股“新城清风”，所以他受到推崇，成为继钱谦益之后主盟文坛几十年的“一代宗工。”

二

王士祯一生，凡四次到过泰山，留下十余首诗和散记，抒写了泰山的风物景致，记载了泰安的习俗人情。他首次攀登泰山，是在顺治十四年。因为秋柳结社和《秋柳诗》，这位意气风发的年轻才子结识了与时的泰安知州、诗人张锡怿。锡怿字越九，号宏轩，上海人。顺治乙未（1655）进士，著有《树滋堂近稿》，在泰安任上颇有善政。据《清诗话》载：“越九寄情山水，举结辖之气，一寓于诗。官泰安州，州有‘舍身崖’，愚民往往投其中。越九甫亲事即禁止。广学舍，减香税，复四氏学，州人称之。被议，归居默云阁，著书以终。”首次泰山之游，给王士祯的印象相当深刻。数年之后，渔洋在赠友人诗《慈仁寺双松歌赠许天玉》中回忆“我昔登泰山，举手攀秦松”，并感受拔地通天的气势，“东南云海几千里，夜悬日气开鸿蒙”。他在饱览山川之秀色的同时，仔细寻检泰山历史遗迹和文章典故。归来之后，他在《寄张泰安》诗中写道：

白苎闻江左，青方首秩宗。
携来吴练影，遥欲拄秦松。
日观翔孤鹤，天门忆六龙。
汉仪推应劭，早晚纪东封。

这是在夸赞这位江南才子，希望他像东汉泰山太守应劭一样，文治彪炳，名垂史册。

是年冬，他在《雪中送陇西兄登岱》诗中这样介绍泰山景物：

山秘玄冬御道开，玉函金简尚昭回。
汉仪四观皆陈迹，秦篆千秋半劫灰。

气散鸿濛连霍华，雪明云海压徂徕。
天门直上窥齐鲁，封禅推君未易才。

对于泰山的典故史实，他已谙熟于胸中。

第二次泰山之行是在康熙八年（1669），王士祯由礼部奉调司榷清江浦关，专司船厂造船，赴任途中过泰山。时值早春，风和日丽，一路走来，诗人眼中的泰山是那样清新宜人，不禁随口咏出《岳下作二首》：

篮舆名山里，悠然怀抱开。
云中辞岳麓，枕上见徂徕。
他日临千仞，回看海一杯。
仙人骑白鹿，邀我共徘徊。

岳路清和候，氤氲望不稀。
林园收宿雨，石濑溅人衣。
班马红亭渡，溪禽白练飞。
买山随处好，终日恋清晖。

仕途正畅的王士祯，忽然说出“买山”归隐的话来，不少人，包括他的甥婿、著名诗人赵执信都大惑不解，认为是故作矫揉。其实这中间有现实内容。在这之前的扬州推官任上，他为政清廉，一钱不取，薪俸所入，大都用于购书，卸任时唯携图书数十箧。所以他自题诗说：“四年只饮邗江水，数卷图书万首诗。”即便如此，有些贪官污吏仍无端发难，士祯虽经考荐及格，仍被罢官回乡，一年后经吏部都察院会同复核，才重新起用。这对初登仕途的王士祯，感受不可谓不深。

一路南行，经过当年李白与竹溪六逸隐居的徂徕山，和宋初以《庆历圣德颂》诗著名的石介故居北旺村，这一隐一显的身世功名，都是历历如在目前，意味那么深长，引动着他的诗情，遂有《徂徕怀古二首》：

徂徕林壑美，复爱竹溪清。
应有云霞侣，幽居远世情。

钓竿想巢父，酒态忆长庚。
寂寞空山道，寥寥千载情。

当年石守道，卜筑亦于斯。
时际升平日，人传庆历诗。
子孙留伏腊，水石映茅茨。
直道今谁继，凄然汶水湄。

宦海沉浮，殊难料定；相比之下，还是山野农家，躬耕垄亩富有生活趣味，这就是《徂徕山下田家》：

行行空翠里，明晦更多姿。
碧树通村路，青山向岳祠。
林深鸡犬静，雨足陇苗滋。
他日龟阴稼，躬耕亦不迟。

渡过汶河，只见远近山横，汶水秀丽，蒲草茂密，水鸟闲浮，一派天然淡泊景象，典型的“神韵”意境。《渡汶水》：

泉流纷演漾，争绕汶阳田。
水碧明沙外，山青玉镜前。
凉风起苹末，斜日冷溪烟。
鸥鹭吾怜汝，菰蒲自在眠。

路过新泰羊流，这是西晋名臣羊祜故居。他那感人的生平伟业，如今只有断壁残垣来凭吊了，《羊流作》：

山势围荒垒，犹传太傅城。
风流一销歇，华表只纵横。
落日高平道，残碑岘首情。

当年堕泪外，仿佛见平生。

三年后王士祯奉命典四川乡试，途经湖北襄阳，还专门登临岘首山，谒羊太傅祠，凭吊这位山东同乡："东第无归日，西江有断碑。天涯落帆客，一荐楚江篱。"（《羊太傅祠》）

在泰安到新泰、临沂的官道上，这位入世未深的年轻官员触景生情，一气写下七首诗，其内心感触是相当复杂的。

第三次泰安之行是在康熙二十三年（1684），王士祯奉旨告祭南海，是冬由京师出发，经德州、东阿至东平，遇大雪阻路，滞留数日，游东平湖。唐天宝十二年，苏源明曾任东平太守，诗中称东平湖为小洞庭。王士祯游历遗迹，有《望小洞庭》诗：

当日苏司业，风流此暂经。
重岩望超忽，远山界空冥。
积雪明蚕尾，浮云下洞庭。
明朝新霁好，回首数峰青。

路经东平无盐邑的汉代东平思王墓，王士祯作《东平思王墓》：

东平几驿是咸阳，松柏依然指故乡。
帝子不须还怅望，汉家陵阙久凄凉。

东平思王刘宇，甘露二年（前52）立，因与太后不相得，自求守杜陵园数十年，终生悒郁不得志，死后葬于东平。

东汉东平宪王刘苍之墓在无盐邑之王陵山前。王士祯有《东平宪王墓》诗：

乡是人亡万古悲，东平宫殿草离离。
陵前赐剑知何处，金粟飘零剩断碑。

刘苍于光武帝建武十五年（39）封东平王。他经历光武帝、明帝、章帝三朝，位极人臣，备受推崇，死后章帝曾亲至墓前“哭泣尽哀”并赐御剑。与思王相比，不啻天壤。

因为喜爱东平的湖光山色，王士祯便把南海之行的诗文和后几年的诗文编在一起，定名《蚕尾集》。蚕尾山是东平湖上的一座小山。他在《蚕尾集自序》中写道：“兖、郓之境多湖陂，而小洞庭最著。湖之左有蚕尾山焉。唐天宝十二载，太守苏源明宴五太守于此……康熙甲子冬，予奉朝命，往祀南海，过东平，会大雪连日夜，遥望湖中天水相际，有数螺隐现于烟霭灭没之间者，士人指似曰：‘此蚕尾山也。’时风雪寒沍，又迫王程不得往。既南行数千里，犹时时梦见之。昔韩退之尝作《郓州溪堂》诗，盛称其蒲莲、蒹苇、芡芪、龟鱼之产。予卒卒未暇问溪堂所在，度其胜，未必及此湖，而源明之诗歌，直驾退之而上。予称郓之山水，独在此不在彼，盖亦未可以为过也……”

次年由广州北返，六月间经曲阜谒孔府孔庙、涉汶水，望泰山、徂徕，入莱芜，出青石关，归里省父，然后返京复命。此行在他的《北归志·渡汶水记》中有详细记载：“（六月）十二日，渡大汶口。汶水多矶石，水势喷薄如雷霆。过汶口，西北望岱岳，东北并徂徕，汶水明灭，时见林杪。徂徕有石守道故居地，曰北王村，祠墓尚在，有司春秋祀焉。次团瓢店。十三日，过旧奉符县，至汶河镇，渡汶水。汶水清浅见底，广可二里许。遥望车者、骑者、负载者、揭者、厉者、蹄者、角者，纷纷渡水如画。”在这清丽的散记之外，他再次吟咏《徂徕山》：

云阴移徂徕，影覆汶河水。
下有贤人居，清风被田里。
一抔讵能容，千秋今庙祀。

他在《奉符故城》诗中写道：

我行奉符城，不见昆仑迹。
何处仙人闾，青山绕长陌。
惟闻党竹溪，仿佛南村宅。

此次南海之行，历时十余月，他往返一万二千余里，饱览山川秀色，各地民情，写下大量诗文，计有《南海集》及《皇华纪闻》若干卷，《南行志》《北归志》《广州游览小志》各一卷。他早已熟悉的泰山，就没有在诗文中出现。

第四次泰山之行是在康熙三十五年（1696），王士祯以六十三岁之龄奉命祭告西岳华山。是年正月底由京师出发，三月初至西岳，祭毕东返，于七月中旬经泰安至莱芜返新城，九月回京复命。此次行色匆匆，未见留有诗文。

三

王士祯还是一位学识渊博的学者，晚岁致力于笔记之作，是他一生阅历、学问的结晶，具有较高的史料研究价值，其中有不少关于泰山的内容。《池北偶谈》刻于康熙二十八年（1689），是他五种笔记中最早的一种，该书《谈艺》篇中首次记载了泰山燕子石（三叶虫化石），当时称为“蚨蠼砚”：

> 张华东公延登，崇祯丁丑（1637）三月游泰山，宿大汶口，偶行饭至河滨，见水中光芒甚异。出之，则一石可尺许。背负一小蝠、一蚕，腹下蝠近百，飞者、伏者、肉羽如生，蚕右天然有小凹，可以受水；下方正，受墨。公制为砚，名曰：“多福砚”。铭之云：“泰山所钟，汶水所浴，坚劲似铁，温莹如玉，化而为鼫，生生百族。不假雕饰，天然古绿。用以作砚，龙尾继躅。文字之祥，自求多福。”《尔雅》“蝙蝠，服翼”，郭璞注：“齐人呼为蚨蠼。”因又名之曰“蚨蠼砚”。公门人刘文正（理顺）、马文忠（世奇）、夏考功（允彝）、高中丞（名衡）诸公，皆为铭、赞，亦奇物也。

张延登是王士祯原配夫人张氏的祖父，山东邹平人，明万历进士，累官至右都御史，卒赠太子太保，谥忠定。《池北偶谈·谈献·联语》条载：“张忠定公延登一为司空，两为总宪，以功名，著累朝。又乡会试得人最盛……少时见公厅一联云：‘门多将相文中子，身系安危郭令公。’”这是一位名尊望重、善于延揽荐拔人才的长者。张夫人自幼得此家风熏陶，更是贤惠通达。夫妻感情至为深沉。泰山燕子石砚经王士祯一番描述声名大震，到乾隆年间的《西清砚谱》竟列为名砚之首。

在《池北偶谈·谈异》篇中，王士祯还记载了舍身还愿的习俗，即《泰山孝子》：

> 顺治十年（1653）四月，泰安知州某于泰山下行，忽见片云自山巅下，云中一人，端然而立，初以为仙，及坠地，则一童子也。惊问之，曰："曲阜人，孔姓，方十岁，母病，私祷泰山府君，愿殒身续母命，母病寻愈，私来舍身崖，欲践夙约，不知何以至此。"知州大嗟异，以乘舆载之以归。

泰山舍身还原习俗起于何时，已不可考。究其来源，一是受佛教"舍身饲虎"传说的影响，二是受东汉以来"二十四孝"故事中舍身事亲的影响，三是因泰山老母（碧霞元君）信仰和泰山主人生死观念的感召力。这三个方面结合形成一种嬗变：只要是"诚心诚意"地为父母祈祷，并敢于"以身试法"，就会得到泰山老母的保佑，不但父母会消病祛灾，"孝子"也会平安返回家中。这一传说在落后愚昧的民众中很有影响，也确有一些在现实苦难中绝望的贫民，以舍身求得解脱。历代守吏为禁止此恶俗颇费心思，明万历初山东巡抚何起鸣在舍身崖筑起围墙，并易名为"爱身崖"。明顺天府治中、泰安人萧协中曾题诗："纲常生死重千钧，何事无端说舍身。一自短垣围绝险，不教渔父再迷津。"王士祯诗友、清顺治年间泰安知州张锡怿，到任之初就先禁此事，后来更派兵丁把守，像士祯这种大学者，对于鬼神之事，多半是持一种将信将疑的态度，即所谓"理之所必无，而情之所或有"，可以"姑妄言之姑听之"，目的不过是"神道设教""惩诫人心"而已。所以"泰山孝子"也好，《池北偶谈·谈异》篇中的志怪体笔记小说也好，就不能简单地斥之为荒诞迷信，其中透露出作者许多有关"世道人心"的见识。

四

王士祯一生最喜交游，其诗友门生多鸿彦硕儒，且士祯于其间很有影响力和号召力。他年轻时大明湖赋《秋柳》，唱和者遍及大江南北，风靡一时；居官后仍然"昼了公事，夜接词人"，不免经常向各地诗友介绍泰山景致，如《慈仁寺双松歌赠许天玉》，就是描写泰山的磅礴气势和泰山古松的峥嵘风姿。

因此诗友们只要有机会登临泰山，自然也要追随唱和，留下一篇篇华美的诗文，虽不及当年《秋柳》之盛，亦复相当可观。现择要举之：

钱谦益（1582—1664），字受之，号牧斋，江苏常熟人。明万历三十七年（1609）进士，累官礼部右侍郎兼翰林院侍读学士。入清后为礼部右侍郎，充修明史副总裁。仕清五个月后隐居不仕，此后主要从事著述，并秘密联络、支持抗清力量。他以诗文标榜东南，为诗坛领袖。顺治十八年（1661），王士祯在扬州推官任上以诗贽见，受到赏识。钱有《古诗一首赠王贻上士祯》，称其“骐骥奋蹴踏，万马喑不骄，勿以独角麟，俪彼万牛毛”，又为王诗集作序，中有“与君代兴”之语，还手录士祯诗多首入《吾炙集》。二十余年后王士祯忆及此事，尚称钱为“真生平第一知己也。”其咏岱诗有《登岱五十韵》：

……
停车回马岭，凝望似堂密。
岱势自回伏，群山各离立。
傲来矗数峰，叠浪见沸泽。
偃蹇欲不朝，顾盼疑旅楫。
……

顾炎武（1613—1682），字宁人，号亭林，江苏昆山人。明末参加“复社”反对宦官的斗争。清顺治二年（1645）清兵渡江，顾在苏州、昆山等地参加抗清战斗。顺治十三年（1656）只身北上，遍游山东、河北、山陕等地，结纳志士，观察中原地形，以图恢复。顾学识广博，著作宏富，主张“文须有益于天下”，开清代朴学风气。顾虽为前辈诗人，亦曾唱和《秋柳诗》，与王士祯神交已久。顾于顺治十三、十五、十六年三上泰山，其《山东考古录》中有关泰山内容有十九条，咏岱诗有《登岱》《秋雨》等，《重登灵岩》诗：

重来绝巘一攀缘，坏阁崔嵬起暮烟。
山静鼪猱栖佛地，堂空龙象散诸天。
芰林果熟红椒后，入定僧归白鹤前。
莫问江南身世事，残金兵火一凄然。

周亮工（1612—1672），字元亮，号栎园，祥符（今河南开封）人。明崇祯进士，官潍县知县，迁浙江道监察御史，入清累官户部右侍郎、青州海道等。擅古文，宗唐宋八大家，诗宗唐人，精鉴赏书画篆刻，喜收藏，著有《赖古堂集》。他曾至邹平长白山过访王氏别业，咏岱诗有《百丈崖》：

雷耕石骨劈嶕峣，波诡云腾百丈高。
竞道春飞花五色，那堪雪绽玉千条。
支分泰岱山容阔，势接蓬莱海气骄。
白日增寒人影肃，空岩木叶响萧萧。

高珩（1612—1697），字葱佩，一字念东。晚号紫霞道人，山东淄川人。明崇祯进士，入清官至刑部侍郎。诗近元、白，有《栖云阁集》。高居官清正，在清贫的国子监祭酒任上久不得迁擢。《池北偶谈》卷二十四载："祭酒，旧不一二年辄迁去，春秋丁祭无过四者。顺治中，淄川高念东侍郎为祭酒，久不迁。一日至阁，洪文襄（承畴）戏谓曰：'高先生可谓五丁开山矣。'高笑对曰：'无妨六丁六甲。'果三年始迁去。"因有同乡之谊，又同在京师任官，王、高二人诗文唱和，又从甚密。高珩咏岱诗有《朝岱》：

岁云暮矣当丰年，香火逐群礼泰山。
半夜鸣金催社侣，踏星靡靡霜花斑。
千声一佛潮音吼，甲马咸云神掖走。
闺中严属戒腥荤，梵宇琳宫遍稽首。
上山竭厥下山轻，三百青蚨沽一斗。
归遗儿女买铜钲，千里秦松犹在手。
泰山满腹夸乡人，鞭声霹雳天门神。

施闰章（1618—1683），字尚白，号愚山，安徽宣城人。顺治六年（1649）进士，官至翰林院侍读。顺治十三年至十七年任山东学政，取士有"冰鉴"之誉，于蒲松龄有知遇之恩，诗法宗唐人，与莱阳宋琬并称"南施北宋"。王士祯称其诗"温柔敦厚，一唱三叹，有风人之旨，其章法之妙，如天衣无缝，如园客独茧”（《池北偶谈》卷十三）。愚山自江西布政司参议罢官回乡，穷无路费，只好把朋友送的一条船卖掉，又苦无买主，于是作了一首《卖船行》诗。渔洋读后不胜感慨，作《题施愚山〈卖船诗〉后》，赞扬他为官清廉："七载一舸归，无物充官艘。两郡万黔首，留公但号咷……安得百施公，为时激顽浇！"施氏咏岱诗较多，有《泰山梁甫吟》《五岳真形图歌》《汉柏》《五松下看流泉》《雪中望岳》《岱巅夜雨》等。其《登岱四首》之一：

岱宗万仞气苍苍，杖策层巅尽八荒。
列岫儿孙争拱立，诸天旌节郁相望。
丹霞白雾分阴霁，玉简金函入混茫。
欲小神州重极目，丈人峰畔一褰裳。

朱彝尊（1629—1709），字锡鬯，号竹诧，秀水（今浙江嘉兴）人。顺治年间曾参加秘密抗清活动。康熙十八年（1679）举博学鸿词科，以布衣授翰林院检讨，参加纂修《明史》，后罢官归里。其学长于考证，工古文，诗与王士祯齐名，称"南朱北王"。《清史稿》称"当时王士祯工诗，汪琬工文，毛奇龄工考据，独彝尊兼有众长"。王、朱为诗文挚友，交往极深，朱氏咏岱诗有《泰山道中晓雾》：

苦雾滴成雨，平森翳作峰。
不知岩际寺，恰送马头钟。
汶水已争渡，泰山犹未逢。
忽惊初日跃，远近碧芙蓉。

元玉（1628—1695），字祖珍，晚号死庵，原姓马，江南通州（今江苏南通）人，康熙初年住持泰山普照寺，康熙三十四年（1695）卒于泰山，负有诗名。撰有《石堂集》《金台近稿》等。元玉诗清新明悟，颇合"神韵"原旨。《清诗纪事初编》载其"友高珩、唐梦赉、孔尚任。而王士祯盛称其诗，谓如获异嗜，啖江瑶柱"。与孔贞瑄等号称"石堂八散人"，在普照寺内外植菊养竹，辟石堂十二景，吟咏其间，流连忘返。咏岱诗作颇多。《快活三》：

岭岭径崔嵬，峰峰路崒嵂。
险极势欲旋，坦道从危得。
从危得坦道，其间复如何。
仍向层霄步，云中仍笑歌。

颜光敏（1640—1686），字逊甫，更字修来，别字东圃，山东曲阜人，复圣颜回六十七代孙。九岁工行草，十三娴诗赋，康熙六年（1667）进士，官吏部郎中，年甫四十而卒，著有《东圃集》。施闰章在《颜修来诗序》中称："京师辇下盛传十子诗，修来其一也……皆苍郁雄高，出入于工部、昌黎之间，怪伟百态，新城王阮亭侍读尝谓余曰：'吾乡后来英绝，当让此人。'"王士祯将其诗十七首选载入《感旧集》中。颜氏咏岱诗有《望岳》：

岱宗俯群山，万叠朝苍龙。
氤氲肇元化，物象含冲融。
云气朝四塞，倏忽高天空。
天门如覆盎，两壁来松风。
……

五

王士祯的泰山诗，不是单纯的"放意云壑之间"的诗篇，而是他静穆悠远、自然冲淡的审美情趣，与自然景物高度契合的结果，是审美意识积极探索、主动发现的结果，也即他自己所说："当其触物兴怀，情来神会，机括跃如，如兔起鹘落，稍纵则逝矣。有先一刻、后一刻不能之妙。"（《师友诗传录》）像《岳下作》《渡汶水》中的化静为动，寓动于静，充满一种韵味悠扬的静穆，这种境界是他自然美学观中"清远"风格的核心。所以他的泰山诗更多属于纯审美的篇什，是他"神韵说"的生动体现，从这一点上说，他是成功的；从缺乏深厚的现实基础和社会历史感来说，又是有局限的。但是，王士祯和他的诗友们留下的泰山诗，就其成就和影响而论，是清代其他任何诗人诗作都无法达到和代替的。有清一代的泰山诗，因为王士祯等人的出现，在清初就一下达到高峰，这是泰山文化中令人注目的现象。

徂徕之松新甫柏　生性孤挺抽千尺

——孔尚任与泰山

清代康熙年间创作演出的《桃花扇》《长生殿》两部传奇，成为轰动剧坛的双璧。一时间，梨园勾栏争相扮演，独擅戏场；官绅士夫竞为传抄，纸贵京华。连康熙皇帝也格外关注，连夜亲索剧本观看。正所谓“两家乐府盛康熙，进御均叨天子知。纵使元人多院本，勾栏多唱孔洪词”（金埴《东鲁春日展〈桃花扇传奇〉悼岸堂先生作》）。这番热闹，却使有“南洪北孔”之誉的剧作者孔尚任、洪昇革职丢官，落得“断送功名到白头”的结局。出仕前与返乡后，孔尚任多次往来于泰山，以他清丽质朴的诗笔，绘山川灵秀，抒身世感受，在泰山古代诗卷中留下篇篇珠玑。

一

孔尚任（1648—1718），字聘之，一字季重，号东塘，别名岸堂，自称云亭山人，山东曲阜人，孔子第六十四代后裔。父孔贞璠，字用璞，号琢如，明崇祯六年（1633）举人，入清不仕，隐居于家，与木皮散客贾凫西等前朝遗民交往密切。孔尚任童蒙入家塾，聪颖好学，二十岁左右就成了才学出众的秀才。但他在科举道路上，屡屡乡试不中，只能于康熙二十年（1681）“尽典负郭田”，捐纳了一个国子监生的头衔。康熙二十三年（1684），康熙南巡归途中至曲阜祭孔，孔尚任与族人孔尚铉担任御前讲经。为了“阐扬文教，鼓舞儒学”，康熙将二人破例提拔为国子监博士。后其奉调至扬州治河，一住四年，返京后仍任原职。直至康熙三十四年（1695）才转任户部主事，后五年晋升为户部员外郎，但到任仅十余天就遭罢官。此后滞留京师三年，于康熙四十一年（1701）底返回曲阜，过起平民生活，直至康熙五十七年（1718）正月辞世，终年七十一岁。

《桃花扇》是孔尚任数十年苦心经营、前后三易其稿完成的力作。孔尚任在幼年，就听他的族兄、在弘光朝刑部任郎中的孔方训讲过南明遗事。扬州治河四年，他更得以广泛结交前朝遗老，如明末“南京四公子”之一的冒襄、黄冈诗人杜浚、白云道人张怡等，聆听他们畅谈弘光遗事，并到南京做实地调查，掌握了丰厚的第一手资料，又在返京以后经数年酝酿，精心构思，以严谨的态度进入创作。该剧的主要成就和价值，在于忠实地反映了明末弘光小王朝兴亡始末的这一段历史，从中得出历史教训。正如作者在《桃花扇小引》中所说：“《桃花扇》一剧，皆南朝新事，父老犹有存者。场上歌舞，局外指点，知三百年之基业，隳于何人？败于何事？消于何年？歇于何地？不独令观者感慨零涕，亦可惩创人心，为末世之一救矣。”正因为作者达到的思想高度和非凡的艺术功力，使《桃花扇》成为古代历史剧的典范，并成为中国古典戏曲的压卷之作。

二

《桃花扇》中的一些人物都与泰山有关联。首先就是侯方域。侯在剧中是男主角，以正生应工，是当时进步政治力量的代表。全剧以侯生与李香君的悲欢离合为主线，反映出纷纭复杂的政治斗争，从而深刻揭示兴亡主题。侯方域（1618—1654），字朝宗，河南商丘人。其父侯恂，官至户部尚书，东林党人。侯方域是明末复社重要成员，南京四公子之一，著有《壮悔堂文集》《四忆堂诗集》。其岳父常维翰，字子羽，崇祯年间任东平州太守。在任期间开仓赈饥，变卖家产代灾民交赋税，因此被罢官。侯曾游历泰山、东平。在东平受到民众的欢迎：“往过东平，父老来迎。爱公及我，有酒如渑。”（《壮悔堂集》卷十《明东平州太守常公墓志铭》）

剧中担纲人物张薇，应工“外”行，是作者创作思想的体现者。全剧开头试一出《先声》，用张的《满庭芳》词交代剧情梗概。另外在闰二十出《闲话》、第三十出《归山》、第四十出《入道》中都是主要人物。特别是《入道》一出，让他设坛打醮，显现出忠奸两种人物各得其善恶之报的幻景，史可法、左良玉成神，马士英、阮大铖惨死，并让他以国家君父大义喝醒男女主角：“呵呸！两个痴虫，你看国在哪里，家在哪里，君在哪里，父在哪里，偏是这点花月情根，割他不断么？”促使侯李幡然入道，借以总结全剧兴亡之感。

在现实中，这是一位传奇人物。他名张怡（1602—1695），字瑶星，初名鹿征，号璞生，一号薇庵，江苏上元县人。父张可大，明末为登莱总兵官。张怡以诸生荫袭锦衣卫千户。甲申三月，李自成攻陷北京，他坚决不降。剧中说他在崇祯吊死煤山后，“领着本管校尉，寻着尸骸，抬到东华门外，买棺收敛，独自一个戴孝守灵”，也基本符合事实。温睿临《南疆逸事》卷四十一本传载：“煤山之变，殡于西华门，百官无至者。鹿征独缞服哭临，守梓宫不去，护葬天寿山。”据说李自成见他“忠”得可爱，便“义而释之”。后潜归南京，在弘光朝补了原官，旋升指挥使。马、阮乱政，欲杀周镳、雷缜祚，他故意拖延。马、阮罗织复社文人，逮陈贞慧、吴应箕下狱，他尽力回护，后来便乘左良玉欲挥兵东进、南京骚然之际，偷放了陈、吴，自己也筑起松风阁隐居。清兵南下后，他便到南京东郊栖霞山白云庵做了道士，隐居不出，致力著述，活到九十三岁。康熙二十九（1690）年秋，孔尚任从扬州游南京，专门拜访张怡。他在《白云庵访张瑶星道士》诗中记述二人促膝倾谈的情景：“数语发精微，所得已不浅。先生忧世肠，意不在经典。埋名深山巅，穷饿极淹蹇。每夜哭风雷，鬼出神为显。说向有心人，涕泪胡能免！”《桃花扇》中有些重要史实，无疑得于张怡的提供。

正是由北京南下的途中，张怡登临了泰山，并写下了寄托感慨的三首诗篇。《登岱》：

玉简金书事渺茫，神房河阁迹全荒。
老松死不撄秦爵，御帐名犹志宋皇。
石上写经云气护，池边濯月水痕香。
当年辇道迷荒草，剩有寒鸦噪夕阳。

《西阙丈人峰》：

西阙峨峨缀碧苔，摩挲拄杖拨蒿莱。
孤峰箕踞如人坐，双岫崔巍似幛开。
冯翊从来称右辅，长庚原自接中台。
更从石壁看题字，知有人曾载酒来。

《由新盘路而下》：

盘路新开道又更，我来冉冉踏空行。
下临绝壑无疆界，仰视诸峰自纵横。
洞口白云时缕缕，涧中流水忽琤琤。
此来愧乏金钱供，惟有神羊不世情。

刘泽清也是剧中起重要作用的人物之一，以“丑”角应工。在第三出《哄丁》、第十六出《设朝》、第十八出《争位》、第十九出《和战》中都曾出场。从剧情及行当来看，这是个反面形象。当初马士英拉拢黄得功、刘泽清、刘良佐、高杰等江北四镇，拥立福王朱由崧，建立弘光朝。史可法出守扬州，满心希望出兵北伐，江北四镇却为争夺扬州地盘起了内讧（《争位》）。后经史可法多方调停，高杰才勉强赴开封、洛阳防河。余下三镇又因统治集团内部的斗争，被马士英、阮大铖调去防止左良玉东进。河淮一带，千里空虚。因此当清兵南下时，只有史可法孤军困守扬州。扬州失陷，南明王朝也就跟着灭亡了。

刘泽清，字鹤洲，山东曹县人。崇祯末年任山东总兵，封东平伯。解过泰安之围，清朝王度《历年守城记》载：“（辛巳）四月间，史东明有众十万，自南塞野而来，分立营寨，四面环攻。守道左佩玹与乡绅士民，枕戈城头十数夜，各关厢分遣乡勇杀贼甚众。驰檄总镇刘泽清，援兵至，乃解围。”刘泽清得胜后很是高兴，专门写了一首《解围作·呈左添老公祖用以引玉》：

东岳熄香禔护渺，亭亭静睬妖氛绕。
指挥长草砺秦豪，骛骋猪夫横鲁旄。
岱足霾云莫慰情，海肩飓飚方焘绕。
奋酬知己决孤军，社稷神灵丕未小。

左添字佩玹，陕西耀州人。时任济南道分管济南府驻劄泰安州佥事，是刘泽清的前辈。左添见诗后唱和一首《泰安被寇围在匝旬，盖岌岌矣。幸刘鹤洲大将军兵至，围始解。为作遗余，依韵却赠》：

十夜孤撑力已渺，狂氛压境恣云绕。
惊喜将军下自天，逆魏一望消雄旌。
额首人人庆再生，岱宗依旧晴光绕。
洲君遥与岱云谋，如励盟勋讵曰小。

关于刘泽清其人，除剧中情节外，尚能从王渔洋先生为刘孔和所作的传中窥其一斑："泽清武人，不知书。既贵为藩镇，好为诗往往诧示坐客。一日，高会酒酣，出诗示客，次至孔和。孔和掷不示，大言曰：'国家举淮东千里付足下，今敌骑旦暮饮江淮，未闻北向发一矢，而沾沾言诗，诗即工，何益国是？况不必工耶！'泽清被酒大恚，推案起，一座震慑，不知所为。孔和不为动，拂衣徐出。泽清益不平，立遣将士二十辈追及舟中，拉杀之。"明代《稗史汇编》记此事稍有不同："泽清素为公子狎客，至是乃抑之使下。作诗问孔和曰：'好否？'孔和曰：'不作更好！'语简而冷，各有其妙。"据清 · 王培荀《乡园忆旧录》载："泽清好杀，当前屠割，血肉淋漓，坐客惊惧失措，泽清谈笑自若，狠戾殆与董卓相似。后降本朝，伏诛。"此人除凶恶以外，单是如此"好诗"，亦足博人一噱。

剧中反派人物阮大铖也与泰山有些关系。其父阮自华，是明代礼部尚书、东阁大学士于慎行门生。于先后七次登泰山，留有大量诗作及散文。其中阮自华伴师上山，也留有一首《登泰岳》：

朝回青帝坐山前，历落繁星缀绣檐。
封色锦浮司马颂，海光红起祖龙船。
松亭岩屋神堪画，石峡天门秀可怜。
枉自浮槎寻八月，已教襟带入重玄。

一部戏剧之中，有如许人物与泰山有关，有如此曲折生动的经历，尚不多见。它不仅给这部名著增添了意趣，也为泰山人物画廊添上了几笔异彩。

三

孔尚任与泰山名士多有交往，其中最为重要的当属普照寺住持和尚元玉。早在出仕前，孔尚任就因其族叔孔贞瑄的关系结识元玉。孔贞瑄，字璧六，号聊园，举人。康熙十一年（1672）任泰安州学正。史志称其“博学鸿文……敷陈经义，歌诗谈礼，有彬彬洙泗之风。重建奎文阁，著《泰山纪胜》”（《泰安县志》）。在任期间，与元玉等结为“石堂八散人”，其中二人最为相得。孔贞瑄为元玉《菊圃诗集》作序，称其“石肝霞肠，玉骨雪髓，耳纳松风，目绝月华，餐流霞，饮朝露，眠积云，驾轻雾，翱翱乎无何有之乡”，是“旷世轶才，出尘高士”。孔尚任此期游历泰山，就开始了与元玉的交往。康熙二十年（1685）孔尚任赴京任国子监博士之初，恰巧元玉也来京，二人遂共同拜谒了山东同乡李澄中。澄中号艮斋，山东诸城人，工诗文。康熙十八年（1679）举博学鸿词科。时任翰林院检讨，充《明史》纂修官。后由善赞，历升中允、侍讲、转侍读。著有《卧象山房集》《日云村集》等。当时二人与李一见如故，孔尚任作有《同石堂上人访李渭清太史》诗一首：“燕台司马宅，僻巷雪苍凉。蔬笋开莲社，烟萝满玉堂。忘言通道气，选句避名场。叹惜同群少，追随学古狂。”三人意气相投，来往密切，常有诗文酬和。后来元玉返回泰山，孔尚任又作《送石堂上人还山》：

瓶钵京华岂壮游，旧山山色引归舟。
已知莲社容名姓，又向云踪问去留。
白发才生心易老，青灯久对泪难收。
寒衙壁上君诗满，早晚闲吟破旅愁。

孰料京师一别，竟成永诀。当十八年后，孔尚任垂头丧气罢官归来时，这位满腹学识的儒僧早已涅槃归道山了。

康熙五十年（1711），六十四岁的孔尚任再次游历泰山。是年夏，新城诗人王士祯于乡里病故，孔尚任前往吊唁。二人早在康熙二十九年在京任上即交往密切。孔经常在王宅赋诗分韵，王亦常到孔居住的宣武门外海波巷造访，“岸堂”之名即为王士祯所题。孔罢官后滞留京师，生活无着，是王不避忌讳，多方周济，送米送炭。孔一直视王为师友知己，故有此行。行中还遇到王士祯门生，时任山东学政的黄叔琳。叔琳字昆圃，大兴人，后官至刑部侍郎。此时黄叔琳“应（泰安）州人之请，割俸兴复”泰山三贤祠（黄叔琳《重修三贤祠碑记》），刚刚竣工。三贤祠在普照寺西邻，是北宋初年范仲淹门生孙复、石介、胡瑗创建泰山书院的旧址，后人立祠奉祀。三贤一直是北宋以来齐鲁文士振兴儒学的典范，黄叔琳此番割俸修复之举，在当时影响颇大，落成仪式上地方官绅、耆学宿儒纷纷赋诗题词。大约是应黄邀请，孔尚任躬逢其盛。他徜徉于六朝松下，徘徊于讲经台前，思今抚昔，感慨万端：数百年前的先贤仍能得到人们的怀念，而当朝皇上亲自擢拔、以“异数”出山，却不明不白被罢官的他，有谁垂顾？满怀思绪，酿为诗情，如清风入松，冷泉漱石，在斜阳中吟诵。《拜泰山三贤祠有感》：

吊古人来拜废祠，三贤儒雅俱吾师。
高名受毁非今日，直道难行岂宋时？
不改松阴浓覆坐，长流涧水冷侵墀。
黄公化比文翁盛，筑起新堂满壁诗。

《泰山三贤祠祀孙明复、石守道、胡安定三先生久圮废黄昆圃学使葺而新之诗以志盛》：

齐鲁望青苍，巍然无如泰。
洞含天下云，峰高夜不昧。
所以讲习人，杖履于此会。
孙君自晋来，担簦极狼狈。
选地初结庐，亭亭超万籁。
徂徕亦有人，肮脏胸襟大。
比邻就执经，师友两相赖。
发明孔孟心，辟除扬墨害。
海陵有胡生，闻风千里外。
裹粮远相从，慕德如嗜脍。
同耽朝野忧，各抱古今慨。
春秋志尊王，杂霸力淘汰。
出处多直言，撰著芟芜荟。
岱麓片席同，鼎足建赤旆。

不啻麟出游，宛矣凤来哕。
人亡迹尚存，世迁道未艾。
谁令旧祠荒，鲁儒贫如丐。
黄公持文衡，清操绝芥蒂。
济溺起衰文，海宇被汪涉。
登岱缅三贤，访古摩松桧。
不惜月俸钱，栋瓦依趾盖。
峁峣云表中，四壁图重绘。
梁甫矗障屏，汶水横衣带。
礼器两厢陈，郁鬯四时酹。
乃知先后贤，脉脉接肝肺。
俎豆共一堂，千秋不复蔡。

在这次“筑起新堂满壁诗”的活动中，孔尚任之兄孔尚忻，孔尚任好友、一同创作《小忽雷传奇》并改编《桃花扇》为《南桃花扇》的顾彩也都参与，并留有诗作。

已过耳顺之年的孔尚任仍不失天真，他一直难以理解自己的命运为什么如风吹转蓬，而泰山松柏的独立不移就十分值得钦羡。那六朝古松像历经沧桑的老人，给过客某种启示，故作《六朝松》：

千年老枯枝，无力发清韵。
过去闲兴亡，时有人来问。

他写松柏的顽强，“徂徕之松新甫柏，托根巉岩山巅石。寒霜冷瀑自凌侵，生性孤挺抽千尺”（《蟠松行用老杜古行韵》）；写松的壮观，“徂徕东望松千树，石门移本冒烟雾”（《坐松歌》）。泰山松柏，已成为映衬他生活境况的一种象征。

四

孔尚任还对泰山燕子石砚的流传进行了精确考证。燕子石是上古海底生物三叶虫的化石，明崇祯年间为王士祯之妻张氏的祖父张延登得于泰山大汶口，因首次发现，视为珍宝，制成石砚。王士祯专门作有一篇《蚨蠕砚》记此事。后来此砚流失，康熙年间为张勄所得。张勄字敬止，奉天辽阳人，汉军正黄旗荫生。康熙三十年（1693）起任山东按察使、布政使，三十六年任浙江巡抚，三年后致仕，居于北京西郊。康熙四十年（1701）腊月，罢官闲居的孔尚任到张府赴宴，席中张勄出示所藏多福砚，令孔尚任一饱眼福。孔专门作有长诗记述此事：《张敬止中丞招饮日涉园之斗室，醉后观多福砚，为张东华先生故物，感其天合之奇，赋以识之》：

斗室温如春，腊酒排拇战。
卒岁无褐人，翻忆蒲葵扇。
解醒索葛花，镇热得石片。
主人郑重言，石名多福砚。
请观母蝠形，张翅筋脉见。
小蝠附乳稠，蝠蝠形略变。
何年风雨飞，出海成石燕。
张家两中丞，得失车轮转。
一砚供二贤，先后荷殊眷。
嫠祝非巫辞，确信天与善。
予侍平州颜，恍觌华东面。
前身传后身，砚比唐虞禅。
奇合百年珍，一日摩挲编。
予虽鉴古多，惊此双眸眩。
爱玩酒力消，请君重张宴。

孔尚任以高超的鉴赏力，指出此砚为张延登故物。张延登字华东，曾以右都御史兼浙江巡抚。巡抚亦可称为中丞，所以说“张家两中丞”，先后得到此砚如尧、舜禅让。孔尚任是一位造诣很深的古董文物收藏家、鉴赏家，在京期间，经常到仁慈寺、琉璃厂购买、品评古物，乐此不疲。这在他的《博古闲情》套曲中有记述：《梧叶儿》喜的是残书卷，爱的是古鼎彝，月俸钱支来不够一朝挥。大海潮，南宋器；甘黄玉，汉羌笛；唐羯鼓，断漆奇。又收得小忽雷，焦桐旧尾。他专门著有《享金簿》一卷，记载他收藏和经眼的金石书画、古玩彝器等物凡一百五十七则。他自己收藏的珍品还有宋方炉、汉铜尺、欧阳修《泷冈阡表》、蔡卞《曹娥碑》帖等。当时芮城阴氏得一古鼎，上有铭文七十一字，人多不识，孔尚任却能识得六十九字，足见其考据之功力。理清多福砚的流传脉络，也是孔尚任对泰山文化的一大贡献。张与孔是来往密切的好友，对《桃花扇》一剧极为赏识。孔尚任《桃花扇本末》载："己卯（康熙三十八年）秋夕，内侍索《桃花扇》本甚急；予之缮本莫知流传何所，乃于张平州中丞家，觅得一本，午夜进之直邸，遂入内府。"张家藏有剧本，并有歌者演唱，算是此剧的知音了。

五

孔尚任对于曲阜、泰山一带的民风民俗进行了搜集整理，并加以研究，著录有《节序同风录》与《鲁谚》。《节序同风录》十二卷，据《四库全书总目提要》卷六十七《史部时令类存目》载："衍圣公孔昭焕家藏本。是书仿《荆楚岁时记》为之，以十二月为纲，而以佳辰令节分列为目，各载其风俗事宜于下，颇为详备……"《乾隆曲阜县志》卷三十八《风俗》末附《节俗同风》，或据孔尚任《节序同风录》写成。孔还留有一批风俗诗，如《祀灶歌》就详细记载了祀灶的方法和过程：

风俗腊月廿三四，比户拜灶无老稚。
礼制五祀各不侔，惟灶官民通有事。
古者祭夏今祭冬，荧荧灯火设神位。
相传司命岁朝天，人间善恶注名字。
为福为祸司命权，今夕攀留劝一醉。
罗列笾豆割彘肩，饧糖尤为神所嗜。
马有刍豆仆有粮，临行金币加意馈。
家翁家众跪致辞：一年亵渎神休记。
少言过失多言功，归来广带苗与穗。

八口团圞共鼎餐，早晚粥香薰神鼻。
狾犬不啮如厕人，官长不咨通贿吏。
灶君灶君竟何言，饧已胶牙酒乱志。
……

正月初五，民间习俗为祭穷鬼日，亦有诗记述。《五日祭穷，俗谓破五祭穷鬼于厕》：

俗传巫师言：五破百不好，
但宜啜菜根，闭门自涤扫。
渣秽实破箕，昏时荐穷媪。
穷媪者穷魁，衣敝容枯槁。
司仓仓如悬，司箧箧如倒。
以之司厕牏，能与豕争饱。
才德各有宜，委之胡不早？
延置破箕中，设祭莫草草。
零楮与断香，糕饭杂栗枣。
三酹残酒浆，命仆跪致祷：
不腆主人词，幸勿生懊恼！
厕为尔华堂，粪为尔粱稻，
主富尔不饥，年年祝寿考！

《鲁谚》一书是包括泰山在内的鲁地民歌民谣专集。孔尚任在《与颜修来书》写道："《鲁谚》尚未成集，虽小道必有可观。且当六月酷暑之夕，红炬两行，洒汗如雨，亲家赤体秉笔，弟挥扇充副座，漏下三更，采风于臧获仆役之人，亦阏里之胜事也。"从中可以看出，《鲁谚》是与颜修来合作，是直接徵采于下层民众之口的谚语歌谣。是书未见流传，《乾隆曲阜县志》中载有不少谚语，如"榆钱落，宜种谷"，"榆钱落地，无论干湿"，"初伏萝卜末伏芥"，"先社后分，粱乃似金。先分后社，粱乃不借"，"分在社前，斗米斗钱。分在社后，斗米斗豆"等等，很有可能是抄自《鲁谚》书中。对于一般士大夫认为不登大雅的“小道”，孔尚任觉得其价值“可观”，不惜“洒汗如雨”亲笔校录，说明他的学术视野十分开阔，学术思想也比同时代的许多人高出一筹。

六

孔尚任是杰出的戏剧家，又是一位质朴淳真的诗人。他一生勤于著述，有著作近三十种，直至临终前还以“古稀年纪日吟诗”（颜恤讳《元夕挽岸堂先生》）。他不擅官场逢迎，好以词曲为务，这是他仕途落寞的原因，也是他在艺术上取得成就的原因。他为官正直，任户部主事监铸钱币时，竟不理解何以有人向他借贷，自嘲“每日垂鞭归第邸，有人来看孔方兄”（《燕台杂兴》）。他似乎一直不明白自己遭罢官的原因，几次想洗清冤屈，又不乏天真。然而这并不影响他在中国戏曲史、文学史上应有的地位。他的不朽作品《桃花扇》，牵出几许历史人物的泰山轶事；他的泰山诗章，透出泰山书院的兴衰苍凉。他的精深鉴赏考证，使当时鲜为人知的泰山燕子石在文人中名声大噪。可以说，他是古代戏剧家中与泰山缘法最深的一位。

新闻总入狐鬼史

——蒲松龄与泰山

诗人写泰山，或豪迈雄奇，或清新隽永，构成一幅山水长卷。小说家写泰山，多涉鬼魅神仙，从干宝《搜神记》开此先例，后蔚成风气，编织出一个幻想的鬼神奇境。在这中间，清代小说家蒲松龄以“写鬼写妖入骨三分”的思想深度和艺术力量，使其作品成为泰山小说中的明珠美玉，成为这个鬼神世界中最有光彩的篇章。

一

蒲松龄（1640—1715），字留仙，一字剑臣，别号柳泉居士，山东淄川（今淄博市淄川区）人。少即聪慧，十一岁从父读书，十九岁初应童子试，深得当时山东学政施闰章赏识，称其文卷“如空中闻异香，百年如有神”（王敬铸手抄《聊斋制艺文》），遂“以县、府、道三第一，补博士弟子员，文名籍籍诸生间”（张元《柳泉蒲先生墓表》）。但此后屡试不第，久困场屋，直到七十一岁的古稀之年，才熬到一个“岁贡生”的头衔，四年后就去世了。作为一名下层文人，蒲松龄的一生是在清贫中度过的。他的家产，仅有祖上传下来的几亩薄田，三间农场老屋。家计无着，只好在三十一岁时去同邑友人、江苏宝应知县孙蕙那里做文牍师爷，一年后返回故里，先后到王敷正、唐梦赉、高珩、毕际有等本邑富绅家里当教书先生，一直到七十一岁才告老还家。他的一生怀才不遇，主要生活就是读书、著书、教书。这种身世，使他一直处于当时灾难深重的农村，同深受封建官府压榨、土豪劣绅欺凌、天灾人祸困扰的农民保持着密切联系，也深刻地感受到现实社会的黑暗、科举制度的腐朽，从而使他的文学创作具有坚实的创作基础和强烈的生命力。

蒲松龄几乎是以一生的心力，历时四十余年，完成了《聊斋志异》的创作。是书为志怪传奇类小说，凡四百九十余篇，绝大多数是花妖、狐魅、鬼怪故事，以及奇人异事。蒲氏自称该书是一部“狐鬼史”。他继承发展了六朝志怪小说的传统，并多有创新，虽“不外记神仙狐鬼精魅故事，然描写委曲，叙次井然，用传奇法，而以志怪，变幻之状，如在目前，又或易调改弦，别叙畸人异行，出于幻域，顿入人间；偶述琐闻，亦多简洁，故读者耳目，为之一新”（鲁迅《中国小说史略》）。所以在全书尚未完成时，就引起了人们的赞赏。当时的诗坛领袖王士祯、山东学政黄叔琳等人，都向蒲松龄借阅过原稿，许多人竞相传抄，一睹为快。

二

由于地缘接近，也由于泰山的号召力，蒲松龄曾多次到泰山。《聊斋志异》中有关泰山的作品有二十六篇，约占全部篇目的百分之五。其内容大致有以下几类：

（一）反映社会现实，抒写时代风云

这是一切优秀作品的共同特点。蒲松龄生活的明末清初，是一个“天崩地解”的时代。他“目击清初离乱时事，思欲假借狐鬼，纂成一书，以抒孤愤而谂识者”（易宗夔《新世说》）。蒲氏有着强烈的史家意识，在《感愤》诗中自称“新闻总入狐鬼史”。《小二》一篇反映了明末天启年间滕县爆发的白莲教徐鸿儒起义事件。故事中赵旺夫妇的女儿小二“绝慧美”，且“知书善解，凡纸兵豆马之术，一见辄精”，是徐的掌门弟子，主持军务。赵氏夫妇也是义军首领。滕县秀才丁紫陌系小二同窗好友，劝说小二“左道无济，止取灭亡”，遂与其隐身至泰山、莱芜一带。此间着重书写了白莲教法术的灵验，例如剪纸作判官，假泰山帝君之名诈取富绅千金，做纸鸢驱蝗，设坛祈雨等。这些神秘的法术屡验不爽，官府和豪绅却无可奈何，成为小二得心应手的斗争手段。后来徐兵败，小二父母兄弟皆被杀害。小二夫妇救出侄子，起名承祧，寓含继承前人事业之意。在大饥之年，小二出多年积粟，使附近村民“赖以全活，无逃亡焉”。不难看出，白莲教后继有人，在群众中仍很有影响力，反抗的火种仍在。

《鬼隶》《韩方》则反映了明末清兵在济南屠城的暴行。崇祯十一年（1638）秋，清兵第五次进关，次年正月破济南，俘德王朱由枢，官民死伤无算。云南道御史部景昌巡按山东，“瘗济南城中积尸十三余万”（《明崇祯实录》）。这是蒲松龄出生前一年的事，当然会给人们留下深刻而惨痛的记忆。《鬼隶》即借鬼隶之口说往东岳冥府投文，称“济南大劫，所报者，杀人之名数也”，果然“未几，北兵大至，屠济南，扛尸百万”。《韩方》则说“郡城（济南）北兵所杀之鬼，急欲赴都自投，故沿途索贿，以谋口食耳”，致使济南周围许多州县“邪疫大作，比户皆然”，受侵扰者只有声称往告东岳冥帝，才能唬住这些冤鬼。这里是在借东岳冥府之名，稍加委曲，控诉了清兵屠戮无辜的残暴罪行。

蒲松龄在有关泰山的另一名篇《狐妾》中，还侧面反映了“姜瓖之变”的史实。此事在清初影响极大。姜原为明代宣北镇总兵，曾在居庸关投降李自成，后降清，镇守大同。顺治五年（1648），姜在大同举兵反清，山、陕一带遗臣宿将多起兵响应。顺治六年八月，清廷派英王阿济格率清兵及吴三桂等前往镇压，姜粮尽兵败，清兵破大同，尽屠城中军民，所过之地，无数百姓家破人亡。《狐妾》中刘洞九之子至汾州探亲，即死于此难。这一事件，在《乱离》等篇中也有表现。

（二）关注吏治清浊，体察民间疾苦

这两方面原是互为表里的。《一员官》《鸮鸟》《潞令》三篇都是写泰安的官员，皆实有其人。《一员官》记载泰安知州张公，性格倔强刚直，人称“橛子”。凡达官贵人来登泰山，役夫车马山轿之类征用繁多，泰城民众不胜其苦。张公上任，一切皆予罢免。如索要财物，张坦然相对：“我即一羊也，一豕也，请杀之以犒驺从。”夫人儿子从京城来探视，夫妻十二年未见，自然非常高兴。当夫人看到张公素无积蓄，“尘甑犹昔”，不禁问道：“何老悖不念子孙耶？”张公立即暴怒，并施以刑杖，结果是由儿子代受。张公夫人气得即刻携子归返，临走发狠道：“渠即死于是，吾亦不复来矣！”次年张公果卒于任。张公名迎芳，据《泰安县志·宦绩志》载为山西应城人，进士出身，康熙二十一年至二十九年（1682～1690）任泰安知府。志载他“事必亲躬，不假手胥役。偶有误，即自批其颊”。康熙东巡登泰山，张也只是扫除宫室，清理街道，“丝毫不以扰民”。他死后“室无长物，惟图籍数笥”。

《鸮鸟》记康熙乙亥年（1695），西塞用兵，官府购买民间骡马运送军粮。贪婪成性的长山县令杨某借机搜刮，公然率兵丁将周村集市骡马悉数掠夺，共数百头。外地客商“道远失业，不能归”，遂请莱芜范县令、益都董县令、新城（今桓台）孙县令代为求情。杨无词以对，顾左右言他，托以行酒令，顺口道出“酒杯之外不须提”。范县令亦借酒令，说“天上有广寒宫，地下有乾清宫，有一古人姜太公，手执钓鱼竿，道是‘愿者上钩’”，劝说委婉，提示在朗朗乾坤下，不许强索横要。而杨却大言不惭对道，“天上有灵山，地上有泰山，有一古人是寒山，手执一帚，道是‘各人自扫门前雪’”，明告各位同僚不要多管闲事。如此厚颜无耻，出于意外，众人只能“相视腆然”。事情发生时，蒲氏正在淄川西铺毕际有家任西席，其记述当是亲闻亲见。杨令，指康熙二十八年至三十五年任长山县令的杨杰，其人贪婪无度，事发第二年被革职。莱芜县令为范溥，字天如，吴县监生。据《莱芜县志·吏迹志》载，“康熙二十三年任莱芜，留心民瘼，报灾赈饥如救头目。民田没于河者数百顷，溥悉免其赋役，民甚戴之”，后来擢升为东平知州。蒲氏与范溥有交往，并有赠《莱芜范邑侯太公》诗一首：“道德文章日日闻，倾风遥祝意欣欣。义田尚足追文正，庙器真堪继史云。阶上兰芝方竞秀，庭中羔雁欲成群。从来厚积流光远，今对高贤我亦云。”看来范溥对地方教育和提携后进很有贡献，所以才有这样的称誉。

《潞令》则记述了一名酷吏，说东平人宋国英，任山西长治潞城县令，“贪暴不仁，催科尤酷，毙杖下者，狼藉于庭”。山东老乡见其专横而加以讥讽，宋不以为耻，反而得意扬扬地说：“官虽小，莅任百日，诛五十八人矣。”这样的贪横暴虐之徒，不久即暴卒。蒲氏认为这是应得的报应，“幸阴曹兼摄阳政”，不然，贪贿杀人越多，其政声就更“卓异”，黎民百姓何以忍其荼毒！在那个“强梁世界，原无皂白”的社会，怎样解除人民的痛苦，蒲氏只能“惟翘白首望清官”了。在现实中，这样的清官实在太少，作者就不能不把清官形象寄托在他的想象中，这就是《席方平》中的九王一类人物。

《席方平》是《聊斋志异》中最为优秀的篇什之一。席方平为父申冤，至冥府告状。一向被认为铁面无私、执法如山的冥府官员，都被仇人用金钱买通。从城隍、郡司到冥王，莫不贪赃枉法。席方平凭理告状，却被施以鞭笞、炮烙、锯解等刑罚，真是酷毒已极，无以复加。所以席深感“阴曹之昧暗尤甚于阳间”。这个被再三颠倒的阴曹地府，正是阳间封建官僚机构腐败的折射。席方平是一个敢于抗争到底的人物。他"大冤未伸，寸心不死"，历尽磨难，威武不屈。冥王问他敢否再讼，他坚定地回答："必讼！"连小鬼也感叹道："壮哉此汉！"斗争的结果，迫使冥王变换手法，许诺"予以千金之产，期颐之寿"，以换取席的屈服，仍未能达到目的。蒲松龄高度赞扬了这种不畏强暴，百折不挠的斗争精神。这种尖锐的矛盾无法解决，最后只好请出东岳大帝殿下的九王——灌口二郎神对冥府进行审判。判词中指斥冥王"繁缨棨戟，徒夸品秩之尊；羊狠狼贪，竟玷人臣之节"，城隍、郡司"乃上下其鹰鸷之手，既罔念夫民贫；且飞扬其狙狯之奸，更不嫌乎鬼瘦"，皂吏鬼役"飞扬跋扈，狗脸生六月之霜；坠突号叫，虎威断九衢之路"，为富不仁的行贿者"金光盖地，因使阎摩殿上尽是阴霾；铜臭熏天，遂教枉死城中，全无日月"，并判处立即"押赴东岳施行"。这实际是对现实中整个封建统治机构的挞伐批判，直叫人淋漓畅快，吐气扬眉。不过这种结局，也只是现实中的幻想。

（三）狐鬼变幻，情寄泰山

蒲氏本擅以狐鬼应工，一入此题，便运斤成风，游刃有余。《鬼妻》是人鬼相恋的故事，描写了一段生死以继的爱情。泰安人聂鹏云与妻子感情甚笃，妻病卒，聂悲思不已。妻以此情告之冥府，得许与聂幽会。后聂续娶，妻无法接受，怒其不义，闹洞房，掠新娘。后请人以桃木楔其墓，鬼妻之怪始绝。

《胡四姐》《长亭》《云翠仙》三篇是人狐相恋的故事。《胡四姐》写泰山人尚生与胡三姐、胡四姐姊妹的交往，尤其是与胡四姐的爱情。胡氏姐妹虽为异类，却美艳绝伦，心地善良，性情柔顺。尚生与之一见钟情，"倾吐平生，无复隐讳"。四姐以符咒阻止了三姐伤害尚生的意图，又驱逐了引诱尚生的野狐。尚生在四姐被术士收服时救其出逃。患难之中，情感益深。后来四姐炼成大丹，名列仙籍，并度尚生为鬼仙。

与这种美满的大团圆结局相比，《长亭》中的有情人屡遭间隔，好事多磨。泰山人石太璞拜王赤诚为师，学驱鬼之术。有狐翁之女红亭为鬼所祟，请石厌禳。鬼阴与石串通，以"欲擒故纵"之法，迫使狐翁以红亭之姊长亭嫁石。驱鬼之后，狐翁反悔欲杀婿，石赖长亭报信得脱。狐媪闻知，送长亭与婿团聚。一年后生一子慧儿。长亭思母归家，为父阻隔，一去三年。石父病卒，长亭孝服奔至，经理家政，营谋殡葬，事毕复归。数年后，狐翁为石师所系，长亭母女前来求救。石以狐翁谲诈无常，不肯相助。长亭母女矢志以报，石乃前往救出。直到此时，一对恩爱夫妻才得团圆厮守，而翁婿之间终不通往来。

《云翠仙》写破灭的，或是没有过的爱情。小商贩梁有才泰山进香，遇到美貌少女云翠仙，假意殷勤，“以诚朴自表”，博得云母好感，招为婿。翠仙察觉其轻薄无行，坚辞不果，只得“迫母命，漫相随”。婚后梁得云母资助，无虑温饱，“惟日引里无赖朋饮竞赌，渐盗女郎簪珥佐博”，翠仙屡劝不听，后来竟想卖妻为妓。但他无法说出这一无耻打算，于是装穷叫苦，拍桌子，骂丫鬟，旁敲侧击。聪慧的翠仙与梁对饮，巧妙试探，一步步引他露出真意。这是全篇最为入胜之处。翠仙忽曰：“‘郎以贫故，日焦心，我又不能御贫，分郎忧，衷岂不愧怍？但无长物，止有此婢，鬻之，可稍佐经营。’才摇首曰：‘其值几许！’又饮少时，女曰：‘妾于郎，有何不相承？但力竭耳。念一贫如此，便死相从，不过均此百年苦，有何发迹？不如以妾鬻贵家，两所便宜，得值或较婢多。’才故愕言：‘何得至此！’女固言之，色作庄，才喜曰：‘容再计之。’”这番斗智，如层层剥笋，把梁有才的丑恶嘴脸、龌龊灵魂暴露无遗。翠仙以辞母为由携梁至家，历数其忘义负心的薄幸，遂与决绝：“我岂不能起楼宇、买良沃？念汝儇薄骨、乞丐相，终不是白头侣！”梁有才最后落得个沿街乞讨，毙于狱中的下场。

《狐妾》《胡相公》是有关莱芜的两篇。《狐妾》是写莱芜人刘洞九在山西汾州（今山西隰县）做官，娶一妾，名为狐，实为非人非狐，乃是“前官之女，蛊于狐，奄忽以死，窆园内。众狐以术生我，遂飘然若狐”。这位狐妾不仅“光艳无俦”，而且非常精干，在刘做寿时，一人独办三十余桌宴席，“二十余人络绎于道，取之不绝”。当刘思念家乡土酒时，狐妾须臾从千数余里的家乡取来。狐妾还能未卜先知，测人休咎。时莱芜人张道一为山西提学使，闻有此异，欲谋一面而不得，乃强索狐妾画像至家，受到狐妾巧妙惩罚，只得归还画像。狐妾还劝刘求差押饷至云南贵州，以避兵祸。果然不久就有姜瓖之变，汾州城陷，官员皆罹难，唯刘远出得免。刘洞九，莱芜市孝义楼村人。据县志记载，曾任山西汾州通判，因姜瓖之变弃官归里。狐妾的故事在莱芜流传甚广，族人敬称为“仙奶奶”，跟随刘洞九回到莱芜。刘氏后人至今保存着狐妾手植的佛像葫芦和莓豆秧手杖。葫芦长柄处挽有一个无私扣，非人力能及，外形肖似弥勒佛。莓豆秧如树枝般粗壮遒劲，弯成手杖，颇有古风，相传为刘洞九心爱之物。这些传说和遗物，与蒲氏之作相映成趣。

《胡相公》描述了张道一的仲兄张虚一性格豪放，希望亲见狐精并结为朋友，乃“敬怀刺往谒”。其狐自称为胡相公，相见时“两坐自移相向。甫坐，即有镂漆朱盘，贮双茗盏，悬目前。各取对饮，吸呖有声，而终不见其人”。二人“酬酢议论，意气颇洽”。胡相公善解人意，诸事妥帖，“茶已，继之以酒……酒后思茶，意才动，香茗已置几上。凡有所思，应念即至”。张又得一小狐为仆，戳穿了莱芜城内巫婆“托狐神以渔利”的骗局，并予以惩戒。二人成莫逆之交，然始终未谋一面。后胡相公归陕，张再三请求，才偶现面目，乃一美貌少年，“衣裳楚楚，眉目如画”。

《周三》一篇，写泰安富吏张太华家患狐，驱逐无效，乃请城东狐仙胡二爷相助。胡力荐居于岱庙的狐仙周三。周髯“虬髯铁面，服裤褶，”称与张有缘，为之驱狐，“闻庭中攻击刺斗之声，逾时始定，启关出视，血点点盈阶上。墀中有小狐首数枚，大如碗盏焉”。以狐制狐，可谓奇事，然周三“自是馆于其家，相见如主客焉”，以狐易狐，则为更奇矣。

（四）泰山主人生死，人死魂归泰山

这种观念在明清之际甚为流行。蒲氏以此为题，构置了一批短轶小品。《岳神》说扬州提同知夜梦东岳神召见，第二天得病求医，而药店中人即梦中所见，回家服药后即暴亡。于是传说“阎罗王与东岳天子，日遣侍者男女十万八千众，分布天下作巫医，名勾魂使者”，求医药者不可不慎。《王货郎》中济南人小二忽遇早已死去的大哥，引其至冥府证案。兄弟二人“尽夜狂奔，至泰山下”，冥府案结，小二始得归阳界。《阎罗》叙述莱芜秀才李中之刚正不阿，人在阳间，却兼任冥府阎罗。每隔数日僵死，几天后复醒，此间即审理冥司案件。有一次是“提勘曹操，笞二十”。千年遗案尚未论定，冥府效率实在不高。《棋鬼》一篇饶有兴致，说一书生嗜棋成癖，以致家产荡尽，父亲被气死，书生也被阎罗王罚入饿鬼地狱。后来东岳庙五凤楼落成，东岳大帝征文士作碑记，书生在应征路上棋瘾复发，于泰山盘道侧身游客间对弈，却屡屡告负。书生“神性懊热，若不自已”，“自晨至于日昃，不遑溲溺”，以致耽误了应征期限，结果又遭东岳大帝问罪，“仍付狱吏，永无生期”。《鹰虎神》记载了济南城东岳庙门神的灵异。此神高丈余，面目狰狞，俗称“鹰虎神”。有盗贼至庙中行窃后逃往千佛山，恰遇是神架苍鹰下山，其盗“大恐，蹲伏而战”，唯叩头不已。其神遂押盗贼返庙受罚。

（五）宣扬因果报应，警醒世道人心

《布客》《刘全》两篇都是讲为人积德行善，而有善报。《布客》中寓居泰安的长清布客遇一短衣隶胥，二人结伴同行。隶自称“我乃蒿里山人，东四司隶役”，其勾拿名单上第一名即是布客。布客垂涕求救，鬼隶曰：“不能。然牒上名多，拘集尚须时日。子速归，处置后事，我最后相招，此即所以报交好耳。”行至一处断桥，鬼隶提议：“子行死矣，一文亦将不去。请即建桥，利行人。虽颇烦费，然于子未必无小益。”布客果然不日建成新桥，并安排好后事，然久等鬼隶勾拿不至。一日，鬼隶来告：已将建桥事呈报城隍、冥司，可得延寿，“今牒名已除，敬以报命”。此后布客每至泰山，都要设祭酬答鬼隶。《刘全》中牛医侯某多行善事，送饭途中遇旋风，即以饭肴祝奠。城隍庙中刘全塑像被鸟粪玷污，便动手清除。后因审案被勾至冥司，遇绿衣使者及书吏，得以多方照顾，并礼送回家。经询问得知，绿衣使者即是被祝奠的旋风，时从泰山而来，焦渴欲死，所以不忘饭浆之恩。书吏即刘全，感谢侯氏涤除污秽。自是侯氏“益修善”，年八旬尚强健，“能超乘驰走”。后刘全来召，说侯阳数已尽，已为之“地下代买小缺，亦无苦也”，侯遂无疾而终。

《柳氏子》《周生》二篇写作孽积怨，恶得恶报。《柳氏子》中柳西川四十得子，溺爱无端，及长“荡侈逾检，翁囊积为空”，临病死仍要杀掉家中健骡来吃。后来村人结社至泰山进香，遇柳氏子，传语约父至泰山一晤。村人恐神鬼无常，遭遇不测，请柳西川藏于木箱中见机行事。柳子未见其父，乃历数前愆：原来二人是买卖伙伴，因柳寻机侵吞其财，就托生为柳氏子前来讨债。柳氏子败家行迹，皆属报应。《周生》写无行文人以淫媟之词亵渎神灵受到惩罚。淄川县令徐夫人遣仆朝泰山还愿，请幕客周生撰写祝碧霞元君词，周文中多涉狎虐淫秽，同僚劝其弃置不用，周不听。未几，周生死于县署，继之所遣仆人死，随后徐夫人产后中风而死。当时县署中尚不知其故。周生之子来迎棺榇，梦见父亲告诫说：“文字不可不慎也！我不听凌君言，遂以亵词，致干神怒，遽夭天年；又贻累徐夫人，且殃及焚文之仆，恐冥罚尤不免也！”按此故事当有所本。篇中县令为时惟豫，《淄川县志》载为“镶蓝旗人，岁贡。康熙二十三年任，三十七年劾去”。蒲氏与其多有交往。《聊斋诗集》中有《饮时明府署中，酬唱倾谈，不觉蜡泪沾衣，归后赋此却寄》七律二首，从“快成佳句才情敏，洞启重门腑肺倾”句来看，关系当较融洽。时夫人死后，蒲氏写了一篇祭文，中有“剩粉凄凉，遗香之蓬勃故在；孤帷寂寞，娇婴之哑咤谁怜”之句，印证夫人系产后不久而死。而“谢安石之闺门，能吟飞絮；左太冲之娇女，早倚轻妆”句，能看出这位夫人较有文采，也说明蒲氏对这位夫人的情况是大致了解的。

《赵城虎》记述了一只老虎杀人之子，又替人为子的奇事。赵城有位七十余岁的老妪，只有一子，为虎吞食。老妪告状到宰署，县宰无奈，只好允诺捉虎归案。这位执着的老妪一定要亲眼看着县宰发出拘牌，结果一名皂隶醉中应下此差，却因无法塞责而窘迫不堪，“月余，受杖数百，冤苦罔控”，只好到东岳庙中对泰山神哭诉。未料东岳之神不唯管鬼，亦兼管兽王，果见一虎自外来“投案自首”。县宰一一审问明白，虎唯贴耳，颔首认罪。县宰判该虎尽人子赡养义务，赦其死。老虎自觉执行判决，时常衔来死兽、财物，“妪从此致丰裕，奉养过于其子”。不仅如此，“虎来，时卧檐下，竟日不去”，似有绕膝承欢之意。数年后老妪死，“虎来吼于堂中”，并“直赴冢前，嗥鸣雷动，移时始去”。鉴于此虎能生养死葬，恪守“人伦”，村人专门立起“义虎祠”。

（六）记见闻二则

《西僧》记述一西域僧人卓锡泰山，自言历十八寒暑，离西域时有十二人，“至中国仅存其二”。这种艰难而顽强的跋涉，只缘有一个信念支撑，即“西土传中国名山四：一泰山、一华山、一五台、一落伽也。相传山上遍地皆黄金，观音、文殊犹生。能至其处，则身便是佛，长生不死”。这种传说正如中国人以去西方可成佛作祖一样。究竟是佛爱黄金，还是金能通佛？所以蒲氏忍不住要幽他一默：“倘有西游人，与东渡者中途相值，各述所有，当必相视失笑，两免跋涉矣。”《农妇》以寥寥数语，描绘出磁窑一位农妇的鲜明特点。一是有超人的勇力，甚至在产后当天就肩负两个巨大的酒瓮徒步百里。二是仗义疏财，以“贩陶器为业，有赢余，则施丐者”。三是性格刚烈，疾恶如仇。与一尼姑交善，结为姊妹。后闻知尼有秽行，即赏以耳光，继而“拳石交施，至不能号，乃释而去”。其所作为，分明是古侠士一类人物。

蒲松龄的泰山小说异彩纷呈，堪称一篇一境界，一事一精神，故事、人物绝无雷同。清代评论家冯镇峦称之为“诸法皆有，各极变化”(《读聊斋杂说》)。同是写官员，有张橛子的刚直倔强，范溥的委婉曲致，宋国英的贪狠暴戾，个性鲜明，栩栩如生。同是写狐女，胡四姐艳丽柔顺，长亭通礼晓义，云翠仙聪慧机警，如描如画，飘然欲出。

蒲松龄是造奇设幻的圣手。叙述故事一波三折，摇曳生姿，令人目迷神离。胡四姐由狐而人，由人而仙，“变幻之状，如在目前”。《云翠仙》“叙次忽断忽续，如山势奔腾而来，突成绝壁，令人目眩心迷，中间烟拢雾合，仍一气接入对面”(但明伦评点)，更成奇观。胡相公似隐似现，交友数年才偶现面目，又是“出于幻域，顿入人间”。

蒲松龄是炼字铸句的大师，有点石成金、着墨为花的功力。同写狐女之美，胡三姐“如碧叶红桃，虽竟夜视，勿厌也”；胡四姐“粉荷露垂，杏花烟润，嫣然含笑，媚丽欲绝”；长亭“光艳尤绝”，“丽如天人”。简洁凝练，明白如话，又非常传神。叙述故事，也极扼要简当，论者称为“缩字”之法。

三

蒲松龄曾多次登临泰山，除小说外，还有一批赞颂泰山的诗、文、赋等作品，艺术水准比其泰山小说毫不逊色，堪称是一位诸体皆精的作家。据路大荒整理的蒲氏诗文系年，蒲氏到泰山有康熙十二年(1673)、康熙四十五年(1706)两次。第一次登岱年仅三十四岁，正是志干云霄、拾青紫如草芥之时，因而泰山景致在他眼中是那么清奇瑰丽。《登岱行》：

兜舆迢迢入翠微，往来白云荡胸飞。
白云直上接天界，山巅又出白云外。
黄河泡影摇天门，千峰万峰列儿孙。
放眼忽看天欲尽，跂足真疑星河扪。
瑶席借寄高岩宿，鸡鸣海东红一簇。
俄正五更黍半炊，洸漾明霞射秋谷。
吴门白马望依稀，沧溟一掬推琉璃。

七月晨寒胜秋暮，晓月露冷天风吹。
顷刻朝暾上山觜，山头翠碧连山尾。
及到山下雨新晴，归途半踏蹄涔水。
回首青嶂倚天开，始知适自日边来。

另一首《齐鲁青未了，抚台观风》则写在岱顶观鲁台极目远望，追思史迹的感慨：

巨镇岧峣覆二东，天门万丈接苍穹。
楼台近日青兰出，峦壑当春紫翠同。
一百八城残照里，数千余里乱烟中。
明堂辙迹仍荒草，惟有白云护旧封。

第二次登岱，蒲氏已是六十七岁的老翁，正是久困场屋，“斗酒难消块磊愁”之际，有《登玉皇阁》诗：

高峰列坐一徘徊，恨少涤襟酒一杯。
青嶂不穷弥望尽，白云无数荡胸来。
石连星宿群羊卧，树接天门孤殿开。
鬓发鬖鬖狂似昔，蹑衣直上最高台。

泰山古松是历代文人吟咏的对象。蒲氏在阅历深厚，孤愤愈烈之际，创造了一棵久经风霜，而又清标独耸、特立不移的古松形象，这就是著名的《秦松赋》。他在赋中继承了汉赋的铺张扬厉、寄情抒怀的传统。他写秦松之古：“当必瑶池之花数谢，蓬莱之水三清，始得此苍柯磊落，古鬣鬈髻，直枝百尺，斜影千层，霞侵纹起，日照斑生，貌与石而并古，色比黛而同青。”写秦松之坚挺：“迨夫南雁去，朔风威，坚冰合，冷霰霏，锦残芳歇，蕙折兰摧……尔乃清标独耸，大盖孤垂，意挺挺而自若，似无喜而无悲。”历代帝王封禅泰山，排场何其奢华，“当夫翠华遥临，朱弦乍至，万骑云屯，千乘鼎沸，玉勒光天，金鞍耀地，冠盖旗旌，弥漫无际”；有多少人乘机趋附，“喜动天颜，恩承上意，赐爵受官，恩奢宠异”；转眼之间“皆草腐烟消，香埋珠碎”，只有秦松依然“存昂藏之瘦骨，亘古今而不坠”。最后梦见秦松化为一伟男子前来相告：“秦虽以我为大夫，我未尝为秦大夫也。为鲁连之乡党，近田横之门人，高人烈士，义不帝秦。秦皇何君？而我为其臣！”通篇洋溢着一股浩然正气，也是他自己人格精神的写照。

蒲松龄还游历过莱芜境内的青石关、夹谷关等名胜。康熙九年（1670），蒲松龄应孙蕙之邀至宝应。从淄川至莱芜、临沂入江苏，青石关为必经之路。这是古代齐长城在莱芜境内最东端的关口，中间一径蜿蜒，两侧陡壁万仞，地势十分险峻。蒲氏身临其境，在《青石关》诗中这样写道：

身在瓮盎中，仰看飞鸟渡。
南山北山云，千株万株树。
但见山中人，不见山中路。
樵者指以柯，扪萝自兹去。
勾曲上层霄，马蹄无稳步。
忽然闻犬吠，烟火数家聚。
挽辔眺来处，茫茫积翠雾。

在第二年他由宝应返乡重过此地，却遇上雷电交加，山洪暴发，夜间独自行路，几遭灭之灾。他在《瓮口道夜行遇雨》诗中描写这一骇人心魄的情景：“下关瞑黑闻风雷，倒峡翻盆山雨来。潦水崩腾没马膝，激石擂炮鸣相催。水猛石乱马蹄破，动骨骇心欲倾堕。人马不惜同时饥，颠蹶还愁丧身祸。”其在山洪中跋涉了一夜，天明时才摸到一个村庄，到农户家借宿，才发现自己还活着：“解衣榻上息惊魂，枕石久眠被始温。瘦骨着床初放胆，搔来犹觉此身存。”（《榻上》）这次死里逃生的经历，给他的印象太深了。

夹谷关在莱芜城西南，因春秋时齐鲁两国国君会盟于此而著名。孔子当时以司寇代摄相事参与此事，因会盟前文事武备，会盟时又据理挫败强齐，迫使齐国谢过，并归还龟阴田、汶阳田而名垂青史。蒲氏游此，有《夹谷行·抚院观风》古风一首，缅怀孔子业绩。“国家行觞，峨冠登堂。伏戎罢去，归我汶阳。可惜群婢来，千载为之哀伤！”先贤的功败垂成，也隐动着他的身世感叹。

四

蒲松龄的小说诗文中，记载了许多有价值的泰山民俗资料。泰山主人生死的观念，有一套现实的庙宇系统与之对应，如在岱庙办公的“东岳天子”，下辖设在蒿里山的阎罗殿、冥府十王、七十二司等。《布客》中鬼隶就自称“我乃蒿里山人，东四司隶役”。各地还有城隍、土地，真是普天之下，莫非王土。还有关于东岳大帝之子泰山三郎的传说，蒲氏在《王村重修炳灵庙募缘序》中说：“（邹平）长白为（泰山）副岳，（炳灵）公为东岱储君，实赞阴天子司鬼箓。”泰山三郎原无爵秩，后被唐明宗封为威雄大将军，宋真宗封为至圣炳灵王，并在岱庙建炳灵殿设祀。《柳氏子》等篇记载了民间结社祭岱进香的习俗，《云翠仙》更具体记载了“跪香”：“有优婆夷、塞，率男子以百十，杂跪神座下，视香为度，名曰跪香。”同篇中还有泰山山轿的记载，说梁有才讨好云氏母女，大献殷勤，“觅山兜二，舁媪及女……过隘，辄诃兜夫不得颠摇，意良殷”。在《登岱行》诗中，也有“兜舆迢迢入翠微”之句。可见蒲氏处处留心，将所见所闻随手化为小说细节，点染出色，触处生春。

五

蒲松龄登览泰山，记述泰山人事，当与泰山士人有交往。其中最有可能者当属普照寺僧人元玉。元玉有“儒僧”之称，工诗文，曾长期在青州（益都）法庆寺、邹平长山白云寺、淄川慈寿寺等地担任住持。元玉在淄川时，与唐梦赉、高珩极为熟悉。与为《聊斋志异》题序一样，唐、高二人也郑重地给元玉《石堂集》题序。研究者已注意到蒲家从松龄之父蒲槃起，就与淄川慈寿寺关系密切（盛伟《蒲松龄传》），蒲松龄本人亦当与元玉有所交往。元玉至泰山后与地方名流孔贞瑄、范靖赤、张方平、江山民、赵临若等交游，号“石堂八散人”，时任山西学政的张道一还作了一篇《石堂八散人》，以记其盛。《一员官》中的泰安知州张迎芳，经常与元玉“对坐山堂，茶瓜竟日”（张序《石堂集》），结为莫逆。康熙帝在二十六年东巡至泰山，张与元玉都参与接驾。《聊斋志异》中泰山小说所记，多属这一文人圈，当不会事出偶然，或者就是蒲松龄通过元玉听到一些泰山掌故，或者蒲氏经元玉与泰山名流交往，成为圈子中人，才有了这样一批数目的泰山小说。

《聊斋志异》抄本在泰山有较早流传。乾隆年间，纪昀之子纪汝佶避居泰山，从泰安知州朱孝纯处见到抄本，爱不释手，遂自仿作，用纪昀的话说就是“误堕其窠臼，竟沉沦不返，以讫于亡”（《阅微草堂笔记》）。现存纪汝佶遗作，多传奇志怪，事亦多写泰山，颇有蒲作遗风，足见《聊斋志异》在泰山影响之深远。

蒲松龄对泰山的专注之情，通过他神奇的笔触，写成一篇篇华美的小说，描出一个个鲜明的形象。在他的小说和诗文中，没有什么地方比泰山享有更多的篇章。在泰山历代小说中，没有谁能达到蒲松龄这样的艺术高度和如此数量。泰山将永远享有蒲松龄创造的文学珍品，《聊斋志异》的艺术魅力也会同泰山一样千古永存。

恨无青玉杖　拄到白云根

——洪昇与泰山

洪昇创作的《长生殿》早出孔尚任的《桃花扇》十年。这部抒写唐明皇杨贵妃之间爱情的历史剧，深刻揭露了现实社会的腐朽，寄托了作者的兴亡感慨，因而触怒了康熙和当朝权贵，最终他被劾入狱，受到革去国学生籍的处分。此时洪昇已四十五岁，入京十五年，“二毛依旧一青毡”，尚未博得一官半职，连唯一的国学生头衔也被剥夺。时人谓之“可怜一曲长生殿，断送功名到白头”。由于《长生殿》的巨大影响，后人多只知他是伟大的戏剧家，而较少了解他的诗名。他写下的约二十首关于泰山的诗篇，就更鲜为人知了。

一

洪昇（1645—1704），字昉思，号稗畦、稗村，又号南屏樵者，钱塘（今杭州）人。为南宋名臣洪皓之后。洪昇出身仕宦之家，书香门第，时人称为“三洪学士之世胄，累叶清华”（陆繁弨《同生曲序》），“子家素号学海，书籍拥专城”（毛先舒《与洪昇》）。洪父喜欢读书，曾出仕。外祖父黄机是著名学者，顺治四年（1647）进士，授弘文院编修，后官至文华殿大学士兼吏部尚书。洪昇之妻黄蕙，又是黄机孙女，有诗名，时人以谢道韫比之。洪昇自幼受到良好文化熏陶，十岁起从陆繁弨、毛先舒、朱之京受业，十五岁以“舞象之年，鸣笔成诗”，列钱塘文士之林。为谋取功名，康熙七年（1668）进京入国子监肄业，次年返钱塘。由于“家难”之故，生活经历非常坎坷。因不得意于大母，不得不与父亲和生母长期分居，过着凄凉贫困的生活。洪昇又生性至孝，这使他长期感到内心非常痛苦。康熙十三年（1674）再次赴京，度过了十七年客居京城的生活，直至康熙二十九年（1690），因《长生殿》之祸，才不得不返回故里。

二

客居京城的十七年中，洪昇有十二次往返奔波于京杭之间，其中有四次途经泰山，留下了近二十首吟咏泰山的诗篇。第一次是在康熙十三年（1674）春天。时值而立之年，却当立未立，外无功名，内患贫饥。与父母别居后，衣食无着，时至断炊，自谓“负郭田畴无二顷，贫居妻子实三迁”（《至日楼望答吴璨符》），加之家难愈烈，只得于上年底离乡赴京，一为躲避，二为谋生。孤身在逆旅他乡度过除夕，格外悲凉，所谓“客里逢除夕，凄然百感并。惊风穿四壁，大雪冻孤城。骨肉皆分散，形容半死生。家家传柏酒，箫鼓达天明”（《癸丑除夕》）。一路逶迤，进入山东已是春季，有“芳树遥遮日，春沙细逐风”（《蒙山道中》）的景致。这是他首次到心仪已久的泰山，是无数帝王顶礼朝拜，无数高人隐士豁然显达的地方。此去京城，前程如何？洪昇到此不得不暂屏浮躁，诗句也格外清丽灵逸。

《晓发山店》：

梦回山店客悽悽，门外惊闻过马嘶。
半壁残灯孤枕泪，五更落月一声鸡。
回看宿处惟烟树，遥向行人问路蹊。
东望岱宗何处是，明朝云树蹑丹梯。

《泰安道中涧水》：

一道清溪一道山，山行终日响潺湲。
因风泄自层云外，作雨飞来乱石间。
看处竟同冰雪净，听时心与鹭鸥闲。
长安此去多尘土，那得临流照旅颜。

沿途景致看似悠闲，却引不出诗人多大兴趣。他带着满腹心事，一腔热望，登上了泰山，并赋《游泰山四首》：

满山灯火杂低高，侧上篮舆不惮劳。
晓日一轮藏海雾，天风万壑响松涛。
水帘洞古流泉细，歇马崖倾置屋牢。
怪底寒岩春色晚，新花四月绽樱桃。

高攀石磴策孤筇，凭吊秦王问旧踪。
古碣难寻丞相篆，孤根留得大夫松。
金泥玉检知何在，赤石青芝那易逢。
七十二君封禅处，烟岚云树晓重重。

丈人峰顶独跻攀，一气茫茫旭日殷。
齐鲁略分春霭外，海天不辨曙云间。
碧霞青帝灵祠肃，玉女黄花古洞闲。
到此尘心俱荡涤，拟寻大药往深山。

名山何地最幽胜，虎庙东偏龙峪西。
峭壁千寻当路列，怪松万树插云齐。
身从鸟道盘空下，指点人烟近郭迷。
向晚回看停策处，群峰岌嶪碧天低。

果然他在抵京之后，举目无亲，无依无靠，经友人介绍，以诗卷投李天馥。天馥字湘北，号容斋，安徽合肥人，顺治十五年（1658）进士，时任内阁学士，充经筵讲官，后拜英武殿大学士。天馥见诗大为推赏，惊叹“武林洪生文太奇，穷年著书人不知。久工长句徒自负，持出每为悠悠嗤。一朝携之游上国，寂寞无异乡居时。我得把读亟叫绝，以示新城相惊疑”（《容斋千首诗·送洪昉思归里》），认为洪昇诗名已自足千秋，不须区区博“世俗之荣”，遂安置洪于家中，经常讨论诗词。看来初到京城，洪昇的人格文品为时俗所不容，客居李天馥官邸，才算有了暂时栖身之地，而且经李介绍，认识了时任户部主事的新城诗人王士祯，对“神韵”说极为推崇，并从王士祯受业学诗。

洪昇第二次途经泰山，是在康熙十六年（1667）冬。这一年对洪昇可谓祸不单行：先是好友沈宜民病故。沈宜民字亮臣，仁和人。善医术，工诗文，在京以售医卖药为生，然扶危救困，有侠士之风。洪与之志趣相投，交谊很深，不久便由李天馥处移居沈家，以为衣食之所。沈的去世，对洪是很大的打击。洪昇扶柩送至潞河畔，作《送沈亮臣归榇》诗，恸哭流涕。离开沈家，洪昇生计又成了问题。时隔未久，却又得到女儿亡故的噩耗。这是他最喜爱的女儿，尚在绕膝承欢的年龄，曾使他在愁苦困顿中得到一些天伦之乐，"发覆长眉侧，花簪小髻旁。有时还索果，庭下笑牵裳"，"生小偏聪慧，销愁最喜侬。爱拈爷笔墨，闲学母裁缝"(《遥哭亡女四首》)，而生死永诀之际，却连女儿的坟地也见不到。灾祸连连，身心俱颓，情何以堪。是年冬，遂离京返杭归省。王士祯在送别诗中安慰他："名高身隐恐难得，丈夫三十非蹉跎。朝廷正须雅颂手，待汝清庙赓猗那。"(《送洪昉思由大梁之武康》)此行原拟取道大梁，友人方象瑛也给开封祥符县令毛际可写了引荐诗，但洪昇因故仍沿三年前进京的老路回杭。路过泰山，冬景氤氲，驰目骋怀，水光山色暂且冲淡了生活的愁苦，于是一气写下八首泰山诗。

《山行至张夏》：

驻日望山色，新名吟未成。
不知所骑马，已入山中行。
岭势断仍续，石路纵复横。
冬深水不涸，溪涧潺湲声。

岩岫落日隐，松栝长风生。
惟见野麋迹，还闻林鸟鸣。
停鞭一延伫，举目倏已清。
始知客行乐，能惬丘壑情。

《遥望泰山》：

一自辞燕京，不复见山色。
驰驱千里馀，平沙莽无极。

今晨渡齐河，倏看岚光碧。
隐隐欲飞来，遥遥复难即。
晚日渐以沉，征车去不息。
苍然对云松，已近泰山侧。

途经泰山脚下的灵应宫，这是碧霞元君，亦称泰山圣母的行宫。据说此神法力广大，能求官得官，求嗣得嗣。洪昇不禁肃然起敬，庄重地参拜一番。《圣母宫》：

圣母有行宫，乃在泰山旁。
敛容停征骑，抠衣渡石梁。
夕岚散彩翠，天半犹斜阳。
灵祠敞朱门，复道亘中央。
峨峨耸金阙，绛霄腾晶光。
上殿拜遗像，端坐俨明妆。
芙蓉覆星冠，云霞曳仙裳。
玉童执羽扇，凤女垂珠珰。
焜耀燃明烛，泱漭流异香。
肃肃鬼神气，松风绕长廊。
圣心赞玄化，好生掌东方。
精祷矢微愿，冥漠思降祥。

南行至徂徕山，这是唐代李白和竹溪六逸隐居的地方。李白毕竟还一度出仕，而自己多年汲汲于途，仍一事无成，想来真是惭愧。《竹溪》：

竹溪问遗迹，前指徂徕山。
白石何齿齿，清流自潺潺。
斯人不可作，高致谁能攀。
此地经千载，惟闻六逸闲。

《徂徕山》：

乍觉阴云散，仍看落日低。
群峰争向背，乱水各东西。
胜地思桃峪，高踪想竹溪。
冲泥驱马渡，独自愧栖栖。

徂徕山中的石门，是唐代杜甫游泰山时携友优游的地方。诗人命运，颇多相近。

《石门》：

先贤逝已久，余亦宿石门。
天寒鸟自归，林表斜阳昏。
吏隐计虽得，讵知忧世屯。
栖栖辙环老，吾道垂乾坤。

一路南行，进入新泰，途经羊流，是西晋名臣羊祜故里，又令诗人生发感慨。

《晓行新泰道中》：

烟岚黯不分，朔风散清晓。
丹霞夹初日，半出远林杪。
万松霜霰凝，苍白争萦绕。
西岭特秀绝，孤云生飘渺。
山寒绝行人，天长数飞鸟。
飞鸟去不见，青山行未了。

《羊公故里》：

落日荒烟野树稠，羊公故里一淹留。
轻裘风度归何处，岘首歌思泪尚流。

定策不侔山吏部，成功却让杜荆州。
如何预识平吴后，竹叶羊车日纵游。

这段心情愉快的旅途很快过去了。年底，洪昇返回故乡。转过春天，到了初夏，洪昇就携妻子儿女移家北京，过着卖文为活的艰难生涯。

第三次过泰山，是在康熙十九年（1680）春。上年冬，洪昇之父因事获罪，“被诬遣戍”，母亲亦同往。这是他本来就非常贫困的生活中又一件不幸的大事。洪昇多方奔走投告，又赴杭州侍亲北行。友人朱溶在《稗畦集叙》中记述：“已而其亲罹事远适。昉思时在京师，徒跣号泣，白于王公大人。昼夜并行，钱塘去京师三千余里，间以泰岱江河，旬日余即抵家侍其亲北。会逢恩赦免。昉思驰走焦苦，面目黧黑，骨柴嗌嗄，党亲见者，皆哀叹泣下。”洪父所犯何事不可考，然此时黄机适任刑部尚书，亦无法周遮回护，事情当十分严重。据《清圣祖实录》卷八十七：康熙十八年十二月己卯，“以太和殿灾，颁诏天下……诏内恩款一十三条”。洪父“逢恩赦免”正指此事，但此诏到达杭州已在次年春节后，所以洪昇是在二三月间奉父母经泰山南归杭州，后又赶回北京。此番过泰山，正值春雨潇潇，也是难遇的景致。一场大祸过后，心境稍宽，遂赋诗两首。

《雨后观泉》：

夜听千林雨，朝看万壑流。
穿云冲石涧，泄树落山楼。
瀑布匡庐霁，飞泉雁荡秋。
他年如纵览，未必胜岩头。

《渡汶水》：

昔贤辞费宰，欲此寄遐心。
高蹈无超世，清流直到今。
云沙淡容与，鱼鸟自浮沉。
昨夜千山雨，春波没马深。

洪昇的第四次泰山之行，是在康熙三十年（1691）秋。自前年搬演《长生殿》遭斥革后，京城好友屡次劝其归居杭州。但洪昇实在处于去留两难的境地："家难"未释，归后恐为父母所不容，所谓"有家归不敢，负罪子如无"（陈讦《寄洪昉思都门四首》）；滞留京中，又备受白眼揶揄，一家八口常至断炊，正是"长安薪米等珠桂，有时烟火寒朝昏"（吴雯《贻洪昉思》）。故而彷徨于两难之间，一再迁延。至于此时，京城已势不可再居，乃决计返里，于是年春动身南归，妻小暂留京师。回家后稍事营置，于秋天赴京接妻小。此番入京与往常不同，功名希望已彻底破灭，唯一的道路就是隐迹江湖，访禅求道，或仍不失为出世高人。于是在入京途中再次游览泰山，写下了这样的诗篇。

《望天门》：

双尖耸石壁，一道豁天门。
松势虬龙攫，山形虎豹蹲。
恨无青玉杖，拄到白云根。
却望题崖处，苍苔一半昏。

《山中夜坐》：

松风秋万树，松月夜三更。
独对一僧坐，微闻群籁鸣。
处裈怜蚤虱，入庙感牺牲。
不学空门法，吾真负此生。

这是洪昇最后一次经过泰山，时值四十七岁壮年。携家归杭后，直至康熙四十三年（1704）坠水逝去，十三年间，他足迹不出江浙，再也没有北上。

三

洪昇一生勤于著述。尽管饱经颠沛流离，坎坷困顿，但都没能扼杀他超凡的才情。他的著述达五十种，其中创作传奇十种，为：《长生殿》《四婵娟》

《回文锦》《回龙记》《锦绣图》《闹高唐》《节孝坊》《天涯泪》《青衫湿》《长虹桥》等，前两种今传。诗词集七种，为：《稗畦集》《稗畦续集》《啸月楼集》《幽忧草》《啸月词》《四婵娟室填词》《诗骚韵注》等，前三种今传。他自幼致力于诗词曲之学，“舞象之年”即有诗名，入京后更从王士祯、李天馥、施闰章学习诗法，与李澄中、赵执信、查慎行等切磋交流，诗艺大进。他的虚心好学，转益多师，曾在诗坛传为佳话。王士祯《渔洋诗话》卷中载：“洪昉思问诗法于施愚山，先述余夙昔言诗大指。愚山曰：‘子师言诗，如华严楼阁，弹指即现。又如仙人五城十二楼，缥渺俱在天际。余即不然，譬作室者，瓴、甓、木、石，一一须就平地筑起。’洪曰：‘此禅宗顿、渐二义也。’”洪昇诗品骨格高奇，率真疏淡，自成一家。朱溶《稗畦集叙》说：“余行天下三十年，所见诗不为不多。要其实，与昉思匹敌者盖少。昉思近体宗少陵，然求少陵一言半辞于其集中，不得也。其古诗则高、岑，然求高、岑一言半辞不得也。尽精肆力，心得其意，而变化无方。其发者泉流，突者峰峦，而幽者春兰也。其玑琲则灿烂也，其音节和平，金石宣而八音奏也。若钩绳规矩，则斥候远而刁斗严也。”李天馥称之：“此子竟作尔馨态，得未曾有开宝遗……杜门风雅恣扬扢，昔之市隐非君谁？”（《送洪昉思归里》）王士祯也称其“以诗名京师”（《香祖笔记》），“朝廷正须雅颂手，待汝清庙赓猗那”。这些诗坛领袖，骚场巨擘的评价，不谓不高。

洪昇诗大多是南北奔波中的记游之作，多感怀伤今，反映生活的贫困，家庭的不幸，情恸于衷，读来令人怆然。如“饥寒行役惯，贫贱别离多。狡兔思营窟，枯鱼泣过河，吞声不敢道，总付断肠歌”（《天涯》），“羸马瘦僮频跋涉，炎风朔雪苦经营”（《感怀》），“病骨关河频跋涉，愁心南北两萦牵。道旁杨柳垂垂老，认得行人二十年”（《淮上登陆》），“非商非宦两无营，底事飘蓬又北征？妻冻儿饥相促迫，猿惊鹤怨负平生”（《北发有感》），此类诗句，比比皆是。但是，他的诗笔一涉泰山，就屏息敛容，肃然起敬，顿时庄重起来。他写泰山圣母的威严，是“圣心赞玄化，好生掌东方”（《圣母宫》）；他写泰山的雄奇，是“晓日一轮藏海雾，天风万壑响松涛”，“峭壁千寻当路列，怪松万树插云齐”（《游泰山四首》）；他写泰山沿途景色，是“云沙淡容与，鱼鸟自浮沉”（《渡汶水》），那样淡远宁静，绝少尘世喧嚣。就是写功名身世之叹，也不像“二毛依旧一青毡”，“平生自负羞低首”（《奉寄少宰李公》）那样直率，而仅仅是“金泥玉检知何在，赤石青芝那易逢”(《游泰山四首》)，“恨无青玉杖，拄到白云根”(《望天门》)，只露淡淡的哀愁，非常含蓄蕴藉，足见泰山在他心中非同一般的地位。这也使得他的泰山诗的风格，整体上清新秀丽，疏淡隽永，又充满灵气，成为泰山诗卷中瑰丽的篇什。

谁掬沧海波　濯此青嶙峋

——赵执信与泰山

洪昇《长生殿》演剧之祸，实肇自赵执信。这位小于洪昇十七岁的忘年挚友，当时正仕途得意，入仕七年，已升至右春坊善赞，兼翰林院检讨。但他几乎注定是一名悲剧人物：作为才高位显的年轻士子，浮身宦海，却不懂官场险恶，胸无城府，口无禁忌，恃才傲物，简狂不羁，屡屡得罪权贵与小人而不自知，终于导致以“国恤观剧”罪名革职，以二十八岁之龄放迹山林，终身未再复出。他的家乡属泰山山脉，使他得以长期来往于泰山，登临纵览，徜徉流连，写下一批有关泰山的诗文。

一

赵执信（1662—1744），字伸符，号秋谷，晚号饴山，或饴山老人，更字澹修，亦号无想道人。家乡山东益都县颜神镇，雍正十二年改为博山县（今淄博市博山区）。曾祖赵振业，明天启乙丑进士，官至监察御史，入清后曾任山西、江南两布政司参议。父赵作肱，字翼邻，号扶乡，增生。执信岳父是内秘书院大学士兼吏部尚书孙廷诠的长子，岳母是刑部尚书王士祯的从妹。他既是孙廷诠的孙婿，又是王士祯的甥婿。在这样的家族环境中，执信自幼受到良好教育，九岁提笔为文，辄以奇语惊里中名士。康熙十四年（1675）以十四岁补博士弟子，康熙十七年（1678）举乡试第二名，次年中进士，十九年（1680）选翰林院庶吉士，次年授翰林院编修。康熙二十三年（1684）充山西乡试正考官，康熙二十五年（1686）迁右春坊善赞，兼翰林院检讨，充《明史》纂修官，兼予修《大清会典》。

与当时一批富有才华的士子，如洪昇等人相比，赵执信可谓仕途得志，前程不可限量，《长生殿》之祸却正发生在此时。赵执信本不善官场逢迎，趋炎附势，加之恃才傲物，颇负狂名，早已孕育下悲剧的种子。山东学政黄叔琳称其：“朝贵皆愿纳交，而先生性傲岸，耻有所依附，落落如也。故才益著，望益高，忌者亦益多。”（《赵执信墓表》）王应奎《柳南随笔》载：“康熙丁卯、戊辰间，京师梨园子弟以内聚班为第一。时钱塘洪太学昉思昇著《长生殿》传奇初成，授内聚班演之。圣祖览之称善，赐优人白金二十两，且向诸王称之。于是诸亲王及阁部大臣，凡有宴会必演此剧；而缠头之赏，其数悉如御赐，先后所获殆不赀。内聚班优人因告于洪曰：‘赖君新制，吾获赏赐多矣。请张宴为君寿，而即演是剧以侑觞，凡君所交游，当邀之俱来。’乃择日大会于生公园。名流之在都下者，悉为罗致，而不及吾邑赵星瞻征介。时赵馆给谏王某所（按王某即黄某，盖谓黄六鸿也），乃言于王，促之入奏。谓是日系皇太后忌辰，设宴张乐为‘大不敬’，请按律治罪。上览其奏，命下刑部狱。凡士大夫及诸生除名者，几五十人。”这场祸事的实质，一是《长生殿》所写兴亡之感，触怒了康熙，但又不便直言，只能借题发挥；二是以徐乾学为首的南党与以明珠为首的北党互相倾轧，排斥异己。两种原因交织在一起，就有了这样一场惨祸。被革职除籍者，除了赵执信、洪昇以外，还有翰林院侍读学士朱典、侍读李澄中、台湾知府翁世庸、太学生查嗣琏、陈奕培、徐嘉炎、史金跸等人。

在这场斗争中，赵执信表现了过人的胆气和宁为玉碎、矢志不移的品质，事件发生之后，他把罪责全部承担起来：“余至考功，一身任之。”（《怀旧集·洪升》）刑部官员索取关于洪昇的口供时，赵执信断然拒绝，索要贿赂，赵置之不理。这种勇气和傲骨，在当时确乎罕见。他拒绝再仕，态度决绝而又彻底。他从罢官后到八十三岁逝去，五十五年中一直未再涉足官场。

二

从削职返乡到六十三岁，是赵执信的漫游和家居时期。他的漫游，不只是为了游山玩水，探奇觅胜，更是为了开拓胸襟，排遣郁闷，寻得精神慰藉。其中从他现存诗文中，可见有四次泰山之行。第一次是在康熙三十五年（1696）。是年秋，开始了他的首次南游，也是他一生中最长的游历。他把泰山作为此行的起点，有五古长诗《泰山下作》：

昨行泰山东，白云翳天门。
但疑霄汉近，岂谓冈峦尊。
今晨路南转，北面朝丈人。
秋风生西极，万里开朝暾。
披豁盛大容，摆簸雷雨痕。
洗然耳目前，赫矣神灵存。
两观耀日月，指顾引越秦。
三溪郁参差，秀色相吐吞。
左映万碧瓦，松柏晴犹昏。
禅亭久芜没，辇道方增新。
右拥千寻壁，瀑布悬天绅。
冉冉水帘垂，一一白鹤训。
喷薄冰玉碎，腾攫蛟龙伸。
谁掬沧海波，濯此青嶙峋。
匡庐抱银河，失意空南奔。
眇兹峄与蒙，亭亭复云云。
我如蓬榮士，意外睹九阍。
崴嵬但睨视，虎豹无轻嗔。
平生几緉屐，咫尺惭逡巡。
终当结茅宇，长与神房邻。

从泰山至东阿，沿运河南下，横渡黄河、长江，到杭州，然后沿钱塘江上溯，入鄱阳湖，到达南昌，经大庾岭，入北江，到达广州，最后沿东江，过岐岭，于年底到达潮州。第二年春，从潮州沿原道北返，于五月间回到家乡。这次壮游，他饱览了南国风光景物，会见了许多友人。往返过杭州，两见洪升。在广州，见到著名诗人陈恭尹。陈为赵《观海集》写了序言，赵亦应邀为陈《独漉堂诗集》作序。此行还晤老友阎若璩，同年张克嶷以及朱彝尊、查慎行、徐钒等。这次壮游的诗篇，赵执信编为《鼓枻集》，含有离开浊世、“鼓枻而去”之意。

第二次泰山之行在康熙四十一年（1702）。是年暮春，赵执信动身南行，先至泰山，有泰山诗两首。《暮春泰山道中遇雨》：

余寒和晓色，客路转氤氲。
五汶入春雨，千山行岱云。
尘消容马健，绿净向天分。
未拟成归梦，今宵遮莫闻。

《晚晴过泰山下》：

烟披岳麓翠帷张，雨浥春畴细草香。
人带断霞过小渡，鸟冲飞絮入斜阳。
鞭丝帽影垂垂远，日观天门望望长。
岭半桃花陇头麦，肯输物色与江乡。

从泰山到东平湖泛舟南下，经济宁、清江浦、到苏州，登金山。朱彝尊等招吴中诸名士与之宴集，拜晤同年友人沈朝初、杨大鹤等。转过岁末，他便从清江浦出发，入河南，赴天津访友去了。

第三次过泰山，是康熙五十九年（1720）十一月至雍正二年（1724）冬的苏州之游。这是赵执信出游时间最长的一次，也是最后一次。与往常只身出游不同，此次是携家南下，以躲避山东旱荒。仲冬南发，夜宿徂徕山下，闻说官军扰民，甚于盗匪，乃有《村宿书所闻》：

寒云收日荒村闭，客子到门犬迎吠。
主人为我扫藜床，炊烟满家灯火细。
入夜凄凄起柝声，为言安卧不须惊。
明朝日出呼鞭辔，官长新来禁早行。
门前西望山重叠，徂徕嵯峨岱宗接。
昔为竹溪逸人居，今是绿林豪客穴。
深秋屡出横官路，赤羽霜铤不知数。
不搜钱帛但争盐，似与行商旧有嫌。
近说军营议追捕，予愁侵扰遍穷檐。
兵盗相寻几时了，从此行人恐难保。

忧心潜诉向皇天，但愿来年春事好。
主人勿言伤我情，故园积旱秋未耕。
而今远客魂营营，已历三冬过半晴。
闻道江南饶雨雪，前途应见麦青青。

次晓南行，经过嶅山，有《嶅阳店》诗。

溪浅林荒路转生，午鸡唤客入村行。
泰山东下山无数，只有嶅峰解送迎。

南至蒙阴，渡沂水，过淮安，抵扬州，渡长江，到达苏州，已是岁未了。

赵执信此游本为躲避旱荒，未想来到苏州，却遇上连年旱灾，使他进退两难。为了维持一家人的生活，他不得不写字卖钱，所得无几，还得依靠门生帮助和亲戚接济。在这种情况下，冯躬暨告诉他有了复官机会，他坚决拒绝再仕。这四年中，他的诗风为之大变，描写自然景物和闲适生活的作品少了，反映人民苦难、揭露统治阶级罪行的诗作多了，创作出一批《村宿书所闻》等现实主义名篇。他在《后纪蝗》里，劝说蝗虫不要吃农民的庄稼，最好到达官贵人那里去安家落户："蝗乎，且莫殚我谷。告尔善地栖尔族：一为催科大吏堂，一为长安贵人屋。"他在《氓入城行》中写道，"官私计尽生路无，不如却就城中死"，揭示了官逼民反的真理，肯定了农民暴动反抗的合理性、正义性，成为他诗歌创作中最为光辉的篇章。

第四次过泰山是由苏州返家途中。雍正二年（1724）冬，循旧路返里，经新泰、颜庄、河庄，一路北上，山迎水迓，心情欣喜，有诗四首：

《大雪过十八里岭，岭半下见新泰县》：

群山如故人，走迓二百里。
风雪亦有情，掀飞作狂喜。
嶅峰后依依，寒翠入我指。
晓与驿尘辞，幽意引行李。
初寻困梯攀，前历得迤逦。

仆夫愁崖谷，客兴超泥滓。
西望泰山云，冥濛拥雄峙。
近临稍开豁，烟火见蕞尔。
一身蹉跌余，万象迷漫里。
盟心谢英灵，终焉托畏垒。

《颜庄即目》：

溪水弯环落雪痕，乱山高下尽当门。
渔舟添个溪头缆，便是江南黄叶村。

《村宿尝新酿调仲生》：

比年对饮杯在手，只忆家山寒夜酒。
今宵与子细细斟，颇谓老夫失言否。
京口百花香透罂，南浔淡泊秋露清。
酒人犹自意索寞，但觉平原醉不成。
何如雪后开新瓮，金粟晶晶点霜重。
竹炉煎出寒乍轻，玉碗盛来空不动。
口辛喉滑到脐甘，仓猝满引能微酣。
从此桓公老从事，应传别谱过江南。

《河庄戏题》：

欲知太行摧车道，扶羊岭头雪初晓。
欲知蜀栈天梯路，青石关前冬已暮。
深山犯难谁相从，吴儿使马如扰龙。
不如倚舵听歌好，淄水沙尘愁杀侬。

此行归山以后，赵执信便隐身博山因园中，再也没有出游。

赵执信在未出仕前的少年时代应有泰山之游。这一方面是地缘接近，博山与泰山隔青石关相望。其《饴山文集·原山考》中说“镇城西余里，有大山横亘，一方之望也。其来西南，自泰岱连绵将二百里”，堪称山脉相连，汶水贯通；一方面是泰山在这位心高气盛的年轻士子心中有相当强的感召力，绝非一般游山览水能比。但是赵执信《饴山诗集》中所收诗作仅始于康熙二十三年典山西乡试时。他在《沈东田诗集序》中说：“余少好为诗，而性失之狂易。始官长安时，颇有飞扬跋扈之气。”现有诗集中不但见不到他少年的诗，连初到北京时的“飞扬跋扈”之作也已绝迹，原因在于他取舍严格，删诗颇多，所以无从见到他早期的泰山诗。尽管如此，除了专门写泰山的诗以外，赵执信还有一批涉及泰山的诗句，如“谁知沧海月，近接太山云”(《赠门人张逸峰》)，“箫鼓声中渡河去，相思独上岱东峰”(《归次淮安，值端午，观龙舟，呈阎百诗若璩》)，“岱出霜烟耸，河穿雾雪横”(《送仲生南归六十韵》)，“岱岳当前设巨堑，地灵卷局愁摧颓”(《公无渡河为从弟德瑞作》)，“日观峰前石欲移，辛勤画室属佳儿”(《喜雨放育四首》)，等等。涉笔之处，随手拈来，如数家珍，又妥帖机巧，足以说明他对泰山景物掌故烂熟于胸。设若没有长期积累，仅是几次匆匆路过，断无法得出如此意象。

三

赵执信对家乡和泰山一带的民间风俗颇有研究，著有《礼俗权衡》《葬经改注》《地学解秽》等，从婚丧嫁娶、堪舆、地理地气等方面进行了整理阐发。其中以《礼俗权衡》影响较大，这是他对婚丧嫁娶礼俗的批评与改良建议。他在自序中首先注意到齐俗特有的传承性，始自姜尚：“昔者太公之在齐也，因其俗而治。”但在长期流传过程中已产生了“淆乱”，成为陋俗，很有清理改革的必要，特别是在丧俗方面。他称：“中年以来，多涉经传，兼浪游南北，耳目所触发，觉乡之俗殊有不可解者。属家门多故，期功之丧，无岁无之。而凶礼相承，弥为淆乱。心议之而未敢显言。顷当过庭，家大人有所感而命之，适与小子相合，因历述诸所见以请，皆不责其误，且曰：‘尔盍笔之于书？’乃退而论著。”对于那些既不承于古，又不便于今的陋俗，作者要“议”，即提出批评；作者要“请”，即请求革除，这是他撰写此书的原因。经过改良，证明简便易行又合于礼制的习俗，可以先行于一家之内，然推及“同好”广而大之，是他撰写此书的目的。他提出的改革建议，虽不可能超越封建礼教的范围，但在当时十分难能可贵，其移风易俗的推行办法也切实可行，因而在民俗学上具有相当价值。

“秋谷才华迥绝俦，少年科第尽风流。可怜一曲《长生殿》，断送功名到白头”，这是当时人们惋惜的感叹。不幸的人生，往往造就成功的诗人，这在赵执信一生中再次得到印证。他那些才气横溢、思路锐捷的诗篇，他那些瑰丽奇特，又富有现实生活气息的泰山诗，将在泰山诗史中，永远记下他才华绝俦的名字。

振策天门上　奋袂超峥嵘

——纪昀与泰山

纪昀是清代乾隆、嘉庆年间的著名学者和文学家。他一生的学术功绩，是以总纂《四库全书》、著作《四库全书总目》和《阅微草堂笔记》而享誉当时，著称后世，被奉为“一代文宗”。《四库全书》是中国古典文化的总结与成熟标志。而《阅微草堂笔记》则被鲁迅先生称之为“测鬼神之情状，发人间之幽微，托孤鬼以抒己见者，隽思妙语，时足解颐，间杂考辨，亦有灼见。叙述复雍容淡雅，天趣盎然，故后来无人能夺其席，固非仅藉位高望重以传者”(《中国小说史略》)。这部“天趣盎然”的作品中，就有一批生动的泰山故事。

一

纪昀(1724—1805)，字晓岚，又字春帆，晚号石云，又号观奕道人、孤石老人，直隶献县(今河北献县)人。他的曾祖、祖父做过州县小官。父纪容舒，康熙五十二年(1713)举人，历任户部四川山东二司员外郎、刑部江苏司郎中、云南姚安府知府，著有《唐韵考》《玉台新咏考异》《杜律疏》等。纪昀四岁开始受书，“性奇慧，为文不假思索……过目不复忘”，“其才思敏捷，尤非人所能及”(清咸丰《初续献县志》)，加之父亲督促甚严，纪昀“三十以前，讲考证之学，所坐之处，典籍环绕如獭祭”(《阅微草堂笔记·姑妄听之》)。纪昀十一岁随父至北京，受到著名学者方苞、孙灏等人详细指授，学问大进。乾隆十九年(1754)会试中式，授翰林院庶吉士，成为乾隆身边的文学侍臣。乾隆二十二年(1757)任翰林院编修、擢詹事府左春坊左庶子，充日讲起居注官。乾隆二十四年至二十九年，先后为山西省乡试主考官、会试同考官、顺天乡试同考官、福建学政，自称“四度持文柄”。乾隆三十三年（1768）初，授贵州都匀知府，以四品衔留庶子任内，四月擢翰林侍读学士，七月，因在亲家、两淮盐运使卢见曾案中漏言获罪，流放新疆乌鲁木齐，三十五年十二月“恩命赐还”，次年六月返京，授翰林院编修。乾隆三十八年（1773）乾隆设《四库全书》馆，以纪昀为总纂官，另外还有陆锡熊、孙士毅。但孙士毅任职期短，陆锡熊入馆较晚，又死得早，实际只有纪昀是“始终其事而总其成者”。纪昀受命后，以全部精力投入这项浩大工程，经过八年紧张艰辛劳作，于乾隆四十六年（1781）十二月完成第一部《四库全书》，以后他又“殚十年之力”，完成了煌煌二百卷的巨著《四库全书总目》。《四库全书》大体网罗了清中叶以前中国文化的重要典籍，是“中国古代最为庞大而完备的知识世界，一座东方文化的金字塔”，而《四库全书总目》也是古典文化进入成熟、总结阶段的精品（周积明《纪昀评传》）。纪昀也因此擢升内阁学士兼礼部侍郎、兵部侍郎、礼部尚书、协办大学士，加太子太保、国子监事，可谓荣崇至极，就在嘉庆十年（1804）正月，获协办大学士衔之后不久逝去。

二

纪昀关于泰山的记载，较多见于其笔记小说《阅微草堂笔记》中。是书写作开始于《全书》和《总目》即将杀青之际，分为《滦阳消夏录》《如是我闻》《槐西杂志》《姑妄听之》《滦阳续录》五部分，凡二十四卷，一千一百九十六则，历十年始成。内容主要记述狐鬼神怪故事，都是篇幅短小的随笔杂记。以纪氏当时的地位和在学术界的影响，加之该书“隽思妙语，时足解颐”，“雍容淡雅，天趣盎然”（鲁迅《中国小说史略》），所以每脱稿一种，即被亲朋好友竞相传抄刻印，在上层社会广为流传，一时竟享有同《红楼梦》《聊斋志异》并行海内的盛誉。

《阅微草堂笔记》中有关泰山的内容十七则，从不同方面反映了泰安当时的鬼神信仰和风土人情。明清以来，泰山主人生死、人死魂归泰山的观念愈益普及，纪氏所记多与此有关。值得注意的是在这些故事中，“测鬼神之情状，发人间之幽微，托狐鬼以抒己见”（鲁迅《中国小说史略》），突出表现了作者的思想倾向。按其内容可大致分为几类：

（一）劝善惩恶，宣扬因果报应

《东岳急牒》记述了义士史某捐金帮助卖妻还债的贫困农民，又严词拒绝了农妇自荐枕席的报答，后来全村大火，紧急时刻仿佛听屋上喊道“东岳有急牒，史某一家并除名”，史家三口因而得脱。纪氏认为这是典型的因果报应。得之于心存正念，连行两善，所谓“此事见佑于司命，捐金之功十之四，拒绝之功十之六”。《东岳检籍》中农夫陈四之母自承盗名，出钱解救被疑为盗、几乎被主人打死的婢女。此事由城隍报告东岳神府，“东岳检籍，此妇当老而丧子，冻饿死。以是功德，判陈四借来生之寿于今世，俾养其母”。陈四无意中得知事情原委，乃消除误解，善事其母。后母死，陈四亦无疾而终。《岳神判案》记载明代天启年间魏忠贤杀裕妃，其下宫女内监皆密送东厂摧残至死。有二内监投奔相识的商人，商人乘机将其扮成女装，饰以珠玉，“并市软骨药，阴为缠足。越数月，居然两好妇矣。乃车载还家，诡言在京所娶”。城隍认为该商救两命，同时又污此二人，应功罪相抵。而东岳神认为该商救二人目的正为污二人，是乘人之危，“巧言诱胁，非哀其穷”，应予治罪。从而说明“信乎人可欺，鬼神不可欺”。《冥王断案》记老实厚道的某甲路遇垂死的邻里某乙，即行救护。某乙苏醒后，误以为某甲图财害命，遂告至冥府。冥王检籍，证明非某甲所为，又经过反复核实讯问，澄清了某乙的误会。结果某甲受到褒扬，某乙以诬告获罪，同时肯定冥王秉公负责的办案态度，认为：“折狱之明决，至冥司止矣；案牍之详确，至冥司亦止矣。而冥王若是不自信也，又若是不惮烦也，斯冥王之所以为冥王欤！”这或许是纪氏从自己两次入狱的经历中，折射出对狱政的感叹。《新泰书生》则从反面提出劝诫，说新泰一书生赴省乡试，将近济南，遇一美艳少妇，心有所动，少妇自称是书生嫁在济的表妹，并故作忸怩，“微露十余岁时一见相悦意”，殷勤邀至家中吃饭，结果一去不返。同行人寻至其济南表妹家，则表妹已殁半年余。说明纵欲忘患，报应即至，应为少年佻薄者戒。

（二）事亲以孝，能感天地通鬼神

《碧霞元君女官》记叙一狐女与佣工结为夫妇，夫死后又侍奉公婆至孝，终于感动东岳大帝，许其破格升仙，擢为碧霞元君帐下女官。《岳帝审勾魂》中无常鬼奉牒拘某妇，而某妇却对病重的婆母牵肠挂肚，不肯就死，以至“念念固结，神不离舍，不能摄取”。城隍见此事奇异，竟不忍命厉鬼强行拘拿，只好上报东岳大帝，请令定夺。纪氏虽在宣扬封建道德，但并不是一个道学家。他对那些伪道学有着深刻的揭露和辛辣讽刺。在这两则故事中，纪氏的着眼点在于反对“愚忠愚孝”，褒扬“精诚之至，鬼神所不能夺者”，后则中某妇对婆母的眷恋，是一种至深的亲情，并非单纯以“孝”能够涵括，而狐女与佣工的结合，“本出相悦，无相媚意”，具有一定爱情基础。夫死之后，狐女“心恒愧悔，故誓不别适，依其墓以居”。其侍奉公婆，也是出于“追念逝者，聊尽寸心”，是在爱情基础上的升华。后来蜕化登仙，仍以遗形与丈夫合葬，“表同穴意也”。一情所钟，可以超越生死。“孝感鬼神”在这里只是故事的外壳，而对真情的颂扬，在当时确乎难能可贵。《东岳冥官》与上述两则异曲同工。其说是冥府敬重贞节妇女，当节妇来到时，冥王面色庄重，冥官皆整衣出迎。而节妇如走空中阶梯，步步渐高，竟从冥王殿脊上越过，不入鬼籍，径直登仙去了。纪氏借此宣扬“臣贤妇贞”的封建伦理观念，推崇真正的节妇、贤臣，借他人之口说节妇有三等：爱恋儿女，家财富饶而不他适者为下；能以礼仪道德克制感情为中；心如止水，不图富贵，不辞贫贱者为上。不过这样真正的节妇千里也难挑一，这就是鬼神也肃然起敬的原因。纪昀坚决反对理学家“饿死事小，失节事大”的迂腐之论。在他晚年任礼部尚书时，仍上疏奏请妇女“遇强暴，虽受污，仍量予旌表”（《清史稿·纪昀传》），体现了他不同寻常的贞节观。贤臣同样可分为三等：仅仅是畏于法度者为下；重名节而洁身自好者为中；忠于朝廷、心系国计民生，不知祸福毁誉者为上。纪氏在这里着力张扬的虽是封建伦理纲常，但从具体内容上分析，又异于通常所论，有一定的积极意义和合理性。在文字狱严酷、人人噤声情况下，能流露出这样的思想观念，已属不易。

（三）考察风情，反映世态人心

《泰山日观峰》中描写了日出的壮丽景观：“丹曦欲吐，海天滉耀，千汇万状，不可端倪。”用语极简，将奇诡险怪、变化万端的景致高度概括，同时以详致的笔墨，论述了日出景观形成的原因，证明传说初日自海中出之谬误：“日未至地平，倒影上射，则初见如一线；日将近地平，则斜影横穿，未明先睹。今所见者是日之影，非日之形。是天上之日影隔水而映，非海中之日影浴水而出也。至日出地平，则影斜落海底，转不能见矣。”又论及天“凡有九重，最上者曰宗动……次为恒星……次七重，则日月五星各占一重，随大气旋转”。这些内容已很接近现代天文知识，说明了纪氏学问广博。《泰山云雨》则考察了泰山兴云布雨的两种说法，一是宋儒之说，以《春秋公羊传》“触石而出，肤寸而合，不崇朝而遍雨乎天下者，惟泰山尔”为本；一是世俗之说，以《易·文言·传》称云从龙，汉儒董仲舒以祈雨法召龙为本。《泰山庙祝》记载娼妓与嫖客在登山进香途中接唇，竟黏结不解，经众人为之忏悔乃得脱。纪氏一语揭穿把戏，乃是“庙祝贿娼女作此状，从耸人信心也”。如果说此情状令人发噱，那么《山东菜人》则使人毛骨悚然，该文记叙明代崇祯末年，山东、河南大旱蝗，赤地千里，乃以人为食。妇女儿童公然在市场上出售，谓之“菜人”，酒馆饭铺之中，可随意肢解烹制，如屠猪羊。活生生的现实，揭露了封建末世的人间地狱。

（四）魂归泰山，得道登仙

《董天士》中号称董天士的贫穷画家，心气高远，性情孤傲，纪氏高祖吊亡诗称之“五岳填胸气不平，谈锋一触便纵横。不逢黄祖真天幸，曾怪嵇康太世情。开窗有时邀月入，杖藜到处避人行。料应尘海无堪语，且试骖鸾向紫清”。画家亡后，只落得“残稿未收新画册，余资惟卖破儒冠”。后来有人见到其已在泰山登仙，时常骑驴隐现。前述《碧霞元君女官》中的狐女、《东岳冥官》中的节妇，也都是在泰山得道登仙者。

（五）借泰山以论学术

纪氏作为一代学者，在他心中泰山和儒学紧密相连，而且似乎有一种互相感应的对应关系，岱顶孔子庙中有清代联刻“孔子圣中之泰山，泰山岳中之孔子”，恰切地说明了这种关系。《岱岳经香阁》是有关泰山篇幅最长者，说当地士人游至泰山深处，忽有巨响，石壁中开，贝阙琼楼涌现峰顶，有宿儒迎入引其观看，并介绍说，自孔子创立儒学，至汉唐递相传授，训诂笺注，笃溯渊源。至于北宋，汇为《十三经注疏》。历代儒学大师担心新学日兴，使正统儒学失传，乃建是阁，专门贮藏孔圣亲传经典，及历代官私刻版本，实际是儒学经典图书馆。历代儒学大师之神每年一次聚会于此，研究探讨，阁中藏书每天子午二时，一字一句皆发浓香，故名曰经香阁。在这则故事中，纪氏用近半篇幅评论汉儒、宋儒之优劣，指出汉儒重师传，明训诂，宋儒尚心悟，重义理。经过一番比较，纪氏认为“唯汉儒之学，非读书稽古，不能下一语。宋儒之学，则人人皆可以空谈”，显示出他学术思想的倾向性。其实在故事中，已借他人之口说出儒学重汉唐，“自是以外，虽著述等身，声华盖代，总听其自贮名山，不得入此门一步焉”，把南宋以来的儒学排斥在外。纪昀本人崇尚汉学，轻蔑宋明理学，一有机会，忍不住就要贬损挖苦一番。所以鲁迅说他“故于宋儒之苛察，特有违言，书中有触即发”(《中国小说史略》)。如《塾师分财》中满口程朱理学的塾师，却贪图云游僧人的钱财，结果被蜂群蜇得头面尽肿，狼狈不堪。《塾师密札》中两名大讲天理人欲的道学家，背地里却在密谋夺取一个寡妇的田产。阴私被揭露以后，弄得丑态百出，其情状之生动，令人绝倒。

(六)警惩奸伪，匡正人心

《岳庙心镜》是泰山篇章中最为深刻，在《阅微草堂笔记》全书中也是最富批判力的一则。此说指东岳神庙中原先设有业镜，专照人间行事之善恶。但后来奸伪谗佞之徒日多，居心叵测。“往往外貌麟鸾，中韬鬼蜮，隐匿未形，业镜不能照也”，连神府也无法监察，以致“此术滋工”，行奸伪者“或终身不败”。诸神计议对策，乃移业镜于左，照真小人，增设心镜于右，照伪君子，两相对映，庶无逃匿，毫发毕现之际，但见“有黑如漆者，有曲有钩者，有拉杂如粪壤者，有混浊如泥滓者，有城府险阻，千重万掩者，有脉络屈盘左穿右贯者，有如荆棘者，有如刀剑者，有如蜂虿者，有如虎狼者，有现冠盖影者，有现金银气者。甚有隐隐跃跃，现秘戏图者；而回顾其形，则皆岸然道貌也”。这一番嬉笑怒骂，批判奸佞丑态入木三分，揭露伪君子畅快淋漓。神府中设司镜吏，逐一录记，上报东岳大帝，决定奖惩。对于奸佞之徒，“大抵名愈高则责愈严，术愈巧则罚愈重”。这当然又是借鬼神之情状，抒个人郁愤，在封建社会中，是不可能实现的幻想了。

(七)遇鬼故事两则

《羊留鬼札》记书生朱立信赴顺天乡试，夜过羊留失道，至一老翁家借宿。老翁托捎书信包裹，朱生至京打开包裹，内有金簪银钏各一双。原来是鬼魂委托朱生归途中为自己修坟。朱生情知不中，只好归来请人治墓。《碧霞元君庙之鬼》记载热河碧霞元君庙中有一鬼卒，每天上街购买杂物柴炭，然与邻人无相扰害。久而久之，人亦忘其为鬼。纪氏认为其虽属异类，可随其来去。只要人机心不起，就不会受扰。

三

纪昀除《阅微草堂笔记》中的泰山故事外，还有几首泰山诗。乾隆二十八年（1763）秋，纪昀任福建学政。南下途中经过泰山，因行程紧迫，未及登览，遂作长诗。《晓发泰安距泰山二十五里不及登》：

游山不游岱，一览群峰青。
有如研百氏，而不窥六经。
古人访五岳，不惮万里行。
云何跬步地，蜡屐靳一停。
壮游良所爱，于役自有程。
薄暮宿泰安，驱马鸡三鸣。
是时日未出，东望青冥冥。
少焉宿霭破，突兀无孤撑。
白云流漭泱，才挂山腰横。
想见万仞顶，咫尺扪晨星。
俯视海气白，天水相混并。
鸿濛破一罅，滉漾朱霞明。
阳乌矫翼上，浪卷羲轮赪。
荡涤蛟蜃气，寥廓天地清。
安得排云上，一快磊落情。
但愁奇伟景，使我心目惊。
风云月露手，大敌非所婴。
登高不得赋，瑟缩难为形。
兹游虽未暇，且免羞山灵。
愿读十年书，万卷储精英。

培养雄直气，郁勃胸中生。
振策天门上，奋袂超峥嵘。
兴酣吐奇语，高咏群神听。
砉然千山响，下界惊雷霆。

路过新泰县，又有《新泰令使馈食品诗以却之》：

山驿风霜特地寒，劳君珍重劝加餐。
词臣只是儒官长，已办三年苜蓿盘。

乾隆二十九年（1764）八月，纪昀奔父丧归家守制，又经泰山，亦无法登览。他在后来所作的《李墨庄登岱图》题诗中表达了未能登临的遗憾：

五岳惟岱华，崚嶒当驿路。
三峰似削成，铁锁悬难度。
泰山势逶迤，竟可扶筇步。
古今游览作，浩若恒沙数。
良田近易登，把笔争留句。
兼以春夏交，赛报趋如骛。
箫鼓声转雷，香灯烟化雾。
遂令仙灵宅，翻被缁黄据。
方追吴社记，遑问秦皇树。
昔我使榕城，往来山下住。
于时尚盛年，济胜颇有具。
守吏邀宴游，掉头未一顾。
今日披斯图，乃多萧散趣。
始知尘嚣外，别有幽奇处。
七十有二家，封禅非无故。
信矣耳千闻，不如目一遇。
此景君所经，往事吾真误。

用知天下事，排诋无容遽。
抚画三太息，憬然心有悟。

纪昀另有泰山文二篇。一是作于乾隆五十五年（1790）的《恭谢八旬万寿，升秩岱宗，展仪阙里，直隶广学额，免积欠，加赈一月折子》。是年乾隆为庆贺八十寿辰东巡，礼祀曲阜孔庙，至泰安谒岱庙，登岱祀碧霞祠，并免除泰安等地积欠赋税。该文为纪昀陪侍巡祀泰山时歌功颂德的官样文章。其中颂扬乾隆“欣值八旬开秩，六星瑞应于南弧；恭逢万乘鸣銮，二月时巡于东岳。渊源道脉，尼山将荐于馨香；培植儒风，冀野先沾夫雨露”。在乾隆眼中，这才是纪昀作为文学侍臣的本分。

另一篇是作于嘉庆八年（1803）礼部尚书任中的《礼部议奏山东巡抚疏请增设左丘明世袭五经博士折子》。是年有肥城儒生邱明善上疏礼部，以新刊家谱为据，自称为左丘明六十代孙，要求增设世袭五经博士名额。纪氏以为其谱疑点颇多，建议交山东巡抚详查，然后再行定夺，表现了纪昀作为学者的审慎。

才思敏捷的纪晓岚还有陪侍乾隆登山留下的故事。驻跸东御座时，君臣二人晚出散步。乾隆出了很难应对的上联“月圆”，纪昀随口对出“风扁”。还有在柏洞下东西桥子，乾隆出联“东桥头、西桥头，东西桥头朝东西”，纪昀对联“南通州、北通州，南北通州通南北”。登山至十八盘，乾隆见景生情，想起《论语》中“仰之弥高”的句子，顿时出一上联：“仰之弥高，钻之弥坚，可以语上也”，纪昀立即以《孟子》中语对出下联：“出乎其类，拔乎其萃，宜若登天然”，对得极其工稳，又自然流畅。现此联镌刻于盘道旁石壁上，称“弥高岩”，也是登山道上一景。此类传说故事，在泰山民间随处可见，反映了泰山民众对纪才子的热爱，也可见纪昀聪慧机警的广泛影响。

四

与一般文人的游览不同，纪昀与泰山有多重而又复杂的关系，他对泰山的格外关注不为无因。清代康熙、乾隆两朝皇帝表现出对泰山异乎寻常的兴趣。康熙两次来泰山祭祀，并御制了一篇《泰山龙脉论》，说泰山发源于满族发祥的东北长白山，希图以满族地缘上的中原化，证明满族政权上的正统化。这笔糊涂账虽然看似莫名其妙，其良苦用心却是人人看得明白。清高宗弘历从乾隆十三年到乾隆五十五年凡十一次至泰山，其中有六次登上岱顶，其中多数还奉母携子，又是祭岱庙，又是祀碧霞，又是刻题诗，乃至射猛虎，修岱庙，建行宫，庆寿辰，贺平叛，无一不抓住泰山大做文章，搞得沸沸扬扬。统治阶级的思想就是全社会的思想，对于文学侍臣纪昀来说更是如此。他也只能写出“身依日月，久瞻尧帝之文章；路接郊圻，恒颂姒王之游豫”(《恭谢八旬万寿，升秩岱宗，展仪阙里，直隶广学额，免积欠，加赈一月折子》)一类句子，来尽到御用文人的职责，借泰山来强化君权的合理化、神圣化。

泰山牵涉着纪昀的宠辱。乾隆三十六年(1771)，高宗为庆贺其母皇太后钮祜禄氏八十大寿，第七次至泰山，奉母东巡，祭祀岱庙、碧霞祠，然后在白鹤泉行宫大宴群臣，各行赏赐。高兴之余，想起了在乌鲁木齐挨冻的纪才子，于是下令“宥纪昀，赏翰林院编修”(《清史稿·高宗本纪》)。纪昀在经历了第一次严重的仕途挫折后复出，也缘有几分“泰山之力”。

纪昀的伯父纪迈宜在雍正年间任泰安知府。迈宜字悦亭，康熙五十三年(1714)举人，据《泰安县志》载，他在任间饬吏治，设义学，筑河堤，颇有善政。有《岱麓山房稿》咏泰山景物。纪昀称“其诗上薄风骚，下躏宋元，无不一一闯其奥。而空肠得酒，芒角横生，嘻笑怒骂，皆成文章，于东坡居士为最近”(《晚晴簃诗汇》)。其《初至泰郡望岱作》《游普照寺》《登岳》诸诗颇有苏诗风范，对纪昀泰山诗有一定影响。

纪昀门生朱孝纯在乾隆年间任泰安知州。朱孝纯(1735—1801)，字子颖，号海愚。东海(今山东郯城)人。乾隆二十七年(1762)举人，历任四川简县知县、重庆知府，两淮盐运使等职，著有《海愚诗草》等。在泰安任上著有《泰山图志》《泰山金石记》(今佚)。朱氏还是山水画家，尤擅长孤松怪石，曾作《泰岱全图》，画风苍劲浓郁。岱庙今存其《泰山赞》书画碑。纪昀《阅微草堂笔记》中泰山故事，如《东岳经香阁》等篇即直接由朱氏提供。

纪昀长子纪汝佶曾长期避居泰山。正当纪昀全力以赴撰写《四库全书总目提要》时，汝佶与西商发生债务纠纷，不得已窜身泰山，投奔时任泰安知府的朱子颖。纪昀因此受弹劾，吏部拟降调，乾隆下诏降三级留任。汝佶幼颇聪慧，很早即能撰八股文及制诗。在泰安期间，又读到《聊斋志异》抄本，大为折服，遂刻意模仿，写下不少聊斋体小说，以至“沈沦不返，以讫于亡”(《滦阳续录·附序》)。其中《岱庙环咏亭之狐》《徂徕巨蟒》《韩鸣岐击怪》等篇什，颇具聊斋意味。汝佶死后，纪昀特意将其遗稿收附《阅微草堂笔记》中，以“存其名字”。并评论汝佶之作“其间琐事，时或可采”，但认为受限专一，耽误了古文、制艺等仕途学问，所谓“惜其一归彼法，百事无成”。就入选的篇章来看，纪昀对汝佶之作尚算满意。

纪昀卒于嘉庆十年春。这时他刚刚解除因陈奏失词受到革职留用的处分，被擢升为协办大学士。这是他经历的最后一幕人生悲喜剧。在《阅微草堂笔记》完成到这期间的七年里，再也没有出现过谈狐说鬼、令人解颐的隽思妙语。这位一生读书、编书、著书，并视此为名山事业的学者，在有意无意之间，把纪汝佶的一组泰山故事，作为《笔记》全书的结尾，究竟有无寓意寄托，让人难琢磨，费猜详。但这中间，总还透出一种与泰山息息相关的情怀。

妙笔写奇女 彻悟说情缘

——刘鹗与泰山

清代光绪宣统年间，正是中国社会变革风云初涌的时代，反映在文学方面，出现了一种引人注目的小说创作潮流。刘鹗作于光绪三十二年（1906）的《小说闲评》这样描述当时的情状："十年前之世界为八股世界，近则忽变为小说世界，盖昔之肆力于八股者，今则斗心角智，无不以小说家自命。于是小说之出日见其多，著小说之人日见其伙。略通虚字者无不握管而著小说。"在这种狂潮裹挟下，本来无意涉足文坛的刘鹗也沉溺其中，写出了一部以山东和泰山为背景的惊世骇俗之作——《老残游记》。

一

刘鹗（1857—1909），字云博，又字铁云，作《老残游记》时署为"鸿都百炼生"，江苏丹徒人。远祖刘光世，是与岳飞同时的抗金名将，《宋史》有载。鹗父刘成忠，清咸丰二年（1852）进士，曾任翰林院庶吉士、编修，河南祥符知县，汝宁知府，南汝光道台等职。鹗自幼随父任，二十岁到淮安定居。他自幼受到良好教育，四岁从姐识字，不久即能背诵唐诗三百首。除传统经学外，他实际最感兴趣的还是治河、天算、乐律、医学等方面的实用知识。他对科举入仕的途径不在意，只去南京参加过一次乡试，亦未被录取。后至扬州正式师事太谷学派李光炘，接受太谷学派教义。光绪十三年（1887），黄河在郑州决口，第二年，刘鹗根据自己治河的专长，到河南效力。黄河合拢后，负责测绘河南、山东、直隶（今河北省）三省黄河河图。光绪十七年（1891），山东巡抚张曜咨调他到山东河工，任黄河下游提调。后来山东巡抚福润根据光绪六年（1880）求才的"上谕"，特别咨送刘鹗到"总理各国事务衙门"考验，并以候补知府衔得到任用。

刘鹗在山东待了不到三年，最初从河南调到山东时，借住在济南朋友家里，后来接来家眷，赁居济南城里布政司小街（今省府东街），以后迁居鹨鹉庙街（今英武街）。光绪十九年（1893）秋，母亲朱氏卒于淮安，刘氏奔丧南下，于二十一年（1895）到总理衙门报到，从此离开山东。在济期间，刘氏两次赴淮接送家眷，途中从容游览了泰山风景名胜，较仔细地考察了泰山文物风俗，这成为《老残游记》中的重要素材。

刘鹗一生奔走，以兴办实业为主。其早年在家曾开过烟店，在上海办过石印书局，以后又在上海开办坤兴织布厂，在天津与朝鲜人合办北海精盐公司，均在一年后倒闭。刘鹗曾几次去日本游历，光绪三十二年（1906）又两次去日本躲避通缉。两年之后，终于被袁世凯等人诬陷，流放新疆乌鲁木齐，于次年病卒。

刘鹗是身兼学者、文士、哲人、科技家、实业家、政治改革家等等多位一体的一名奇士。他第一个发现了甲骨文，并搜罗收藏五千余片甲骨，拓印为《铁云藏龟》一书，王国维、罗振玉均在他的影响下才开始研究甲骨；在治河方面有《治河五说》《历代黄河变迁图考》；在算学方面有《勾股天元草》《孤角三术》；医药方面有《温病条辨歌括》《人命安和集》；音乐方面有《〈十一弦馆琴谱〉序》；杂著类有《风潮论》《矿事启》等，另外还有大量日记、书信、诗歌等，堪称著作宏富。

二

最能反映刘鹗思想文化的成就的是《老残游记》。这部小说显示了他超凡卓异的见识和至为深沉复杂的身世家国之感，以及许多同时代作家无法企及的文化造诣和艺术境界，遂使此书一出即风靡一时，经历几十年后仍魅力不减，获得高度评价。

《老残游记》的最大贡献，在于他成功地塑了崭新的女性形象，这就是泰山斗姥宫女尼逸云。这一形象因对人生与爱情的透彻感悟，和对自身命运的主动把握而显得特立不群。作为一名封建时代的女性，她首先从正面明确了女性主动争取爱情的合理性，即“男女相爱，本是人情之正”，即使是束发修行的尼姑，“被情丝系缚，也是有的”。在此基础上，展开了她勇敢追求爱情的心理历程。

第一个阶段，是从少女的情窦初开到迷狂的思恋，富于浪漫幻想与理想追求。逸云与年轻倜傥的任公子相见，“两三面后别提多好”，想到“这个人跟我这么好，就起了个感激他的心，不能不同他亲近；再想他那模样，越想越好看；再想他那言谈，越想越有味，闭上眼就看见他，睁开眼还是想着他，这就着上了魔，等到三爷当真来了，就同看见自己的灵魂似的，那一亲热，就不用问了”。这种如痴如醉的热恋，“想到好的时候，就上了火焰山；想到不好的时候，就下了北冰洋，一霎热，一霎凉，仿佛发连环疟子似的……真是七窍里冒火，五脏里生烟”，乃至以后的爱情生活，全都考虑得细致周到，无一处不妥帖，无一事不美满，活画出清纯少女对爱情的向往追求。

第二阶段，剖析这种理想爱情在现实中不可能实现，倒会像泡沫般容易破灭。首先是任公子母亲的反对：“你老子千辛万苦挣下这个家业，算起来不过四五万两银子家当，你们哥儿五个，一年得多少用项……一下子就得用上千的银子，还有将来呢？”如果任公子媳妇、大嫂、二嫂都借此机会置办衣物，大举花钱，家庭矛盾将无法避免，到时：“你在外面快乐，我在家里受气，你心里安不安呢？”由此任老太太想出两个办法：一是让别人在逸云那里“打头客”，“你做第二个人去，一样的称心，一样的快乐，却不用花这么多的冤钱”，二是“你且问他是爱你的东西，是为爱你的人？……你正可以拿这个试试他的心”。这两个办法对逸云的爱情都是致命的打击，因为逸云的爱情毕竟离不开经济基础。其次是斗姥宫成规：年轻尼姑一染红尘，就不再享有庙里供给，还要对庙里有经济支持，这是孤立无援的逸云无法办到的。即使甘愿为任公子舍弃一切，含辱负重，忍饥受寒，如王宝钏守寒窑那样，结局又当如何？“就算我苦守了十七年，任三爷做了西凉国王，他家三奶奶自然去做娘娘，我还不是斗姥宫的穷姑子吗？”到得此时，逸云已有所感悟，清醒地看到了这场爱情的最终结局。

第三阶段是爱情的彻底破灭，这种破灭在很大程度上是由逸云自己实现的。她以冷静的心态反思爱情，发现其中危机四伏，陷阱遍布。那任公子“有一句话很可疑”，即任老太太说的“你正可以拿这个试试他的心”，恐出自任公子本人之口，则逸云忍辱负重所做的努力，正中任公子的圈套：“真怕他是用这个毒着儿来试我的心罢？倘若是这样，我同牛爷、马爷落了交，他一定来把我痛骂一顿，两下绝交，嗳呀险呀！我为三爷含垢忍污同牛马落交，却又因亲近牛马，得罪了三爷，岂不大失算吗？”即使公子不肯使出这一毒着儿，那么任老太太还会有第二条妙计，其刻毒不亚于第一着：“倘若我与牛爷、马爷落了交情，三爷一定装不知道，拿两千银票来对我说：‘我好容易千方百计地凑了这些银子来践你的前约，把银子交给你，自己去采办吧。’这时候我才死不得活不得呢！逼到临了，他总知道真情，他就把那二千银票扯个粉碎，赌气走了，请教我该怎么办呢？其实他那二千的票子，老早挂好了失票，虽然扯碎票子，银子一分也损伤不了，只是我可就没法做人，活臊也就把我臊死了。”

面对危机陷阱，逸云没有胆怯退缩，而是采取对策，主动抗争，摆脱被动：“就算他下了这个毒手，我也有法制他……我先同牛马商议，不忙作定，然后把三爷请来，先把没有钱不能办的苦处告诉他，再把为他才用这忍垢纳污的主意说给他，请他下个决断。他说办得好，以后他无从挑眼；他说不可以办，他自然得给我个下落，不怕他不想法子去。”这一番斗心角智，显示了逸云超人的胆识和敏锐的观察力、判断力，以及不畏强暴、不甘屈辱、勇敢追求的斗争精神。但不难看出，逸云对这种斗争的复杂性还不可能从根本上有所认识。这种爱情从一开始就是一种不平等对话，她的抗争在危机中显得那样无力，有一种破釜沉舟的悲壮，却无法使爱情的结局逆转。

看清了危机陷阱以后，逸云的爱情面临两种可能，一种是任公子同意由有钱人打头客，这将使逸云置身于水深火热：“这打头客的一住，无论是牛是马，他要住多少天，得陪他多少天，他要住一个月两个月，也得陪他一个月两个月；剩下来日子，还得应付朱、苟。算起来一个月里的日子，被牛、马、朱、苟占去了二十多天，轮到任三爷不过三两天的空儿，再算到我自己身上，得忍八九夜的难受，图了一两夜的快乐……就是三爷打头客，不过面子大些，他可以多住些时，没人敢撑他；可是他能常年住在山上吗？他家里三奶奶就不要了吗？少不得还是在家的时候多，我这里还是得陪着朱苟牛马睡。”另一种是嫁给任公子，在逸云的爱情选择中是上上之策了，却也不过是飞蛾扑灯，自寻死路：“我听说七八年前，我们师叔嫁了李四爷，是个做官的……因为被正太太凌虐不过，喝生鸦片烟死了。又见我们彩云师兄，嫁了南乡张三爷，也是个大财主。老爷在家的时候，待承得同亲姊妹一样，老爷出了门，那折磨就说不上口了，身上烙得一个一个的疮疤……”妻妾成群的人家，“一百里也没有一个太太平平的”，自己若嫁到任家，恐怕重蹈覆辙：“也是死多活少，况且就算三奶奶人不利害，人家结发夫妻过得太太平平和和气气的日子，要我去搅得人家六畜不安，末后连我也把个小命儿送掉了，图着什么呢？”至此，逸云已大彻大悟：爱不行，嫁不行，是一场没有结局的爱情。它纵然美好，令人心旌摇动，向往追求，也是水中月，镜中花。脚下道路万千条，哪一条也无法通往爱情的彼岸。处于这种绝境当中，逸云并没有消极避世，心如死灰，而是穷则生变，超越了狭隘的男女之情，产生了对大才子、大英雄的爱慕钦敬，进入更高层次的人生境界，对世间万象洞彻达观：“把我自己分作两个人，一个叫作住世的逸云，既做了斗姥宫的姑子，凡我应做的事都做……又一个我呢，叫作出世的逸云，终日里但凡闲暇的时候，就去同那儒释道三教的圣人顽耍，或者看看天地日月变的把戏。”这里虽然披一层“悟道”的外衣，实际上是可贵的超越。

文学史上争取爱情幸福的女性形象并不少见，如杜十娘、崔莺莺、杜丽娘乃至林黛玉等，可谓林林总总，蔚为大观，但如逸云具有这种超越意识，达到这种人生境界的却极罕见。一个地位卑微的尼姑，能以超乎凡人的见识，审慎地对待男女之情，冷静地分析爱情与现实的矛盾，洞察爱情背后隐藏的危机陷阱，终于在迷离红尘中大彻大悟，从而始终牢牢把握住自己的命运之舟，躲过一道道急流险滩、明礁暗涡，而没有折桨沉没——要知道这种厄运是前此的女性形象几乎毫无二致的结局。这种爱情的超越与对自身命运的认识与把握、对人生境界的高度觉悟，使逸云形象脱出一般“闲情”“艳情”俗套，达到高超审美境界和高层次的文化品位，成为当时文学创作中一个新的高峰。逸云也成为泰山文学形象中最为丰满生动、光彩照人的一位。

三

《老残游记》不仅成功塑造了一位泰山女性形象，还以泰山为喻，写出了一篇脍炙人口的《白妞说书》，其音乐描写可与白居易《琵琶行》先后争辉，同传千古。这段描写，刘鹗使出了浑身解数，倾注了全部文学才能，动用了长期的生活积累，进行了精心的艺术构思，使白妞的生动形象和精湛艺术得到令人信服的展示。

白妞说书的地点在济南明湖居。写白妞出场的时候，是“半低着头出来，立在半桌后面”，其“相貌不过中人以上之姿”。这种淡化处理是欲扬先抑的手法，紧接着陡然上扬，以四个比喻集中描写她的一双眼睛，极尽夸张渲染之能事："那双眼睛，如秋水，如寒星，如宝珠，如白水银里头养两丸黑水银。左右一顾一看，连坐在远远墙角子里的人，都觉得王小玉看见我了；那坐得近的，更不必说。就这一眼，满园子里便鸦雀无声，比皇帝出来还要静悄得多呢，连一根针掉在地下都听得见响。"确是先声夺人，造成浓厚气氛。

这段勾魂摄魄的文字是这样写的：

> 王小玉便启朱唇，发皓齿，唱了几句书儿。声音初不甚大，只觉入耳有说不出来的妙境：五脏六腑里，像熨头熨过，无一处不伏贴；三万六千个毛孔，像吃了人参果，无一个毛孔不畅快。唱了十数句之后，渐渐地越唱越高，忽然拔了一个尖儿，像一线钢丝抛入天际，不禁暗暗叫绝。哪知他于那极高的地方，尚能回环转折，几转之后，又高一层，接连有三四叠，节节高起。恍如由傲来峰西面，攀登泰山的景象：初看傲来峰削辟千仞，以为上与天通；及至翻到傲来峰顶，才见扇子崖，又见南天门更在扇子崖上；愈翻愈险，愈险愈奇。那王小玉唱到极高的三四叠后，陡然一落，又极力骋其千回百折的精神，如一条飞蛇在黄山三十六峰半中腰里盘旋穿插，倾刻间，周匝数遍。从此以后，愈唱愈低，愈低愈细，那声音渐渐地就听不见了。满园子的人都屏气凝神，不敢少动。约有两三分钟之久，仿佛有一点声音从地底下发出。这一出之后，忽又扬起，像放那东洋烟火，一个弹子上天，随化作千万道五色火光，纵横散乱。这一声飞起，即有无限声音俱来并发。那弹弦子的亦全用轮指，忽大忽小，同他那声音相和相合，有如花坞春晓，好鸟乱鸣，耳朵忙不过来，不晓得听哪一声的为是。正在撩乱之际，忽听霍然一声，人弦俱寂。这时台下叫好之声，轰然雷动。

这段描写，确实使人如临其境，如闻其声。作者虽只有一支笔，却像是三管齐下，既写出白妞唱腔的高低变化、回环曲折，又写出乐师的精彩伴奏，还写出老残和全场听众的内心感受和热烈反应，而且一字不多，一丝不乱，干净利落，井井有条。尤其是以登泰山为比喻的精彩描写，把本来抽象的声乐，转化为壮美而又颇具动感的图画，即使对音乐一窍不通的人也能完全领会。刘鹗自己对这段描写也十分自豪，在自评中写道："昔年曾游泰山，由泰安府出北门上山，过斗姥宫，览经石峪，历柏树洞，上一天门，看万松崖，迤逦而上，甚为平坦。比到南天门、十八盘，方觉斗峻。不知作者几时从西面上去？经得如许险境，为登泰山者闻所未闻，却又无一字虚假，出人意表。王小玉说书，为声色绝调；百炼生著书，为文章绝调。”设若刘鹗不谙熟泰山景胜，雄奇俊秀之气韵不蕴于胸中，是断乎写不出这篇文字的。

刘鹗这段以泰山为喻的描写，留下了一段梨花大鼓与王小玉演出的珍贵史料，但他未曾料到，这二者与泰山还大有关系。王小玉实有其人，是梨花大鼓（山东大鼓）早期的杰出代表人物。凫道人《旧学盦笔记》中《红妆柳敬亭》条记载：“光绪初年，历城有黑妞、白妞姐妹，能唱贾凫西鼓儿词。尝奏技于明湖居，倾动一时，有红妆柳敬亭之目。端忠敏题余《明湖泛舟图》有句云‘黑妞已死白妞嫁，肠断扬州杜牧之’，即谓此也。”泰山脚下的岱庙，曾是梨花大鼓长期演出的重要场所。梨花大鼓起源于鲁西农村，当初是敲打着耕地的犁铧碎片演唱的，所以称“犁铧大鼓”，后改为铜制“梨花片”，增加了三弦伴奏、矮脚鼓掌节奏，称“梨花大鼓”。这种演唱方式产生于明代中叶，明末已立艺人门户“赵孙门”。自清末郭大妮、白妞、黑妞等始入城市演唱，其后有谢、李、赵、孙“四大玉”。“四大玉”之首的谢大玉（1890—1978）就是在泰山东岳庙会舞台上成长起来的。谢大玉之父谢其荣（1860—1926）是梨花大鼓著名弦师、“赵孙门”吕道山之高徒，名家范其凤的师弟。其三弦演奏技艺精湛独到，号称“神手谢老化”，演员称其弦“不催不坠，演唱时似坐轿中”。他曾在明湖居任白妞黑妞姐妹弦师。“白妞说书”中有一段专门描写这位弦师：“看那台上，从后台帘子里面，出来一个男人，穿了一件蓝布长衫，长长的脸儿，一脸疙瘩，仿佛风干福橘皮似的，甚为丑陋。但觉得那人气味倒还沉静，出得台来，并无一语，就往半桌后面左手一张椅子上坐下，慢慢地将三弦子取来，随便和了和弦，弹了一两个小调，人也不甚留心去听。后来弹了一支大调，也不知道叫什么牌子；只是到后来，全用轮指，那抑扬顿挫，入耳动心，恍若有几十根弦，几百个指头，在那里弹似的。这时台下叫好的声音不绝于耳，却也压不下那弦子去。”白妞演唱得出神入化，也有这位弦师的一份功劳。谢大玉自幼随父学得王小玉真传，十三岁来到泰山庙会，初次登台演唱便博得满堂喝彩，名动一时。后来在济南趵突泉、明湖居等处演唱，还先后至北京、天津、上海、南京等地献艺，弘扬了王小玉一派艺术风格。

四

《老残游记》中还记载了大量泰山风俗资料。如泰山观日出风俗，写老残一行“到了日观峰亭子等日出”；写日出景色，“看那东边天脚下已通红，一片朝霞，越过越明，见那地下冒出一个紫红色的太阳牙子出来。逸云指道：‘您瞧那地边上有一个明得跟一条金丝一样的，相传那就是海水’……只可恨地皮上面，有一条黑云像带子一样横着，那太阳才出地，又钻进黑带子里去，再从黑带子里出来，轮脚已离了地，那一条金线也看不见了”，写得生动别致，读来如临其境。

《老残游记》还第一次详细描写了泰山山轿的形状：“泰安的轿子像个圈椅一样，就是没有四条腿。底下一块板子，用四根绳子吊着，当个脚踏子。短短的两根轿杠，杠头拴一根挺厚挺宽的皮条，比那轿车上驾骡子的皮条稍为软和些。轿夫前后两名，后头的一名先钻到皮条底下，将轿子抬起一头来，人好坐上去。然后前头的一个轿夫再钻进皮条去，这轿子就抬起来了。”还写了斗姥宫外轿夫歇脚打尖的地方：“前面有个饭棚子，只卖大饼咸菜，没有别的，也没地方坐，都是蹲着吃，那是俺们吃饭的地方。”轿夫还兼有导游之职，沿途介绍风景名胜、掌故传说。如介绍蒿里山：“山上是阎罗王庙，山下有金桥、银桥、奈河桥，人死了都要走这里过的，所以人活着的时候多烧几回香，死后占大便宜呢。”

斗姥宫是登山途中一处重要的尼姑庙。为了维持生计，也要应酬官客商人，所以并不全是清修，用逸云师父的话说就是“不清不浑”，“庙里留客本是件犯私的事，只因祖上传下来，年轻的人，都要搽粉抹胭脂，应酬客人”。若有重要客人登山，还要安排酒饭招待。斗姥宫尼姑的居室布局陈设素雅洁净，“南院北屋中间是六扇窗格，安了一个风门，悬着大红呢的夹板棉门帘，两边两间，都是砖砌的窗台，台上一块大玻璃，掩着素绢书画玻璃挡子，玻璃上面系两扇纸窗，冰片梅的格子眼……走进堂门，见是个两明一暗的房子，东边两间敞着，正中设了一个小圆桌，退光漆漆得灼亮，围着圆桌六把海梅八行书小椅子，正中靠墙设了一个窄窄的佛柜，佛柜上正中供了一尊观音像，走近佛柜细看，原来是尊康熙五彩御窑鱼篮观音，十分精致……龛子前面放了一个宣德年制的香炉，光彩夺目，从金子里透出硃砂斑来。龛子上面墙上挂了六幅小屏，是陈章候画的马鸣、龙树等六尊佛像，佛柜两头放了许多大大小小的经卷……东面月洞窗下放了一张红木小方桌，桌子左右两张小椅子，椅子两旁却是一对多宝橱，陈设各样古玩”，表面看似闲笔，实际上有力衬托了逸云的文化素养和学识气质。如此细腻的描写，怕也只能出于刘氏之手。

《老残游记》还写了从济南城南下直到泰山东侧的道路，途中有千佛山、黄芽咀、白雪坞、玄珠洞诸景胜。走到深处，道路坎坷曲折，“会走的呢，一路平坦大道；若不会走，那可就了不得了！石头七大八小，更有无穷的荆棘，一辈子也走不到的”。走这种山路要有诀窍：“若一直向前，必走入荆棘丛了。却又不许有意走曲路，有意曲，便陷入深阱，永出不来了……眼前路，都是从过去的路生出来的；你走两步，回头看一看，一定不会错了。”他还虚拟在这一带山洼中有神奇的仙草——泰山千日醉，以此泡水“给人吃了，脸上不发青紫，随你神仙也验不出毒来”，此药“力量很大，少吃了便睡一千日才醒，多吃就不得活了”。“只有一种药能解，名叫‘返魂香’，出在西岳华山太古冰雪中，也是草木精英所结。若用此香将文火慢慢炙起来，无论你醉到怎样田地，都能复活。”这些都为泰山增添了几分神秘。

五

刘鹗写泰山轻车熟路，得心应手，足证他游泰山不是匆匆过客，而是处处留心，恐怕也登临不止一次。这中间与他信奉的太谷学派有密切关系。太谷指清道光年间安徽池州石埭人周谷，字星垣，一字太谷，别号崆峒子。太谷传人为弟子张积中，字石琴，江苏仪征人，在泰山西侧的肥城、长清之间黄崖山定居讲学，除儒学性理之学外，参以佛老及诸子百家，还讲习军事、武术等，自成派别。一时来拜师听讲的人很多，参加学派的人不论出身，不分男女，讲学内容不对外公开，不形诸文字，有一定的神秘性。后来山东巡抚阎敬铭认为张积中传播邪教，聚众谋乱，并与捻军有关，遂于同治五年（1886）十月督率大军血洗黄崖，时死难民众万余，张积中举家自焚，这就是山东近代史上有名的“黄崖教案”。

张积中死后，周太谷另一个影响较大的弟子和传人是李光炘。李字晴峰，号龙川，与张积中是表兄弟。黄崖案起，他经张劝说离开黄崖后到扬州专事讲学。

刘鹗二十四岁时正式师事李龙川。龙川死后，刘氏与黄葆年、蒋文田同为龙川传道弟子。在《老残游记》中，这三人分别号为赤龙子、黄龙子、青龙子。书中借逸云之口说：“我听说他们兄弟三个，这赤龙子年纪最小，却也是最放诞不羁的。青龙子、黄龙子两个呢，道貌严严，虽然都是极和气的人，可教人一望而知他是有道之士。若赤龙子，教人看着说不出个所以然来，嫖赌吃着，无所不为，官商士庶，无所不交，同尘俗人处，他一样的尘俗；同高雅人处，他又一样的高雅，并无一点勉强处，所以人都测不透他。”这是刘氏本人的真实写照。

刘氏既属太谷学派中人，自然与张积中一脉黄崖余绪多有交往。这在《老残游记》中也所表现，第七回老残介绍刘仁时说：“因为我二十岁时候，看天下将来一定有大乱，所以极力留心将才，谈兵的朋友颇多。此人当年在河南时，我们是莫逆之交，相约倘若国家有用我辈的日子，凡我同人，俱要出来相助为理的。其时讲舆地、讲阵图、讲武功的，各样朋友都有，此公便是讲武功的巨擘。”而寻访刘仁，须到平阴山中，这正是黄崖教中联络“齐豫”两省的方向，同回末尾老残从东昌府书店里出来，遇到个从“直隶南回”的金二，立谈了几句，因为“要寄封信给刘大哥，托你捎去罢”，草就书信后交给金二，“大家作了个揖，说：恕不远送了，山里朋友见着都替我问好”云云，很是闪烁其词，说明这种关系无法明讲，但其志向相投，往来联系却是显而易见的。

六

早在入山东任职以前，刘鹗就曾来过泰安，这是为了撰写《三省黄河图说》。光绪十五年（1889）刘鹗在河南期间被任命为测绘河南、山东、河北三省黄河图的“提调”，具体负责这项工作。他沿黄河所经地域逐县考察，一面抄录史志中历年黄泛记载，一面沿河仔细察看，获得大量第一手资料，历时一年有余，方告完成。治河与测河，是刘鹗一生奔走忙碌，办成不多的几件实事之一，其成果是一部《历代黄河变迁图考》。是书共四册十部分，先图后文，《图说》为第十部分，涉及泰安数县：“（黄河）……右迳山东东平州十里铺……左迳小白铺入东平州界……东平州北岸河长十里，右迳东赵桥入东阿县境，东平州南岸河长十二里。”“大清河汇汶水自南来注之……右迳刘官庄汇入山东肥城县界……肥城县南岸河长三十里……右迳东兴隆庄，北沙河汇泰山之水自南来注之……”这次考察，使他对泰山有了感性认识，也为日后《老残游记》的创作积累了大量生活素材，提供了广阔的创作背景。

刘鹗的《老残游记》并不是专写泰山的小说，但泰山在书中起到了提供背景、联络头绪、创造形象、设定比喻的重要作用。逸云是泰山文学人物画廊中最具现实性，又最为超凡脱俗的一位，堪称绝无仅有；脍炙人口的“白妞说书”，透出泰山雄奇俊逸的气韵风骨；《三省黄河图说》体现着太谷学派“教养”的博大胸怀。泰山和《老残游记》使刘鹗跻身于学者文士之林；刘鹗和《老残游记》又丰厚了泰山的文化蕴涵。

主要参考书目

[1][汉]司马迁:《史记》，中华书局，1982年。
[2][宋]王辟之:《渑水燕谈录》，中华书局，1981年。
[3][宋]魏泰:《东轩笔录》，中华书局，1983年。
[4][宋]王世贞:《艺苑卮言》，中华书局，1983年。
[5][宋]石介著，陈植锷点校:《徂徕石先生文集》，中华书局，1984年。
[6][宋]谢榛注，李庆立笺注:《诗家直说笺注》，齐鲁书社，1987年。
[7][宋]晁补之著，乔力校注:《晁补之词编年笺注》，齐鲁书社，1992年。
[8][宋]晁补之:《鸡肋集》,《四部丛刊》本。
[9][宋]张耒:《柯山集》,《四库全书》本。
[10][宋]黄庭坚:《山谷集》,《四库全书》本。
[11][宋]秦观:《淮海集》,《四库全书》本。
[12][宋]陈师道:《后山集》,《四库全书》本。
[13][宋]王世贞:《弇州山人四部稿》,《四库全书》本。
[14][金]刘祁:《归潜志》，中华书局，1983年。
[15][金]元好问编:《中州集》,《四库全书》本。
[16][元]钟嗣成:《录鬼簿》，中国戏剧出版社，1959年。
[17][元]张养浩著，王佩增笺:《云庄休居自适小乐府笺》，齐鲁书社，1988年。
[18][元]王恽:《秋涧先生大全集》,《四部丛刊》本。
[19][元]郝经:《陵川集》,《四库全书》本。
[20][元]张养浩:《归田类稿》,《四库全书》本。
[21][元]王旭:《兰轩集》,《四库全书》本。
[22][元]赵孟頫:《松雪斋集》,《四库全书》本。
[23][明]王士祯:《香祖笔记》，中华书局，1983年。

[24][明]于慎行:《兖州府志》，齐鲁书社，1985年。
[25][明]张岱:《琅嬛文集》，岳麓书社，1985年。
[26][明]王士祯:《居易录》，中华书局，1985年。
[27][明]王士祯:《渔洋诗话》，上海古籍出版社，1986年。
[28][明]王士祯:《古夫于亭杂录》，中华书局，1988年。
[29][明]张岱:《陶庵梦忆》，四川文艺出版社，1990年。
[30][明]王守仁:《王阳明全集》，上海古籍出版社，1992年。
[31][明]李攀龙著，李伯齐校点:《李攀龙集》，齐鲁书社，1993年。
[32][明]张岱:《夜航船》，四川文艺出版社，1996年。
[33][明]张岱:《西湖梦寻》，四川文艺出版社，1996年。
[34][明]王士祯:《池北偶谈》，中华书局，1997年。
[35][明]边贡:《华泉集》,《四库全书》本。
[36][明]李梦阳:《空同集》,《四库全书》本。
[37][明]何景明:《大复集》,《四库全书》本。
[38][明]徐祯卿:《迪功集》,《四库全书》本。
[39][明]宋濂:《宋文献公全集》,《四部备要》本。
[40][明]李攀龙:《沧溟集》,《四库全书》本。
[41][明]宗臣:《宗子相集》,《四库全书》本。
[42][明]谢榛:《四溟集》,《四库全书》本。
[43][明]谢榛:《四溟诗话》，人民文学出版社。
[44][明]于慎行:《谷城山馆诗集》,《四库全书》本。
[45][明]于慎行:《谷城山馆文集》，山东省图书馆藏本。
[46][明]王士祯:《渔洋山人精华录》，四部丛刊本。
[47][清]刘鹗:《老残游记》，人民文学出版社，1957年。
[48][清]孔尚任:《湖海集》，人民文学出版社，1957年。
[49][清]洪昇:《稗畦集》，古典文学出版社，1957年。
[50][清]洪昇:《稗畦续集》，古典文学出版社，1957年。
[51][清]蒲松龄著，路大荒整理:《蒲松龄集》，中华书局，1962年。
[52][清]孔尚任:《桃花扇》，人民文学出版社，1980年。
[53][清]纪昀:《阅微草堂笔记》，上海古籍出版社，1980年。

[54]〔清〕赵执信:《谈龙录》，人民文学出版社，1981年。
[55]〔清〕洪昇:《长生殿》，人民文学出版社，1983年。
[56]〔清〕顾嗣立编:《元诗选》，中华书局，1987年。
[57]〔清〕纪昀:《四库全书总目提要》，中华书局，1997年。
[58]〔清〕蒲松龄著，盛伟整理:《蒲松龄全集》，学林出版社，1998年。
[59]丁山:《郦学考序目》，历史语言研究所，1932年。
[60]郑鹤声:《司马迁年谱》，商务印书馆，1958年。
[61]四川省文史研究馆:《杜甫年谱》，四川人民出版社，1958年。
[62]王国维:《太史公行年考》，中华书局，1959年。
[63]杨伯峻译注:《孟子译注》，中华书局，1960年。
[64]隋树森编:《全元散曲》，中华书局，1964年。
[65]刘开扬:《杜甫》，上海古籍出版社，1978年。
[66]邓广铭笺注:《稼轩词编年笺注》，上海古籍出版社，1978年。
[67]杨伯峻:《列子集释》，中华书局，1979年。
[68]萧涤非选注:《杜甫诗选》，人民文学出版社，1979年。
[69]唐圭璋编:《全金元词》，中华书局，1979年。
[70]章培恒:《洪昇年谱》，上海古籍出版社，1979年。
[71]萧涤非:《杜甫研究》，齐鲁书社，1980年。
[72]杨伯峻译注:《论语译注》，中华书局，1980年。
[73]冯至:《杜甫传》，人民文学出版社，1980年。
[74]路大荒:《蒲松龄年谱》，齐鲁书社，1980年。
[75]阿英:《小说四谈》，上海古籍出版社，1981年。
[76]蒋逸雪:《刘鹗年谱》，齐鲁书社，1981年。
[77]孙钦善校注:《高适集校注》，上海古籍出版社，1981年。
[78]曾枣庄:《苏轼评传》，四川人民出版社，1981年。
[79]庄一拂:《古典戏曲存目汇考》，上海古籍出版社，1982年。
[80]郭味蕖:《宋元明清书画家年表》，人民美术出版社，1982年。
[81]刘蕙荪:《铁云先生年谱长编》，齐鲁书社，1982年。
[82]袁世硕:《山东古代著名文学家评传》，山东人民出版社，1983年。
[83]吕慧鹃等:《中国历代著名文学家评传》，山东教育出版社，1983年。

[84] 李浴:《中国美术史纲》，辽宁美术出版社，1984年。
[85] 王国维校:《水经注校》，上海人民出版社，1984年。
[86] 詹锳:《李白诗文系年》，人民文学出版社，1984年。
[87] 刘蔚华等:《山东古代思想家》，山东人民出版社，1985年。
[88] 刘德隆等:《刘鹗及老残游记资料》，四川人民出版社，1985年。
[89] 辛文房:《唐才子传》，黑龙江人民出版社，1986年。
[90] 蔡义江、蔡国黄:《辛弃疾年谱》，齐鲁书社，1987年。
[91] 安旗:《李白研究》，西北大学出版社，1987年。
[92] 陈云君:《中国书法史论》，人民日报出版社，1987年。
[93] 袁世硕:《孔尚任年谱》，山东人民出版社，1987年。
[94] 李森文:《赵执信年谱》，齐鲁书社，1988年。
[95] 孙楷第:《元曲家考略》，上海古籍出版社，1989年。
[96] 马铭初选注:《泰山历代文史粹编》，山东友谊书社，1989年。
[97] 伊丕聪:《王渔洋先生年谱》，山东大学出版社，1989年。
[98] 袁健:《晚清小说研究概说》，天津教育出版社，1989年。
[99] 李庆立校注:《谢榛诗集校注》，北京古籍出版社，1990年。
[100] 徐振贵:《孔尚任评传》，山东大学出版社，1991年。
[101] 曹道衡:《南北朝文学史》，人民文学出版社，1991年。
[102] 郑修平:《李白在山东论丛》，山东友谊书社，1991年。
[103] 孔繁信:《王渔洋研究论集》，山东文艺出版社，1991年。
[104] 李新泰:《齐文化大观》，中共中央党校出版社，1992年。
[105] 马铭初、严澄非校注:《岱史校注》，青岛海洋大学出版社，1992年。
[106] 李庆立:《谢榛研究》，齐鲁书社，1993年。
[107] 伊丕聪:《王渔洋诗友录》，北京燕山出版社，1993年。
[108] 陈田:《明诗纪事》，上海古籍出版社，1993年。
[109] 姜丰荣编注:《泰山历代石刻选注》，青岛海洋大学出版社，1993年。
[110] 杨海儒:《蒲松龄生平著述考辨》，中国书籍出版社，1994年。
[111] 陈桥驿:《郦道元评传》，南京大学出版社，1994年。
[112] 徐汉明编:《辛弃疾全集》，四川文艺出版社，1994年。
[113] 周积明:《纪昀评传》，南京大学出版社，1994年。

[114] 陈桥驿主编:《水经注全译》，山西人民出版社，1995年。
[115] 顾易生等:《中国文学批评通史》，上海古籍出版社，1996年。
[116] 吴先宁:《北朝文化特质与文学进程》，东方出版社，1997年。
[117] 邓广铭:《辛稼轩年谱》，上海古籍出版社，1997年。

后 记

本书缘起，事出偶然。历时既长，亦多周折，是一本比较费劲的书。那是在20世纪80年代中期，写了几篇名人与泰山的随笔，居然反应不错。当时以为已得入门径，想顺路搞下去，即可成一本名人与泰山的小册子。动手以后，才觉太沉：一是大部分名人与泰山的关系零碎星散，只言片语，若有若无，似隐似现，有关资料颇难寻觅；二是要以花很大力气找出的材料为起点，钩沉发微，追溯名人的泰山游踪、交往活动，并分析评价他们对泰山文化的贡献及其价值；三是由以上两点决定，必须在对名人全面了解和把握的基础上，才能着手进行，其难度可想而知。由于学识所限，亦无成法可供借鉴，只能漫天撒网，海底捞针，每一篇题目的确定、撰写都是“力气活儿”。以致渐渐委顿，迁延数年。其间架不住师友撺掇，写作出版了《泰山神文化》，但是名人与泰山，始终“于我心有戚戚焉”。

大约从1995年夏开始，在蹉跎数年之后，我试着转换套路，从资料较多的清代写起，一路上溯，竟较从前顺畅，进度亦有提高，终于今夏大致按朝代衔接连贯起来，使这本书初具规模。至此方释重长吁，同时又生出几分惶恐，不知各位方家读者能否认可接受。

本书有两点需要说明：一、历代文化名人与泰山，内容堪称浩瀚，远非本书三十四篇所能涵括。但书中所选大都是人们较熟悉的著名人物，具有一定代表性。在完备的著作出现以前，聊可补缺；二、这些篇目也不是我原先构想中的全部。限于篇幅与体例要求，有些篇目如羊（祜）氏家族与泰山书派，梁楷、王蒙与泰山画派，诸葛亮与泰山等未能纳入，有些人物如顾炎武、姚鼐等未及单独成篇，只好俟诸将来。

本书写作出版过程中，得到诸多领导、师友的指导帮助。泰安市委常委、宣传部部长李洪峰同志多次具体指导。泰山管委、市旅游局、市文化局大力协助，市博物馆馆长刘慧同志多予支持。泰安师专图书馆提供了方便，其中周郢同志慷慨提供许多独家资料。中国文联研究员刘锡诚同志欣然作序。这不仅是对本书的支持，更是对泰山文化的热忱与关切。所有这些，也将激励我在探索泰山文化的旅途上不敢停步，勉力向前，以期更有收获。

作　者

1999年9月识于岱下